全国高校出版社主题出版

『十三五』国家重点出版物出版规划项目

新中国经济社会制度变迁丛书

新中国保险制度变迁

XINZHONGGUO BAOXIAN ZHIDU BIANQIAN

孙 蓉 等 著

中国 · 成都

图书在版编目(CIP)数据

新中国保险制度变迁/孙蓉等著 .—成都:西南财经大学出版社,2020. 12
ISBN 978-7-5504-4716-5

Ⅰ.①新… Ⅱ.①孙… Ⅲ.①保险制度—研究—中国 Ⅳ.①F842.0

中国版本图书馆 CIP 数据核字(2020)第 252550 号

新中国保险制度变迁
XINZHONGGUO BAOXIAN ZHIDU BIANQIAN
孙蓉 等著

责任编辑:汪涌波
封面设计:墨创文化
责任印制:朱曼丽

出版发行	西南财经大学出版社(四川省成都市光华村街 55 号)
网　　址	http://www.bookcj.com
电子邮件	bookcj@foxmail.com
邮政编码	610074
电　　话	028-87353785
照　　排	四川胜翔数码印务设计有限公司
印　　刷	四川五洲彩印有限责任公司
成品尺寸	170mm×240mm
印　　张	31.75
字　　数	515 千字
版　　次	2020 年 12 月第 1 版
印　　次	2020 年 12 月第 1 次印刷
书　　号	ISBN 978-7-5504-4716-5
定　　价	128.00 元

出版说明

文承千秋史，潮引万水东。

1949年中华人民共和国的成立，是中国有史以来最伟大的事件，也是20世纪世界最伟大的事件之一，中华民族的发展开启了新的历史纪元。1978年，在中国共产党历史上，在中华人民共和国历史上，实现了新中国成立以来具有深远意义的伟大转折，开启了改革开放和社会主义现代化建设的伟大征程，推动了中国特色社会主义事业的伟大飞跃。中国特色社会主义道路、理论、制度、文化，以雄辩的事实彰显了科学社会主义的鲜活生命力，社会主义的伟大旗帜始终在中国大地上高高飘扬，中华民族正以崭新姿态屹立于世界的东方！

习近平总书记指出："哲学社会科学研究要立足中国特色社会主义伟大实践，提出具有自主性、独创性的理论观点，构建中国特色学科体系、学术体系、话语体系。""70年砥砺奋进，我们的国家发生了天翻地覆的变化。""无论是在中华民族历史上，还是在世界历史上，这都是一部感天动地的奋斗史诗。"深刻反映70年来党和人民的奋斗实践，深刻解读新中国70年历史性变革中所蕴含的内在逻辑，讲清楚历史性成就背后的中国特色社会主义道路、理论、制度、文化优势，是新时代中国哲学社会科学工作者的历史责任。

从新中国成立到改革开放之前，中国共产党领导人民进行社会主义革命和建设，探索适合中国实际情况的社会主义建设道路，虽然经历过曲折，但总体上看，全面确立了社会主义基本制度，实现了中国历史上最深刻最伟大的社会变革，取得了独创性理论成果，成就巨大，为当代中国的一切发展进步奠定了根本政治前提和制度基础，为开创中国特色社会主义提供了宝贵经验、理论准备、物质基础。改革开放以来，从开启新时期到跨入新世纪，从站上新起点到进入新时代，中国特色社会主义迎来了从创立、发展到完善的伟大飞跃，中国共产党在理论、实践、制度等方面全面推进科学社会主义进入新阶段，科学社会主义在中国焕发出强大的生机和活力。可以说，中国共产党对社会主义理想百折不挠的追求、坚持不懈的实践，以及取得的举世瞩目的成就，为5 000年的中华文明注入了新的基因，使中国由贫穷落后走上小康之路，同时也极大地影响和改变着世界历史的发展进程。

经济社会比较落后的国家在革命胜利后如何建设社会主义，是社会主义发展史上的重大历史性课题；而新中国成立70年来，中国共产党建设社会主义的实践探索，是对这一历史性课题的成功“解题”。从“出题”到“解题”，中国每时每刻都在发生变化，我们必须要在理论上跟上时代，不断认识实践规律，不断推进理论创新、制度创新，在聆听时代声音中展现出更有说服力的真理力量。

“制度是关系党和国家事业发展的根本性、全局性、稳定性、长期性问题。”中国特色社会主义制度，是当代中国发展进步的根本制度保障，集中体现了中国特色社会主义的特点和优势。我们坚持完善和发展中国特色社会主义制度，不断发挥和增强我国的制度优势，在经济、政治、文化、社会等各个领域形成一整套相互衔接、相互联系的制度体系。

时代是思想之母，实践是理论之源。在回顾中国共产党引领中国人民绘就这一幅幅波澜壮阔、气势恢宏的历史画卷的同时，如何以马克思主义为指导，有分析、有选择地吸收和借鉴新制度经济学中的合理成分，站在新的历史起点，肩负起新时代的历史使命，系统梳理新中国成立以来我国经济社会制度的发展脉络，全面探究新中国经济社会制度的演进路径，以使我们更加清醒地认识新时代中国特色社会主义的历史方位，更加自觉地增强对中国特色社会主义经济社会制度的价值认同，从而构建基于我国自身伟大实践的具有深刻解释力的中国特色社会主义经济社会制度理论体系，是一个伟大而艰巨的时代课题。对“兴学报国”90余载的西南财经大学来说，关注国计民生、破解经济现象、剖析社会迷局、贡献西财方案，本是“题中应有之义”；

对“经世济民，孜孜以求”的西财经济学人来说，能够站在学术高地，以理论和智慧主动服务国家战略，更是光荣使命，责任重大。

“成为中国高等财经教育的主要引领者、国际商科教育舞台上的有力竞争者、实现中华民族伟大复兴中国梦的重要贡献者”，这是西南财经大学在新时代的历史使命。围绕着“深化学术创新体系改革，增强服务国家发展能力”，西南财经大学第十三次党代会报告指出：“深入贯彻落实加快构建中国特色哲学社会科学的意见，瞄准学科前沿和国家重大需求，以广阔视野、创新精神大力推进学术创新，在服务国家发展中彰显西财价值。”这就要求我们，要以服务国家、行业及区域重大战略需求为主线，加快推进中国特色社会主义政治经济学等理论体系建设，产出一批具有时代影响力的原创理论成果，彰显西财学术影响力。

西南财经大学是教育部直属的国家“211 工程”和“985 工程”优势学科创新平台建设的全国重点大学，也是国家首批“双一流”建设高校，理应在构建中国特色哲学社会科学学科体系、学术体系和话语体系，深刻解读新中国 70 年历史性变革中所蕴含的内在逻辑，讲清楚历史性成就背后的中国特色社会主义经济制度与社会变革的关系等方面有所作为。

西南财经大学结合自身学科专业特色、优势和“双一流”建设要求，组织相关学科专业学者梳理新中国成立以来经济社会制度的变革与实践，总结过往取得的成就和经验、教训，积极探索未来的发展方向与路径，策划了这套“新中国经济社会制度变迁丛书”并成功入选“十三五”国家重点图书、音像、电子出版物出版规划（新广出发〔2016〕33 号）。该套丛书包括《新中国经济制度变迁》《新中国货币政策与金融监管制度变迁》《新中国保险制度变迁》《新中国社会保险制度变迁与展望》《新中国审计制度变迁》《新中国统计制度变迁》《新中国工业企业制度变迁》《新中国财政税收制度变迁》《新中国经济法律制度变迁》《新中国对外贸易制度变迁》《新中国卫生健康制度变迁》《新中国社会治理制度变迁》《新中国行政审批制度变迁》《新中国农业经营制度变迁》《新中国人口生育制度变迁》共计 15 册。

西南财经大学党委和行政高度重视这套丛书的编撰和出版，要求每本书的研究、编写团队要坚持以习近平新时代中国特色社会主义思想为指导，把学习、研究、阐释当代中国马克思主义最新成果作为重中之重；要扎根中国大地，突出时代特色，树立国际视野，吸收、借鉴国外有益的理论观点和学术成果，推进知识创新、理论创新、方法创新，提升学术原创能力和水平；要立足我国改革发展实践，挖掘新材料、发现新问题、提出新观点，提炼标识性学术概念，打造具有中国特色和国际视野的学术话语体系，形成无愧于时代的当代中国学术思想和学术成果，立足自身研究领域，为推动中国经济学、管理学学科体系建设做出贡献；要坚持用中国理论阐释中国实践、用中国实践升华中国理论，推动学术理论中国化，提升中国理论的国际话语权，并推动研究成果向决策咨询和教育教学转化。

本套丛书以习近平新时代中国特色社会主义思想为指导，力求客观真实地揭示新中国经济社会制度变革的历程，多维度、广视角地描绘新中国经济社会制度演进的路径，较为全面系统地总结中国共产党带领全国各族人民为实现国家富强、民族振兴和人民幸福的“中国梦”所进行的中国特色社会主义经济社会制度变革的伟大实践和理论探索。

历史车轮滚滚向前，时代潮流浩浩汤汤。历史是营养丰沛的最好的教材，70年来中国共产党带领中国人民走过的路，是一部感天动地的奋斗史诗，是独一无二的实践经验，也是滋养理论研究的取之不竭的现实沃土。新中国70年的光辉历程，“积聚了千里奔涌、万壑归流的洪荒伟力”。我们应深深饱吸这70年波澜壮阔的变革中所蕴藏的丰饶的学术营养，立足当下，并在21世纪全球经济一体化的世界格局中观照我国改革开放的深化发展，以及经济社会和谐发展的本质要求，通过对经济社会最深层次、最具价值、最本质和最急迫问题的挖掘、揭示与探索，从波澜壮阔的历史回溯中提炼学术成果，提升理论自信；我们在解析历史的同时，也是以高度负责的敬业精神，用奋进之笔在书写着一部“当代史”。

当然，本套丛书只是对新中国经济社会制度变革问题进行系统性探索的开始，我们希望并相信本套丛书能够引起更多的哲学社会科学工作者，尤其是相关经济、管理学界的学者的关注，从而推动新中国经济社会制度变迁的纵深研究，为中国特色社会主义制度变革和创新提供更多更好的理论依据和决策支持。因历史资料搜集等方面存在的差异，书中的观点和方法还有许多不完善、不成熟之处，敬请读者批评指正。

目录 MULU

第一章
绪论

第一节　研究背景及意义

保险是风险管理的基本手段，是社会治理能力的重要标志。保险业则是经济金融体系和社会保障体系的重要组成部分。伴随着经济体制改革进程而恢复和发展的中国保险业，在全球保险市场上的排名，从改革开放初期的第68位，发展为世界第二大保险市场，成为全球最重要的新兴保险市场大国。改革开放40余年来，我国保险业作为国内增长率最快的行业之一，其发展取得了显著的成绩。其中，保险资产年均增长28%，保费收入年均增长27%。同时，保险的赔付额也呈逐年上升趋势，但整体的赔付率则保持相对稳定的状态，维持在30%上下。保险公司数量从复业之初的中国人民保险公司（PICC）独家经营保险业务，发展到2019年年底的200多家保险公司百花齐放。总体而言，我国保险业经营的各项指标均有较大幅度增长，但与发达国家和地区相比仍然差距不小。2019年，我国的保险密度和保险深度分别为430美元和4.3%，位居全球第46位和第38位，远低于世界平均818美元和7.23%的水平①。可见，中国保险业的未来是机遇与挑战并存。加快发展我国现代保险服务业，对完善现代金融体系、促进社会经济发展及保障国计民生具有重要意义。

保险业波澜壮阔的改革发展历程和演变轨迹，既是我国改革开放的必然产物，也是经济社会发生翻天覆地变化的生动写照，更是其服务于现代经济体制和国家社会治理现代化的有力证明。

社会的发展及其经济活动需要规则及约束，而制度是社会成员应该共同遵守的行为准则或规范。可见，一个社会为人类相互行为所设定的规则及约束也就是制度。制度是在特定的社会环境和经济制度背景下，基于各个国家或地区一定的文化等背景而形成的，并以相关的法律法规等正式制度或伦理

---

① 数据来源：瑞士再保险公司. Sigma调研报告［R］. 2019（3）：42，2020（3）：31.

道德及传统习俗等非正式约束表现出来。制度一经形成就具有相当大的强制力、约束性和历史文化的惯性。保险制度作为保险行为准则或规范，是从事保险活动的各方当事人及关系人所应当遵守的，是市场经济与风险社会所公认的一种先进的机制设计。健全完善的保险制度，是保险业长期可持续健康发展，并从保险大国向保险强国迈进的制度保障。

“欲知大道，必先为史。”回顾和总结新中国保险制度变迁，特别是改革开放40余年来的保险制度变迁，对中国保险业的未来发展有着特别而且重要的意义。本书立足于新中国保险制度变迁的历史演进以及发展轨迹，将制度经济学等理论作为分析工具，演绎归纳了新中国保险制度的演进特征、历程、政策推演及演进逻辑等若干问题，并对保险制度的发展及其创新进行展望，以此回顾新中国成立以来特别是改革开放40余年来我国保险业的创新与发展。

第二节　研究思路及内容

本书主要以马克思主义制度经济学、道格拉斯·C. 诺斯的《经济史中的结构与变迁》、林毅夫的“强制性制度变迁和诱致性制度变迁”等制度变迁理论为基础，以各险种保险史为基本内容，尽可能结合制度变迁理论，分析新中国的保险制度变迁。

本书的基本研究思路为：首先，在概述研究背景及意义、研究方法、研究思路及内容，阐述创新点及学术价值的基础上，对制度变迁理论及保险制度变迁文献进行文献综述，并阐述马克思的制度变迁理论和新制度经济学的制度变迁理论，以此作为全书分析的理论基础；从保险制度及其变迁的含义入手，对新中国保险业的历史发展与制度变迁进行了一般分析。其次，按照保险的主要分类，从新中国机动车辆保险、责任保险、信用保证保险、人寿保险、健康保险、意外伤害保险和农业保险的制度变迁等方面，分别对商业保险（以下简称保险）的主要险种的制度变迁进行了深度剖析，分别揭示了新中国保险制度变迁共性特征下，保险的不同制度变迁的个性特征及发展规律。最后，以保险法和监管制度的内涵为基础，就新中国保险法律及监管制度变迁这一保险制度变迁的主要形式之正式规则，分析其发展特征并进行展望。

全书共十一章，可分为三大部分：总论（第一章~第三章）——分论（第四章~第十章）——总论（第十一章），即从一般分析到特殊分析再到一般分析。

各章的主要内容如下：

第一章 绪论。本章主要阐释研究背景、研究方法、研究思路及内容、创新点及学术价值。

第二章 文献综述与理论基础。本章主要内容为国内外文献及其述评、制度变迁及制度经济学相关理论。首先，回顾了马克思主义制度经济学与制度变迁理论，旧制度经济学、新制度经济学与制度变迁理论的相关文献，本研究发现马克思主义的制度变迁理论适合于长期经济增长分析；诺斯的制度变迁理论更适合于短期分析，二者的相互结合是未来制度主义综合的方向。其次，从保险业与保险中介、农业保险与巨灾保险、存款保险与银行保险、保险公司与保险监管等制度变迁方面，对相关的保险制度变迁文献进行了简要评述，发现学者们通常是运用新制度经济学理论分析保险业的制度变迁，而应用马克思主义的制度变迁理论对我国保险业（特别是新中国成立以来）制度变迁进行分析的学者则很少。最后，较为翔实地阐述了马克思主义制度经济学与新制度经济学的制度变迁理论，为此后分析奠定了理论基础。

第三章 新中国保险制度变迁的一般分析。本章分析认为，任何一项制度变迁的演进都存在着共性，比如制度产生的根源是信息不对称、制度变迁的主体可能是政府也可能是市场中的组织和个人；制度变迁的方式是强制性制度变迁或诱致性制度变迁。任何一种制度都可以由其共性入手分析，而共性间的差异，就是不同制度变迁及演进的特征。以此为研究逻辑，本章分别基于经济体制及制度变迁方式、基于诺斯的制度变迁视角，分析新中国保险业的历史发展与制度变迁，得出研究结论：中国保险业发展的历史进程表明，中国保险的历史可谓是以制度变迁为主的保险资源配置历史。

第四章 新中国机动车辆保险制度变迁。本章以机动车辆保险的概念及基本特征为基础，剖析新中国机动车辆保险（以下简称车险）制度变迁的演进历程、演进逻辑及政策推演，并对新中国机动车辆保险的制度变迁进行总结及研究展望。新中国机动车辆保险制度的变迁主要集中在保险条款和保险费率的市场化改革两个方面。机动车辆保险制度从 1995 年的保险“监管部门统颁”条款费率，到 2002 年的“公司自主制订”；从 2006 年的“行业制订、公司选择”，再到 2015 年的“深化改革”及 2020 年的“综合改革”；在管控程度及管控范围上，车险条款费率可谓经历了一个“管制→放开→收紧→放开”的“螺旋式上升”的过程；相应的，国家对机动车辆保险经营产权的限制，也经历了一个从严格限制→适度放开→再度收紧→深度放开的过程。

第五章 新中国责任保险制度变迁。本章内容以责任保险的内涵为基础，综合分析新中国责任保险制度变迁的基本特征及演进逻辑，分险种探讨了公众责任保险、产品责任保险、职业责任保险、雇主责任保险的制度变迁过程，并对新中国责任保险的制度变迁进行总结及展望。新中国责任保险制度变迁的最直接动力和基础是民事法律制度的建立和完善。根据制度变迁的主导群体不同，新中国责任保险的制度变迁大致可分为两个阶段：第一个阶段是国家主导的强制性制度变迁，第二个阶段则渐渐演化为强制性制度变迁与诱致性制度变迁的共同作用。责任保险制度的变迁就是通过一系列制度安排（或称产权结构的优化），保障责任风险受损方的权益、改善国家管理社会的能力，从而实现国家和社会的帕累托改进，这可谓是新中国责任保险制度变迁的基本逻辑和内在动力。

第六章 新中国信用保证保险制度变迁。本章以信用保证保险的内涵为基础，综述新中国信用保证保险制度变迁的相关文献，分析新中国信用保险和保证保险制度变迁的演进历程、演进逻辑及政策推演，并对新中国信用保证保险的制度变迁进行总结及研究展望。新中国信用保证保险的制度变迁，是由信用保险和保证保险的制度变迁共同推演构成的。信用保险制度变迁主要是由政府主导的强制性变迁过程，从开始建立到之后发展，都贯穿着政府主导、国有政策性保险公司经办的特点，在不同的时期根据不同的经济发展需要，政府出台相应的信用保险政策来引导信用保险制度的发展；而在保证保险制度变迁的过程中，经济个体自下而上地推动了保证保险的产生和发展，政府的主导作用并不显著，但政府对保证保险制度变迁过程中的修正作用不可忽视。

第七章 新中国人寿保险制度变迁。本章以人寿保险的内涵为基础，分析新中国人寿保险制度变迁的演进历程、演进逻辑及政策推演，并对新中国人寿保险的制度变迁进行总结及研究展望。新中国人寿保险（以下简称寿险）的制度变迁是典型的强制性制度变迁，而其诱致性制度变迁则主要发生在微观经营层面，新中国寿险制度变迁是强制性和诱致性制度变迁交融的结果。经济体制改革带来了寿险制度的变迁，引发了寿险需求与供给的变化。伴随着经济体制改革和资源配置方式的转变，市场多元化格局及对外开放程度的不断深化，个人成为风险的主要承担者，寿险作为人身风险转移的有效工具，其需求不断增长；同时，寿险的产权制度也发生了重大变革，垄断性的国有独资产权逐渐退出，多种产权并存与混合的竞争格局逐渐形成，新中国寿险制度的变迁经由寿险产品、价格与服务等衍生出的竞争市场，将进一步推进寿险需求的增长及促进风险保障功能的发挥。

第八章 新中国健康保险制度变迁。本章以健康保险的内涵为基础，分析新中国健康保险制度变迁的演进历程、演进逻辑及政策推演，并对新中国健康保险的制度变迁进行总结及展望。新中国健康保险制度的变迁史，明显地带有中国整体经济转型、政府职能转变以及市场化改革等因素的烙印。随着我国人口老龄化进程的加快、疾病发生率的升高、医疗费用的大幅上涨以及人们健康意识的增强，商业健康保险（以下简称健康保险）的需求潜力巨大，且呈现出多样化和个性化的趋势。未来我国健康保险制度必然还会顺应各种正式制度和非正式制度的变化而调整，并主要受到大健康、大数据背景的影响。

第九章 新中国意外伤害保险制度变迁。本章以意外伤害保险（简称意外险）的概念、基本特征、分类及主要险种为基础，分析了新中国意外险制度变迁的演进历程、演进逻辑及政策推演，并对新中国意外伤害保险的制度变迁进行总结及展望。新中国意外伤害保险制度的变迁，从制度变迁的演进逻辑来看，商业意外伤害险的经营权，从理论上仅定性为寿险产品，过渡到其兼顾具有损失补偿性的全面性产品，实践中意外险业务由仅限于人身险公司经营过渡到人身险公司和产险公司均可经营；从强制性或政策性意外伤害险角度来看，国家逐渐认识到特定群体的意外风险太高而不适合商业保险参与，需要国家出面设立强制性或政策性意外伤害保险，这表明国家层面对意外事故的认识出现了从无到有的演化；从制度变迁特征的角度来说，分别从恢复国内保险业务前国家垄断产权特征的意外伤害保险制度安排向以国家在产权边界上逐步退让为特征的意外伤害保险制度变迁。

第十章 新中国农业保险制度变迁。本章以农业保险（简称农险）的内涵为基础，综合分析了新中国农险制度变迁的演进历程及演进逻辑，分阶段对计划经济时期（1949—1981 年）、计划经济向市场经济过渡时期（1982—1992 年）、市场经济确立初期（1993—2003 年）、政策性农险制度的确立与变迁（2004 年至今）等时期的新中国农险制度变迁的总结及展望。新中国农业保险制度的变迁是政府主导下的强制性制度变迁，是国家或政府通过法律等制度引入并实现的。国家是农业保险制度变迁主体，缘于政府在资源配置中的优势地位，所以政府决定了农业保险制度供给的形式、方向、战略等。新中国农业保险制度变迁是与农业的发展、农业政策的变化及国家整体经济环境变化紧密结合在一起的，在产权设计、市场机制、法律与监管制度等方面形成了具有中国特色的制度安排，并总结出一系列机制设计的经验：政府强制主导与市场自发辅助相结合，农业保险的一般性与中国特色相结合，激励约束与成本收益相平衡，农业保险规律性与创新发展兼顾。目前，我国农业保险已进入政府诱导发展阶段，各级政府在政策指导、财政补贴、法律监管等方面发挥了举足轻重的作用，在政府主导、市场运作的基本原则下，农业保险必将实现高质量发展。

第十一章 新中国保险法律及监管制度变迁。本章以保险法律及监管制度的内涵为基础，分析新中国保险法律及监管制度变迁的演进历程、演进逻辑及政策推演，并对新中国保险法律及监管制度的变迁进行总结及展望。新中国保险法律和监管制度的变迁是基于独特的宏大背景，植根于国家改革和法治化进程的伟大实践，受益于国民经济对外开放和国际化程度不断加深，伴随着行业高速发展及与金融体系的不断融合。同时，中国保险法律和监管制度变迁源于主动供给与因应需求，保险监管机构主导推动着制度变迁，保险行业的发展对制度变迁不断提出新的需求，倒逼保险制度改革。保险法律制度和保险监管制度，是中国保险市场可持续健康发展的制度保障。

纵观新中国保险制度的变迁史，每一次重大的保险制度变迁，都是诸多因素共同推动的结果，制度变迁存在着路径依赖。准确把握中国保险制度变迁及发展的规律，才能架构出适合于中国经济社会发展要求及保险实践的制度安排，从而推动中国保险业的制度创新，实现中国保险业的跨越式发展，在服务社会经济中发挥更大的功效。

“以史为鉴，可以知兴替。”回顾历史，追根溯源，我们可以知晓新中国保险制度是如何变迁和为何变迁，从而继往开来。40 余年弹指一挥间，保险业因改革而生，因改革而兴，也必将因改革而强。

第三节 研究方法

本书主要采用了规范分析法、文献研究法、历史分析与制度分析相结合等研究方法。

（1）规范分析法。规范分析侧重于衡量经济活动的优劣，即研究“应该是什么”的问题。因此，规范分析就会涉及价值判断的问题。如政府作为农业保险保费补贴的行为主体，在对其行为进行研究的过程中必然会涉及制度安排、政策取向等问题，这些问题就其本身而言都属于价值判断范畴。规范分析法始终是保险制度变迁分析的基本方法。

（2）文献研究法。本书以文献研究法为基础，即在收集、梳理保险制度变迁相关文献并予以评述的基础上，明确现有研究的不足，再展开对保险各主要险种研究对象的创新性研究。

（3）历史分析法与制度分析法相结合。本项目在梳理新中国保险制度变迁的演进特征、演进逻辑及政策推演的基础上，分析新中国保险制度变迁的演进历程。新中国保险的制度变迁分析不仅应立足于历史发展，也应立足于不同时期的国情、省情和制度环境，充分体现中国特色。因此，历史分析法和制度分析法相结合成为本书的一个重要研究方法。

第四节　创新点及学术价值

本书的选题、研究视角及研究内容等具有相当大的创新性及重要的学术价值，主要体现在以下几个方面。

第一，尝试将制度变迁理论（特别是新制度经济学和马克思主义经济学）与新中国保险的历史演进相结合，分析并重点探讨了改革开放以来商业保险（简称保险）的制度变迁问题。由于国内外从制度变迁的视角对新中国保险发展历史进行的研究较为匮乏，因而本书具有创新性及重要的理论价值；以文献综述为基础，对新中国保险制度变迁进行了一般分析；分别通过机动车辆保险、责任保险、信用保证保险、人寿保险、健康保险、意外伤害保险、农业保险这些保险险种进行制度变迁分析；还探讨了新中国的保险法律及监管制度变迁，其中，分险种进行的保险制度变迁分析以及从法律及监管视角进行的保险制度变迁分析，在国内十分少见，具有相当大的创新性及较为重要的学术价值。

第二，从马克思主义制度经济学及其变迁理论、新旧制度经济学及其变迁理论以及各种制度变迁理论的比较等方面，系统综述了制度变迁的相关文献，分析发现马克思主义制度理论与诺斯制度变迁理论的融合发展是制度经济学未来综合的发展方向；从保险业与保险中介制度、农业保险与巨灾保险制度、存款保险与银行保险制度、保险公司与保险监管制度等多个方面，系统综述了保险业制度变迁的相关文献，发现鲜有学者应用马克思主义制度经济学及其变迁理论探讨我国保险业的制度变迁。

第三，初步探讨了保险强制性制度变迁与保险诱致性制度变迁的关系、制度变迁与制度创新的关系，并尝试基于经济体制及制度变迁方式、基于诺斯的制度变迁理论，探讨了新中国保险业的历史发展与制度变迁。通过研究提出以下主要观点：强制性制度变迁与诱致性制度变迁各有优劣；中国保险业的历史演进，也存在着强制性和诱致性的制度变迁；保险诱致性制度变迁主要体现在组织机构及监管模式等方面；强制性制度变迁与诱致性制度变迁相互联系，相互制约；在我国保险业的发展中，以强制性制度变迁为主导，同时也交织着诱致性制度变迁，保险经营技术可以复制，但客观的文化背景是无法复制的；在我国保险业的制度变迁中，国家始终占据着重要的地位、发挥着重要的作用；中国保险业的制度变迁，主要是政府供给主导型；中国保险业演进的历程表明，中国保险业的历史是以制度变迁为主导的保险资源配置历史。

第四，按照时间轴系统，梳理了我国商业车险和交强险发展变迁的历史，运用制度经济学构建分析框架，深入剖析了我国机动车辆商业保险制度及机动车交通事故责任强制保险制度发展变迁的演进特征及演进逻辑。

第五，目前对新中国责任保险制度变迁历程及特征进行分析的文献仍为空白，本研究在分析责任保险制度变迁基本特征及演进逻辑的基础上，分门别类地对公众责任保险、产品责任保险、雇主责任保险及职业责任保险四大责任保险险种制度变迁的基础及进程进行了分析，梳理了新中国责任保险的制度变迁脉络；主要以道格拉斯·C. 诺斯的制度理论为基础，采用制度经济学的分析框架，对责任保险制度变迁的基础、动因、基本逻辑以及变迁进程进行了剖析，明确了新中国责任保险制度变迁的必然性以及不同主体在演进历程中发挥的关键性作用，深入探究了新中国责任保险制度变迁的客观规律。

第六，首先尝试以制度变迁理论分析新中国信用保险的制度变迁过程，发现新中国信用保险制度从开始建立到发展，都贯穿着政府主导、国有政策性保险公司经办的特点，在不同的时期根据不同的经济发展需要，政府出台相应的信用保险政策来引导新中国信用保险制度的发展，故新中国信用保险制度变迁主要是政府主导的强制性变迁；其次，以制度变迁理论尝试分析新中国的保证保险制度变迁过程，发现新中国的保证保险制度变迁主要是由经济个体自下而上推动的诱致性制度变迁过程，尽管政府强制性制度变迁力量并不显著，但政府在新中国保证保险制度变迁过程中仍发挥了较强的修正作用；最后，尝试以制度变迁理论探索新中国存款保险的制度变迁进程，发现我国存款保险市场自下而上的诱致性制度变迁力量相对较为薄弱，难以推动保险公司自发承办存款保险业务，而政府对于采取强制性制度变迁手段推动新中国存款保险制度建立的态度较为谨慎，并未在短期内强制性地建立新中国存款保险制度，故新中国存款保险制度的建立属于一个政府主导的诱致性制度变迁过程。

第七，全面梳理了新中国人寿保险制度变迁的政策推演，系统归纳了新中国人寿保险制度变迁的演进特征，进一步丰富了新中国人寿保险制度的相关研究内容。新中国寿险制度变迁是典型的强制性制度变迁，新中国寿险制度变迁的诱致性制度变迁主要发生在微观经营层面，新中国寿险制度变迁是强制性变迁和诱致性制度变迁相互交融的结果。本研究将寿险制度变迁置于新中国保险制度变迁的大背景下考察，研究视角也有一定的创新。人寿保险的制度变迁体现了保险制度变迁的主要特征，但在其自身发展过程中又呈现出独特的制度变迁形态。人寿保险制度的未来发展完善既要符合保险制度发展的基本规律，也要受到我国人寿保险制度变迁中的政治、经济、法律、文化等外部因素的综合影响，以进一步释放人寿保险制度的活力，形成中国人寿保险制度变迁的鲜明特征，为其他国家和地区人寿保险制度的发展提供参考。

第八，尝试用制度变迁理论分析新中国健康保险制度的变迁，指出其强制性制度变迁特征和诱致性制度变迁特征，呈现出突发性、阶段性和路径依赖的特点。在此基础上，重点梳理了新中国健康保险制度变迁的政策推演，特别是与经营主体、税优政策、健康管理三个方面相关的政策变迁；结合我国商业健康保险的发展，分三个阶段探讨了新中国健康保险制度变迁的演进历程。

第九，首次从理论和实践的角度深入探讨了意外伤害保险在中国的发展情况，并创新性地将意外伤害保险在我国的发展划分成计划经济和恢复国内保险业务两个阶段，为后续学者研究我国意外伤害保险提供了较为全面的研究视角。

第十，从农业保险的内涵出发，总结了新中国农业保险制度的演进特征和演进逻辑，梳理了新中国成立以来农业保险制度的变迁历程，结合农业保险制度变迁与发展实践提出了未来农业保险的发展目标，为农业保险制度变迁提供了思路。在以往的研究农业保险发展历程的文献中，大多以一般均衡论为基础，总结农业保险的发展经验并提出政策建议。本书则以制度经济学分析框架为基础，从制度变迁的动因、主体、路径依赖和激励机制出发，探究新中国农业保险制度变迁的演进特征；已有文献更多的是从实践层面分析和总结农业保险各个发展阶段的特殊规律，鲜有文献基于主要矛盾（农业保险制度的发展与农业现代化进程中的风险管理需求不适应，是当前农业保险的主要矛盾），对农业保险制度变迁的一般规律进行总结；总结出农业保险制度变迁的普遍规律，即变迁过程中体现出了特殊性与经济规律融合、规律性与功能实践相统一的具有中国特色的农业保险制度演进历程。

第十一，从保险合同和监管制度发展的角度阐释新中国保险事业快速发展及成熟过程中的制度保障因素，始终坚持用辩证思维审视保险制度改革创新与保险事业发展之间的互动关系，强调制度发展和完善对事业发展所起到的重要推动作用。本研究将我国保险制度的发展分为三个主要的阶段，特别是改革开放后的初创阶段和逐步成熟的阶段，认为我国保险基础制度建设框架已经基本成型，进入日臻完善的阶段。

本章参考文献

［1］孙蓉，杨馥. 改革开放三十年：中国保险业的变迁与发展［J］. 保险研究，2008（12）.

［2］卓志，朱衡. 宏观经济、保险制度变迁与保险业增长［J］. 保险研究，2017（4）.

［3］卓志，周宇梅. 改革开放三十年中国保险制度的变迁与创新：基于制度经济学的视角和分析［J］. 保险研究，2008（7）.

［4］黄英君，江先学. 中外保险制度比较研究：基于制度变迁的视角［J］. 经济社会体制比较，2007（5）.

［5］邓敏. 中国保险业的历史与未来：一个制度变迁视角［J］. 金融研究，2000（6）.

［6］孙祁祥，等. 改革开放 30 年：保险业的嬗变及发展路径的审视［J］. 财贸经济，2009（2）.

［7］魏华林. 保险的本质、发展与监管［J］. 金融监管研究，2018（8）.

第二章
文献综述与理论基础

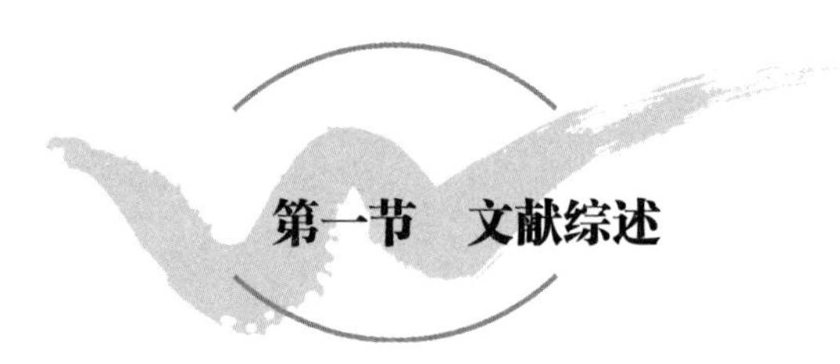

第一节　文献综述

一、制度变迁理论文献综述

静态分析法是主流经济学的主要分析方法，但制度变迁理论是研究动态经济变迁和社会变革过程的关键[①]，作为制度经济学的核心内容，其研究呈现出多样性与复杂性。旧制度经济学产生于19世纪末，繁荣于20世纪的两次世界大战期间，托尔斯坦·凡勃伦[②]、约翰·罗杰斯·康芒斯、韦斯利·米契尔、克拉伦斯·艾尔斯是旧制度经济学的代表人物[③]。新制度经济学以科斯的交易成本理论[④]与诺斯[⑤]的制度概念为基础，研究制度变迁与经济绩效之间的关系[⑥]，其在经济领域中的地位逐渐凸显[⑦]。尽管新制度经济学来源于正统新古典经济学，旧制度经济学建立在选择理论的基础上，但两者均是分析制度变迁过程的重要理论基础[⑧]。马克思的政治经济学蕴含制度思想，较早将制度

① NORTH, DOUGLASS. Institutions, Institutional Change and Economic Performance [M]. Cambridge, UK: Cambridge University Press, 1990a; NORTH, DOUGLASS. Understanding the Process of Economic Change [M]. Princeton, NJ: Princeton University Press, 2005.

② 为保持全书的统一性，本书将不同翻译版本的"凡勃仑"和"凡勃伦"，全部统一采用"凡勃伦"的称谓。

③ BUSH, PAUL D., MARK R. TOOL. Institutional Analysis and Economic Policy [M]. Dordrecht, Netherlands: Kluwer Academic Publishers, 2003.

④ COASE, RONAL D. The Nature of the Firm [J]. Economica, 1937, 4 (16): 386-405.

⑤ 为保持全书的统一性，本书将不同翻译版本的"诺思"和"诺斯"，全部统一采用"诺斯"的称谓。

⑥ MENARD CLAUD, MARY SHIRLEY, eds. Handbook of New Institutional Economics [M]. Dordrecht, Netherlands: Springer, 2005.

⑦ KINGSTON, CHRISTOPHER, GONZALO CABALLERO. Comparing Theories of Institutional Change [J]. Journal of Institutional Economics, 2009, 5 (2): 151-180.

⑧ GREIF, AVNER. Institutions and the Path to the Modern Economy [M]. Cambridge, UK: Cambridge University Press, 2006; GROENEWEGEN, JOHN, FRANS KERSTHOLT, AD NAGELKERKE. On Integrating New and Old Institutionalism: Douglass C. North Building Bridges. [J]. Journal of Economic Issues, 1995, 29 (2): 467-476; HODGSON, GEOFFREY M. The Approach of Institutional Economics [J]. Journal of Economic Literature, 1998, 36 (1): 166-192.

纳入经济学研究，与旧、新制度经济学的理论基础与分析方法不同，其制度分析框架具有独特性[①]，不能以此二者替代[②]。马克思与新制度经济学的制度变迁分析框架在变迁主体、因素、方法论基础及机制等方面相互融通，二者的比较与整合有助于制度变迁理论的完善。

（一）马克思的制度思想与制度变迁理论的相关文献

一些制度经济学家深受马克思关于制度概念与分析的影响，甚至直接借用马克思曾使用的制度概念[③]。以社会经济制度和技术进步的相互影响界定制度变迁，马克思在解决生产力和生产关系的问题上是最成功的，故日本学者繁人都重[④]把马克思也看成是一位制度经济学家。在马克思的制度思想中，制度不是独立于经济发展的因素，而是社会经济发展的内生变量，技术生产力的进步是制度变迁的力量[⑤]。诺斯[⑥]也认为马克思对制度理论做出了巨大的贡献。

马克思运用历史唯物主义原理得出制度是生产过程中形成的人与人之间的生产关系，也包括政治制度、法律法规、道德习惯等在内的上层建筑[⑦]。马克思运用生产力与生产关系之间的关系分析了制度变迁过程[⑧]。“制度变迁过程是生产力的张力和生产关系的适应能力之间的相互作用过程”[⑨]。“社会的物质生产力发展到一定阶段，便同它们一直在其中活动的现存生产关系或财产关系（这只是生产关系的法律用语）发生矛盾。于是这些关系便由生产力的发展形式变成生产力的桎梏。那时社会革命的时代就到来了”[⑩]。诺斯认为

---

① 卢现祥. 马克思是制度经济学家吗［J］. 经济学家，2006（3）：5-12.

② 贾后明. 制度经济学和演化经济学不能代替马克思主义经济学［J］. 经济纵横，2014（11）：19-24.

③ 亨利·勒帕日. 美国新自由主义经济学［M］. 李燕生，译. 北京：北京大学出版社，1985：41.

④ 繁人都重. 制度经济学的回顾与反思［M］. 张敬惠，译. 成都：西南财经大学出版社，2004：2.

⑤ 阿尔钦，等. 财产权利与制度变迁［M］. 刘守英，等译. 上海：上海人民出版社，1994：327-370.

⑥ NORTH, DOUGLASS. Structure and Change in Economic History［M］. New York, NY：WW Norton, 1981.

⑦ 马克思恩格斯选集：第1卷［M］. 北京：人民出版社，1995：181.

⑧ 马克思恩格斯全集：第13卷［M］. 北京：人民出版社，1956：88.

⑨ 马克思恩格斯全集：第23卷［M］. 北京：人民出版社，1972：640.

⑩ 马克思恩格斯选集：第3卷［M］. 北京：人民出版社，1995：8.

马克思将技术变迁与制度变迁相结合，明确了制度是社会经济发展的关键，强调了产权的重要作用，指出现有产权制度与新技术之间的矛盾是马克思主义制度变迁理论的根源，且认为马克思的制度分析框架适用于长期变迁，但对微观制度变迁解释力不足。

马克思经典著作有关于制度起源与变迁的完整阐述，是以历史唯物主义为理论基础，研究了制度变迁的动因与主体、制度结构的内在联系及制度价值评价等问题①。马克思的历史唯物主义是一种关于制度变迁的理论，生产力和阶级是制度变迁的根本与直接动力，国家是制度变迁的核心内容，三者的相互作用是人类社会制度变迁的内在机理，解释了马克思“生产力——生产关系——经济基础——上层建筑”的制度变迁逻辑②。学者们从人格假设、基本分析方法、制度变迁的主体与作用等方面阐述了马克思的制度变迁理论③。张聚昌④运用进化博弈论方法，给出生产力决定生产关系的介质结构、上层建筑与经济关系的相互关系的结论，对马克思主义制度变迁的理论范式做出了微观解释。张福军⑤从系统比较、原典溯源、理论批判与构建四个方面评述了马克思主义制度变迁理论的相关文献，认为现有研究忽略了劳动与剩余价值论在制度变迁中的地位，也缺乏制度变迁社会价值倾向的相关研究。

（二）旧制度经济学与制度变迁理论的相关文献

沃尔顿·汉密尔顿⑥首次在其论文“*The Institutional Approach to Economic Theory*”中使用“制度经济学”术语。旧制度经济学采用个人心理属性而非经济人假设限制个人行为，放弃了个人效用标准，使用整体方法论，研究不同制度结构的分配结果与制度变迁过程中的冲突，从习惯、制度、权利和强

---

① 霍炜，汪彤，宋文玉. 论马克思主义的制度分析方法［J］. 中共中央党校学报，2006（5）：14-19.

② 叶麒麟. 生产力、阶级与国家：马克思制度变迁的机理分析［J］. 河南大学学报（社会科学版），2011，51（3）：34-39.

③ 周小亮. 马克思的制度变迁理论及其对改革的启示［J］. 当代财经，1997（4）：24-28，65；邓葱. 马克思的制度变迁理论及当代价值［J］. 当代经济，2008（5）：152-153.

④ 张聚昌. 马克思制度变迁理论范式微观诠释初探［J］. 理论探讨，2011（6）：72-77.

⑤ 张福军. 马克思制度变迁理论述评［J］. 经济学家，2008（3）：113-118.

⑥ HAMILTON W H. The Institutional Approach to Economic Theory［J］. American Economic Review，Supplement，1919，1（9）：309-318.

制方面阐述其理论内容①。旧制度主义没有形成统一的思想、方法或研究纲领，研究内容包括两大理论体系②：一是与凡勃伦和艾尔斯的研究有关，采用工具价值理论及经济的商业与工业的基本二分法。凡勃伦拒绝新古典经济学中经济人的假设，认为经济体是由经济利益决定的文化发展过程的因果累积，故制度是历史过程产出的结果③，个人既是文化的生产者又是其产出品④。正如霍奇逊（1998）所言，“绝大部分制度暂时存在于个人之前，我们出生和社会化于制度世界，故制度主义研究特定制度，而不是建立一般化的、与历史无关的个人模型”，习惯是解释此种制度模式的重要概念⑤。二是与康芒斯的研究有关，主要运用康芒斯的参与观察法研究法律、产权与组织，包括法律与产权、经济交易及收入分配的变革与影响。康芒斯的制度变迁理论建立在观念的基础上，认为经济现象是人工选择的结果⑥，由于人类选择的特点、目标和标准是认知与文化变革的结果，人工选择不是自然选择的可行替代⑦。与凡勃伦相比，康芒斯忽略技术进步的重要性，关注利益冲突的解决，人工选择就是冲突解决的结果⑧。

---

① TOBOSO, FERNANDO. En qué se diferencian los Enfoques de Análisis de la Vieja y la Nueva Economía Institucional? [J]. Hacienda Pública Española, 1997, 143: 175-192.

② RUTHERFORD, MALCOL M. Institutions in Economics [M]. Cambridge, UK: Cambridge University Press, 1994; 左金隆. 老制度主义学派制度变迁理论研究方法剖析 [J]. 商业时代, 2006 (6): 43, 47.

③ VEBLEN, THORSTEIN. Why Is Economics Not an Evolutionary Science? [J]. Quarterly Journal of Economics, 1898, 12 (4): 373-397.

④ TOOL, MARC R. Essays in Social Value Theory [M]. Armonk, NY: M. E. Sharpe, 1986.

⑤ VEBLEN, THORSTEIN. The Place of Science in Modern Civilization and Other Essays [M]. New York, NY: Huebsch, 1919; MITCHELL, WESLEY C. "The Prospects of Economics." In The Backward Art of Spending Money and Other Essays [M]. New York, NY: Augustus M. Keley, Inc., 1924 1950; HAMILTON W H. "Institution." In Encyclopaedia of the Social Sciences, vol. 8, edited by Edwin Seligman and Alvin Johnson [M]. New York, NY: Macmillan, 1932.

⑥ HODGSON, GEOFFREY M. Darwinism and Institutional Economics [J]. Journal of Economic Issues, 2003a, 37 (1): 85-97.

⑦ HODGSON, GEOFFREY M. Darwinism in Economics: From Analogy to Ontology [J]. Journal of Evolutionary Economics, 2002b, 12 (2): 259-281.

⑧ RUTHERFORD, MALCOL M. Institutions in Economics [M]. Cambridge, UK: Cambridge University Press, 1994.

大部分旧制度主义者认为工具价值理论是最佳的制度变迁理论，其是艾尔斯①、福斯特②、图尔③以及布什④的共同研究成果。此理论基于凡勃伦与杜威的研究，艾尔斯进行整合与细化，将技术作为社会变革的基本动力。凡勃伦的制度变迁理论认为“累积因果论”是制度变迁的动因⑤，制度是技术变迁的阻力，制度变迁过程就是克服制度阻力的过程，其不可能替代马克思的制度变迁理论，两者在某些方面可以相互结合⑥。凡勃伦还区分了令人厌恶与非令人厌恶的文化，非令人厌恶的文化因素包含促进制度变迁的技术与社会力量，令人厌恶的文化因素有助于维持制度现状⑦。工具和仪式更常被用于分别指定非厌恶的和厌恶的文化因素，工具价值是相关非厌恶行为的判断标准，仪式价值是相关厌恶行为的判断标准（Bush，1987）。

（三）新制度经济学与制度变迁理论的相关文献

新制度经济学保留了新古典经济学资源稀缺与竞争性的基本假设，将制度引入主流经济学的分析范式中，构建了不完全产权、正交易成本与制度的理论分析框架，认为制度决定了经济绩效中交易成本的水平，运用产权和交易费用理论，分析制度变迁对经济绩效的促进和抑制作用⑧。新制度经济学的

---

① AYRES, CLARENCE E. The Theory of Economic Progress [M]. New York, NY: Schocken, 1944.

② FOSTER, J FAGG. The Effect of Technology on Institutions [J]. Journal of Economic Issues, 1981, 15 (4): 907-913.

③ TOOL, MARC R. Essays in Social Value Theory [M]. Armonk, NY: M. E. Sharpe, 1986.

④ BUSH, PAUL D. The Theory of Institutional Change [J]. Journal of Economic Issues, 1987, 21 (3): 1075-1116.

⑤ 蒋雅文. 论制度变迁理论的变迁 [J]. 经济评论, 2003 (4): 73-79.

⑥ 张林. 凡勃伦的制度变迁理论解读 [J]. 经济学家, 2003 (3): 104-110.

⑦ BUSH, PAUL D, MARK R. TOOL. Institutional Analysis and Economic Policy [M]. Dordrecht, Netherlands: Kluwer Academic Publishers, 2003.

⑧ NORTH, DOUGLASS. Understanding Institutions [M] // Institutions, Contracts and Organizations. Cheltenham, UK: Edward Elgar, 2000b; WILLIAMSON, OLIVER. The New Institutional Economics: Taking Stock, Looking Ahea D [J]. Journal of Economic Literature, 2000, 38 (3): 595-613; 张林. 诺斯的制度经济思想评析 [J]. 思想战线, 1999 (5): 15-19; 姚作为, 王国庆. 制度供给理论述评: 经典理论演变与国内研究进展 [J]. 财经理论与实践, 2005 (1): 3-8; 左金隆. 诺斯制度变迁理论方法论探析: 修正的新古典经济学范式 [J]. 经济经纬, 2005 (6): 7-9.

分析范式与新古典经济学不同①，并不是新古典经济学的替代，而是其理论拓展②）；拒绝旧制度主义方法论③，旧制度主义并非其先驱④。

制度是指社会规则与强制安排，包括正式规则，如法律和宪法，与非正式规则，如惯例与规范⑤。为了理解不确定性条件下个人的决策行为，新制度经济学将个人主观心智模型作为核心要素。心智模型是个人认知的内部表现，创新性地解释环境；制度是个人认知的外部机制，创造性地安排环境⑥。由于存在交易成本，假设变迁过程总是会产生好的结果是幼稚的⑦。正式规则可能通过"制度移植"输入，但是植入制度的潜在冲突会产生不可预见的结果（Brousseau，Garrouste and Raynaud，2011）。国家常通过制度移植引入社会技术，由于制度矩阵性质的不完全信息，制度移植很可能失败⑧。Greif and Kingston 与 Brousseau、Garrouste，and Raynard 将新制度经济学理论分为两类：一是"制度即规则"，即诺斯的制度与制度变迁理论。二是"制度即均衡"，格雷夫（2006）将制度定义为规则、信念、规范与组织的系统共同形成的行为规则。制度是在自发与内生机制下形成的，是重复博弈的结果，制度变迁

---

① EGGERTSSON，THRáINN. Economic Behaviour and Institutions ［M］. Cambridge，UK：Cambridge University Press，1990.

② RUTHERFORD，MALCOL M. Institutional Economics：Then and Now ［J］. Journal of Economic Perspectives，2001，15 （3）：173-194.

③ TOBOSO，FERNANDO. En qué se diferencian los Enfoques de Análisis de la Vieja y la Nueva Economía Institucional? ［J］. Hacienda Pública Española，1997，143：175-192.

④ COASE，RONAL D. The New Institutional Economics ［J］. Journal of Theoretical and Institutional Economics，1984，140 （1）：229-231.

⑤ NORTH，DOUGLASS. Institutions，Institutional Change and Economic Performance ［M］. Cambridge，UK：Cambridge University Press，1990a.

⑥ DENZAU A T，DOUGLASS NORTH. Shared Mental Models：Ideologies and Institutions ［J］. Kyklos，199447 （1）：3-31.

⑦ OSTROM，ELINOR，XAVIER BASURTO. Crafting analytical tools to study institutional change ［J］. Journal of Institutional Economics，7 （3）：317-343；BROUSSEAU，ERIC，PIERRE GARROUSTE，EMMANUEL RAYNAU D. Institutional Changes：Alternative Theories and Consequences for Institutional Design ［J］. Journal of Economic Behavior & Organization，2011，79 （1-2）：3-19.

⑧ COASE，RONALD. An Interview with Ronald Coase ［J］. ISNIE Newsletter，1999，2 （1）：3-10；EGGERTSSON，THRÁINN. Imperfect Institutions：Possibilities and Limits of Reform ［M］. Ann Arbor，MI：University of Michigan Press，2005.

被看作制度均衡的转换，行为和信仰是变迁动力[①]。Desiree Desierto and John Nye's[②] 比较了“制度即规则”与“制度即均衡”理论。基于均衡分析框架、变迁动因及路径依赖理论，王胜利和国晓丽[③]认为诺斯的制度变迁分析由“制度均衡”变成“制度演化”。

诺斯的制度变迁理论具体包括产权理论、国家理论及意识形态理论[④]，变迁动因来自制度、技术[⑤]、学习机制[⑥]及潜在外部利润[⑦]等，变迁主体包括组织及其领导者[⑧]、企业家[⑨]、较大的利益集团[⑩]等。蒋雅文[⑪]从制度变迁与技术进步之间的关系、成本—收益分析法、国家理论及意识形态理论四个方面介绍诺斯的制度变迁理论。李志强[⑫]从“制度决定论”、制度变迁动因及路径依赖几个方面梳理诺斯的制度变迁理论。叶朝付和任荣明[⑬]分别从产权理论、诱致性制度变迁理论、诺斯模型及布罗姆利扩展模型视角分析诺斯制度变迁理论中的认识论问题。

尽管诺斯制度变迁理论取得了巨大成就，但其仍存在一定的局限性：存在缺乏对制度变迁常规的解释力、产权与制度之间关系的不明确、个人理性

---

① GREIF, AVNER. Historical and Comparative Institutional Analysis [J]. American Economic Review, 1998, 88 (2): 80-84; GREIF, AVNER. Institutions and the Path to the Modern Economy [M]. Cambridge, UK: Cambridge University Press, 2006.

② DESIERTO, DESIREE, JOHN NYE. When Do Formal Rules and Informal Norms Converge? [J]. Journal of Institutional and Theoretical Economics, 2011, 167 (4): 613-629.

③ 王胜利，国晓丽. 诺斯制度变迁观演变的解析 [J]. 商业研究，2012 (1): 119-123.

④ 李伟群. 对诺斯的制度变迁理论的经济学分析 [J]. 特区经济，2005 (4): 163-164; 马广奇. 制度变迁理论：评述与启示 [J]. 生产力研究，2005 (7): 225-227、230-243.

⑤ 户国栋，姜涛，刘乃铭. 论诺斯制度变迁理论的现实价值 [J]. 河北学刊，2010, 30 (3): 250-252.

⑥ 刘和旺. 论学习与制度变迁：诺斯制度变迁理论的新发展 [J]. 山东社会科学，2005 (8): 59-62.

⑦ 林红玲. 西方制度变迁理论述评 [J]. 社会科学辑刊，2001 (1): 76-80.

⑧ 杨正联，卢国义. 制度变迁中的组织：简析诺斯的组织理论 [J]. 理论月刊，2012 (2): 35-37.

⑨ 李治. 企业家与诺斯的制度变迁理论 [J]. 生产力研究，2010 (10): 20-22.

⑩ 赵岳阳. 制度变迁视角下的利益集团理论 [J]. 当代经济研究，2010 (12): 22-24.

⑪ 蒋雅文. 诺斯的制度变迁理论评析 [J]. 经济科学，2000 (5): 100-107.

⑫ 李志强. 新制度经济学的制度理论：企业理论·产权理论·制度变迁理论 [J]. 经济师，2001 (12): 34-35.

⑬ 叶朝付，任荣明. 制度变迁理论中的认识论问题 [J]. 生产力研究，2005 (11): 33-34、126.

与“构建主义”的矛盾、技术与制度决定论的争议、制度变迁规律与动态性的界限[①]等问题；由于漏掉了新古典经济学的均衡思想，对制度供给的分析存在局限性[②]；由于忽略历史演进中的关键时刻，仅注重连续性变迁方式，忽略非制度性观念与非正式规则的不同[③]，存在各层次分析要素间动力关系分析不足，微观机制分析不足以及忽视时点、次序与政治复杂性的理论缺陷[④]等问题。学者们分别运用博弈论方法[⑤]、演化博弈论分析方法[⑥]及最小熵原理法[⑦]完善诺斯的制度变迁理论。邹薇和庄子银[⑧]以制度供给与需求两条主线为依据评论新制度经济学的理论发展过程，得出制度变迁理论需从静态转向动态、单层次转向多层次、正向转向多向及纯粹经济学转向政治经济学四个方面不断完善的看法。19 世纪 20 年代，诺斯（1990a）认为制度能够被有足够议价能力的群体所创造，故学者们通过研究政治精英权力与掠夺态度之间的平衡问题修正诺斯制度变迁理论。Knight Jack[⑨] 在群体中引入权利不对称问题。Ostrom[⑩] 认为对于制度设计与社会执法机制，各主体之间的权利平衡是重要的。John Nye[⑪] 区

---

① 靳涛. 诺斯的成就与困惑：新制度经济史学制度变迁理论的绩效与问题［J］. 郑州大学学报（哲学社会科学版），2003（3）：86-89.

② 黄卫华，商晨. 新制度经济学制度变迁理论对制度均衡思想的疏漏［J］. 经济纵横，2005（7）：44-46.

③ 杨光斌. 诺斯制度变迁理论的贡献与问题［J］. 华中师范大学学报（人文社会科学版），2007（3）：30-37.

④ 蔡潇彬. 诺斯的制度变迁理论研究［J］. 东南学术，2016（1）：120-127.

⑤ 孙希芳. 一个制度变迁的动态博弈模型［J］. 经济学动态，2001（12）：26-29；徐光东，欧阳日辉. 制度变迁：从产权理论到中国经验［J］. 经济学动态，2005（3）：23-27；黎秀蓉，刘光岭. 论制度是博弈的结果：对诺斯制度变迁理论的修正［J］. 经济问题，2009（4）：3-5.

⑥ 马旭东. 演化博弈论在制度变迁研究中的适用性分析［J］. 中央财经大学学报，2010（3）：78-82.

⑦ 何刚，陈文静，叶阿忠. 熵理论与制度变迁方式的选择［J］. 财经研究，2004（3）：106-112.

⑧ 邹薇，庄子银. 制度变迁理论评述［J］. 国外社会科学，1995（7）：7-11.

⑨ KNIGHT，JACK. Institutions and Social Conflict［M］. Cambridge，UK：Cambridge University Press，1992.

⑩ OSTROM，ELINOR. Self-Organization and Social Capital［J］. Industrial and Corporate Change，1995，4（1）：131-159.

⑪ NYE，JOHN. Thinking About the State：Property Rights，Trade and Changing Contractual Arrangements in a World with Coercion［M］// J. N. DROBAK，JOHN NYE. The Frontiers of the New Institutional Economics. San Diego，CA：Academic Press，1997.

分了社会供应治理的掠夺和管理活动，可维持政治权力的政治家或社会群体的利益，故非效率制度与政策得以存在[①]。Douglass North、J. J. Wallis、B. R. Weingast[②]研究了暴力与社会秩序。经济政策不能消除市场失灵与修正市场扭曲，但将影响社会中收入与租金（加强了主要群体的力量）的分配，故会影响未来的政策均衡[③]。Acemoglu 与 Robinson[④]构建了账户权利不对称与制度结构分配后果的动态制度变迁模型。

（四）制度变迁理论比较的相关文献

1. 新旧制度经济学制度变迁理论的比较

早期的新制度经济学主要运用新古典经济学的方法，不是真正的制度主义，后期新制度经济学已经明确地转向制度主义[⑤]，如突破个人主义方法论的局限转向制度主义（Toboso，2001）、由效率转向分配问题（Toboso，2011）、通过假设强制与暴力之间的相关性重新引入自由交换方法[⑥]等。制度变迁的特点是收益增加及拥有交易成本较高的不完全市场，制度矩阵、社会学习过程与共享心智模型强化了制度变迁的路径依赖（North，1990a），故少数大事件与偶然情况决定制度变迁的路径与结果。诺斯后期（2005）在制度变迁中引入文化与信念，向认知科学拓展新制度经济学，发现路径依赖与具体历史事件之间的关系，故制度框架不仅决定了现在的经济结果，也限定了影响未来制度的机会。由于国家理论存在无法解释低效率产权存在原因的缺陷，引入

---

① ACEMOGLU, DARON. Why Not a Political Coasean Theorem? Social Conflict, Commitment, and Politics [J]. Journal of Comparative Economics, 2003 (31): 620-652.

② NORTH, DOUGLASS, J J WALLIS, B R WEINGAST. Violence and Social Orders [M]. New York, NY: Cambridge University Press, 2009.

③ ACEMOGLU, DARON, JAMES ROBINSON. Economics versus Politics: Pitfalls of Policy Advice [J]. Journal of Economic Perspective, 2013, 27 (2): 173-192.

④ ACEMOGLU, DARON, JAMES ROBINSON. Persistence of Power, Elites, and Institutions [J]. American Economic Review, 2008, 98 (1): 267-293.

⑤ DUGGER, WILLIA M. The New Institutionalism: New But Not Institutionalist [J]. Journal of Economic Issues, 1990, 24 (2): 423-431; 彭文平. 制度变迁理论的新动向 [J]. 经济学动态, 2000 (7): 57-60.

⑥ NORTH, DOUGLASS, J J WALLIS, B R WEINGAST. Violence and Social Orders [J]. New York, NY: Cambridge University Press, 2009; NYE, JOHN. Thinking About the State: Property Rights, Trade and Changing Contractual Arrangements in a World with Coercion [M]. J. N. DROBAK, JOHN NYE. The Frontiers of the New Institutional Economics. San Diego, CA: Academic Press, 1997.

奥尔森的搭便车理论对于国家理论缺陷效果甚微，引入意识形态范畴效果却显著，故其后期制度变迁理论注重心智、认知及信念理论①。刘和旺和颜鹏飞②介绍了诺斯制度变迁理论由新古典经济学的“理性选择模型”转为演化经济学“共享心智模型”的制度变迁模式的原因，并分析了认知、环境、文化等因素与制度变迁之间的关系。诺斯前期将制度变迁与经济绩效结合分析、视制度为外生变量、强调国家在制度变迁中的重要作用，晚期将制度内生化、强调制度变迁的路径依赖③，此二者分别是静态和动态的制度变迁④。

交易成本概念是新、旧制度经济学制度变迁理论之间的重要联系。康芒斯是交易成本经济学的创建者，威廉姆森是此研究范式的重新发现者⑤，二人都认为交易成本应是制度变迁分析的基本单位。威廉姆森⑥认为康芒斯基于“冲突、依存与秩序”三层社会关系提出了基于交易成本的三类管理概念。诺斯后期运用认知科学分析制度变迁，与哈耶克的制度自发出现的思想相同。诺斯（2005）在制度变迁理论中引入源自认知科学的共享心智模型、学习、文化与信念概念，认为人类信念决定了选择机会，将制度变迁视为“主要信念体系演变的函数”⑦。格雷夫（2006）指出将旧制度主义的有限理性与认知观点融入制度与制度变迁的研究中，对完善新制度经济学制度变迁分析是极为重要的。Michel Zouboulakis⑧ 认为演化经济学的两个凡勃伦特征存在于诺斯

---

① 刘成群. 白搭车问题与诺斯制度变迁理论的转向［J］. 河北经贸大学学报，2016，37（3）：36-41.

② 刘和旺，颜鹏飞. 论诺斯制度变迁理论的演变［J］. 当代经济研究，2005（12）：21-24，72.

③ 刘文革，刘婷婷. 以诺斯为代表的制度变迁理论评析［J］. 学术交流，2007（3）：61-65；刘勇，田杰，余子鹏. 诺斯制度变迁理论的变迁分析［J］. 理论月刊，2012（12）：119-123.

④ 傅兆君，史纪新. 经济体制必然是一个动态的演进过程：诺斯的经济史观和制度变迁理论新解［J］. 江苏社会科学，2001（6）：7-15.

⑤ DUGGER，WILLIA M. Sovereignty in Transaction Cost Economics：John R. Commons and Oliver Williamson［J］. Journal of Economic Issues，1996，30（2）：427- 435.

⑥ WILLIAMSON，OLIVER. Transaction Cost Economics：The Natural Progression［J］. American Economic Review，2010，100（3）：673-690.

⑦ ZWEYNERT，JOACHI M. Interests Versus Culture in the Theory of Institutional Change［J］. Journal of Institutional Economics，2009，5（3）：339-360.

⑧ ZOUBOULAKIS，MICHEL. On the Evolutionary Character of North's Idea of Institutional Change［J］. Journal of Institutional Economics，2005，1（2）：139-153.

(2005) 的理论之中，尤其是社会演化的开放观点与制度变迁过程的累积特征。

凡勃伦与诺斯后期制度变迁理论的分析框架非常相似，凡勃伦的制度变迁理论创新更多，值得借鉴的内容较多，但仍存在不足之处①。凡勃伦认为环境与技术的变化引起制度演进（思想习惯的渐进变化）；哈耶克认为思想观念是制度形成与演进的决定因素，进化论理性主义与建构论唯理主义两种思想观念形成两种制度变迁机制；诺斯用价值观和人的精神需求修正以理性选择模型为基础的制度变迁理论。此三者均忽略了人的自我实现动机及良知对制度变迁的作用，未能完全将社会价值观的作用纳入理论模型②。姚恩全和郑尚植③从经济思想角度比较了新制度学派与老制度学派的制度变迁理论，既让人们对老制度学派中制度变迁理论有了新的理解，又丰富了新制度经济学的内容。

2. 马克思主义与新制度经济学制度变迁理论的比较

国外关于马克思主义与新制度经济学制度变迁理论的比较研究较少。威廉·杜格与霍华德·谢尔曼④从社会经济制度演化角度，从技术、社会制度结构变迁、阶级对立与利益冲突等方面，详细分析了马克思恩格斯的制度思想，且与制度经济学派进行比较，找出马克思恩格斯制度思想与制度经济学家制度思想的异同及可能互补的方面。

国内相关研究较为丰富，学者们从制度与经济增长关系、制度变迁动因、国家理论及意识形态四个方面，比较马克思与诺斯的制度变迁理论，发现诺斯从制度和时间两个方面拓展新古典主义，马克思批判地继承了古典经济学的基础；马克思制度变迁理论基于唯物史观与辩证法，诺斯的制度变迁理论则更明显地呈现出形而上学的特点；马克思以阶级作为制度变迁的主体，诺

① 贾根良. 制度变迁理论：凡勃伦传统与诺斯［J］. 经济学家，1999（5）：62-67.

② 曹正汉. 将社会价值观整合到制度变迁理论之中的三种方法：凡勃伦、哈耶克、诺斯的理论之比较研究［J］. 经济科学，2001（6）：96-105；胡海峰，李雯. 对制度变迁理论两种分析思路的互补性思考［J］. 人文杂志，2003（4）：62-68.

③ 姚恩全，郑尚植. NIE 与 OIE 制度变迁理论的比较分析［J］. 财经问题研究，2009（12）：31-35.

④ 威廉·杜格，霍华德·谢尔曼. 回到进化：马克思主义和制度主义关于社会变迁的对话［M］. 张林，等译. 北京：中国人民大学出版社，2007：82-94.

斯制度变迁的主体是集团；诺斯的制度变迁理论适合于一定的社会形态，马克思主义制度变迁理论能科学地说明社会革命与形态的更替①，马克思主义制度变迁理论适用于长期经济增长分析，诺斯制度变迁理论更适合于短期分析②。新制度经济学没有正面给出制度变迁路径如何由短期不确定性转变为长期确定性，基于恩格斯的合力理论与方法，构建制度变迁方向确定性的几何模型，推出制度变迁中新制度的均衡点，以达到帕累托最优状态③。借鉴马克思主义及其他制度主义经济学的分析方法与创新观点，可纠正和克服诺斯制度变迁理论的不足④。马克思主义与新制度经济学中制度变迁理论在制度变迁主体、因素、方法论基础及机制等方面有相互融通之处，二者的比较与整合有助于制度变迁理论的完善⑤。与以自然选择论为基础的制度变迁理论（马克思主义经济学）相比，交易成本经济学的制度变迁理论（诺斯新制度经济学）方式更为温和，此二者的相互结合是未来制度主义综合的方向，为制度变迁理论创新奠定了基础⑥。

---

① 高德步. 制度变迁理论：马克思与诺斯［J］. 经济学家，1996（5）：42-49；王小映. 马克思主义与新制度经济学制度变迁理论的比较［J］. 中国农村观察，2001（4）：20-26，80；陈俊松. 制度变迁理论的两种范式［J］. 经济问题探索，2001（5）：16-18；林国先. 制度理论：马克思与诺斯［J］. 经济学动态，2002（9）：26-30.

② 鲁志国. 制度变迁与技术变迁：谁是经济增长核心因素：兼评诺斯制度变迁经济增长理论的有效性［J］. 南方经济，2002（2）：43-44，72.

③ 杨明东，曾繁华. 制度变迁方向的确定性：基于恩格斯合力理论的分析［J］. 商业研究，2010（4）：31-36.

④ 方建国. 制度变迁中的“诺斯问题”及其范式超越［J］. 福州大学学报（哲学社会科学版），2011，25（4）：28-34.

⑤ 张兴茂，彭金柱. 马克思主义经济学与新制度经济学关于制度变迁动力论的融通［J］. 山西财经大学学报，2001（3）：1-5；王松梅. 马克思与诺斯：制度变迁理论的相互补充［J］. 求实，2003（4）：12-14；梁謇. 马克思与诺斯制度变迁理论的比较研究［J］. 北方论丛，2007（4）：141-144；魏崇辉，王岩. 制度变迁理论的比较与启示：基于理论预设视角［J］. 经济问题，2009（6）：16-19；邹燕. 唯物史观与诺斯的制度变迁理论之比较［J］. 马克思主义与现实，2010（5）：50-53；孙方，李振宇. 诺斯与马克思：制度变迁的动力比较［J］. 理论学刊，2014（11）：10-14.

⑥ 刘小怡. 马克思主义和新制度主义制度变迁理论的比较与综合［J］. 南京师大学报（社会科学版），2007（1）：5-11；方建国. 制度变迁的自然选择和暴力竞争：马克思与交易成本经济学的比较与综合［J］. 南昌大学学报（人文社会科学版），2012，43（1）：51-57.

二、保险制度变迁文献综述

（一）保险业与保险中介制度变迁的相关文献

何英[①]从政府与民间两个方面分析我国古代的保险思想，认为古代保险思想是保险制度得以从西方移植成功的历史与环境因素。制度变迁是我国保险业持续发展的“内生动力”，企业制度、保障制度与收入分配制度等经济体制改革释放了社会各层面的保险需求，保险主体市场化与多元化增加了保险供给[②]。制度创新存在着障碍是我国保险业难以进行制度创新的原因，可由强制型与需求诱致型混合模式突破[③]。我国保险业制度变迁有其自身的背景与特征[④]。保险产权制度绩效较低、中资公司法人治理不完善及保险服务落后于国际水平是保险制度变迁的初始条件[⑤]，其中保险产权内生矛盾所致的低效率是我国保险业产权安排演变的根本原因[⑥]。国家在我国保险业由国家垄断型到多元化的制度变迁中具有举足轻重的地位，保险制度演变即为国家效用最大化的制度均衡解的动态变动[⑦]。黄英君和江先学[⑧]从交易制度、企业制度、市场制度及监管制度四个方面分析保险制度变迁的影响因素，发现产权制度与监管制度是我国保险制度创新的关键。随着我国保险业市场化程度与开放性的

---

① 何英. 保险移植中国的制度基础解析［J］. 特区经济，2008（4）：89-91.

② 陈剖建. 制度变迁与中国保险业增长［J］. 当代经济科学，2004（2）：37-42，94；蒲海成. 中国保险业改革发展的制度分析［J］. 保险研究，2008（11）：34-38.

③ 许捷. 保险制度创新的承载者障碍及其突破［J］. 财经理论与实践，2002（4）：21-24.

④ 施建祥. 中国保险制度创新研究［M］. 北京：中国金融出版社，2006：82；卓志，周宇梅. 改革开放三十年中国保险制度的变迁与创新：基于制度经济学的视角和分析［J］. 保险研究，2008（7）：3-8；纪琼骁. 中国保险业产权制度创新研究［J］. 保险研究，2009（2）：17-21.

⑤ 纪琼骁，刘冬姣，阮红新. 从制度经济学角度看中国保险制度变迁的初始条件［J］. 金融与经济，2009（5）：61-64.

⑥ 朱文胜. 中国保险业制度变迁与绩效研究［M］. 北京：中国金融出版社，2005：149.

⑦ 邓敏. 中国保险业的历史与未来：一个制度变迁视角［J］. 金融研究，2000（6）：97-107；肖文，谢文武. 国家在保险制度变迁中的地位和作用［J］. 浙江大学学报（人文社会科学版），2003（1）：153-160；许捷，罗安定. 中国保险制度变迁机理研究［J］. 财经理论与实践，2004（4）：38-43；杨新顺. 我国保险业发展历程的制度视角剖析［J］. 山西财经大学学报，2011，33（S1）：54-55.

⑧ 黄英君，江先学. 中外保险制度比较研究：基于制度变迁的视角［J］. 经济社会体制比较，2007（5）：53-60.

提高，保险制度绩效不断上升[①]。李志刚[②]基于诺斯的“适应性效率”理论，分析中国保险制度变迁的长期动态效率，运用DEA的CCR模型实证分析中国保险业的制度变迁效果，发现改革总体成功，但理论与实证结果均表明中国保险业仍不具备适应性效率，且运用博弈论方法分析中国保险产权、监管、市场的制度变迁，指出上层结构单方面主导的制度变迁是无效的。孙蓉[③]从强制性与诱致性制度变迁两个方面说明我国商业保险的资源配置是以制度变迁为主的资源配置，应从风险、人文、政治及经济等因素分析保险资源配置历史变迁的深层原因。蒲海成[④]构建保险产品市场化的制度分析模型，研究我国保险产品管理制度变迁的历程、动力、效率与制约因素，厘清了保险产品市场化制度的初始环境与路径依赖。卓志和朱衡[⑤]运用VAR模型实证分析宏观经济、保险业制度变迁与保险业增长之间的关系，发现保险业制度变迁处于三者之间关系的核心地位。

国外主要研究制度环境与保险发展之间的关系。不同国家的宗教信仰与价值观对人寿保险发展的影响不同。宗教信仰是影响人寿保险发展的重要原因[⑥]，伊斯兰教国家的人寿保险消费尤其较少[⑦]。Hofstede[⑧]认为社会价值观，如集体主义与个人主义影响了居民对保险的态度与需求。由于保险是投保人与保险人之间的契约关系[⑨]，法律环境与保险活动相关。产权无法得到保障

---

① 曹志宏. 制度变迁对中国保险产业发展的影响 [J]. 保险研究, 2008 (5): 21-23, 52; 张芳洁. 中国保险制度变迁与绩效研究 [M]. 北京: 知识产权出版社, 2008: 225.

② 李志刚. 基于适应性效率的中国保险制度变迁研究 [D]. 长春: 吉林大学, 2011; 李志刚. 中国保险制度适应性效率研究 [J]. 当代经济研究, 2017 (10): 90-96.

③ 孙蓉. 中国商业保险资源配置论: 机制设计与政策分析 [D]. 成都: 西南财经大学, 2004: 59-68, 108.

④ 蒲海成. 中国保险产品市场化的制度分析 [M]. 上海: 上海三联书店, 2006: 49-123.

⑤ 卓志, 朱衡. 宏观经济、保险制度变迁与保险业增长 [J]. 保险研究, 2017 (4): 3-14.

⑥ ZELIZER V A R. Morals and markets: The development of life insurance in the United States [M]. New York: Columbia University Press, 1979.

⑦ WASAW B, HILL R D. The insurance industry in economic development [M]. New York: New York University Press, 1986; Browne M J, Kim K. An international analysis of life insurance demand [J]. Journal of Risk and Insurance, 1993: 616-634.

⑧ HOFSTEDE G. Insurance as a product of national values [J]. The Geneva Papers on Risk and Insurance-Issues and Practice, 1995, 20 (4): 423-429.

⑨ BORCH K, et al. Economics of Insurance [EB/OL]. Elsevier Science & Technology, 1989. ProQuest Ebook Central, https://ebookcentral.proquest.com/lib/swufe/detail.action? docID=1877075.

时，保险人的长期投资行为是扭曲的，故产权保障与保险人的投资行为相关①。制度环境影响保险市场的发展。Beck 与 Webb② 认为政策不稳定影响人寿保险产品的潜在需求与供应前景，阻碍人寿保险市场的健康发展。Roe 与 Siegel③ 认为投资保障在不稳定的政策环境下无法良好运行，政策环境直接与保险活动相关，或通过其他制度的间接效应与保险活动相关。Outreville④ 研究发现好的治理如清廉与政府效率，对于国家实施保险政策有显著影响。制度环境对保险发展影响的实证研究与上述观点一致。法律因素、政治因素与产权因素正向影响发展中国家与发达国家的人寿保险发展⑤，但可能由于经济合作与发展组织（OECD）国家法律体系相对完善，对其人寿保险需求影响不显著⑥，且社会保障支出降低了 OECD 国家的人寿保险消费⑦。人寿保险的需求因素包括经济因素、人口因素与制度因素，其中制度因素包括产权、商业自由度、财政自由度、政府支出、免于贪腐的程度与金融自由度，人口因素对保险需求的作用较大，经济因素对保险业增长的作用最大⑧。Dragos、Mare 与 Dragota⑨

① WEN G J, ZHANG C. Investment under risk in property rights [J]. China Economic Review, 1993, 4 (1): 49-53.

② BECK T, WEBB I. Economic, demographic, and institutional determinants of life insurance consumption across countries [J]. World Bank Econ. Rev. 2003, 17 (1), 51-88.

③ ROE M J, SIEGEL J I. Political instability: Effects on financial development, roots in the severity of economic inequality [J]. Journal of Comparative Economics, 2011, 39 (3): 279-309.

④ OUTREVILLE J F. Foreign Affiliates of the Largest Insurance Groups: Location - Specific Advantages [J]. Journal of Risk and Insurance, 2008, 75 (2): 463-491.

⑤ BECK T, WEBB I. Economic, Demographic, and Institutional Determinants of Life Insurance Consumption across Countries [C]. Tilburg University, 2003: 51-88; NGUYEN Y N, AVRAM K, SKULLY M T. Insurance and Economic Growth: A Cross Country Examination [J/OL]. Social Science Electronic Publishing, 2010.

⑥ WARD D, ZURBRUEGG R. Law, Politics and Life Insurance Consumption in Asia [J]. Geneva Papers on Risk & Insurance Issues & Practice, 2002, 27 (3): 395-412.

⑦ LI D, MOSHIRIAN F, NGUYEN P, et al. The demand for life insurance in OECD countries [J]. Journal of Risk and Insurance, 2007, 74 (3): 637-652.

⑧ ELANGO B, JONES J. Drivers of insurance demand in emerging markets [J]. Journal of Service Science Research, 2011, 3 (2): 185-204; KJOSEVSKI J. The determinants of life insurance demand in central and southeastern Europe [J]. International Journal of Economics and Finance, 2012, 4 (3): 237.

⑨ DRAGOS S L, MARE C, DRAGOTA I M, et al. The nexus between the demand for life insurance and institutional factors in Europe: new evidence from a panel data approach [J]. Economic Research-Ekonomska Istraživanja, 2017, 30 (1): 1477-1496.

把社会人口与经济因素作为控制变量，运用面板模型研究制度因素（全球治理指标）对32个欧洲国家人寿保险需求的影响。研究发现发达国家良好的法律环境（法制水平均匀且高）对人寿保险需求不显著，发展中国家合同执行性强、司法独立及司法程序的时间效率正向影响人寿保险的购买决定。Laura、Codruta与Maria[①]运用主成分分析法将6个全球治理指标综合成一个全面治理指标，运用系统GMM动态面板方法估计31个欧洲国家治理与人寿保险市场发展之间的关系，结果发现治理对人寿保险市场有显著影响。

国外学者还研究了制度环境对保险发展与经济增长之间关系的影响。S形的保险需求曲线暗示保险与经济增长之间存在非线性关系，保险对经济增长的影响依赖于经济发展水平[②]。Chang与Lee[③]运用工具变量的门限模型研究发现法律与政策环境对低收入国家的人寿保险有正影响，但对高收入国家的影响是模糊的，制度因素对人寿保险市场的影响降低了经济发展水平。Lee、Chang与Arouri[④]运用动态面板门限模型研究得出，在不健康的制度环境下人寿保险与经济增长之间的关系是负的，制度质量得到一定的改善之后，负影响变得不显著。Lee与Chang[⑤]从经济发展水平、金融结构与治理环境等国家层面，尤其包括政府效率、监管质量、法律法规与腐败控制四个全球治理指标的治理环境因素，研究金融政策与人寿保险发展之间的关系，发现治理环境影响了金融改革对人寿保险的效应。

① LAURA D S, CODRUTA M, MARIA D A. Overall Governance Index for Developed and Emerging European Life Insurance Markets [J]. International Journal of Academic Research in Business and Social Sciences, 2016, 6 (10): 381-391.

② CARTER R L, DICKINSON G M. Obstacles to the liberalization of trade in insurance [M]. Harvester Wheatsheaf for the Trade Policy Research Centre, London, 1992; ENZ R. The S-Curve Relation Between Per-Capita Income and Insurance Penetration [J]. Geneva Papers on Risk & Insurance Issues & Practice, 2000, 25 (3): 396-406.

③ CHANG C H, LEE C C. Non-Linearity Between Life Insurance and Economic Development: A Revisited Approach [J]. Geneva Risk & Insurance Review, 2012, 37 (2): 223-257.

④ LEE C C, CHANG C H, AROURI M, et al. Economic growth and insurance development: The role of institutional environments [J]. Economic Modelling, 2016, 59: 361-369.

⑤ LEE C C, CHANG C H. Financial policy and insurance development: Do financial reforms matter and how? [J]. International Review of Economics & Finance, 2015, 38: 258-278.

刘冬姣①运用新制度经济学的制度变迁理论回顾与反思我国保险中介制度的变迁历史，借鉴国外典型保险中介制度经验，分析我国保险中介制度的渊源、存在的问题并对其进行评价②，提出采取强制性制度变迁为主、诱致性制度变迁为辅的制度变迁方式，建立高效率的保险中介模式③。保险中介可分为保险代理人、保险经纪人与其他中介形式等。保险代理人代表保险人的利益，包括独立代理人与专业代理人④。专业代理人仅能与一家保险公司签订协议，独立代理人可与多家保险公司签订协议⑤。保险经纪人代表消费者的利益，作为独立主体通常与4家保险公司签订业务合同⑥。交易成本与搜寻理论说明了保险中介如何降低信息与搜寻成本及提供额外的信息，以致总交易成本下降⑦。

（二）农业保险与巨灾保险制度变迁的相关文献

农业保险制度供给的理论依据可从法律法规、再保险、管理与保费补贴等六个方面分析⑧。农业保险制度存在农户需求结构失衡、交易成本较高等问

① 刘冬姣. 论我国转轨期保险中介制度的变迁［J］. 财贸经济，1999（12）：39-43.

② 刘冬姣. 保险中介制度研究［M］. 北京：中国金融出版社，2000：13-80.

③ 刘冬姣. 论我国保险中介制度的完善［J］. 财贸经济，2002（9）：43-47.

④ EUROPEAN PARLIAMENT. Directive 2002/92/EC of the European Parliament and of the Council of 9 December 2002 on insurance mediation ［J］. Offcial ournal of the European Communities，2002，46：3-10.

⑤ BARRESE J，NELSON J M. Independent and Exclusive Agency Insurers：A Reexamination of the Cost Differential ［J］. Journal of Risk & Insurance，1992，59（3）：375-397；HEIDE J B，DUTTA S，BERGEN M. Exclusive Dealing and Business Efficiency：Evidence from Industry Practice ［J］. Journal of Law & Economics，1998，41（2）：387-408；BEENKEN，MATTHIAS. Der Versicherungsvertreter als Unternehmer：Betriebswirtschaftliche Herausforderungen für den A ［M］. Verlag Versicherungswirtschaft GmbH，2002.

⑥ CUMMINS J D，DOHERTY N A. The Economics of Insurance Intermediaries ［J］. Journal of Risk & Insurance，2006，73（3）：359-396；Nissim D. Analysis and Valuation of Insurance Companies ［J］. SSRN Electronic Journal，2010.

⑦ BENSTON G J，SMITH JR C W. A Transactions Cost Approach to the Theory of Financial Intermediation ［J］. Journal of Finance，1976，31（2）：215-231；ROSE F. The economics，concept，and design of information intermediaries：A theoretic approach ［M］. Springer Science & Business Media，2012：58-66；SPULBER D F. Market microstructure：intermediaries and the theory of the firm ［M］. Cambridge University Press，1999：262-266.

⑧ 皮立波，庹国柱. 建立农业政策性保险制度，迎接WTO的挑战［J］. 中国农村经济，2000（5）：49-53.

题[①]，故制度建设需考虑政策性与商业性边界、制度模式选择、主体适宜性、财政补贴与监管等关键因素[②]，可从坚持现有农业保险经营模式、建立中央与省两级大灾风险分散制度、加大财政补贴力度、调节农业保险市场竞争与合作机制等方面进行完善[③]。张囝囡[④]系统研究了美国农业保险制度演进的基本逻辑与特征，发现美国农业保险制度变迁以国家效用最大化为基本逻辑，具有以福利为目标、政府主导下的强制性制度变迁及路径依赖的特征，给我国农业保险制度建设以借鉴。学者们运用多种制度变迁理论研究我国农业保险制度的演变历程[⑤]，发现国家在我国农业保险制度变迁中起到主导作用[⑥]，强制性制度变迁是我国农业保险制度变迁的主要方式[⑦]。还有学者基于实地调研，从农户与政府主体的认知、行为选择与利益互动的视角研究我国农业保险的制度变迁路径及其微观动因[⑧]。各地农业保险试点制度模式不尽相同，朱俊生和庹国柱[⑨]分别从模式选择、财政补贴、保障对象与程度、巨灾分散机制、保险公司承担风险及信息不对称等方面，比较不同地区以及公私合营的农业保险的制度绩效。法律建设是完善农业保险制度的重要内容，基于日本、

---

① 杜辉，陈池波．中国政策性农业保险制度的理性反思［J］．江西财经大学学报，2010（4）：38-43.

② 庹国柱，朱俊生．关于我国农业保险制度建设几个重要问题的探讨［J］．中国农村经济，2005（6）：46-52，74.

③ 庹国柱，朱俊生．完善我国农业保险制度需要解决的几个重要问题［J］．保险研究，2014（2）：44-53.

④ 张囝囡．美国农业保险制度演进研究［D］．沈阳：辽宁大学，2011：131-142.

⑤ 冯文丽．中国农业保险制度变迁研究［D］．厦门：厦门大学，2004：143-150；费友海．中国农业保险制度演化研究［D］．成都：西南财经大学，2010：23-46；庹国柱．让科学研究更好地服务于农业保险制度建设：中国农业保险32年研究历程简述［J］．保险研究，2013（9）：9-17；徐黎明．中国农业保险的政府行为、利益博弈及制度创新研究［D］．武汉：华中师范大学，2016：27-33.

⑥ 黄英君．中国农业保险制度的变迁与创新［J］．保险研究，2009（2）：52-58.

⑦ 黄英君．中国农业保险发展的历史演进：政府职责与制度变迁的视角［J］．经济社会体制比较，2011（6）：174-181.

⑧ 孙蓉，费友海．风险认知、利益互动与农业保险制度变迁：基于四川试点的实证分析［J］．财贸经济，2009（6）：35-40，68.

⑨ 朱俊生，庹国柱．我国发达地区政策性农业保险试验的比较制度分析［J］．保险研究，2007（7）：52-58；朱俊生，庹国柱．中国农业保险制度模式运行评价：基于公私合作的理论视角［J］．中国农村经济，2009（3）：14-19.

美国、加拿大与菲律宾四个国家农业保险法律的背景、具体内容及其演变历程的研究，发现可从立法目标、经营原则与范围、可保风险、财政补贴与巨灾分散机制等方面探讨我国农业保险的立法问题①。农业保险市场失灵的深层原因是互补性制度的缺失，故政府支持的、完善的社会保障与商业保险制度是农业巨灾风险管理制度创新的前提②。比较多种农业巨灾风险分散制度，可从政府与经营者两个方面研究农业保险巨灾分散制度的选择问题③。庹国柱、王克、张峭和张众④初步构建了我国农业保险巨灾风险管理的原则与制度框架，并据此测算出中央大灾风险准备基金的规模。

几乎没有国外学者运用制度经济学理论分析农业保险的制度变迁问题，相关制度演变研究主要集中于以下三个方面。

一是农业保险实践的演变历程。农作物与牲畜保险在西欧国家历史悠久。早在 18 世纪后期冰雹农作物保险就在德国产生，20 世纪晚期在多数欧洲国家与美国出现，牲畜保险于 19 世纪 30 年代产生于德国，20 世纪出现在瑞典与瑞士⑤。早期的保险计划多数由小型相互保险公司提供，承保一种危险或者列出的危险⑥。政府支持的承保多种危险的农作物保险于 20 世纪 30 年代出现在美国，1938 年的农业调整法案授权建立联邦农作物保险公司⑦，到 1980 年农

---

① 庹国柱，李军，王国军. 外国农业保险立法的比较与借鉴［J］. 中国农村经济，2001（1）：74-80；庹国柱，朱俊生. 关于农业保险立法几个重要问题的探讨［J］. 中国农村经济，2007（2）：55-63.

② 黄英君，史智才. 农业巨灾风险管理的比较制度分析：一个文献研究［J］. 保险研究，2011（5）：117-127.

③ 庹国柱，朱俊生. 农业保险巨灾风险分散制度的比较与选择［J］. 保险研究，2010（9）：47-53.

④ 庹国柱，王克，张峭，张众. 中国农业保险大灾风险分散制度及大灾风险基金规模研究［J］. 保险研究，2013（6）：3-15.

⑤ MAHUL O, STUTLEY C J. Government support to agricultural insurance: challenges and options for developing countries［M］. World Bank Publications, 2010.

⑥ GARDNER B L, KRAMER R A. Experience with Crop Insurance Programs in the United States［J］. 1986.

⑦ ROWE W H, SMITH L K. Crop Insurance. 1940 Yearbook of Agriculture: Farmers in a Changing World［J］. Washington DC: USDA, 1940; BENEDICT M R. Farm Policies of the United States, 1790-1950［M］. LWW, 1954; KRAMER R A. Federal crop insurance 1938-1982［J］. Agricultural History, 1983, 57（2）: 181-200.

作物保险仅在约一半的州承保 26 种农作物[①]。1980 年的联邦农作物保险法案使农作物保险成为生产者的灾难保护的主要形式[②]。此法案通过前，农业生产者支付损失风险的全部保费，但是交付与损失调整成本由政府支付。1980 年的农业法案提供 30%的保费补贴，且将农作物保险的交付成本转移至保险公司。1994 年与 2000 年通过法案改革，增加保费补贴水平，尤其是高保障水平的保费补贴，2011 年与 2014 年的农业法案不断扩大承保面积、创新产品，农业保险取得显著成功。日本在 1930 年推出多种危险农作物保险计划，给予 15%的保费补贴[③]；加拿大在 1959 年立法授权多种危险农作物保险[④]，第二次世界大战之后，多种危险农作物保险很快被引入奥地利（1955 年）、意大利（1970 年）、西班牙（1980 年）、法国（2005 年）等多数欧洲国家[⑤]。

二是农业保险产品的演变历程。农业保险的产品范围是政府补贴意愿的函数，农业保险产品经历了由特定危险产品到多种危险或全风险产品再到指数保险产品的创新历程（Kramer，1983；OECD，2011）。20 世纪 80 年代收入保险在美国产生，2008 年仅有三个国家提供。多种危险或全风险农作物保险承保风险较大，难以由商业保险公司运营，需要政府给予适当补贴[⑥]。基差风

---

① CHITE R. Federal crop insurance：background and current issues ［C］. CRS report for Congress（USA）. Congressional Research Service，1988.

② GLAUBER J W，COLLINS K J，BARRY P J. Crop insurance，disaster assistance，and the role of the federal government in providing catastrophic risk protection ［J］. Agricultural Finance Review，2002，62（2）：81-101.

③ YAMAUCHI T. Evolution of the crop insurance program in Japan ［J］. Hazzell，P.，Pomareda C.，Valdéz A，1986，22（1）：195-222.

④ SIGURDSON D，SIN R. An aggregate analysis of Canadian crop insurance policy ［M］. Economics of Agricultural Crop Insurance：Theory and Evidence. Springer，Dordrecht，1994：45-72.

⑤ MAHUL O，STUTLEY C J. Government support to agricultural insurance：challenges and options for developing countries ［M］. World Bank Publications，2010；ORGANISATION FOR ECONOMIC CO-OPERATION AND DEVELOPMENT. Managing risk in agriculture：policy assessment and design ［M］. OECD Publishing，2011.

⑥ SMITH V H，GOODWIN B K. Private and public roles in providing agricultural insurance in the United States ［J］. Public Insurance and Private Markets，2010：173-210；GARRIDO A，ZILBERMAN. Revisiting the demand for agricultural insurance：the case of Spain ［J］. Agricultural Finance Review，2008，68（1）：43-66.

险及指数与农场产量不完全相关，使农作物与牲畜指数保险产品很少完全由商业保险公司提供①。

三是政府在农业保险制度变迁中起主导性作用的原因。政府介入的主要理由是私人农业保险公司无法提供多种风险的保险产品②。19 世纪后期与 20 世纪早期，私人保险公司尝试提供多种风险的保险产品，均不可避免地遭遇了巨大损失③。除了类似补贴的农作物保险，到目前为止没有大规模的私人保险市场出现④。较高的机会成本是私人农作物保险市场难以发展的原因，农民与大农场经营者的许多其他风险管理策略，包括期货与期权市场、减少农作物损失的合同与文化实践等⑤。道德风险与逆向选择问题导致私人农作物保险市场的可行性不高⑥。为防止道德风险，保险合同常包含免赔额、共同支付条款或者其他保险人与被保险人共享损失的机制，但由于监管农业生产成本较高从而减少了生产者的保险需求（Goodwin and Smith，1995）。系统性风险也

① MIRANDA M J. Area-yield crop insurance reconsidered ［J］. American Journal of Agricultural Economics, 1991, 73 (2): 233-242.

② APPEL D, LORD R B, HARRINGTON S. Crop Insurance Study ［M］. Washington, DC: U. S. Department of Agriculture, 1999; HAZELL P, POMAREDA C, VALDEZ A. Crop insurance for agricultural development: Issues and experience ［M］. IICA Biblioteca Venezuela, 1986.

③ VALGREN V N. Crop insurance: risks, losses, and principles of protection ［M］. US Department of Agriculture, 1922.

④ GOODWIN B K, SMITH V H. The economics of crop insurance and disaster aid ［M］. American Enterprise Institute, 1995; WRIGHT B D, HEWITT J A. All-risk crop insurance: lessons from theory and experience ［M］. Economics of agricultural crop insurance: theory and evidence. Springer, Dordrecht, 1994: 73-112.

⑤ HEIFNER R, COBLE K, PERRY J, et al. Managing risk in farming: concepts, research, and analysis ［M］. US Department of Agriculture, Economic Research Service, 1999; U. S. GENERAL ACCOUNTING OFFICE. Agriculture in Transition: Farmers Use of Risk Management Strategies: Rced-99-90 ［M］. BiblioGov, 2013.

⑥ AHSAN S M, ALI A A G, KURIAN N. Toward a Theory of Agricultural Insurance ［J］. American Journal of Agricultural Economics, 1982, 64 (3): 520-529; CHAMBERS R G. Insurability and Moral Hazard in Agricultural Insurance Markets ［J］. American Journal of Agricultural Economics, 1989, 71 (3): 604-616; Nelson C H, Loehman E T. Further toward a Theory of Agricultural Insurance ［J］. American Journal of Agricultural Economics, 1987, 69 (3): 523-531.

被视为私人农作物保险难以发展的原因[①]。保险人难以通过空间分散他们的风险，再加上缺乏再保险，需持有大量的赔付储备，故产生了较高的保费溢价（Appel、Lord and Harrington，1999）。地区之间私人农作物保险的可用性不同，有时这也是政府介入的原因（U.S. GAO，1980；Appel、Lord and Harrington，1999）。农作物保险公共补贴可能促使购买农作物保险的农民立即报告传染性动物、植物疾病的发病率与虫鼠滋生等问题，能显著减少疾病快速传染的不利影响[②]。

谭湘渝和蒋毅[③]从产品属性、政府干预、市场失灵与制度变迁等方面分析巨灾保险，并介绍政府、市场及二者协调的三种国外巨灾保险模式，认为我国应建立由政府主导及商业保险公司市场化运作的巨灾保险制度。卓志和段胜[④]建立了巨灾保险制度演化的动态博弈模型，研究发现巨灾制度建立初期，政府主导能带来较好的收益，但政府若长期起主导作用，反而会降低制度运行效率。国外学者对政府在巨灾保险制度中的作用持不同的观点。部分学者认为政府过多介入巨灾保险是不利的，应建立完全市场化的巨灾保险制度[⑤]。有学者提出政府介入可以矫正巨灾保险市场失灵[⑥]，但基于制度比较分析发现私人保险公司难以自发地在巨灾保险市场中发挥作用，政府自身的局限性导

---

① BARDSLEY P, ABEY A, DAVENPORT S V. The Economics of Insuring Crops Against Drought [J]. Australian Journal of Agricultural & Resource Economics, 1984, 28 (1): 1-14; MIRANDA M J, GLAUBER J W. Systemic Risk, Reinsurance, and the Failure of Crop Insurance Markets [J]. American Journal of Agricultural Economics, 1997, 79 (1): 206-215; DUNCAN J, MYERS R J. Crop Insurance under Catastrophic Risk [J]. American Journal of Agricultural Economics, 2000, 82 (4): 842-855.

② GOODWIN B K, VADO L A. Public Responses to Agricultural Disasters: Rethinking the Role of Government [J]. Canadian Journal of Agricultural Economics/revue Canadienne Dagroeconomie, 2007, 55 (4): 399-417.

③ 谭湘渝，蒋毅. 巨灾保险制度的经济学分析与模式选择 [J]. 生产力研究，2009 (24): 31-33.

④ 卓志，段胜. 中国巨灾保险制度：政府抑或市场主导?：基于动态博弈的路径演化分析 [J]. 金融研究，2016 (8): 85-94.

⑤ PRIEST G L. The government, the market, and the problem of catastrophic loss [J]. Journal of risk and Uncertainty, 1996, 12 (2-3): 219-237.

⑥ FROOT K. The financing of catastrophe risk [M]. University of Chicago Press, 1999.

致政府不能完全取代私人保险公司，政府与私人保险公司合作的巨灾保险制度优势明显①。尽管巨灾保险需要政府介入，但政府应尽量减少对私人保险公司的监管影响，以提高运行效率②。

（三）存款保险与银行保险制度变迁的相关文献

我国存款保险制度构建的本质是“隐性存款保险制度显性化”，可比较分析国家效用函数的制度变迁模型并得出隐性存款保险制度显性化的内在机制，从制度环境分析框架研究我国显性存款保险的制度环境③。孙犇④以制度经济学的交易成本理论为基础，从理论上阐述隐性存款保险制度在我国长期存在的原因，并分析存款保险显性化的条件。谢雪燕⑤构建了我国存款保险制度变迁的国家模型，发现隐性存款制度在2005年之后显性化是国家效用最大化的结果。孔尚惠⑥构建了租金、效率与安全偏好的三元结构的扩展的国家效用函数模型，且不同时期赋予三个变量不同权重，研究我国隐性存款保险显性化的制度变迁过程。存款保险的关键在于控制道德风险，可采取加大信息披露程度、提高违约行为成本等措施⑦。国外关于存款保险制度变迁的研究主要是存款保险制度的改革历程。美国《联邦存款保险修正案》于1991年通过，具体内容包括提高资本充足率要求、矫正与监督资本不足的银行、银行清算在

---

① KUNREUTHER H. Disaster mitigation and insurance: Learning from Katrina [J]. The Annals of the American Academy of Political and Social Science, 2006, 604 (1): 208-227.

② CUMMINS J D, MAHUL O. Catastrophe risk financing in developing countries: principles for public intervention [M]. World Bank Publications, 2009; CUMMINS J D. Should the Government Provide Insurance for Catastrophes? [J]. Federal Reserve Bank of St Louis Review, 2013, 88 (Jul): 871-883.

③ 张正平. 转轨时期我国存款保险制度的构建 [M]. 北京：中国经济出版社，2007：98-146；张正平，何广文. 我国存款保险制度的变迁研究：基于国家效用函数的成本—收益分析 [J]. 河南社会科学，2007 (1)：61-67.

④ 孙犇. 存款保险制度与中国选择 [D]. 广州：暨南大学，2011：39-70.

⑤ 谢雪燕. 经济转型背景下中国隐性存款保险制度的显性化探究 [J]. 财会月刊，2016 (18)：64-71.

⑥ 孔尚惠. 基于国家效用函数视角的存款保险制度变迁研究 [J]. 新金融，2017 (8)：35-40.

⑦ 陈璐. 从制度变迁看我国的最后贷款人机制与存款保险问题 [J]. 生产力研究，2005 (2)：62-64.

资本为零之前与基于风险基础定价①，尽管改革存在一定的不足，但在一定程度上控制了道德风险问题②。Faulend 与 Kraft③ 阐述了克罗地亚现行存款保险制度可能存在的不足，认为存款保险制度的特征需修改，以匹配欧盟法律与克罗地亚的制度。

制度因素是银行保险得以在欧美等国家迅速发展的一大原因。在不同的生存与发展环境下，银行保险发展差异性较大，各个国家的银行保险均经历了从销售渠道创新到产品创新再到组织模式创新的演变过程，可见银行保险是金融一体化制度变迁的必然趋势④，我国银行保险的发展也经历了相同的制度变迁历程⑤。Darpeix⑥ 认为银行保险业务的发展加强了银行业与保险业之间的联系，使保险业系统性风险增加。Prikazyuk 与 Oliynik⑦ 运用辩证方法、逻辑归纳方法、结构与系统分析方法研究金融中介机构之间的合作模式及其对保险制度的影响，即保险公司与银行的合作如何影响保险制度，结果表明银行活动对保险制度有显著影响。

---

① BENSTON G J, KAUFMAN G G. The Intellectual History of the Federal Deposit Insurance Corporation Improvement Act of 1991 [M]. Reforming Financial Institutions and Markets in the United States. Springer Netherlands, 1994a: 1-17; BENSTON G J, KAUFMAN G G. Improving the FDIC Improvement Act: What was Done and What Still Needs to be done to Fix the Deposit Insurance Problem [M]. Reforming Financial Institutions and Markets in the United States. Springer Netherlands, 1994b: 99-120.

② BENSTON G J. Deposit insurance reform in the FDIC Improvement Act: the experience to date [J]. Economic Perspectives, 1998, 22 (: n2): 2-20; OSBORNE D K, LEE S. Effects of Deposit Insurance Reform on Moral Hazard in US Banking [J]. Journal of Business Finance & Accounting, 2001, 28 (7-8): 979-992; LAFOND R, YOU H. The federal deposit insurance corporation improvement act, bank internal controls and financial reporting quality [J]. Journal of Accounting & Economics, 2010, 49 (1-2): 75-83.

③ FAULEND M, KRAFT E. How Can Croatia's Deposit Insurance System Be Improved? [J]. Surveys, 2005.

④ 崔勇. 我国银行保险发展的制度因素实证分析 [J]. 保险研究, 2010 (4): 36-43.

⑤ 郭琳. 银行保险的制度变迁理论分析以及对我国的启示 [J]. 金融论坛, 2006 (1): 59-63; 张广华. 银行保险制度研究及中国选择 [D]. 成都: 西南财经大学, 2007: 181; 李攀. 我国银行保险制度研究 [D]. 北京: 首都经济贸易大学, 2013: 101-105.

⑥ DARPEIX P E. Systemic risk and insurance [J]. Pse Working Papers, 2015: 27.

⑦ PRIKAZYUK N, OLIYNIK G. The impact of cooperation between insurers and banks on the development of the insurance system [J]. Baltic Journal of Economic Studies, 2017, 3 (2): 121-127.

(四) 保险公司与保险监管制度变迁的相关文献

彭金柱[①]运用现代企业产权理论与制度变迁理论，研究了我国国有保险企业产权制度的改革历程、动力与方向，以及特定监管制度约束下国有保险企业的产权制度改革，特别是股权结构改革对所有者、经营者等的作用与影响。黄英君[②]基于新制度经济学中交易费用与成本收益分析的制度变迁理论，分析金融（保险）控股公司与我国保险业经营模式的共生性，给出我国发展金融控股公司的政策建议。王艳[③]研究了保险公司制度变迁的动因、方式与过程及其宏观与微观绩效，分析保险公司制度变迁与制度创新的逻辑关系。国外相关研究主要集中于制度因素对保险公司经营绩效与效率的影响[④]。

保险监管机构可通过增加有效制度供给、提高保险市场资源配置效率等方式促进保险业发展，具体保险监管制度包括：偿付能力、市场行为及公司治理结构等监管政策[⑤]。崔冬初[⑥]运用诺斯、舒尔茨等人的制度变迁理论研究美国保险监管制度的演变过程。孟昭亿[⑦]从法规、监管机构、经营机构与保险业务四个视角研究我国保险监管制度的发展历程与现存问题，并从监管原则、目标、机构及对外开放几个方面构建我国的保险监管制度。陈宇宁[⑧]运用诺斯与林毅夫的制度变迁理论，从制度选择范围、技术进步、监管资源价格变动与克服风险厌恶四个角度，分析我国财产保险公司偿付能力监管制度的变迁。

---

① 彭金柱. 国有保险企业产权制度变革研究 [M]. 上海：上海三联书店，2006：31-70.

② 黄英君. 我国金融（保险）控股公司组织模式及发展思路研究 [J]. 新疆社会科学，2008（1）：34-39.

③ 王艳. 中国保险公司制度变迁与创新研究 [D]. 长春：吉林大学，2014：105-176.

④ ENNSFELLNER K C, LEWIS D, ANDERSON R I. Production Efficiency in the Austrian Insurance Industry: A Bayesian Examination [J]. Journal of Risk & Insurance, 2004, 71 (1): 135-159; BARROS C P, NEKTARIOS M, ASSAF A. Efficiency in the Greek insurance industry [J]. European Journal of Operational Research, 2010, 205 (2): 431-436; MICAJKOVA V. Efficiency of Macedonian Insurance Companies: A DEA Approach [J]. Journal of Investment Management, 2015, 4 (2): 61.

⑤ 郭旭红. 论保险监管机构的产业促进功能 [J]. 保险研究，2007（6）：67-69.

⑥ 崔冬初. 美国保险监管制度研究 [D]. 长春：吉林大学，2010：70-123.

⑦ 孟昭亿. 中国保险监管制度研究 [M]. 北京：中国财政经济出版社，2002：95-167.

⑧ 陈宇宁. 我国财产保险偿付能力监管制度变迁分析：制度经济学视角 [J]. 保险研究，2009（1）：19-24.

郭洪川[①]认为我国保险市场行为监管经历了由注重保险契约约束、防范公司破产风险、注重费率公平到防范保险欺诈四个阶段的演进历程。国际上，保险监管机构有责任进行费率监管的观点，持续到 20 世纪 60 年代[②]。之后美国放松了费率监管，部分州放弃事前费率批准、引入竞争性费率机制，Harrington[③]认为有两大原因：一是事前费率监管不能降低费率水平，难以改变市场竞争结构；二是费率监管不能提高保险的可得性。Crane[④] 回顾了美国 20 世纪初到 40 年代中后期保险费率被纳入监管的整个过程，发现美国保险费率监管法案是各方利益碰撞的结果，且保险公司的建议是保险费率监管制度不断变化的重要影响因素[⑤]。Rosenberg[⑥] 回顾了美国产权保险费率监管的演变历程与问题。Baranoff and Baranoff[⑦] 分析了美国 200 多年来保险监管的发展演变历程。澳大利亚保险理事会于 1994 年制定保险业务准则，且经过 1998 年、2004 年、2010 年、2014 年四次修改[⑧]。

（五）其他保险制度变迁的相关文献

张冀[⑨]运用制度变迁理论研究转轨时期二元经济结构对人寿保险需求的影响，发现经济体制改革（包括全面对外开放）对寿险需求影响最大。李琼、

① 郭洪川．中国保险市场行为监管改革研究［D］．长春：吉林大学，2015：42-46.

② KLEIN R W. Insurance Regulation in Transition［J］. Journal of Risk & Insurance, 1995, 62（3）：363-404.

③ HARRINGTON S. The Impact of Rate Regulation on Prices and Underwriting Results in the Property-Liability Insurance Industry：A Survey［J］. Journal of Risk & Insurance, 1984, 51（4）：577.

④ CRANE F G. Insurance Rate Regulation：The Reasons Why［J］. Journal of Risk & Insurance, 1972, 39（4）：511-534.

⑤ WILLIAMS C A. Insurer Views on Property and Liability Insurance Rate Regulation［J］. Journal of Risk & Insurance, 1969, 36（3）：217-236.

⑥ ROSENBERG M K. Historical Perspective of the Development of Rate Regulation of Title Insurance［J］. Journal of Risk & Insurance, 1977, 44（2）：193-209.

⑦ BARANOFF E G, BARANOFF D. Trends in insurance regulation［J］. Review of Business, 2003, 24（3）：11.

⑧ ICA. General Insurance Code of Practice［EB/OL］. 2014, http://codeofpractice.coM.au/.

⑨ 张冀．制度变迁与我国寿险业发展的实证分析［J］．华中科技大学学报（社会科学版），2010，24（1）：72-76.

刘爽、宋玉琪和张健铭[①]运用新制度经济学的成本收益法分析农村小额人身保险的制度变迁，发现小额人身保险产生的条件是农民风险管理制度供给不足。王伟和王硕[②]分析我国出口信用保险的制度变迁，发现其没有明确出口信用保险与一般商业保险的区别，且出口信用保险基金相对缺乏，故应在立法中明确出口信用保险公司的特殊地位，如以国家信用为基础、直接隶属于国务院领导等。袁辉[③]基于制度变迁的路径依赖现象，从宏观与微观两个方面考察我国商业健康保险的制度环境，得出可从社会医疗保险与商业健康险统筹发展及市场退出机制等方面促进我国商业健康保险的发展的观点。刘友芝[④]运用新制度经济学的交易费用理论以及哈耶克的社会秩序二元观等制度变迁思想，从经济学角度解释了我国保险理赔安排由保险人自行理赔制度转向保险公估制度后陷入非绩效理赔制度“闭锁状态”的原因。由美国进出口银行与国外信用保险协会（FCIA）的保险服务计划，不断演进成为完善的出口信用保险制度[⑤]。政府在出口信用保险制度中的作用显著，政府不仅限于提供产品[⑥]，还可通过国家之间的合作为出口商提供风险信息，而这是私营保险公司难以做到的[⑦]。Kingston[⑧] 研究了从中世纪的意大利时期到大西洋时期海洋保险市场治理制度的发展与扩散，发现非正式治理机制为保险法发展提供了基础，各国之间组织形式的分歧表明了制度变迁的路径依赖的特征。商业健康保险

① 李琼，刘爽，宋玉琪，张健铭. 农村小额人身保险的制度经济学分析［J］. 保险研究，2011（10）：39-45.

② 王伟，王硕. 中国出口信用保险制度变迁研究［J］. 广东金融学院学报，2008（3）：122-128.

③ 袁辉. 我国商业健康保险发展的制度分析［J］. 中南财经政法大学学报，2008（1）：76-80.

④ 刘友芝. 中国保险理赔制度变迁的经济学分析［J］. 中南财经政法大学学报，2003（2）：106-111，144.

⑤ GREENE M R. Export Credit Insurance. Its Role in Expanding World Trade［J］. The Journal of Risk and Insurance，1965，32（2）：177-193.

⑥ FITZGERALD B，MONSON T. Preferential credit and insurance as means to promote exports［J］. The World Bank Research Observer，1989，4（1）：89-114.

⑦ ESTRIN S. The Economic Rationale for the Public Provision of Export Credit Insurance by ECGD. NERA-National Economic Research Associates［J］. 2000.

⑧ KINGSTON C. Governance and institutional change in marine insurance，1350-1850［J］. European Review of Economic History，2014，18（1）：1-18.

制度可分为首要型与补充型两类，也可分为替代型、复制型与补充型三种①。Mossialos 与 Thomson② 将欧洲国家的商业健康保险制度分为替代型、补充型与补足型三类。政府的介入与支持是商业健康保险制度发展的重要影响因素，Scott③ 分析了 7 个 OECD 国家健康保险制度的改革实践，发现政府在健康保险资金筹集中占有重要地位。

三、文献述评

（一）制度变迁理论的文献述评

1. 马克思的制度思想与制度变迁理论的研究述评

国外相关研究阐述了马克思主义理论中的制度思想、将马克思看作制度经济学家的原因、制度变迁的根源及适用于长期变迁的分析框架，认为制度是人与人之间的生产关系，制度变迁过程是生产力的张力和生产关系的适应能力之间的相互作用过程。国内相关研究肯定了马克思的历史唯物主义是一种关于制度变迁的理论，分析了马克思制度变迁理论的人格假设、基本分析方法，制度变迁的动因、主体与作用等。

2. 旧制度经济学与制度变迁理论的研究述评

国外相关研究认为旧制度经济学没有形成统一的思想、方法或研究纲领，将其内容分为凡勃伦和艾尔斯的相关研究以及康芒斯的相关研究两大理论体系，分别阐述两大理论体系的基本假设、制度变迁的条件与过程。国内研究集中于制度变迁理论的工具价值理论及凡勃伦对此理论的拓展分析。

3. 新制度经济学与制度变迁理论的研究述评

国外学者认为新制度经济学保留了新古典经济学的资源稀缺与竞争性两

---

① COUFFINHAL A. Concurrence en assurance santé：entre efficacité et selection [D]. ANRT, Université Pierre Mendes France (Grenoble II), 1999.

② MOSSIALOS E, THOMSON S M S. Voluntary health insurance in the European Union：a critical assessment [J]. International journal of health services, 2002, 32 (1)：19-88.

③ SCOTT C D. Public and private roles in health care systems：reform experience in seven OECD countries [M]. Open University Press, 2001.

大假设，将制度引入主流经济学之中，修正了完全理性的基本假设，构建了制度与正交易成本、不完全产权的理论分析框架，说明了制度如何决定经济绩效中交易成本的高低问题，阐述了制度变迁对经济绩效的促进和抑制作用。相关研究阐述了新制度经济学与新古典经济学、旧制度主义之间的关系，界定了制度的概念，且区分了“制度即规则”与“制度即均衡”的制度变迁理论。国内学者认为诺斯制度变迁理论包括产权理论、国家理论及意识形态理论等内容，相关文献主要关注制度变迁的动因、变迁的主体、变迁的路径依赖、变迁理论存在的局限及变迁理论的拓展等问题。

4. 制度变迁理论比较的研究述评

新、旧制度经济学制度变迁理论比较的方面，早期的新制度经济学主要运用新古典经济学的方法，不是真正的制度主义，后期的新制度经济学已经明确地转向制度主义；交易成本概念是新、旧制度经济学制度变迁理论之间的重要联系，康芒斯是交易成本经济学的创建者，威廉姆森是此研究范式的重新发现者；凡勃伦与诺斯晚期制度变迁理论的分析框架非常相似，凡勃伦的制度变迁理论创新性更强，值得借鉴的内容较多，但仍存在不足之处。从马克思的制度思想与新制度经济学制度变迁理论比较的方面，国外仅有威廉·杜格与霍华德·谢尔曼等学者对马克思的制度思想与新制度经济学制度变迁理论做了比较；国内相关研究丰富，学者们从制度与经济增长关系、制度变迁动因、国家理论及意识形态四个方面比较马克思与诺斯的制度变迁理论，发现诺斯从制度和时间两个方面拓展新古典主义，马克思批判地继承了古典经济学的基础；马克思主义的制度变迁理论适用于长期经济增长分析，诺斯制度变迁理论更适合于短期分析，二者的相互结合是未来制度主义综合的方向，为制度变迁理论创新奠定了基础。

（二）保险制度变迁的文献述评

1. 保险业与保险中介制度变迁的研究述评

国内学者认为制度环境影响保险的供给与需求，制度变迁是保险业制度变迁的内生动力，国家在保险业由国家垄断型到多元化的制度变迁中占有举足轻重的地位，保险制度演变即为国家效用最大化的制度均衡解的动态变动。

保险业制度变迁的影响因素包括企业制度、交易制度、监管制度及市场开放程度等。中国保险业仍不具备适应性效率，上层结构单方面主导的制度变迁是无效的。还有学者研究了保险资源配置与产品市场化的制度变迁，以及保险制度变迁与经济增长之间的关系。国外没有学者直接运用制度变迁理论分析保险业的制度变迁问题，研究主要集中于制度环境与保险发展之间的关系及制度环境对保险发展与经济增长之间关系的影响等问题。保险中介可分为保险代理人、保险经纪人与其他中介形式等。刘冬姣运用制度变迁理论回顾与反思了我国保险中介制度的变迁历史，并借鉴国外典型保险中介制度经验，分析了我国保险中介制度的渊源及存在的问题等。

2. 农业保险与巨灾保险制度变迁的研究述评

国内相关学者运用多种制度变迁理论，比较研究我国与美国农业保险制度演进的基本逻辑与特征，发现我国农业保险制度变迁的主导主体是国家，主要采用强制性制度变迁的方式。基于实地调研，研究我国农业保险的制度变迁路径及其微观动因，对比各地农业保险经营制度，评估制度绩效，得出法律建设是完善农业保险制度的重要内容。几乎没有国外学者运用制度经济学理论分析农业保险的制度变迁问题，相关制度演变研究主要集中于农业保险实践的演变历程、农业保险产品的演变历程及政府在农业保险制度变迁中起主导性作用的原因三个方面。巨灾保险制度的相关研究主要集中于国家在巨灾保险制度中的作用，国内学者认为我国应建立由政府主导及商业保险公司市场化运作的巨灾保险制度，国外学者对于政府在巨灾保险制度中的作用持不同的观点，部分学者认为应建立完全市场化的巨灾保险制度；部分学者认为巨灾保险需要政府介入，但政府应尽量减少对私人保险公司的监管影响。

3. 存款保险与银行保险制度变迁的研究述评

我国存款保险制度变迁的本质是“隐性存款保险制度显性化”，国内研究主要分析了我国隐性存款保险制度显性化的制度环境、原因与条件，得出其是国家效用最大化的结果。国外关于存款保险制度变迁的研究主要是存款保险制度的改革历程。国内学者研究发现，各个国家的银行保险制度均经过从销售渠道创新到产品创新再到组织模式创新的演变过程，银行保险是金融一体化制度变迁的必然趋势。国外学者分析了银行保险一体化对保险业系统性风险与保险制度的影响。

4. 保险公司与保险监管制度变迁的研究述评

国内学者研究了我国国有保险企业产权制度的改革历程、动力与方向，以及对所有者、经营者等的作用与影响。国外相关研究主要集中于制度因素对保险公司经营绩效的影响。保险监管制度包括偿付能力、市场行为及公司治理结构等监管政策，国内学者系统地研究了美国与我国保险监管制度的演变过程，其中我国市场行为监管经历了由注重保险契约约束、防范公司破产风险、注重费率公平到防范保险欺诈四个阶段的演进历程。国外学者主要研究保险费率监管的演变历程与原因。

5. 其他保险制度变迁的研究述评

国内外学者还研究了农村小额人身保险、出口信用保险、商业健康保险与理赔安排制度的制度变迁，等等。

综上所述，国内学者主要以新制度经济学制度变迁理论为基础，分析我国保险业的制度变迁问题。国内外相关学者研究发现，诺斯从制度和时间两个方面拓展新古典主义，马克思批判地继承了古典经济学的基础；马克思主义的制度变迁理论适合于长期经济增长分析，诺斯制度变迁理论更适合于短期分析，二者的相互融合是未来制度主义综合的方向，奠定了制度变迁理论创新的基础。因此，本书将马克思主义制度变迁理论与新制度经济学制度变迁理论结合，阐述新中国保险业的制度变迁问题。

第二节　理论基础

本书的理论基础为马克思主义制度变迁理论与新制度经济学制度变迁理论。这里分别介绍二者的具体内容。

一、马克思主义制度变迁理论

资本主义制度是自亚当·斯密建立古典经济学大厦以来的西方经济学的“天然”最优制度，经济分析均以此为前提研究个人效用最大化，故经济学家很少关注制度及制度变迁在经济增长中的作用，“制度”缺失成为经济学研究的常态。直到马克思发现了人类社会发展的客观规律，揭示了资本主义并非人类社会的终极模式，才从历史唯物主义角度，运用唯物史观和唯物辩证法，系统阐述了社会制度变迁的一般规律，弥补了“制度”与“制度变迁”相关研究的缺失。

（一）制度的起源与内涵

马克思、恩格斯较早论述了分工、交往与制度起源[①]。在马克思看来，制度最初来自物质生产条件[②]，随着生产力的发展、分工和交往的出现而产生社会制度，故其是社会历史的产物。马克思指出：“社会——不管其形式如何——是什么呢？是人们交互活动的产物。人们能否自由选择某一社会形式呢？决不能。在人们生产力发展的一定状况下，就会有一定的交换和消费形式。生产、交换和消费发展到一定阶段，就会有相应的社会制度、家庭、等级或阶级组织，也就会有相应的市民社会。有一定的市民社会，就会有市民社会正式表现的相应的政治国家。”[③] 故马克思在《德意志意识形态》中总结道：“现存制度只不过是个人之间迄今所存在的交往的产物。”[④] 伦理道德、法律制度、意识形态以及国家都属于上层建筑的范畴，制度、产权和法律体现了统治阶级的意志，制度分析的深层次因素是生产力与生产关系。对于制度起源的解释，马克思基于人类与自然界的矛盾，从生产力的发展说明第一层次制度的起源，即社会生产关系的形成过程；又基于社会关系中不同集团

① 刘荣材. 论马克思制度变迁与社会发展理论模式［J］. 延安大学学报（社会科学版），2009，31（4）：9-13.

② 林岗，刘元春. 诺斯与马克思：关于制度的起源和本质的两种解释的比较［J］. 经济研究，2000（6）：58-65.

③ 马克思恩格斯文集：第10卷［M］. 北京：人民出版社，2009：42-43.

④ 马克思恩格斯文集：第3卷［M］. 北京：人民出版社，2009：79.

和阶级的利益矛盾和冲突，从社会生产关系阐述第二个层次制度的起源，即上层建筑的主要内容（政治、法律、道德规范等）①。

（二）制度变迁的内涵与动因

马克思主义制度变迁理论形成较晚，且并未提出“制度变迁”这一理论术语，但在马克思、恩格斯等人的相关著作中，阐述了制度变迁的思想。正如道格拉斯·C. 诺斯所指出的：“在详细描述长期变迁的各种现存理论中，马克思的分析框架是最有说服力的，这恰恰是因为它包括了新古典分析框架所遗漏的所有因素：制度、产权、国家和意识形态。马克思强调在有效率的经济组织中产权的重要作用，以及在现有产权制度与新技术的生产潜力之间产生的不适应性。这是根本性的贡献。”② 经济制度变迁不是由理性人的自由选择所导致，但是个人的行为方式与选择集合由社会结构与制度变迁决定，主要是由于制度是社会结构中生产力和生产关系、经济基础和上层建筑矛盾运动的产物。当然马克思并没有忽视社会历史发展中的个人能动性作用，也不认为个人与社会的关系仅是个体与整体相互决定的问题。

马克思主义制度变迁理论主要分析人类社会制度在生产力发展过程中变迁的历史规律，从长期视角解释社会制度变革的根本原因，即生产力与生产关系之间矛盾的运动问题。在《〈政治经济学批判〉序言》一书中，马克思指出：“社会的物质生产力发展到一定阶段，便同它们一直在其活动的现存生产关系或财产关系发生矛盾，于是这些关系便由胜利的发展形式变成生产力的桎梏。那时社会变革的时代就到来了。随着经济基础的变革，全部庞大的上层建筑也或快或慢发生变革。”③ 这说明生产力是最具革命性和最为活跃的因素，生产力的发展情况决定生产关系，即生产关系要适应生产力的发展。当生产关系与生产力之间的矛盾积累到一定程度，社会关系和制度就会发生变革。人类社会从原始共产主义到奴隶社会、封建社会再到资本主义社会，

① 林岗，刘元春. 诺斯与马克思：关于制度的起源和本质的两种解释的比较［J］. 经济研究，2000(6)：58-65.

② 道格拉斯·C. 诺斯. 经济史中的结构与变迁［M］. 陈郁，等译. 上海：上海三联书店，1991：66.

③ 马克思恩格斯文集：第2卷［M］. 北京：人民出版社，2009：591-592.

无不是在生产力推动下的社会变革。在《共产党宣言》中，马克思认为随着资本主义矛盾的不断积累，必然要过渡到更加先进的社会制度，即过渡到共产主义阶段。

二、新制度经济学的制度变迁理论

道格拉斯·C. 诺斯（Douglass C. North）的制度变迁理论是新制度经济学制度变迁理论的典型代表，故本书以此作为分析我国保险业制度变迁的基础理论。诺斯制度变迁理论的三大基石为产权理论、国家理论与意识形态理论，主要内容包括制度变迁的动因、方式、一般过程与路径依赖等。此外，林毅夫的诱致性与强制性制度变迁理论也适用于分析我国保险业制度变迁问题。

（一）制度与制度变迁的内涵

由于认知能力的有限性，人类总是在信息有限的情况下做出选择，故人们之间签订合同以减少自己福利的损失，便是制度产生的原因①。制度是指社会规则与强制安排，包括正式规则（法律和宪法）与非正式规则（惯例与规范）②。

诺斯等人认为制度变迁是指“制度的创立、变更以及随着时间的变化而被打破的方式”③，即制度由非均衡转向均衡的过程。制度非均衡是指制度的供给与需求不平衡，资源再分配可提高现行制度结构下的各方利益。制度均衡是指制度供给与需求的平衡，即现存制度环境下资源再分配不能提高各方收入，各生产要素的潜能已发挥到极致。制度变迁不会在均衡状态下发生，但制度供给或需求会发生变化，进而导致制度失衡，即制度均衡不能永久存在，制度供给或需求的影响因素是主要原因。诺斯认为制度需求的影响因素

---

① DENZAU A T, DOUGLASS NORTH. Shared Mental Models: Ideologies and Institutions [J]. Kyklos, 1994, 47 (1): 3-31.

② NORTH, DOUGLASS. Institutions, Institutional Change and Economic Performance [M]. Cambridge, UK: Cambridge University Press, 1990a.

③ 1993 年诺斯获诺贝尔经济学奖之后，在北京大学中国经济研究中心成立大会上的演讲中对制度变迁的解释。

包括：一是市场规模，市场规模的变化改变了特定制度的成本与收益；二是技术进步，技术进步直接影响了制度安排的成本与收益，调动了人们重新配置资源的积极性；三是各利益集团的预期收入，利益集团预期收入的变化会促使他们建立新的制度安排；四是产品与要素的相对价格，产品与要素相对价格发生变化改变了人们之间的激励结构，现有制度无法保障各利益集团获取最大收益；五是宪法秩序，宪法秩序作为社会的基础性制度规则，是人们收益的基本保障。诺斯等人也给出了制度供给的影响因素：一是一些社会组织可能承担组织的成本；二是技术进步降低了当前制度的操作成本，如互联网技术的发展；三是知识点积累、教育体制的改革改变了信息搜集与传播的手段，可降低现有制度的成本；四是政府权力的稳固减少了政府制度安排的成本等。

（二）制度变迁的理论基石

1. 产权理论

诺斯等人没有系统的产权理论，而以科斯的产权理论作为分析制度变迁理论的基础。1967 年，德姆塞茨[①]在《关于产权的理论》中指出："产权是一种社会工具，产权所有者拥有他以特定的方式行事的权利；重要的是产权包括一个人或其他人收益、受损的权利；产权界定人们如何受益及受损，因而谁必须向谁提供补偿以使他修正人们所采取的行动。"[②] 他认为人们对收益与成本的调整过程导致了新产权的诞生，外部性内部化现象就是由成本小于内部收益引起的产权发展所导致的结果，而外部性内部化的动力在于技术进步改变的经济价值与新市场的出现。财产所有权主体的明确即产权界定，其重要性与基本原则由科斯最早发现，科斯[③]对新制度经济学产权理论的最主要贡

---

① 为保持全书的统一性，本书将不同翻译版本的"登姆塞茨"和"德姆塞茨"，全部统一采用"德姆塞茨"的称谓。

② 德姆塞茨. 关于产权的理论［M］//罗纳德·H. 科斯，等. 财产权利与制度变迁：产权学派与新制度学派译文集. 上海：上海三联书店，2014：96-113.

③ 为保持全书的统一性，本书将不同翻译版本的"R. 科斯"和"罗德纳·H. 科斯"，在脚注中全部统一为"罗纳德·H. 科斯"。

献亦在于此，其阐述了产权理论的重要性。科斯第一定理是“没有权利的初始界定，就不存在权利转让和重新组合的市场交易。但是，如果定价制度的运行毫无成本，最终的结果是不受法律状况的影响的”[①]。科斯第二定理是“一旦考虑到进行市场交易的成本，合法权利的初始界定会对经济制度运行的效率产生影响”[②]。可见，明确界定产权是存在市场交易的前提条件，当市场交易成本大于零时，产权界定的不同会导致差异化的资源配置结果。“交易费用大于零时，清晰的产权界定可降低人们的交易成本，效率得以提高”，此为科斯第三定理[③]。

2. 国家理论

国家的起源、特征与“诺斯悖论”是诺斯等人阐述国家理论的三个视角。国家的起源包括契约论、掠夺论与暴力潜能论等方面的理论。契约论认为国家为公民提供的服务是社会公民达成统一契约的选择结果。掠夺论认为国家是掠夺的产物，是统治者剥削被统治者的工具。鉴于国家在暴力方面的比较优势，暴力潜能论基于暴力潜能是否在公民之间公平分配，将国家分为契约型国家（公平分配）与掠夺型（不公平分配）国家。诺斯等人认为国家的特征主要表现在三个方面：其一，国家获得收入的方式是为社会公民提供“服务”和“保护”；其二，最大化国家收入是各个社会集团产权设计与不断优化的结果；其三，国家时刻处于被未来统治者取代的威胁之中。基于界定产权的基本规则，国家既要通过提供服务以最大化租金，又要降低交易成本以最大化社会产出，但二者之间是相悖的，不可能同时实现，称为“诺斯悖论”。国家兴衰更替的原因即在于国家的两个目标与经济持续增长的有效体制之间存在矛盾，矛盾激发不同社会集团之间的对立行为。

---

① 罗纳德·H. 科斯，等. 财产权利与制度变迁：产权学派与新制度学派译文集［M］. 上海：上海三联书店，上海人民出版社，2014：11.

② 罗纳德·H. 科斯，等. 财产权利与制度变迁：产权学派与新制度学派译文集［M］. 上海：上海三联书店，上海人民出版社，2014：20.

③ 罗纳德·H. 科斯. 论生产的制度结构［M］. 盛洪，陈郁，译. 上海：上海三联书店，1994：161-162.

3. 意识形态理论

诺斯的意识形态理论解释了新古典经济学不能解释的利他行为[①]，主要包括意识形态的概念与作用、是否成功的判断标准及意识形态变迁的原因等。意识形态由社会主导与个人的世界观构成，其可以约束公民的行为方式，影响公民的决策行为，使得公民在复杂的现实社会中做出符合社会惯例的一般性选择，大大节省了其选择的成本。诺斯等人指出国家为了提高公民对现行社会与经济体制的认同，常运用多种方式大力投资培育公民的意识形态，以降低现行体制与政权的维持成本。可知，成功的意识形态的标志就是公民的认同感。另外，成功的意识形态的判断标准还包括“搭便车”现象的克服。意识形态不是随意培育的，其与世界是否公平的伦理、道德观念是相通的，若意识形态违背了世界是否公平的伦理、道德观念，公民就会试图调整现行的意识形态，这就是意识形态变迁的原因。

（三）制度变迁的动因与方式

1. 制度变迁的动因

外部与内部动力论是诺斯等人的制度变迁理论的两大原因。制度变迁是组织与制度相互作用的结果，关键在于组织的发动，这是外部动力论的核心内容[②]。具体为资源总是稀缺的，组织为谋求发展而相互竞争，导致要素相对价格的改变，接着引起各个组织的成本收益发生变化，当制度变迁的收益大于成本时，就会发生制度变迁，进而获得收益。说明制度变迁发生的内部动力论的核心内容包括共享心智模型与学习能力。诺斯等人提出学习能力是人类社会从蛮荒、落后的远古时代逐渐走向文明化、科技化时代的一大促进因素。人类从无序走向有序的过程即体现出制度的变迁，适度变迁的演变方式由人类的学习过程决定，随着时间的不断前进，学习能力依托于社会文化逐

① NORTH, DOUGLASS. The evolution of efficient market in history ［M］. Chicago: University of Chicago Press, 1994: 257-264.

② NORTH D C. Location Theory and Regional Economic Growth ［J］. Journal of Political Economy, 1955, 63 (3): 243-258.

代相传[①]。诺斯等人以学习理论为基础，构建了共享心智模型。学习的认知结构是从孩提时期不断积累、演化而来的分类一览表，最初来自遗传，而后经由个人从周围社会环境中获得。解释环境的心智模型便是以此分类一览表为基础，加上特定的目标，即通过接触新鲜事物，不断丰富实践经验，不断完善一览表的内容。尽管人们对世界的感知是独一无二的，但共享心智模型指出通过相互交流，文化背景各异的人们可以形成具有相同特征的心智模型，这使得制度与意识形态在不断演进中被创造出来，故称其为制度变迁的内部动力论。

2. 制度变迁的方式

随着制度变迁理论的不断完善，制度变迁方式的分类呈现出多样性，如可按制度变迁的规模、速度与主体对其进行分类[②]，其中制度变迁分类方式影响最大、适用性较广的是林毅夫的诱致性与强制性制度变迁，这也是我国保险业制度变迁的两种重要方式，故本书在此进行详细介绍。

诱致性制度变迁是指为得到获利机会，个人或一群人自发倡导、组织和实行现存制度的变更或创造新制度[③]。林毅夫认为诱致性制度变迁的发生必须由原有制度安排下无法得到的获利机会或某来自制度非均衡的获利机会引起。制度非均衡的原因包括技术进步、社会生产力发展等。诱致性制度变迁的特征有三个：其一为盈利性，制度变迁的成本需小于可获得的预期收益；其二为自发性，外在获利机会促使相关群体自发推动制度变迁；其三为渐进性，从外在获利机会的发现到获利机会的内部化是逐渐演变而来的，故诱致性制度变迁过程呈现出自上而下、从局部到整体的特征。这是非正式制度变迁的

---

① NORTH D C, EICHER C K, STAATZ J M. Economic performance through time [J]. American Economic Review, 1994, 84 (3): 359-368.

② NORTH, DOUGLASS. Institutions, Institutional Change and Economic Performance [M]. Cambridge, UK: Cambridge University Press, 1990a; 林毅夫，关于制度变迁的经济学理论 [M] //罗纳德·H. 科斯. 财产权利与制度变迁：产权学派与新制度学派译文集. 上海：格致出版社，2014：260-287; 拉坦. 诱致性制度变迁理论 [M] //罗纳德·H. 科斯. 财产权利与制度变迁：产权学派与新制度学派译文集. 上海：格致出版社，2014：229.

③ 林毅夫. 关于制度变迁的经济学理论 [M] //罗纳德·H. 科斯. 财产权利与制度变迁：产权学派与新制度学派译文集. 上海：格致出版社，2014：261.

主要形式。强制性制度变迁的实施主体是国家，主要由法律和政府命令推动①，也可以纯粹由现有收入在不同利益集团之间再分派而发生。诱致性与强制性制度变迁的表现存在以下不同之处：①主体不同。诱致性制度变迁的主体是个人或一群人；强制性制度变迁的主体是国家。②优势不同。诱致性制度变迁依据一致性同意和经济原则，效率较高；强制性制度变迁的优势是可以在短时间内推行制度变迁，以自己的“暴力潜能”降低制度变迁成本。③问题不同。诱致性制度变迁主要面临外部性和“搭便车”问题；强制性制度变迁主要面临政府有限理性、效率不高等问题。

（四）制度变迁的一般过程与路径依赖

1. 制度变迁的一般过程

诺斯等人将制度变迁的一般过程分为五步：第一步是制度变迁“初级行动团体”的形成，主要原因在于技术进步与要素价格变化等引起若干个人或团体预见现行制度中的潜在利润；第二步是初级行动团体依据潜在利润及现有制度安排具体情况，提出制度变迁方案；第三步是初级行动团体测算多种制度变迁方案的预期收益，并进行比较，依据利润最大化原则选出最优制度变迁方案；第四步是形成“次级行动团体”，即帮助初级行动团体获取最优制度变迁方案的组织；第五步是最优制度变迁方案在初级和次级行动团体的共同努力下才能得以推行。

2. 制度变迁的路径依赖

与技术变迁过程相似，诺斯等认为存在路径依赖现象，即制度变迁存在朝着某一路径不断自我强化的特征，原因在于制度变迁过程中存在报酬递增与自我强化现象。在完全竞争与报酬递减条件下，制度变迁是无效的，即进入了错误轨道；在不完全市场与报酬递增条件下，制度变迁出现不断的自我强化现象，进入良性轨道，这也是制度初始成本、学习效应、协调效应与适应性预期相互作用的良性结果。因此，制度变迁的路径依赖现象存在两个极

---

① 林毅夫. 关于制度变迁的经济学理论［M］//罗纳德·H. 科斯. 财产权利与制度变迁：产权学派与新制度学派译文集. 上海：格致出版社，2014：276.

端：一是，组织学习与系统外部性会强化制度变迁特定路径的进程；二是，在制度变迁开始阶段，报酬递增阻碍了生产活动，相关利益集团不支持制度变迁，反而继续增强现有体制。

第三节　本章小结

本章首先回顾了马克思主义制度思想与制度变迁理论、旧制度经济学与制度变迁理论及新制度经济学与制度变迁理论的相关文献，发现马克思主义制度变迁理论适用于长期经济增长分析，诺斯制度变迁理论更适合于短期分析，二者的相互结合是未来制度主义综合的方向。其次，从保险业与保险中介制度变迁、农业保险与巨灾保险制度变迁、存款保险与银行保险制度变迁、保险公司与保险监管制度变迁等方面评述了保险业制度变迁的相关文献，发现绝大多数学者运用新制度经济学分析保险业制度变迁理论，几乎没有学者应用马克思主义制度变迁理论分析我国保险业的制度变迁。最后，详细介绍了马克思主义制度变迁理论与新制度经济学的制度变迁理论，以便后文应用二者分析保险业的制度变迁。

本章参考文献

[1] ACEMOGLU, DARON, JAMES ROBINSON. Economics versus Politics: Pitfalls of Policy Advice [J]. Journal of Economic Perspective, 2013, 27 (2): 173-192.

[2] ACEMOGLU, DARON, JAMES ROBINSON. Persistence of Power, Elites, and Institutions [J]. American Economic Review, 2008, 98 (1): 267-293.

[3] ACEMOGLU, DARON. Why Not a Political Coasean Theorem? Social Conflict, Commitment, and Politics [J]. Journal of Comparative Economics, 2003, 31: 620-652.

[4] AHSAN S M, ALI A A G, KURIAN N J. Toward a Theory of Agricultural Insurance [J]. American Journal of Agricultural Economics, 1982, 64 (3): 520-529.

[5] APPEL D, LORD R B, HARRINGTON S. Crop Insurance Study [M]. Washington, DC: U. S. Department of Agriculture, 1999.

[6] AYRES, CLARENCE E. The Theory of Economic Progress [M]. New York, NY: Schocken, 1944.

[7] BEENKEN, MATTHIAS. Der Versicherungsvertreter als Unternehmer: Betriebswirtschaftliche Herausforderungen für den [M]. Verlag Versicherungswirtschaft GmbH, 2013.

[8] BARANOFF E G, BARANOFF D. Trends in Insurance Regulation [J]. Review of Business, 2003, 24 (3): 11.

[9] Bardsley P, Abey A, Davenport S V. The Economics of Insuring Crops Against Drought [J]. Australian Journal of Agricultural & Resource Economics,

1984, 28 (1): 1-14.

[10] BARRESE J, NELSON J M. Independent and Exclusive Agency Insurers: A Reexamination of the Cost Differential [J]. Journal of Risk & Insurance, 1992, 59 (3): 375-397.

[11] BARROS C P, NEKTARIOS M, ASSAF A. Efficiency in the Greek insurance industry [J]. European Journal of Operational Research, 2010, 205 (2): 431-436.

[12] BECK T, WEBB I. Economic, Demographic, and Institutional Determinants of Life Insurance Consumption across Countries [C]. Tilburg University, 2003: 51-88.

[13] BECK T, WEBB I. Economic, demographic, and institutional determinants of life insurance consumption across countries [J]. World Bank Econ., 2003, 17 (1), 51-88.

[14] BENEDICT M R. Farm Policies of the United States, 1790—1950 [M]. LWW, 1954.

[15] BENSTON G J, KAUFMAN G G. Improving the FDIC Improvement Act: What was Done and What Still Needs to be done to Fix the Deposit Insurance Problem [M] Reforming Financial Institutions and Markets in the United States. Springer Netherlands, 1994b: 99-120.

[16] BENSTON G J, KAUFMAN G G. The Intellectual History of the Federal Deposit Insurance Corporation Improvement Act of 1991 [M]. Reforming Financial Institutions and Markets in the United States. Springer Netherlands, 1994a: 1-17.

[17] BENSTON G J, SMITH JR C W. A Transactions Cost Approach to the Theory of Financial Intermediation [J]. Journal of Finance, 1976, 31 (2): 215-231.

[18] BENSTON G J. Deposit Insurance reform in the FDIC Improvement Act: the experience to date [J]. Economic Perspectives, 1998, 22 (2): 2-20.

[19] BROUSSEAU, ERIC, PIERRE GARROUSTE AND EMMANUEL

RAYNAUD. Institutional Changes: Alternative Theories and Consequences for Institutional Design [J]. Journal of Economic Behavior & Organization, 2011, 79: 3-19.

[20] BROWNE M J, KIM K. An International Analysis of Life Insurance Demand [J]. Journal of Risk and Insurance, 1993: 616-634.

[21] BUSH, PAUL D. The Theory of Institutional Change [J]. Journal of Economic Issues, 1987, 21 (3): 1075-1116.

[22] BUSH, PAUL D, MARK R TOOL. Institutional Analysis and Economic Policy [M]. Dordrecht, Netherlands: Kluwer Academic Publishers, 2003.

[23] CARTER R L, DICKINSON G M. Obstacles to the Liberalization of Trade in Insurance [M]. Harvester Wheatsheaf for the Trade Policy Research Centre, London, 1992.

[24] CHAMBERS R G. Insurability and Moral Hazard in Agricultural Insurance Markets [J]. American Journal of Agricultural Economics, 1989, 71 (3): 604-616.

[25] CHANG C H, LEE C C. Non-Linearity Between Life Insurance and Economic Development: A Revisited Approach [J]. Geneva Risk & Insurance Review, 2012, 37 (2): 223-257.

[26] CHITE R. Federal Crop Insurance: Background and Current Issues [C]. CRS report for Congress (USA). Congressional Research Service, 1988.

[27] COASE, RONALD. An Interview with Ronald Coase [J]. ISNIE Newsletter, 1999, 2 (1): 3-10.

[28] COASE, RONALD. The Nature of the Firm [J]. Economica, 1937, 4 (16): 386-405.

[29] COASE, RONALD. The New Institutional Economics [J]. Journal of Theoretical and Institutional Economics, 1984, 140 (1): 229-231.

[30] COUFFINHAL A. Concurrence en Assurance Santé: Entre Efficacité Et Selection [D]. ANRT, Université Pierre Mendes France (Grenoble II), 1999.

[31] CRANE F G. Insurance Rate Regulation: The Reasons Why [J]. Journal of Risk & Insurance, 1972, 39 (4): 511-534.

[32] CUMMINS J D, DOHERTY N A. The Economics of Insurance Intermediaries [J]. Journal of Risk & Insurance, 2006, 73 (3): 359-396.

[33] CUMMINS J D, MAHUL O. Catastrophe Risk Financing in Developing Countries: Principles for Public Intervention [M]. World Bank Publications, 2009.

[34] CUMMINS J D. Should the Government Provide Insurance for Catastrophes? [J]. Federal Reserve Bank of St Louis Review, 2013, 88 (Jul): 871-883.

[35] DARPEIX P E. Systemic risk and insurance [J]. Pse Working Papers, 2015.

[36] DENZAU A T, DOUGLASS NORTH. Shared Mental Models: Ideologies and Institutions [J]. Kyklos, 1994, 47 (1): 3-31.

[37] DESIERTO, DESIREE, JOHN NYE. When Do Formal Rules and Informal Norms Converge? [J]. Journal of Institutional and Theoretical Economics, 2011, 167 (4): 613-629.

[38] DRAGOS S L, MARE C, DRAGOTA I M, et al. The Nexus Between the Demand for Life Insurance and Institutional Factors in Europe: new evidence from a panel data approach [J]. Economic Research-Ekonomska Istraživanja, 2017, 30 (1): 1477-1496.

[39] DUGGER, WILLIAM. Sovereignty in Transaction Cost Economics: John R. Commons and Oliver Williamson [J]. Journal of Economic Issues, 1996, 30 (2): 427- 435.

[40] DUGGER, WILLIAM. The New Institutionalism: New But Not Institutionalist [J]. Journal of Economic Issues, 1990, 24 (2): 423-431.

[41] DUNCAN J, MYERS R J. Crop Insurance under Catastrophic Risk [J]. American Journal of Agricultural Economics, 2000, 82 (4): 842-855.

[42] EGGERTSSON, THRÁINN. Economic Behaviour and Institutions [M]. Cambridge, UK: Cambridge University Press, 1990.

[43] EGGERTSSON, THRÁINN. Imperfect Institutions: Possibilities and Limits of Reform [M]. Ann Arbor, MI: University of Michigan Press, 2005.

[44] ELANGO B, JONES J. Drivers of Insurance Demand in Emerging Markets [J]. Journal of Service Science Research, 2011, 3 (2): 185-204.

[45] ENNSFELLNER K C, LEWIS D, ANDERSON R I. Production Efficiency in the Austrian Insurance Industry: A Bayesian Examination [J]. Journal of Risk & Insurance, 2004, 71 (1): 135-159.

[46] ENZ R. The S - Curve Relation Between Per - Capita Income and Insurance Penetration [J]. Geneva Papers on Risk & Insurance Issues & Practice, 2000, 25 (3): 396-406.

[47] ESTRIN S. The Economic Rationale for the Public Provision of Export Credit Insurance by ECGD [J]. NERA-National Economic Research Associates, 2000.

[48] EUROPEAN PARLIAMENT. Directive 2002/92/EC of the European Parliament and of the Council of 9 December 2002 on insurance mediation [J]. In Ofcial ournal of the European Communities, 2002, 46: 3-10.

[49] FAULEND M, KRAFT E. How Can Croatia's Deposit Insurance System Be Improved? [J]. Surveys, 2005.

[50] FITZGERALD B, MONSON T. Preferential Credit and Insurance as Means to Promote Exports [J]. The World Bank Research Observer, 1989, 4 (1): 89-114.

[51] FOSTER, J. FAGG. The Effect of Technology on Institutions [J]. Journal of Economic Issues, 1981, 15 (4): 907-913.

[52] FROOT K. The Financing of Catastrophe Risk [M]. University of Chicago Press, 1999.

[53] GARDNER B L, KRAMER R A. Experience with Crop Insurance Programs in the United States [J]. 1986.

[54] GARRIDO A, ZILBERMAN D. Revisiting the demand for agricultural in-

surance: the case of Spain [J]. Agricultural Finance Review, 2008, 68 (1): 43-66.

[55] GLAUBER J W, COLLINS K J, BARRY P J. Crop Insurance, Disaster Assistance, and the Role of the Federal Government in Providing Catastrophic Risk Protection [J]. Agricultural Finance Review, 2002, 62 (2): 81-101.

[56] GOODWIN B K, SMITH V H. The Economics of Crop Insurance and Disaster aid [M]. American Enterprise Institute, 1995.

[57] GOODWIN B K, VADO L A. Public Responses to Agricultural Disasters: Rethinking the Role of Government [J]. Canadian Journal of Agricultural Economics/revue Canadienne Dagroeconomie, 2007, 55 (4): 399-417.

[58] GREENE M R. Export Credit Insurance. Its Role in Expanding World Trade [J]. The Journal of Risk and Insurance, 1965, 32 (2): 177-193.

[59] GREIF, AVNER. Historical and Comparative Institutional Analysis [J]. American Economic Review, 1998, 88 (2): 80-84.

[60] GREIF, AVNER. Institutions and the Path to the Modern Economy [M]. Cambridge, UK: Cambridge University Press, 2006.

[61] GROENEWEGEN, JOHN, FRANS KERSTHOLT, AD NAGELKERKE. On Integrating New and Old Institutionalism: Douglass C. North Building Bridges [J]. Journal of Economic Issues, 1995, 29 (2): 467-476.

[62] HAMILTON W H. "Institution." In Encyclopaedia of the Social Sciences, vol. 8, edited by Edwin Seligman and Alvin Johnson [M]. New York, NY: Macmillan, 1932.

[63] HAMILTON W H. The Institutional Approach to Economic Theory [J]. American Economic Review, Supplement, 1919, 9 (1): 309-318.

[64] HARRINGTON S. The Impact of Rate Regulation on Prices and Underwriting Results in the Property-Liability Insurance Industry: A Survey [J]. Journal of Risk & Insurance, 1984, 51 (4): 577.

[65] HAZELL P, POMAREDA C, VALDEZ A. Crop Insurance for

Agricultural Development: Issues and Experience [M]. IICA Biblioteca Venezuela, 1986.

[66] HEIDE J B, DUTTA S, BERGEN M. Exclusive Dealing and Business Efficiency: Evidence from Industry Practice [J]. Journal of Law & Economics, 1998, 41 (2): 387-408.

[67] HEIFNER R, COBLE K, PERRY J, et al. Managing Risk in Farming: Concepts, Research, and Analysis [M]. US Department of Agriculture, Economic Research Service, 1999.

[68] HODGSON, GEOFFREY M. Darwinism and Institutional Economics [J]. Journal of Economic Issues, 2003a, 37 (1): 85-97.

[69] HODGSON, GEOFFREY M. Darwinism in Economics: From Analogy to Ontology [J]. Journal of Evolutionary Economics, 2002b, 12 (2): 259-281.

[70] HODGSON, GEOFFREY M. The Approach of Institutional Economics [J]. Journal of Economic Literature, 1998, 36 (1): 166-192.

[71] HOFSTEDE G. Insurance as a Product of National Values [J]. The Geneva Papers on Risk and Insurance-Issues and Practice, 1995, 20 (4): 423-429.

[72] ICA. General Insurance Code of Practice [EB/OL]. 2014, http://codeofpractice.com.au/.

[73] KINGSTON C. Governance and Institutional Change in Marine Insurance, 1350-1850 [J]. European Review of Economic History, 2014, 18 (1): 1-18.

[74] KINGSTON, CHRISTOPHER, GONZALO CABALLERO. Comparing Theories of Institutional Change [J]. Journal of Institutional Economics, 2009, 5 (2): 151-180.

[75] KJOSEVSKI J. The Determinants of Life Insurance Demand in Central and Southeastern Europe [J]. International Journal of Economics and Finance, 2012, 4 (3): 237.

[76] KLEIN R W. Insurance Regulation in Transition [J]. Journal of Risk &

Insurance, 1995, 62 (3): 363-404.

[77] KNIGHT, JACK. Institutions and Social Conflict [M]. Cambridge, UK: Cambridge University Press, 1992.

[78] KRAMER R A. Federal crop insurance 1938-1982 [J]. Agricultural History, 1983, 57 (2): 181-200.

[79] KUNREUTHER H. Disaster Mitigation and Insurance: Learning from Katrina [J]. The Annals of the American Academy of Political and Social Science, 2006, 604 (1): 208-227.

[80] LAFOND R, YOU H. The Federal Deposit Insurance Corporation Improvement Act, Bank Internal Controls and Financial Reporting Quality [J]. Journal of Accounting & Economics, 2010, 49 (1-2): 75-83.

[81] LAURA D S, CODRUTA M, MARIA D A. Overall Governance Index for Developed and Emerging European Life Insurance Markets [J]. International Journal of Academic Research in Business and Social Sciences, 2016, 6 (10): 381-391.

[82] LEE C C, CHANG C H, AROURI M, et al. Economic Growth and Insurance Development: The Role of Institutional Environments [J]. Economic Modelling, 2016, 59: 361-369.

[83] LEE C C, CHANG C H. Financial Policy and Insurance Development: Do Financial Reforms Matter and How? [J]. International Review of Economics & Finance, 2015, 38: 258-278.

[84] LI D, MOSHIRIAN F, NGUYEN P, et al. The Demand for Life Insurance in OECD Countries [J]. Journal of Risk and Insurance, 2007, 74 (3): 637-652.

[85] MAHUL O, STUTLEY C J. Government Support to Agricultural Insurance: Challenges and Options for Developing Countries [M]. World Bank Publications, 2010.

[86] MENARD, CLAUD, MARY M. SHIRLEY, et al. Handbook of New In-

stitutional Economics [M]. Dordrecht, Netherlands: Springer, 2005.

[87] MICAJKOVA V. Efficiency of Macedonian Insurance Companies: A DEA Approach [J]. Journal of Investment Management, 2015, 4 (2): 61.

[88] MIRANDA M J, GLAUBER J W. Systemic Risk, Reinsurance, and the Failure of Crop Insurance Markets [J]. American Journal of Agricultural Economics, 1997, 79 (1): 206-215.

[89] MIRANDA M J. Area - Yield Crop Insurance Reconsidered [J]. American Journal of Agricultural Economics, 1991, 73 (2): 233-242.

[90] MITCHELL, WESLEY C. The Prospects of Economics. In The Backward Art of Spending Money and Other Essays [M]. New York, NY: Augustus M. Keley, Inc, 1924-1950.

[91] MOSSIALOS E, THOMSON S M S. Voluntary Health Insurance in the European Union: a Critical Assessment [J]. International Journal of Health Services, 2002, 32 (1): 19-88.

[92] NELSON C H, LOEHMAN E T. Further Toward a Theory of Agricultural Insurance [J]. American Journal of Agricultural Economics, 1987, 69 (3): 523-531.

[93] NGUYEN Y N, AVRAM K, SKULLY M T. Insurance and Economic Growth: A Cross Country Examination [J]. Social Science Electronic Publishing, 2010.

[94] NISSIM D. Analysis and Valuation of Insurance Companies [J]. Ssrn E-lectronic Journal, 2011.

[95] NORTH D C, EICHER C K, STAATZ J M. Economic Performance Through Time [J]. American Economic Review, 1994, 84 (3): 359-368.

[96] NORTH D C. Location Theory and Regional Economic Growth [J]. Journal of Political Economy, 1955, 63 (3): 243-258.

[97] NORTH, DOUGLASS, WALLIS J J, WEINGAST B R. Violence and Social Orders [M]. New York, NY: Cambridge University Press, 2009.

[98] NORTH, DOUGLASS. Understanding Institutions. In Institutions, Contracts and Organizations, edited by Claude Menard [M]. Cheltenham, UK: Edward Elgar, 2000b.

[99] NORTH, DOUGLASS. Institutions, Institutional Change and Economic Performance [M]. Cambridge, UK: Cambridge University Press, 1990a.

[100] NORTH, DOUGLASS. Structure and Change in Economic History [M]. New York, NY: WW Norton, 1981.

[101] NORTH, DOUGLASS. The Evolution of Efficient Market in History [J]. Working Paper, Department of Economics, Washington University, St. Louis.

[102] NORTH, DOUGLASS. Understanding the Process of Economic Change [M]. Princeton, Princeton University Press, 2005.

[103] NYE, JOHN. Thinking About the State: Property Rights, Trade and Changing Contractual Arrangements in a World with Coercion [M]. In The Frontiers of the New Institutional Economics, edited by J. N. Drobak and John Nye, pp. 121-142. San Diego, CA: Academic Press, 1997.

[104] DICKENS M M. Organisation for Economic Co-operation and Development. Managing risk in agriculture: policy assessment and design [M]. OECD Publishing, 2011.

[105] OSBORNE D K, LEE S. Effects of Deposit Insurance Reform on Moral Hazard in US Banking [J]. Journal of Business Finance & Accounting, 2001, 28 (7-8): 979-992.

[106] OSTROM, ELINOR, XAVIER BASURTO. Crafting Analytical Tools to Study Institutional Change [J]. Journal of Institutional Economics, 2011, 7 (3): 317-343.

[107] OSTROM, ELINOR. Self-Organization and Social Capital [J]. Industrial and Corporate Change, 1995, 4 (1): 131-159.

[108] OUTREVILLE J F. Foreign Affiliates of the Largest Insurance Groups: Location - Specific Advantages [J]. Journal of Risk and Insurance, 2008, 75

(2): 463-491.

[109] PRIEST G L. The Government, the Market, and the Problem of Catastrophic Loss [J]. Journal of risk and Uncertainty, 1996, 12 (2-3): 219-237.

[110] PRIKAZYUK N, OLIYNIK G. The Impact of Cooperation Between Insurers and Banks on the Development of the Insurance System [J]. Baltic Journal of Economic Studies, 2017, 3 (2): 121-127.

[111] ROE M J, SIEGEL J I. Political Instability: Effects on Financial Development, Roots in the Severity of Economic Inequality [J]. Journal of Comparative Economics, 2011, 39 (3): 279-309.

[112] ROSE F. The Economics, Concept, and Design of Information Intermediaries: A Theoretic Approach [M]. Springer Science & Business Media, 2012: 58-66.

[113] ROSENBERG M K. Historical Perspective of the Development of Rate Regulation of Title Insurance [J]. Journal of Risk & Insurance, 1977, 44 (2): 193-209.

[114] ROWE W H, SMITH L K. Crop Insurance. 1940 Yearbook of Agriculture: Farmers in a Changing World [M]. Washington DC: USDA, 1940.

[115] RUTHERFORD, MALCOLM. Institutional Economics: Then and Now [J]. Journal of Economic Perspectives, 2001, 15 (3): 173-194.

[116] RUTHERFORD, MALCOLM. Institutions in Economics [J]. Cambridge, UK: Cambridge University Press, 1994.

[117] SCOTT C D. Public and Private Roles in Health Care Systems: Reform Experience in Seven OECD Countries [M]. Open University Press, 2001.

[118] SIGURDSON D, SIN R. An Aggregate Analysis of Canadian Crop Insurance Policy [M]. Economics of Agricultural Crop Insurance: Theory and Evidence. Springer, Dordrecht, 1994: 45-72.

[119] SMITH V H, GOODWIN B K. Private and Public Roles in Providing Agricultural Insurance in the United States [J]. Public Insurance and Private Mar-

kets, 2010: 173-210.

[120] SPULBER D F. Market Microstructure: Intermediaries and the Theory of the Firm [M]. Cambridge University Press, 1999: 262-266.

[121] TOBOSO, FERNANDO. En qué se diferencian los Enfoques de Análisis de la Vieja y la Nueva Economía Institucional? [J]. Hacienda Pública Española, 1997, 143: 175-192.

[122] TOOL, MARC R. Essays in Social Value Theory [M]. Armonk, NY: M. E. Sharpe, 1986.

[123] U. S. GENERAL ACCOUNTING OFFICE. Agriculture in Transition: Farmers Use of Risk Management Strategies [J]. GAO/RCED-99-90.

[124] VALGREN V N. Crop Insurance: Risks, Losses, and Principles of Protection [M]. US Department of Agriculture, 1922.

[125] VEBLEN, THORSTEIN. Why Is Economics Not an Evolutionary Science? [J]. Quarterly Journal of Economics, 1898, 12 (4): 373-397.

[126] VEBLEN, THORSTEIN. The Place of Science in Modern Civilization and other Essays [M]. New York, NY: Huebsch, 1919.

[127] WARD D, ZURBRUEGG R. Law, Politics and Life Insurance Consumption in Asia [J]. Geneva Papers on Risk & Insurance Issues & Practice, 2002, 27 (3): 395-412.

[128] WASAW B, HILL R D. The Insurance Industry in Economic Development [M]. New York: New York University Press, 1986.

[129] WEN G J, ZHANG C. Investment under Risk in Property Rights [J]. China Economic Review, 1993, 4 (1): 49-53.

[130] WILLIAMS C A. Insurer Views on Property and Liability Insurance Rate Regulation [J]. Journal of Risk & Insurance, 1969, 36 (3): 217-236.

[131] WILLIAMSON, OLIVER. The New Institutional Economics: Taking Stock, Looking Ahead [J]. Journal of Economic Literature, 2000, 38 (3): 595-613.

[132] WILLIAMSON, OLIVER. Transaction Cost Economics: The Natural Progression [J]. American Economic Review, 2010, 100 (3): 673-690.

[133] WRIGHT B D, HEWITT J A. All-risk crop insurance: lessons from theory and experience [M]. Economics of agricultural crop insurance: theory and evidence. Springer, Dordrecht, 1994: 73-112.

[134] YAMAUCHI T. Evolution of the Crop Insurance Program in Japan [J]. 1986.

[135] ZELIZER V A R. Morals and Markets: The Development of Life Insurance in the United States [M]. New York: Columbia University Press, 1979.

[136] ZOUBOULAKIS, MICHEL. On the Evolutionary Character of North's Idea of Institutional Change [J]. Journal of Institutional Economics, 2005, 1 (2): 139-153.

[137] ZWEYNERT, JOACHIM. Interests Versus Culture in the Theory of Institutional Change [J]. Journal of Institutional Economics, 2009, 5 (3): 339-360.

[138] 亨利·勒帕日. 美国新自由主义经济 [M]. 李燕生, 译. 北京: 北京大学出版社, 1985.

[139] 阿尔钦, 等. 财产权利与制度变迁 [M]. 刘守英, 等译. 上海: 上海人民出版社, 1994.

[140] 罗纳德·H. 科斯, 等. 财产权利与制度变迁: 产权学派与新制度学派译文集 [M]. 上海: 上海三联书店, 1991.

[141] 罗纳德·H. 科斯. 论生产的制度结构 [M]. 盛洪, 陈郁, 译. 上海: 上海三联书店, 1994.

[142] 道格拉斯·C. 诺斯. 经济史中的结构与变迁 [M]. 陈郁, 等译. 上海: 上海三联书店, 1991.

[143] 蔡潇彬. 诺斯的制度变迁理论研究 [J]. 东南学术, 2016 (1): 120-127.

[144] 曹正汉. 将社会价值观整合到制度变迁理论之中的三种方法: 凡勃伦、哈耶克、诺斯的理论之比较研究 [J]. 经济科学, 2001 (6): 96-105.

[145] 曹志宏. 制度变迁对中国保险产业发展的影响 [J]. 保险研究, 2008 (5): 21-23, 52.

[146] 陈俊松. 制度变迁理论的两种范式 [J]. 经济问题探索, 2001 (5): 16-18.

[147] 陈璐. 从制度变迁看我国的最后贷款人机制与存款保险问题 [J]. 生产力研究, 2005 (2): 62-64.

[148] 陈剖建. 制度变迁与中国保险业增长 [J]. 当代经济科学, 2004 (2): 37-42, 94.

[149] 陈宇宁. 我国财产保险偿付能力监管制度变迁分析: 制度经济学视角 [J]. 保险研究, 2009 (1): 19-24.

[150] 崔冬初. 美国保险监管制度研究 [D]. 长春: 吉林大学, 2010.

[151] 崔勇. 我国银行保险发展的制度因素实证分析 [J]. 保险研究, 2010 (4): 36-43.

[152] 邓葱. 马克思的制度变迁理论及当代价值 [J]. 当代经济, 2008 (5): 152-153.

[153] 邓敏. 中国保险业的历史与未来: 一个制度变迁视角 [J]. 金融研究, 2000 (6): 97-107.

[154] 杜辉, 陈池波. 中国政策性农业保险制度的理性反思 [J]. 江西财经大学学报, 2010 (4): 38-43.

[155] 繁人都重. 制度经济学的回顾与反思 [M]. 张敬惠, 译. 成都: 西南财经大学出版社, 2004.

[156] 方建国. 制度变迁的自然选择和暴力竞争: 马克思与交易成本经济学的比较与综合 [J]. 南昌大学学报 (人文社会科学版), 2012, 43 (1): 51-57.

[157] 方建国. 制度变迁中的"诺斯问题"及其范式超越 [J]. 福州大学学报 (哲学社会科学版), 2011, 25 (4): 28-34.

[158] 费友海. 中国农业保险制度演化研究 [D]. 成都: 西南财经大学, 2010.

［159］冯文丽．中国农业保险制度变迁研究［D］．厦门：厦门大学，2004.

［160］傅兆君，史纪新．经济体制必然是一个动态的演进过程：诺斯的经济史观和制度变迁理论新解［J］．江苏社会科学，2001（6）：7-15.

［161］高德步．制度变迁理论：马克思与诺斯［J］．经济学家，1996（5）：42-49.

［162］郭洪川．中国保险市场行为监管改革研究［D］．长春：吉林大学，2015.

［163］郭琳．银行保险的制度变迁理论分析以及对我国的启示［J］．金融论坛，2006（1）：59-63.

［164］郭旭红．论保险监管机构的产业促进功能［J］．保险研究，2007（6）：67-69.

［165］何刚，陈文静，叶阿忠．熵理论与制度变迁方式的选择［J］．财经研究，2004（3）：106-112.

［166］何英．保险移植中国的制度基础解析［J］．特区经济，2008（4）：89-91.

［167］胡海峰，李雯．对制度变迁理论两种分析思路的互补性思考［J］．人文杂志，2003（4）：62-68.

［168］户国栋，姜涛，刘乃铭．论诺斯制度变迁理论的现实价值［J］．河北学刊，2010，30（3）：250-252.

［169］黄卫华，商晨．新制度经济学制度变迁理论对制度均衡思想的疏漏［J］．经济纵横，2005（7）：44-46.

［170］黄英君，江先学．中外保险制度比较研究：基于制度变迁的视角［J］．经济社会体制比较，2007（5）：53-60.

［171］黄英君，史智才．农业巨灾风险管理的比较制度分析：一个文献研究［J］．保险研究，2011（5）：117-127.

［172］黄英君．我国金融（保险）控股公司组织模式及发展思路研究［J］．新疆社会科学，2008（1）：34-39.

［173］黄英君. 中国农业保险发展的历史演进：政府职责与制度变迁的视角［J］. 经济社会体制比较，2011（6）：174-181.

［174］黄英君. 中国农业保险制度的变迁与创新［J］. 保险研究，2009（2）：52-58.

［175］霍炜，汪彤，宋文玉. 论马克思主义的制度分析方法［J］. 中共中央党校学报，2006（5）：14-19.

［176］纪琼骁，刘冬姣，阮红新. 从制度经济学角度看中国保险制度变迁的初始条件［J］. 金融与经济，2009（5）：61-64.

［177］纪琼骁. 中国保险业产权制度创新研究［J］. 保险研究，2009（2）：17-21.

［178］贾根良. 制度变迁理论：凡勃伦传统与诺斯［J］. 经济学家，1999（5）：62-67.

［179］贾后明. 制度经济学和演化经济学不能代替马克思主义经济学［J］. 经济纵横，2014（11）：19-24.

［180］蒋雅文. 论制度变迁理论的变迁［J］. 经济评论，2003（4）：73-79.

［181］蒋雅文. 诺斯的制度变迁理论评析［J］. 经济科学，2000（5）：100-107.

［182］靳涛. 诺斯的成就与困惑：新制度经济史学制度变迁理论的绩效与问题［J］. 郑州大学学报（哲学社会科学版），2003（3）：86-89.

［183］孔尚惠. 基于国家效用函数视角的存款保险制度变迁研究［J］. 新金融，2017（8）：35-40.

［184］黎秀蓉，刘光岭. 论制度是博弈的结果：对诺斯制度变迁理论的修正［J］. 经济问题，2009（4）：3-5.

［185］李攀. 我国银行保险制度研究［D］. 北京：首都经济贸易大学，2013.

［186］李琼，等. 农村小额人身保险的制度经济学分析［J］. 保险研究，2011（10）：39-45.

［187］李伟群. 对诺斯的制度变迁理论的经济学分析［J］. 特区经济，

2005 (4): 163-164.

[188] 李志刚. 基于适应性效率的中国保险制度变迁研究 [D]. 长春: 吉林大学, 2011.

[189] 李志刚. 中国保险制度适应性效率研究 [J]. 当代经济研究, 2017 (10): 90-96.

[190] 李志强. 新制度经济学的制度理论: 企业理论·产权理论·制度变迁理论 [J]. 经济师, 2001 (12): 34-35.

[191] 李治. 企业家与诺斯的制度变迁理论 [J]. 生产力研究, 2010 (10): 20-22.

[192] 梁謇. 马克思与诺斯制度变迁理论的比较研究 [J]. 北方论丛, 2007 (4): 141-144.

[193] 林岗, 刘元春. 诺斯与马克思: 关于制度的起源和本质的两种解释的比较 [J]. 经济研究, 2000 (6): 58-65.

[194] 林国先. 制度理论: 马克思与诺斯 [J]. 经济学动态, 2002 (9): 26-30.

[195] 林红玲. 西方制度变迁理论述评 [J]. 社会科学辑刊, 2001 (1): 76-80.

[196] 刘成群. 白搭车问题与诺斯制度变迁理论的转向 [J]. 河北经贸大学学报, 2016, 37 (3): 36-41.

[197] 刘冬姣. 论我国保险中介制度的完善 [J]. 财贸经济, 2002 (9): 43-47.

[198] 刘冬姣. 论我国转轨期保险中介制度的变迁 [J]. 财贸经济, 1999 (12): 39-43.

[199] 刘冬姣. 保险中介制度研究 [M]. 北京: 中国金融出版社, 2000.

[200] 刘和旺, 颜鹏飞. 论诺斯制度变迁理论的演变 [J]. 当代经济研究, 2005 (12): 21-24, 72.

[201] 刘和旺. 论学习与制度变迁: 诺斯制度变迁理论的新发展 [J]. 山东社会科学, 2005 (8): 59-62.

［202］刘荣材. 论马克思制度变迁与社会发展理论模式［J］. 延安大学学报（社会科学版），2009，31（4）：9–13.

［203］刘文革，刘婷婷. 以诺斯为代表的制度变迁理论评析［J］. 学术交流，2007（3）：61–65.

［204］刘小怡. 马克思主义和新制度主义制度变迁理论的比较与综合［J］. 南京师大学报（社会科学版），2007（1）：5–11.

［205］刘勇，田杰，余子鹏. 诺斯制度变迁理论的变迁分析［J］. 理论月刊，2012（12）：119–123.

［206］刘友芝. 中国保险理赔制度变迁的经济学分析［J］. 中南财经政法大学学报，2003（2）：106–111，144.

［207］卢现祥. 马克思是制度经济学家吗［J］. 经济学家，2006（3）：5–12.

［208］鲁志国. 制度变迁与技术变迁：谁是经济增长核心因素：兼评诺斯制度变迁经济增长理论的有效性［J］. 南方经济，2002（2）：43–44，72.

［209］马广奇. 制度变迁理论：评述与启示［J］. 生产力研究，2005（7）：225–227，230–243.

［210］马克思恩格斯全集：第 13 卷［M］. 北京：人民出版社，1956.

［211］马克思恩格斯全集：第 23 卷［M］. 北京：人民出版社，1972.

［212］马克思恩格斯选集：第 1 卷［M］. 北京：人民出版社，1995.

［213］马克思恩格斯选集：第 3 卷［M］. 北京：人民出版社，1995.

［214］马克思恩格斯文集：第 2 卷［M］. 北京：人民出版社，2009.

［215］马克思恩格斯文集：第 3 卷［M］. 北京：人民出版社，2009.

［216］马克思恩格斯文集：第 10 卷［M］. 北京：人民出版社，2009.

［217］马旭东. 演化博弈论在制度变迁研究中的适用性分析［J］. 中央财经大学学报，2010（3）：78–82.

［218］孟昭亿. 中国保险监管制度研究［M］. 北京：中国财政经济出版社，2002.

［219］彭金柱. 国有保险企业产权制度变革研究［M］. 上海：上海三联书

店，2006

[220] 彭文平. 制度变迁理论的新动向 [J]. 经济学动态，2000 (7)：57-60.

[221] 皮立波，庹国柱. 建立农业政策性保险制度，迎接 WTO 的挑战 [J]. 中国农村经济，2000 (5)：49-53.

[222] 蒲海成. 中国保险业改革发展的制度分析 [J]. 保险研究，2008 (11)：34-38.

[223] 蒲海成. 中国保险产品市场化的制度分析 [M]. 上海：上海三联书店，2006.

[224] 施建祥. 中国保险制度创新研究 [M]. 北京：中国金融出版社，2006.

[225] 孙犇. 存款保险制度与中国选择 [D]. 广州：暨南大学，2011.

[226] 孙方，李振宇. 诺斯与马克思：制度变迁的动力比较 [J]. 理论学刊，2014 (11)：10-14.

[227] 孙蓉，费友海. 风险认知、利益互动与农业保险制度变迁：基于四川试点的实证分析 [J]. 财贸经济，2009 (6)：35-40，68.

[228] 孙蓉. 中国商业保险资源配置论：机制设计与政策分析 [D]. 成都：西南财经大学，2004.

[229] 孙希芳. 一个制度变迁的动态博弈模型 [J]. 经济学动态，2001 (12)：26-29.

[230] 谭湘渝，蒋毅. 巨灾保险制度的经济学分析与模式选择 [J]. 生产力研究，2009 (24)：31-33.

[231] 庹国柱，李军，王国军. 外国农业保险立法的比较与借鉴 [J]. 中国农村经济，2001 (1)：74-80.

[232] 庹国柱，等. 中国农业保险大灾风险分散制度及大灾风险基金规模研究 [J]. 保险研究，2013 (6)：3-15.

[233] 庹国柱，朱俊生. 关于农业保险立法几个重要问题的探讨 [J]. 中国农村经济，2007 (2)：55-63.

［234］庹国柱，朱俊生．关于我国农业保险制度建设几个重要问题的探讨［J］．中国农村经济，2005（6）：46-52，74.

［235］庹国柱，朱俊生．农业保险巨灾风险分散制度的比较与选择［J］．保险研究，2010（9）：47-53.

［236］庹国柱，朱俊生．完善我国农业保险制度需要解决的几个重要问题［J］．保险研究，2014（2）：44-53.

［237］庹国柱．让科学研究更好地服务于农业保险制度建设：中国农业保险32年研究历程简述［J］．保险研究，2013（9）：9-17.

［238］王胜利，国晓丽．诺斯制度变迁观演变的解析［J］．商业研究，2012（1）：119-123.

［239］王松梅．马克思与诺斯：制度变迁理论的相互补充［J］．求实，2003（4）：12-14.

［240］王伟，王硕．中国出口信用保险制度变迁研究［J］．广东金融学院学报，2008（3）：122-128.

［241］王小映．马克思主义与新制度经济学制度变迁理论的比较［J］．中国农村观察，2001（4）：20-26，80.

［242］王艳．中国保险公司制度变迁与创新研究［D］．长春：吉林大学，2014.

［243］威廉·杜格，霍华德·谢尔曼．回到进化：马克思主义和制度主义关于社会变迁的对话［M］．张林，等译．北京：中国人民大学出版社，2007.

［244］魏崇辉，王岩．制度变迁理论的比较与启示：基于理论预设视角［J］．经济问题，2009（6）：16-19.

［245］肖文，谢文武．国家在保险制度变迁中的地位和作用［J］．浙江大学学报（人文社会科学版），2003（1）：153-160.

［246］谢雪燕．经济转型背景下中国隐性存款保险制度的显性化探究［J］．财会月刊，2016（18）：64-71.

［247］徐光东，欧阳日辉．制度变迁：从产权理论到中国经验［J］．经济学动态，2005（3）：23-27.

[248] 徐黎明. 中国农业保险的政府行为、利益博弈及制度创新研究[D]. 武汉：华中师范大学，2016.

[249] 许捷，罗安定. 中国保险制度变迁机理研究 [J]. 财经理论与实践，2004 (4)：38-43.

[250] 许捷. 保险制度创新的承载者障碍及其突破 [J]. 财经理论与实践，2002 (4)：21-24.

[251] 杨光斌. 诺斯制度变迁理论的贡献与问题 [J]. 华中师范大学学报（人文社会科学版），2007 (3)：30-37.

[252] 杨明东，曾繁华. 制度变迁方向的确定性：基于恩格斯合力理论的分析 [J]. 商业研究，2010 (4)：31-36.

[253] 杨新顺. 我国保险业发展历程的制度视角剖析 [J]. 山西财经大学学报，2011，33 (S1)：54-55.

[254] 杨正联，卢国义. 制度变迁中的组织：简析诺斯的组织理论 [J]. 理论月刊，2012 (2)：35-37.

[255] 姚恩全，郑尚植. NIE 与 OIE 制度变迁理论的比较分析 [J]. 财经问题研究，2009 (12)：31-35.

[256] 姚作为，王国庆. 制度供给理论述评：经典理论演变与国内研究进展 [J]. 财经理论与实践，2005 (1)：3-8.

[257] 叶朝付，任荣明. 制度变迁理论中的认识论问题 [J]. 生产力研究，2005 (11)：33-34，126.

[258] 叶麒麟. 生产力、阶级与国家：马克思制度变迁的机理分析 [J]. 河南大学学报（社会科学版），2011，51 (3)：34-39.

[259] 袁辉. 我国商业健康保险发展的制度分析 [J]. 中南财经政法大学学报，2008 (1)：76-80.

[260] 张芳洁. 中国保险制度变迁与绩效研究 [M]. 北京：知识产权出版社，2008.

[261] 张福军. 马克思制度变迁理论述评 [J]. 经济学家，2008 (3)：113-118.

［262］张广华. 银行保险制度研究及中国选择［D］. 成都：西南财经大学，2007.

［263］张冀. 制度变迁与我国寿险业发展的实证分析［J］. 华中科技大学学报（社会科学版），2010，24（1）：72-76.

［264］张团囡. 美国农业保险制度演进研究［D］. 沈阳：辽宁大学，2011.

［265］张聚昌. 马克思制度变迁理论范式微观诠释初探［J］. 理论探讨，2011（6）：72-77.

［266］张林. 凡勃伦的制度变迁理论解读［J］. 经济学家，2003（3）：104-110.

［267］张林. 诺斯的制度经济思想评析［J］. 思想战线，1999（5）：15-19.

［268］张兴茂，彭金柱. 马克思主义经济学与新制度经济学关于制度变迁动力论的融通［J］. 山西财经大学学报，2001（3）：1-5.

［269］张正平，何广文. 我国存款保险制度的变迁研究：基于国家效用函数的成本—收益分析［J］. 河南社会科学，2007（1）：61-67.

［270］张正平. 转轨时期我国存款保险制度的构建［M］. 北京：中国经济出版社，2007.

［271］赵岳阳. 制度变迁视角下的利益集团理论［J］. 当代经济研究，2010（12）：22-24.

［272］周小亮. 马克思的制度变迁理论及其对改革的启示［J］. 当代财经，1997（4）：24-28，65.

［273］朱俊生，庹国柱. 我国发达地区政策性农业保险试验的比较制度分析［J］. 保险研究，2007（7）：52-58.

［274］朱俊生，庹国柱. 中国农业保险制度模式运行评价：基于公私合作的理论视角［J］. 中国农村经济，2009（3）：14-19.

［275］朱文胜. 中国保险业制度变迁与绩效研究［M］. 北京：中国金融出版社，2005.

[276] 卓志，段胜. 中国巨灾保险制度：政府抑或市场主导?：基于动态博弈的路径演化分析 [J]. 金融研究，2016 (8)：85-94.

[277] 卓志，周宇梅. 改革开放三十年中国保险制度的变迁与创新：基于制度经济学的视角和分析 [J]. 保险研究，2008 (7)：3-8.

[278] 卓志，朱衡. 宏观经济、保险制度变迁与保险业增长 [J]. 保险研究，2017 (4)：3-14.

[279] 邹薇，庄子银. 制度变迁理论评述 [J]. 国外社会科学，1995 (7)：7-11.

[280] 邹燕. 唯物史观与诺斯的制度变迁理论之比较 [J]. 马克思主义与现实，2010 (5)：50-53.

[281] 左金隆. 老制度主义学派制度变迁理论研究方法剖析 [J]. 商业时代，2006 (6)：43，47.

[282] 左金隆. 诺斯制度变迁理论方法论探析：修正的新古典经济学范式 [J]. 经济经纬，2005 (6)：7-9.

第三章
新中国保险制度变迁的一般分析

在现代社会，保险制度是社会经济中不可或缺的一种重要的经济制度。基于经济体制、制度变迁方式以及诺斯的制度变迁视角，分析新中国保险业的历史发展与制度变迁，显示出中国商业保险（简称保险）的历史是以制度变迁为主导的保险资源配置历史。

第一节 保险制度及其变迁的含义

一、保险制度的含义

(一) 什么是制度

1. 制度的含义

现有文献对制度有很多阐述，不同的学派对制度有不同的界定。

论及制度，就必然要涉及马克思主义经济学。国内外大量学者认为，马克思主义经济学也是制度经济学。道格拉斯·C. 诺斯、马尔科姆·卢瑟福等制度经济学家高度评价了马克思的制度经济分析。例如，道格拉斯·C. 诺斯指出："在详细描述长期变迁的各种现存理论中，马克思的分析框架是最有说服力的，这恰恰是因为它包括了新古典分析框架所遗漏的所有因素：制度、产权、国家和意识形态。"① 而众所周知，诺斯制度分析的三大基石恰恰就是产权、国家和意识形态。可见，马克思的制度经济学与新制度经济学在思想渊源上是可融通的。然而，马克思的制度经济学与新制度经济学是制度经济学的两种不同范式，两者具有不同的方法、概念和理论逻辑②。

马克思的制度经济学所强调的制度是一个较为宽泛的概念，它可以被看作是一种社会制度。而这一社会制度的基础是经济制度，还包括由经济制度所决定并为其服务的政治、文化等各种制度。经济基础决定上层建筑。不同的社会制度，体现着不同的社会性质③。

一般认为，制度经济学可以分为旧制度学派和新制度学派。旧制度学派

---

① 道格拉斯·C. 诺斯. 经济史中的结构与变迁［M］. 陈郁，等译. 上海：上海三联书店，1994：68.

② 孙凤仪. 两种制度经济学范式中的意识形态理论：分歧与根源［J］. 财经科学，2006（12）：59-64.

③ 《辞海》编辑委员会. 辞海·经济分册［M］. 上海：上海辞书出版社，1980：1-2.

又称为旧制度经济学派（OTE）[①]，以康芒斯、凡勃伦等为代表；新制度学派又称为新制度经济学派（NTE），以科斯、诺斯等为代表。

旧制度学派和新制度学派在制度界定上存在着明显的分歧。

（1）旧制度学派对制度的界定

康芒斯认为：若要找出一种普通的原则，适用于一切属于制度的行为，可把制度解释为“集体行动控制个体行动”[②]。

凡勃伦认为：制度实质上是大多数人既定的、共同的思想习惯[③]。

对制度的概括，旧制度学派的共性是：制度形成于集体中，是对集体中个体行为的约束；制度一般是自发形成的，且经过长期的过程形成后，其作用具有延续性[④]。

（2）新制度学派的制度界定

道格拉斯·C. 诺斯认为：“制度是一系列被制定出来的规则、守法程序和行为的道德伦理规范，它旨在约束追求主体福利或效用最大化利益的个人行为。”[⑤]“制度是一个社会的游戏规则，更规范地说，它们是为决定人们的相互关系而人为设定的一些制约。”[⑥]

舒尔茨认为，制度是一种行为规则，涉及社会、政治及经济行为[⑦]。

按照柯武刚、史漫飞的观点，制度是人类相互交往的规则，有助于抑制机会主义和乖僻的个人行为，使人们的行为更可预见，并促进着劳动分工、社会财富创造；制度效能的发挥，必须隐含着某种对违规的惩罚[⑧]。例如，失

① 卢瑟福. 经济学中的制度［M］. 陈建波，等译. 北京：中国社会科学出版社，1999：1.
② 康芒斯. 制度经济学［M］. 于树生，译. 北京：商务印书馆，1962：87.
③ 凡勃伦. 有闲阶级论［M］. 蔡受百，译. 北京：商务印书馆，1964：139-140.
④ 严汉平，白永秀. 经济学视野下关于“制度”的文献综述［J］. 山西师范大学学报，2006（6）：1-6.
⑤ 道格拉斯·C. 诺斯. 经济史中的结构与变迁［M］. 陈郁，等译. 上海：上海三联书店，1994：225-226.
⑥ 诺斯. 制度、制度变迁与经济绩效［M］. 杭行，译. 上海：上海三联书店，1994：3.
⑦ 舒尔茨. 制度与人的经济价值的不断提高［M］//陈剑波，译. 财产权利与制度变迁：产权学派与新制度学派文集. 上海：上海三联书店，上海人民出版社，1994：253.
⑧ 柯武刚，史漫飞. 制度经济学［M］. 韩朝华，译. 北京：商务印书馆，2000：32.

信惩戒制度，可以使不诚信的人付出政治成本、经济成本和法律成本。

青木昌彦创新性地提出了博弈论视野下的三种制度观，即博弈参与人、博弈规则和博弈过程中参与人的均衡策略。他将制度定义为关于博弈重复进行的主要方式、共有信念及自我维系系统①。

总之，与旧制度学派认为制度是“自发形成”的不同，新制度学派强调制度是设计出来的一系列规则；新制度学派认为，制度在促进经济增长及社会发展中具有重要作用；制度的信息传递功能，有助于人们形成合理预期，减少“远期的无知”②。即人们（或个人）的行为中哪些可为哪些不可为，可以通过集体行动决定形成的制度将信息传递给个人。

此外，专门著书立说来对制度经济学的老制度主义和新制度主义进行评论的卢瑟福，也给出了制度的定义。卢瑟福认为：制度是被社会群体成员所接受的“行为的规律性或规则”，“要么自我实施，要么由外部权威来实施”③。即卢瑟福对制度的定义包括三个方面：一是制度的本质是一种规律性或规则。二是制度的受众是社会成员。三是制度的实施方式：自我实施，即自我约束，如道德约束；或者是外部权威，如保险行业协会的行业公约或保险监管制度。

有意思的是，据卢瑟福自己在《经济学中的制度：老制度主义和新制度主义》一书中所言，他所说的“制度”的定义，与凡勃伦的类似，由此，我们似乎应该将卢瑟福划归旧制度经济学。然而，理论界有不少人认为卢瑟福是新制度经济学家④。那么，卢瑟福究竟是旧制度经济学家还是新制度经济学家呢？也许，卢瑟福在《经济学中的制度：老制度主义和新制度主义》一书中的“前言与致谢”中的一句话能够说明问题：“我主张任何充分的制度分析

---

① 青木昌彦．比较制度分析［M］．周黎安，译．上海：远东出版社，2001：5-11.

② 严汉平，白永秀．经济学视野下关于“制度”的文献综述［J］．山西师范大学学报，2006（6）：1-6.

③ 卢瑟福．经济学中的制度［M］．陈建波，等译．北京：中国社会科学出版社，1999：1.

④ 孙凤仪．两种制度经济学范式中的意识形态理论：分歧与根源［J］．财经科学，2006（12）：89-64.

不能忽视任何一方的观点，没有哪一种方法绝对就比其他方法高明或重要。”[①]这实际上是一种哲学思维：没有绝对，只有相对。

（3）国内学者对制度的界定

制度经济学的研究主要是源于国外，因而，国内对制度的研究受到国外制度经济学研究（特别是新制度经济理论）的影响。

林毅夫认为，制度是社会中个人应遵循的一套行为准则。它既可以指具体的制度安排，如某一特定类型活动和关系的行为准则，也可以是指一个社会中各种制度的总和，即制度结构[②]。例如，保险制度就是一种制度安排；而制度结构则是社会政治、经济、法律制度的总和。

张曙光认为，制度是人们从事交换活动和发生联系的行为准则，决定了人们行为的特殊方式和社会特征[③]。

从上述分析可见，不同的经济学家对制度有着不尽相同的界定。

经济学的基本假设是个人以自身利益最大化为目标。在“经济人”假设下，制度限制了个人在追求自身利益最大化时的活动边界，有助于协调分工，规范竞争与合作的关系[④]。

制度包括法律、法规以及约定俗成的道德观念等诸多方面。但是，给诸如“制度”之类的概念下一个普适的定义仍然十分困难。

在此，归纳国内外的各种观点，我们可以将制度简单概括为：制度是通过集体行动决定个体行动形成的社会成员应该遵守的行为准则或规范。即：制度的受众是社会成员；制度具有强制性；制度的本质是行为准则或规范。

2. 制度的基本特征

综合国内外学者对制度的界定，制度主要具有以下特征：一是制度是一种正式规则，具有相当强的强制力和约束性，法律、法规及部门规章等是其

---

① 卢瑟福. 经济学中的制度［M］. 陈建波，等译. 北京：中国社会科学出版社，1999：2.

② 林毅夫. 论制度和制度变迁［J］. 发展与改革，1988（4）：53-60.

③ 张曙光. 论制度均衡和制度变革［J］. 经济研究，1992，27（6）：30-36.

④ 黄英君，江先学. 中外保险制度比较研究：基于制度变迁的视角［J］. 经济社会体制比较，2007（5）.

主要的表现形式；二是制度亦可是一种非正式约束，通过道德伦理观念及传统习俗，约束着社会成员的行为；三是制度具有历史文化的传承性，即制度作为社会成员普遍接受并被制定出来的一系列法律规则及道德伦理规范，必然受制于本国的历史文化传承。因此，文化可谓是制度之母。

3. 制度的构成

道格拉斯·C. 诺斯认为，制度是为人类设计的，对政治、经济和社会关系构造的一系列约束，它由非正式约束和正式的法规组成。其中，非正式约束含道德约束、禁忌、习惯、传统和行为准则，而正式的法规含宪法、法令、产权等①。可见，制度一般是由正式制度（如法律）和非正式约束构成的。

新制度经济学认为，正式制度与非正式约束互为补充。非正式约束作为一种隐性的行为规范，可通过风俗习惯、社会舆论等方式在形成社会的强大凝聚力、提供一致性和共识、消除诸多不确定性等方面发挥极大的作用，一个社会经济制度赖以存在的社会结构、文化背景和历史条件等非正式约束，对其制度结构、制度安排及制度实施的效果有着不可忽视的作用；有效的正式制度安排必须充分考虑非正式约束的效用，才有助于利用现存的非正式约束设计正式的制度，广泛地依赖于自我实施，而只把异常的情况留给正式的实施机制，如警察和法庭②。

卢现祥认为：制度的一系列规则，是由社会认可的非正式约束、国家规定的正式制度和实施机制构成的③，从而使制度的构成扩展到了实施机制范畴。

4. 制度的功能

林毅夫认为④，制度在社会经济生活中的作用，是通过其功能的发挥来实现的，制度的主要功能是安全功能和经济功能。制度的安全功能（如保险制度、司法制度等）能使人们在经济决策时消除不确定性，从而起到保护作用；

① 道格拉斯·C. 诺斯. 论制度［J］. 经济社会体制比较，1996（6）.

② 思拉恩·埃格特森. 关于制度经济学的批注［M］//李·J. 阿尔斯通，埃格特森，等. 制度变革的经验研究. 北京：经济科学出版社，2003：6-27.

③ 卢现祥. 西方新制度经济学［M］. 北京：中国发展出版社，2004：38-41.

④ 林毅夫. 强制性制度变迁与诱致性制度变迁［M］//产权学派与新制度学派文集［M］. 上海：上海三联书店，1994.

制度的经济功能（如货币、意识形态、伦理、道德等）有利于人们进行交易，节约提供制度服务的费用。

而制度缺失的危害也是不言而喻的，制度缺失可能激励人们去做“攫取”别人财富的分配性努力，而非努力增加社会财富生产性，社会可能由此陷入混乱。

制度的功能主要体现为：

（1）传递信息，促进信任并实现合作。一是制度对人们行为的约束或限制，可以传递必要的信息。借助于制度传递的信息，人们知道哪些事该做或不该做，可预期他人的行动，并调整自己的行动而达成目的[①]。例如，2011年对《中华人民共和国道路交通安全法》（以下简称《道路交通安全法》）的修改让“酒驾入刑”，大大减少了酒后驾驶以及酒驾肇事的概率。二是制度的信息功能有助于沟通、协调和信任。制度信息传递的简化识别功能，使人际交往变得更易于协调、更可预见，有助于减少“远期无知”，并锁定未来行动的风险，从而避免“超负荷识别”[②]。三是制度通过规范人们行为以减少信息的不确定性而实现合作。传统经济学强调当事人间的竞争而忽视合作。事实上，竞争与合作是一对矛盾统一体。2005 年诺贝尔经济学奖获得者就是以“博弈论：关于冲突与合作”而获奖，说明在现代社会，“竞合”理念十分重要。制度是人们在反复博弈的基础上达成的一系列契约的总和，为社会分工中的合作提供了一个基本框架，有助于最大限度地减少阻碍合作的因素。总之，没有制度信息测试出的信任，就难有持续的合作。

（2）约束自利行为，保护个人自主领域。制度为人们的行为划定行动边界，从而有助于约束人们的自利行为。按照“经济人”的基本假设，人们总是追求自身利益最大化。只有在制度的激励尤其是约束下，“经济人”才可能演化为“社会人”。反之，诚如布罗姆利所言，若无社会秩序，一个社会就不可能正常运转[③]。制度往往借助于自律和他律这两种方式，限制或约束人们的

① 鲁鹏. 制度与发展关系论纲［J］. 中国社会科学，2002（3）：14-23.

② 柯武刚，史漫飞. 制度经济学［M］. 韩朝华，译. 北京：商务印书馆，2000：115.

③ 布罗姆利. 经济利益与经济制度［M］. 陈郁，等译. 上海：上海三联书店，上海人民出版社，1996：22.

自利行为，通过意识形态说服，使人们放弃超越边界的冲动；同时依靠外部权威强制执行，矫正超越活动边界的行为。制度约束的底蕴是强制，而不是意识形态的说服[①]。即道德约束成本较低，但约束力较弱。因而，需要道德约束与法律约束并举，才能更充分地发挥制度效用。同时，制度通过划定自主的行动范围，发挥约束功能，有助于保护个人自主领域免于遭受外部的不恰当干预。然而，制度保护自由权利从来就不是无边界的[②]。制度对人们自利行为的约束与个人自主领域的保护是统一的，对自己自利行为的约束也正是对他人自主领域的保护。例如，喝酒是个人的自由，但酒驾可能危及他人生命，就需要通过立法予以限制。

（3）激励主观能动性发挥，提高效率和促进社会公平。发挥制度的激励功能主要借助于奖惩等强制力进行监督执行，可引导人们的行为与决策。制度的激励功能及其对其成员的激励方式及激励程度，在相当程度上会影响到经济发展速度[③]。效率与公平是经济社会发展的一个永恒命题，既提高效率又兼顾公平，是制度设计的基本原则。经济效率是衡量社会制度的客观尺度和根本标志；同时，相对健全的制度也有助于促进社会公平。效率属于生产力方面的经济技术范畴，而公平是典型的“游戏规则”方面的社会制度范畴。缺乏效率的制度，有碍于生产力发展，延缓甚至阻滞经济发展；而缺乏公平的制度，将使社会趋于无序或混乱[④]。

总之，制度一般具有传递信息、增进信任、实现合作的功能；约束自利行为，保护自主领域的功能；激励主观能动性发挥，促进经济发展的功能；提高效率和促进社会公平的功能。正所谓“没有规矩就不成方圆”，制度是不可缺少的。

（二）什么是保险制度

根据前面对制度的分析，结合保险的特点，我们可以得出保险制度的含

---

① 鲁鹏．制度与发展关系论纲［J］．中国社会科学，2002（3）：14-23.

② 柯武刚，史漫飞．制度经济学［M］．韩朝华，译．北京：商务印书馆，2000：142-143.

③ 鲁鹏．制度与发展关系论纲［J］．中国社会科学，2002（3）：14-23，204.

④ 俞宪忠．制度现代化解构［J］．天津社会科学，2002（5）：78-83.

义、特征及基本功能。

1. 保险制度的含义及特征

保险制度是从事保险活动的当事人所应该遵守的行为准则或规范。

将制度与保险相结合，可将保险制度的基本特征概括为：首先，保险制度是一种正式规则，具有相当的强制性和约束力，保险法律、法规及部门规章等，是其重要的表现形式。其次，保险制度也可以是一种非正式约束，通过保险道德伦理观念及传统习俗，对从事保险活动的各方当事人的行为构成约束。如保险诚信制度中的道德约束。最后，保险制度具有一定的历史文化传承性。保险制度作为在保险市场上从事保险活动的各方当事人所普遍接受并被制定出来的一系列法律规则或被共同认同的保险道德伦理规范，必然受制于本国保险业的发展及其相关的历史文化的传承。

例如，《中华人民共和国保险法》（以下简称《保险法》）从 1995 年的颁布到 2015 年的修正，第一条都是关于保险法“立法目的”的规定[①]，就颇有中国特色，具有历史文化的传承性。而且，中国几乎所有法律［如《中华人民共和国合同法》（以下简称《合同法》）、《中华人民共和国公司法》（以下简称《公司法》）等］的第一条都是“立法目的”。

2. 保险制度的基本功能

保险制度具有安全功能和经济功能。具体来说具有保险信息传递、激励约束、提高效率和促进公平等功能。

（1）保险信息传递功能。保险制度具有信息传递功能。例如，近年来保险信息系统制度的建立：2012 年，保险信息共享平台建设的可行性论证完成；2013 年国务院批准筹建信息平台管理公司；2014 年 1 月 15 日，中国保监会官方微博发布消息，经国务院批准，中国保险信息技术管理有限公司成立，其构建的保险信息共享平台建立的标准化、系统性的数据体系，可为保险发展及其监管提供基础网络支持及信息服务；2015 年 12 月 1 日，全国农业保险信

---

① 《中华人民共和国保险法》（2015）第一条规定：“为了规范保险活动，保护保险活动当事人的合法权益，加强对保险业的监督管理，维护社会经济秩序和社会公共利益，促进保险事业的健康发展，制定本法。”

息管理平台一期系统全面上线，初步实现了全国范围内对中央财政补贴型种植业保险业务数据的集中管理，将面向相关政府部门及监管机构、农业保险公司和投保农户，提供相应的业务监控、风险监测、数据统计及信息查询服务；2016年完善并丰富保单登记管理信息平台功能，基本建立起功能较为全面的数据分析平台……这一系列保险信息系统制度的建立，都有助于“保险信息传递”这一保险制度功能的发挥。

（2）激励约束功能。在保险中的差别费率（依风险大小不同而费率不同），通过制度构建，就有了激励约束功能。例如，在我国交通事故强制责任保险（简称“交强险”）中，与道路交通事故相联系的费率浮动因素及比率为：上一个年度未发生有责任道路交通事故的，费率浮动比率为-10%；上两个年度未发生有责任道路交通事故的，费率浮动比率为-20%；上三个及以上年度未发生有责任道路交通事故的，费率浮动比率为-30%；上一个年度发生一次有责任不涉及死亡的道路交通事故的，费率浮动比率为0%；上一个年度发生两次及两次以上有责任道路交通事故的，费率浮动比率为10%；上一个年度发生有责任道路交通死亡事故的，费率浮动比率为30%。可见，交强险通过费率浮动因素及比率不同，对低风险者减低费率，实行费率优惠，是一种制度激励；对高风险者则提高费率，采取惩罚性费率，是一种制度约束。显然，交强险的这一制度规定有助于鼓励安全行车，减少交通事故。再如：医疗保险中的绝对免赔额或绝对免赔率，意在约束道德风险。

（3）提高效率和促进公平等功能。例如，保险法律制度、保险监管制度以及相关保险制度对保险双方利益的保护。

又如，《保险法》中最大诚信原则通过约束保险双方来体现效率并兼顾公平。告知和保证是最大诚信原则对投保人的约束，保障的是保险人的合法权益；说明、弃权与禁止反而是最大诚信原则对保险人的约束，保障的是投保人、被保险人的合法权益。

换言之，对一方的约束就是对另一方权益的保障；对双方的约束体现了公平，也提高了效率，降低了保险的交易成本。

制度可以分为正式制度和非正式制度（或约束）。正式制度是由宪法、其他法律法规和产权制度等构成。正式制度的设立往往能反映出政策上允许或者倡导的准则，就此而论，政策较大地影响着制度的形成；而对于非正式制度即规范和习俗而言，政策的制定者不仅无能为力，而且还必须在政策制定过程中考量此非正式制度的形成以及影响。因而，在一定意义上，非正式保险制度比正式制度更大程度地影响着保险政策的制定和实施（庞楷，2007）。

二、制度变迁及保险制度变迁的含义

（一）制度变迁及保险制度变迁的含义

1. 制度变迁的含义

张曙光（1992）指出，制度总是处于变迁之中，当出现制度不均衡时，人们会积极地进行制度变迁选择。

什么是制度变迁？诺斯认为："'变迁'一词指制度创立、变更及随着时间变化而被打破的方式。"①

国内学者高新才、赵金锁认为："制度变迁是制度的替代、转换过程，也可以被理解为制度供给和需求的互相反应和交易过程。"②

经济学意义上的制度变迁，是一个利益重新分配的过程，也就是新制度代替旧制度的过程。它通常是一种非帕累托改进，即一些人得到好处变得更好，而另一些人则可能丧失一些利益变得更差。

2. 保险制度变迁的含义

如前所述，保险制度是从事保险活动的当事人所应该遵守的行为准则或规范。在此，主要结合道格拉斯·C. 诺斯对制度变迁的界定，我们可以将保险制度变迁初步界定为是一种保险制度的创立、变更及随着时间变化而被打破的过程及方式。

① 道格拉斯·C. 诺斯. 经济史中的结构与变迁［M］. 陈郁，等译. 上海：上海三联书店，1994：226.

② 高新才，赵金锁. 制度量化、供求均衡与制度变迁［J］. 改革，2006（9）：119.

（二）制度变迁与制度创新的区别

1. 制度创新的内涵

制度是决定社会发展的关键要素，好的制度在对产权的明确界定下形成了社会激励和约束机制，进而有助于降低交易费用和成本，而一个完善的制度离不开制度创新。

新制度经济学派认为制度创新是能使创新者获得额外收益的对现存制度的变革，即是一种新制度代替旧制度的制度变迁过程①。

从正式制度与非正式制度的视角来看，制度创新包括法律制度创新、社会经济制度创新、社会文化创新以及价值伦理和道德规范等方面的创新。

根据道格拉斯·C. 诺斯的制度变迁模型，制度创新的诱因在于"外部利润"② 的存在，表明了可以进行"帕累托改进"，即可以创新出一种制度，既以不减少一些人的效用水平为前提，又能提高某些人的效用水平。如戴维斯和诺斯所言："如果预期的净收益超过预期的成本时，一项制度安排就可能被创新。只有当这一条件得到满足时，我们才可望发现在一个社会内改变现有制度和产权结构的企图。"③ 可见，只有在存在额外收益（或"外部利润"）时，制度创新才可能发生。

2. 制度变迁与制度创新的区别

制度变迁与制度创新是存在区别的两个概念，其关系如同"破"与"立"的关系④。制度创新之"破"是手段，制度变迁之"立"是过程，有一定的时间性。制度创新不一定引致制度变迁的实现，而是要经过社会的选择和适应，逐渐被接受，才能实现制度变迁。

制度变迁是一种制度向另一种制度的演化过程，更强调过程，是时期概

---

① 施建祥. 中国保险制度创新研究［M］. 北京：中国金融出版社，2006：23-24，27.

② 所谓"外部利润"就是一种在既有的制度安排中无法获取的利润。

③ 戴维斯，诺斯. 制度变迁的理论：概念与原因［M］//刘守英，译. 罗纳德·H. 科斯，等. 财产权利与制度变迁：产权学派与新制度学派译文集. 上海：上海三联书店，1994：274.

④ 参见徐斌、费友海观点，源自：孙蓉，汪荣明. 农业灾害管理制度演进与工具创新研究：基于农业保险视角［M］. 上海：华东师范大学出版社，2019：51.

念，主要解决是什么、为什么的问题；而制度创新是旧的低效制度向新的高效制度的演进，更偏向措施和对策，侧重未来，是时点概念，主要回答怎么做[①]的问题。制度变迁的内涵更为广泛，既可能是制度创新，也可能是制度倒退。

3. 制度变迁与制度创新的联系

制度变迁与制度创新有时会被混用。正如林毅夫所言：制度变迁与制度创新这两个术语在本书中是交替出现的，因为现有制度的修正同时是一种创新活动，随着旧制度的改变，新制度才被采纳[②]。可见，制度变迁与制度创新存在着一致性。

（三）保险强制性制度变迁与诱致性制度变迁的关系

根据新制度经济学的观点，可将保险的历史变迁分为强制性制度变迁和诱致性制度变迁。那么，这两者有什么区别呢?

强制性制度变迁与诱致性制度变迁的主要区别在于：强制性制度变迁是以国家强制力为制度变迁的基础，是自上而下的制度变迁过程。因而，判断是强制性制度变迁还是诱致性制度变迁的一个关键是：国家强制力这一制度变迁的基础，在制度变迁中的作用大小。

结合保险的特点分析保险强制性制度变迁与保险诱致性制度变迁的区别，笔者认为，亦可主要体现在诱致性制度变迁的以下方面：

（1）组织机构。例如，股份制保险公司的作用日渐突出，国有独资保险公司逐渐转变为国有控股的股份有限公司，国家强制力及国家的控制权逐渐弱化，体现出保险诱致性制度变迁特征。

（2）监管模式。从市场行为监管为主的模式，到偿付能力监管为主的模式，再到以偿付能力监管为核心的三支柱（偿付能力监管、市场行为监管和

---

① 陈琦. 制度创新与制度变迁的理论辨析［J］. 煤炭经济研究，2004（10）：33-34.

② 林毅夫. 强制性制度变迁与诱致性制度变迁：注释［M］// 盛洪. 现代制度经济学. 北京：北京大学出版社，2003：274.

公司治理监管)① 的监管模式，我国的保险监管模式逐渐形成并完善，监管更具弹性，国家在宏观上管好，微观上放开，国家强制力相对弱化，保险强制性制度变迁逐渐转化为保险诱致性制度变迁，等等。

事实上，这两种制度变迁的方式各有所长。制度变迁方式究竟是选择强制性的还是诱致性的，既受国情的影响，也受文化等诸多因素的影响，但最终还是主要取决于成本—收益的比较，因为以最低的成本获得最高收益的制度安排，是合乎理想的制度变迁，而成本—收益分析是分析制度变迁成效的基本方式。在真实的世界中，强制性制度变迁与诱致性制度变迁难以分开，二者既相互制约又相互联系，共同推动社会的制度变迁。

从我国保险业发展的历史来看，既存在着强制性制度变迁，也有诱致性制度变迁。其中，强制性制度变迁在政府安排中存在着强制性的服从成本，其制度变迁由政府主导，任何人无论对政府安排是否服从，都必须遵从政府的规则。例如，1995 年《保险法》明确规定保险业务的分业经营，1997 年中国人民保险公司就据此分为三家保险公司②。而诱致性制度变迁，则是由保险公司、保险中介机构等作为初级行动团体，启动并推进保险制度变迁；政府保险监管机构及保险行业协会作为次级行动团体，帮助实现初级行动团体的“外部利润”的过程。例如，近几年在机动车辆保险中引起很大社会反响的“高保低赔”问题，最终通过中国保险行业协会的“示范条款”而演变为车险的“实保实赔”制度。

---

① 保险公司治理监管，2005 年国际保险监督官协会确立。参见：孟昭忆. 国际保险监管文献汇编(IAIS 卷)［C］. 北京：中国金融出版社，2006：2.

② 《中华人民共和国保险法》(1995) 第九十一条明确规定：“同一保险人不得同时兼营财产保险业务和人身保险业务。”1997 年，中国人民保险公司就按此规定，分为中国人民财产保险公司、中国人寿保险公司和中国再保险公司。

第二节　新中国保险业的历史发展与制度变迁

中国保险的历史发展进程可以分为三个时期：一是中国古代的保险思想；二是旧中国的保险业；三是新中国成立以来保险业的发展。

在第一个时期，即我国古代，只是出现了一些保险思想，并没有形成真正意义上的保险，而只是有了一些对其后保险业的形成和发展产生影响的意识形态。例如，隋朝的“义仓”制度。隋朝初年，连年蝗灾、水灾，饿殍满地。隋文帝创业伊始就逢大灾，不由得焦虑不安，特派度支尚书长孙平巡视灾荒放赈。一日，长孙平途经洛阳附近时，发现在一片荒芜的土地上，竟然有一狄姓宗族，尚能勉强维持狄姓家族百余家之生计。虽仅限于维持生计，也实属不易。长孙平惊讶之余，下马仔细询问，始知在此狄姓宗族中，推举德高望重的长者为族长，丰年每家出粮，族长代管；若遇灾荒，则由族长主持按人放赈，谓之“义仓”。长孙平回朝后，奏请隋文帝在民间推广“义仓”制度，获准。隋文帝为巩固政权，决定在向民间推广“义仓”制度的同时，进一步建立“官仓”制度，在主要州县设立“官仓”，因其发端于洛阳，被称为“洛阳仓”，这在历史上颇为有名①。显然，“义仓”制度的建立，实质上是一个较为典型的诱致性制度变迁。

在第二个时期，即新中国成立以前的旧中国的保险业时期，国内尽管已出现了保险公司，但半殖民地半封建的社会性质，决定了外商保险资本基本上垄断了我国的保险市场，民族资本保险业不可能有真正意义的发展。其间，我国保险业的历史发展与制度变迁的基本脉络是：1805 年，英国的保险商人在广州开设了我国历史上第一家保险机构——广州保险会社（亦称“谏当保安行”）；1865 年上海诞生了“义和公司保险行”，这是国人自创的第一家保险机构；1885 年仁和水险与济和水火险两家合并，成立了“仁济和保险公

① 洪辰辰. 根系黄土地：中国保险史话［M］. 北京：中国卓越出版公司，1989：4-5.

司”，这被认为是我国第一家民族资本的保险公司；1907 年，9 家上海的华商保险公司组建了保险同业公会组织“华商火险公会”，希望借助民族保险同业公会组织的力量共同抗衡外资保险机构…… 据史料记载，新中国成立前夕，有 70%以上的保费都直接或间接（通过再保险分保出去）地流到了国外[①]。

因此，我们探讨的我国保险业的历史发展及其制度变迁主要集中于第三个时期，即新中国成立以后。

伴随着新中国的成立，我国半殖民地半封建的社会性质宣告彻底结束，经过短暂的新民主主义的历史过渡后，迈上了社会主义道路，这是一次革命性、颠覆性的制度变迁。即新中国成立这一制度变迁，既不是由政府自上而下强制推行的制度变迁，也不是由某些利益阶层自发进行的诱致性制度变迁，而是从一开始就以推翻现存制度、建立新制度为出发点，以革命方式颠覆旧政权、建立新生政权推行的新的制度变迁。

新中国成立这一革命性的社会政治制度变迁，引发了根本性的保险资源配置的制度变迁，国家主导了保险制度安排的变更和替代。1949 年新生政权组建成立的统一的国家保险机构“中国人民保险公司”，标志着新中国的人民保险事业的新的开端；同时，对旧中国的民族资本保险公司进行了整顿和改造，对官僚资本保险公司进行了接管和清理，排挤了外资保险机构。即国家主导了我国保险新制度安排的创造，实现了保险资源配置的强制性制度变迁。

一、新中国保险业的历史发展与制度变迁：基于经济体制及制度变迁方式

新中国成立后，我国保险业的发展及制度安排，与政治经济体制及经济结构等方面的变迁密切相关，保险资源配置的变迁过程可分为三阶段：第一阶段是 1949—1978 年；第二阶段是 1979 年至 20 世纪 80 年代末 90 年代初；而第三阶段则是 20 世纪 90 年代初至今。

---

① 颜鹏飞，等. 中国保险史志［M］. 上海：上海社会科学院出版社，1989：203.

（一）从过渡时期到计划经济体制（1949—1978 年）

新中国成立以后，我国保险业制度变迁的第一个阶段是在 1949—1978 年，即这一阶段从过渡时期到计划经济阶段，可谓是完全的强制性制度变迁。

1. 1949—1958 年：中国人民保险公司垄断经营

这一阶段的保险业发展，国家强制实施配置保险资源，属于政府主导型的强制性制度变迁阶段。在此阶段，基本上不存在国家垄断产权安排以外的产权形式，PICC 成立以后以强制方式垄断经营保险业务，直到 1958 年基本停办全部国内保险业务，都是国家起着主导的作用。新成立的国家百废待兴，保险制度与制度安排一样，均必须为国家的政治及经济目标服务，具有产权扩张冲动的国家，也就必然通过强制性的保险制度安排建立风险损失补偿机制。故而 1958 年前，我国配置保险资源基本上都是采取的强制实施方式。

在公众普遍缺乏风险及保险意识的背景下，强制保险的实施人为增大了保险需求，壮大了国有保险机构，保障了社会经济的稳定发展。随着我国所有制结构从多种经济成分并存，逐渐演变为单一的公有制、国有产权比重迅速提高，国家作为最大的“保险公司”，对各单位的财产及职工提供了相当高的保障，在人民公社化的高潮中，更是认为在实现“一大二公”后，“生老病死残”等灾害事故都可以由国家和集体全部包下来，保险在中国已然完成了其使命。

2. 1958—1977 年：国内保险业务停业

1958 年，在全国财政会议上宣布停办全部国内保险业务（此时我国的保险体制是财政主导的体制），这对我国保险业的发展产生了破坏性的影响。但是，正是这一制度扭曲，却也为 1978 年改革开放后保险业的制度变迁提供了契机。

（二）计划经济向市场经济体制的转轨（1978—1991 年）

新中国成立后，我国保险业制度变迁的第二个阶段，大致为 1978—1991 年，这一阶段与计划经济向市场经济的转轨相适应，是国有保险资本垄断着保险资源配置，属于强制性制度变迁为主、诱致性制度变迁为辅的阶段。

保险作为国民经济中的重要一环，在 1978 年改革开放后渐渐显现出其重要意义。1979 年 11 月 19 日，我国决定恢复国内保险业务，政府通过主导保险制度安排，实现了保险业强制性制度变迁。1986 年 7 月中国人民银行作为国家的金融保险监管机构，批准设立了新疆兵团农牧业保险公司（简称“兵团保险”），打破了中国人保独家垄断经营保险业务的局面，但因兵团保险与中国人民保险公司同属于国有保险资本，故此阶段国家在保险资源配置时并未在产权边界上退让多少，仍垄断着保险资源的产权制度安排。尽管如此，诱致性制度变迁此时开始在中国保险业发展的历史舞台上崭露头角。

1988 年，平安保险公司（以下简称“中国平安”）成立；1991 年，太平洋保险公司（以下简称“中国太保”）成立。它们是我国的第一家和第二家全国性的股份制保险公司。它们的成立开始打破国有垄断资本的局面，出现了多家竞争的共有产权格局。这样，作为初级行动团体的保险公司为实现“外部利润”，在一定程度上启动并推进了制度变迁的进程，在政府监管部门充当次级行动团体的协助下，以年均保费增长 45%以上的速度，实现了保险业的飞速发展。

（三）市场经济体制（1992 年至今）

新中国成立后，保险业制度变迁的第三个阶段是 1992 年至今，我国的保险资源开始按市场经济要求进行配置，此阶段的保险业发展从以强制性保险制度变迁为主，向诱致性保险制度变迁为主过渡。

此阶段国家配置保险资源时在产权边界上逐步退让，垄断保险资源的产权安排逐渐减弱。例如，美国友邦保险公司于 1992 年在上海设立了分公司，外资保险机构开始进入中国市场，标志着我国保险市场开始对外开放。

与此同时，国家构建了保险上层结构，国家在垄断产权边界上退让后留出的上层结构真空由新的外在于保险安排的制度规范来填补。1995 年《保险法》的颁布实施及 1998 年中国保险监督管理委员会（以下简称“中国保监会”）① 的成立等，标志着按照市场经济的要求，我国保险首次开始步入法

① 1998 年 10 月成立的中国保险监督管理委员会，于 2018 年 3 月与中国银行监督管理委员会合并，成立了中国银行保险监督管理委员会（以下简称“中国银保监会”）。

制化的轨道。

2000 年年底，中国保险行业协会在北京成立，并通过了《中国保险行业公约》，标志着我国的保险行业组织充当次级行动团体，开始帮助作为初级行动团体的保险公司及保险中介机构等，实现诱致性的保险制度变迁。

需要说明的是，保险行业协会是一个中观层次，故可能向两边（政府和保险公司）的任何一方做出倾斜而发生角色变化。

2001 年 12 月 5 日，国务院颁布《外资保险机构管理条例》（2002 年 2 月 1 日起实施，该条例先后在 2013 年 8 月 1 日和 2016 年 2 月 6 日进行了部分修订），以强化对外资保险公司的监管；同年 12 月 11 日，中国加入世界贸易组织“WTO”；加入 WTO 后，2002 年年底政府运用准立法权修正了《保险法》，对保险法进行修改，以符合我国政府对加入 WTO 的承诺，并通过这一强制性的保险制度变迁方式，开始确立了以偿付能力监管为主的保险市场监管模式，放松了对市场行为进行保险监管的力度，保险资源配置开始由强制性保险制度变迁为主，向诱致性保险制度变迁为主的方式过渡。

2006 年 3 月 21 日，国务院发布《机动车交通事故责任强制保险条例》[①]（2006 年 7 月 1 日起施行）；同年 6 月 15 日，国务院发布《关于保险业发展的若干意见》（简称“国十条”），国家通过政策导向，大大促进了我国保险业的发展。

2009 年《保险法》修订了保险合同法的相关内容，修订案的颁布实施，使我国规范保险市场的法律制度进一步完善，此后的 2014 年和 2015 年，《保险法》进行了两次修正。

2012 年 3 月 21 日，国务院发布《农业保险条例》，该条例于 2013 年 3 月 1 日起施行，为此后我国农业保险发展成为全球第二大农业保险国创造了法制基础。

2014 年国务院发布《关于加快发展现代保险服务业的若干意见》（即新“国十条”），通过国家政策提升了保险的地位，进一步促进了我国保险业的

① 2006 年 3 月 21 日，国务院发布《机动车交通事故责任强制保险条例》（国务院第 462 号令）（以下简称《交强险条例》）；2012 年 12 月 17 日公布《国务院关于修改〈机动车交通事故责任强制保险条例〉的决定》，自 2013 年 3 月 1 日起施行。

发展。

2015 年 3 月 31 日，国务院发布《存款保险条例》，2014 年 10 月 29 日通过、2015 年 5 月 1 日实施，保障了我国居民的资金安全，稳定了金融秩序。

2018 年 3 月，国务院决定成立中国银保监会。

……

这一切保险政策制度，都属于强制性制度变迁，体现了我国政府对保险业的政策支持及制度完善，对保险业的发展具有十分重大而深远的影响。

此阶段保险业的制度变迁，仍然主要是由国家所推动的。随着国家社会保障制度及经济体制的改革，保险对风险保障的需求不断增加，国家垄断保险资源的产权安排，已经难以有效应对各种自然灾害、意外事故造成的损失，需要保险产权的多元化格局；改革开放的深化导致体制外经济的迅猛发展，使具有产权扩张冲动的国家从垄断保险资源的产权安排中获得的收益，已难以弥补其成本开支，因而理性地选择不断地推动制度创新；当非垄断产权形式的发展在国家推动下达到一定程度后，大大增强了谈判能力，反过来又制约着国家垄断保险资源的产权安排；加入 WTO 及经济全球化的冲击，使外资保险公司的强竞争力与国家保险垄断资本的低效率，形成了鲜明对比，国家在强烈感受到外部的竞争因素后，理性地选择了迅速从产权边界上退让。此时，国家在保险垄断安排上退让所获得的收益，体现为保险效益的增进及对社会经济稳定发展的促进作用，而成本问题则因为效益良好的体制外经济的保障而显得并不太突出。

可见，从新中国成立以来，保险的发展及制度变迁历经三个阶段、50 余年（扣除中间中断的 20 年，即为 30 余年）：

1949—1978 年是我国保险发展及制度变迁的第一阶段。在这一阶段，保险业的发展经历了 1949—1958 年的创建和 1959—1978 年国内保险业务停办。新中国保险业从创建到停业，此阶段属于强制性制度变迁。

从 1979 年至 20 世纪 80 年代末 90 年代初是我国保险发展及制度变迁的第二阶段。在这一阶段，保险业的发展处于恢复重建阶段，此阶段以强制性制度变迁为主、诱致性制度变迁为辅。

从 20 世纪 90 年代初至今是我国保险发展及制度变迁的第三阶段。在这一阶段，保险业的发展尽管仍然处于初级阶段，但已开始步入全面发展的初期，此阶段以强制性制度变迁为主，开始向诱致性制度变迁为主过渡。

我国的保险业历经了这三个阶段、30 余年的发展，在社会经济中的地位和作用发生了深刻变化，已成为国民经济中的重要组成部分。

尽管我们可以从若干方面将强制性制度变迁与诱致性制度变迁加以区别，然而，如前述，强制性制度变迁与诱致性制度变迁还是难以严格划分的，它们相互制约也相互联系，共同推动着我国保险业的制度变迁。表 3-1 是我国 1980—2019 年保险业务收入的状况。

表 3-1　1980—2019 年中国保险业务收入状况

年份	保险业务收入	
	总额（亿元）	增长率（%）
1980	4.6	
1981	7.8	69.6
1982	10.3	32.1
1983	13.3	29.1
1984	19.9	49.6
1985	33.5	68.3
1986	52.8	57.6
1987	79.7	50.9
1988	109.4	37.3
1989	140.4	28.3
1990	177.8	26.6
1991	239.3	34.6
1992	369.4	54.4
1993	487.1	31.9
1994	558.8	14.7
1995	683.0	22.2
1996	776.0	13.6

表3-1(续)

年份	保险业务收入	
	总额（亿元）	增长率（%）
1997	1 087.4	40.1
1998	1 247.3	14.7
1999	1 393.2	11.7
2000	1 595.9	14.5
2001	2 109.4	32.2
2002	3 054.0	44.8
2003	3 880.4	27.1
2004	4 318.1	11.3
2005	4 927.3	14.0
2006	5 641.4	14.4
2007	7 033.4	24.7
2008	9 784.1	39.1
2009	11 137.3	13.8
2010	14 528.0	30.4
2011	14 339.3①	-1.3
2012	15 487.9	8.0
2013	17 222.2	11.2
2014	20 234.8	17.5
2015	24 282.5	20.0
2016	30 959.1	27.5
2017	36 581.0	18.2
2018	38 016.6	3.9
2019	42 645.0	12.2

注：1980—2006 年数据主要源于《中国保险史》《保险研究》历年各期相关资料；2007 年以及后数据来源于《中国保险年鉴》保费收入项目、保监会网站、中国银保监会网站等，有的保费收入增长率数据是经笔者计算得出的。

① 2010 年 12 月起寿险公司全面实施《企业会计准则解释第 2 号》，寿险业务、健康险业务、意外险业务保费统计口径发生变化。2011 年人身保险及全行业数据与 2010 年不具有可比性。

表3-1的数据显示，从1979年我国开始恢复国内保险业务至1989年的十年间，保费收入以年均增长45%以上的速度超高速增长；1991年中国太平洋保险公司的成立及1992年美国友邦保险公司作为首家外资保险机构进入中国保险市场，带动了1992年保费收入的大幅增长；1995年《保险法》的颁布实施，2001年中国加入WTO和2002年根据WTO规则及我国政府承诺对《保险法》的第一次修订，又使保费收入有较大幅度的增长；2009年《保险法》的修订，对涉及保险合同的相关法律规定进行了较大修改，成为2010年保费收入增长30.4%的重要因素之一……

显然，我国保险业的发展中交织着强制性制度变迁和诱致性制度变迁，但以强制性制度变迁为主导。例如，《保险法》的颁布实施及修订，作为保险最重要的正式制度变迁，就是采取的强制性制度变迁方式。

历史是绵延不断的，制度变迁是历史演进的源泉。中国保险业的发展历史，涉及政治、经济、社会和意识形态等诸多方面。中国保险业每一次重大的历史变革及制度变迁，都是各种因素共同作用、相互影响的结果，而且这些因素本身也构成了制度变迁的重要内容。

二、新中国保险业的制度变迁：基于诺斯的制度变迁理论

产权理论、国家理论和意识形态理论，是诺斯制度变迁理论的三大基石。即诺斯制度变迁理论分析的重点在于：对经济活动产的生动力——产权；界定和实施产权的单位——国家；决定个人观念转化为行为的道德和伦理的信仰体系——意识形态。

以下，本研究根据诺斯的制度变迁理论，从产权、国家和意识形态三个方面，对新中国成立以来保险业的制度变迁过程进行分析。

（一）产权

如前所述，德姆塞茨（1967）认为，产权作为一种社会工具，界定着人

们怎样受益及受损，因而可修正人们所采取的行动①。科斯认为，产权的明确界定是市场交易存在的前提，当市场交易成本存在时，不同的产权界定会导致资源配置的差异②。科斯对新制度经济学产权理论的最主要贡献，就是其最早发现产权界定的重要性。

刘诗白等认为，产权是由社会或法律规定的社会权利，其所有者能在法律保护下自主行使相应的财产权利并获得一定的收益，从而使其有动力运用此权利从事经济活动，以增加自己的福利。产权的特征为：具有排他性，是一种权利束，应有确定的界限和范围，可转让或授权他人行使，等等③。

产权是所有制关系在法律上的体现。产权和产权制度是现代企业制度的核心。健全的产权制度是现代企业制度构建的坚实基础④，产权制度是一个重要的制度变量，对现代保险服务业及保险企业的发展影响甚大。

1949 年新中国成立后，中国保险业的产权制度，经历了从垄断性的国有产权制度，到多家竞争的公有产权制度，再到混合产权（公有和私有产权并存甚或融合）制度三个阶段的演进。在此过程中，保险行业的发展也从国家的完全垄断，逐步演进为以国有产权为主导、多种产权制度形式相互竞争的行业。

1949—1978 年，PICC 作为国有独资保险公司独家垄断经营国内保险业务，显示出国家对保险产权的完全垄断，此垄断性国有产权制度，是与高度集中的计划经济相适应的产权形式，在此时期，全社会仅有公有产权存在的背景下，经济主体的风险损失能通过后备基金得以保障，理论上保险的损失补偿职能可被财政安排所完全取代。这也正是 1958 年停办全部国内保险业，20 年后才得以复业的重要原因。

1978 年我国改革开放后，国民经济中开始出现大量私有产权，完全垄断

---

① 德姆塞茨. 关于产权的理论［M］//刘守英，译. 罗纳德·H. 科斯，等. 财产权利与制度变迁：产权学派与新制度学派译文集［M］. 上海：上海三联书店，1991：96-113.

② 罗纳德·H. 科斯. 论生产的制度结构［M］. 盛洪，陈郁，译. 上海：上海三联书店，1994：161-162.

③ 刘诗白，等. 政治经济学［M］. 3 版. 成都：西南财经大学出版社，2013：259.

④ 马克思主义政治经济学概论编写组. 马克思主义政治经济学概论［M］. 北京：人民出版社，高等教育出版社，2011：288.

的财政性保险制度模式，显然难以有效地满足社会经济发展对保险产生的需求，保险多元化的经营主体格局已势不可挡。从1986年新疆兵团保险公司开始，1988年中国平安保险公司、1991年中国太平洋保险公司等其他公有产权的股份制保险公司相继成立，外资保险公司（如1992年的AIG）、民营保险公司（如民生保险）等私有产权的保险公司也得以进入我国的保险市场。然而，国有产权内生的矛盾发展所致的低效率，影响到保险业对社会经济稳定及国家金融安全功能作用的有效发挥，我国政府及监管机构开始探索国有产权的有效实现形式。2000年后，国有独资保险公司开始在政府推动下进行股份制改造，国有独资保险公司逐渐向股份制保险公司转型，显然，国有保险产权内生的矛盾是其根本原因。保险业的产权制度改革，既是其制度变迁的重要对象，又是影响到保险业制度变迁的要素①。

（二）国家

按照马克斯·韦伯的定义，国家是在某个给定区域内对合法使用强制手段具有垄断权的一种制度安排②。

从一般的意义上讲，国家对保险业的发展及其制度变迁产生了重要的乃至决定性的影响。

国家根据其效用函数决定产权结构和公共产品或服务的提供。而国家的效用函数取决于国家垄断产权形式的实现程度、国家垄断产权外的产权安排以及外部竞争程度三个变量。

新中国成立以后，因国家所具有的强大支配力，保险业采取国家垄断产权形式，就具有很高的收益。但是，当整个社会的产权都被整合成国家垄断和控制的产权形式之后，保险业的存在反而会增大国家的管理成本。因而可以说，1958年国内保险业务的全部停办，将风险补偿机制从保险安排替换为强制性的财政安排，可谓是国家在当时的制度条件下效用最大化的必然选择。

1978年以后，在政府的主导下，国内保险业务得以恢复。原因在于：我

---

① 朱文胜. 中国保险业制度变迁与绩效研究［M］. 北京：中国金融出版社，2005：243.

② 林毅夫. 强制性制度变迁与诱致性制度变迁［M］//盛洪. 现代制度经济学. 北京：北京大学出版社，2003：267.

国在改革开放以后所形成的非国有保险产权形式的存在与发展及外部潜在保险竞争对手，对国有保险独资保险公司所形成的直接而现实的强大竞争压力，改变了国家实现其效用函数的环境和条件，使国家实现其效用最大化的行为受到了约束；在国内保险业务恢复后，国有垄断保险产权的势态并未持续太久，国家就开始在保险产权边界上逐步退让，因而导致保险产权制度的变迁。国家在维持国有垄断产权的同时，逐步引入了多元化的产权形式，并在总量持续增长前提下，实现了国有产权在保险产权边界上的逐渐退让，即国家在重新界定保险业产权结构的同时，不断修改和调整博弈规则，降低保险的交易费用，使保险业的产出最大化，以使国家总效用的最大化得以实现①。

（三）意识形态

意识形态是指关于世界的一套信念，此信念倾向于从道德上判定劳动分工、收入分配以及社会现行的制度结构②。

保险业的发展及其制度变迁，与意识形态的关系十分密切。

意识形态是降低交易费用最重要的一种制度安排，它充当着节约和稳定机制的角色，有助于克服经济学意义上普遍存在着的“搭便车”行为。

作为非正式制度的重要组成部分，意识形态在不同的国家和地区、不同的历史时期、不同的阶段，对保险制度变迁的影响是不同的。

在相当程度上，保险需求受制于人们的风险及保险意识状况，而特定的历史文化背景对人们的风险及保险意识影响颇大，并进而影响到保险业的制度变迁。理想信念、意识形态、宗教和习俗等传统文化因素，都对保险发展产生重要的影响。

从保险产生及发展的文化环境来看，文化可谓是制度之母。植根于西方文化的保险制度，在漫长的历史演进过程中势必有深深的西方文化的烙印。保险经营技术可以复制，但客观的文化背景是无法复制的。不同的文化背景会产生出不同的价值判断基础。亚洲国家如日本、韩国等的文化，相对更倾

① 朱文胜．中国保险业制度变迁与绩效研究［M］．北京：中国金融出版社，2005：244.

② 林毅夫．强制性制度变迁与诱致性制度变迁［M］//盛洪．现代制度经济学．北京：北京大学出版社，2003：258.

向于大量储蓄，从而推动了具有储蓄性质的寿险产品发展，亦使寿险制度在创立及变更中，不断向前推进、发展。

据瑞士 Sigma 杂志 1997 年统计，1995 年，日本的寿险保费收入占该年全国总保费收入的 80.1%，占世界寿险保费收入的 41.28%，荣登世界寿险业榜首①。1997—2002 年，日本日产生命保险公司等 7 家保险公司相继破产倒闭。尽管内在的利差风险和外在的金融危机是主要的罪魁祸首，但其暴露出的以储蓄为主的传统型寿险保单占比过高，使寿险公司在利率大幅下调的经济背景下背负了高额的利差损②，是不容忽视的原因。真可谓"成也萧何、败也萧何"。文化意识形态的深层次影响由此可见一斑。

美国是一个移民国家，移民们将本国的思想文化及传统习俗等带至美国，形成了美国的多元文化基础。美国较为善于吸纳外来的思想文化，此历史文化的传承性，使其相对更易于接受保险并将其发扬光大。

宗教文化对保险的发展也影响颇大，在穆斯林人口较多的国家和地区，对寿险的认同度就较低。

同样，我国的传统文化及意识形态，古之以来就倡行自给自足，以农耕文化为基础，主要依靠家庭自我储蓄、相助和政府救助等方式来应对风险，也在相当程度上阻碍了保险的产生及发展。

在中国近代，尽管引入了西方近代保险的理念和方法，但在自然经济仍然占据主导地位的半殖民地半封建的旧中国，由于缺乏商品经济的发展这一保险产生的经济基础，加上西方列强垄断国内保险市场，民族资本保险公司难以抗衡外资保险公司，社会性质、政治经济乃至法律基础的薄弱及欠缺，中国近代从西方引入的保险思想，对我国保险意识形态的影响整体有限。

在新中国成立后以国家理论为指导建立起来的保险制度，只是以国家推行的保险形式，去实现国家财政资金积累并充当财政后备的目的。

---

① 顾秋芬，戴申生. 1995 年世界保险费统计［J］. 保险研究，1997（12）：44.

② 蔡莉. 我国寿险行业利差风险分析［D］. 成都：西南财经大学，2007：28.

而国内保险业务从1958—1978年停办20年，无疑更加淡化了民众的保险意识。

传统的文化理念以及意识形态，是一国或地区的政治经济及社会进程状况的反映。长期受自给自足的自然经济的制约以及儒家文化的浸润，形成了国人自力更生、勤俭持家的传统习俗以及以血缘关系为基础的尊老爱幼伦理观念。1958—1978年，因保险业务的长期停办，我国社会大众保险习惯普遍缺乏，风险及保险意识较为淡薄。而长期的计划经济体制及人保公司独家垄断经营保险业务的局面，也助长了传统伦理理念的繁衍，使社会公众习惯于将风险分散的责任视为国家、组织及家庭的责任，而对保险转嫁风险的方式缺乏足够的认识。

改革开放后，随着社会生产力的发展、生产关系的调整，以及保险业的发展，现代保险理论逐渐取代传统保险理论，同时，医疗保险、养老保险以及失业保险等社会保险制度的改革，增大了人们对未来不确定性的预期。例如，将全民所有制职工及机关事业单位2014年年底养老保险制度并轨等退休制度改革为养老保险的方式，在减轻国家和企事业沉重的退休金负担的同时，扩大了保险保障的范围；医疗保险制度的几度改革和"养儿防老"意识的转变，也使新农合、新农保等方式及商业健康、养老方式的理念，逐渐进入寻常百姓家；民众的风险意识明显增强，作为转移风险的有效方式，商业保险的社会管理功能也逐渐被人们所认识并接受，客观上增加了商业保险的供求。

总之，意识形态的变化对保险业的制度变迁具有积极的推动或阻碍作用①。

以上通过产权、国家和意识形态三方面分析了我国保险业的制度变迁。需要注意的是，在道格拉斯·C. 诺斯的制度变迁分析的三大基石中，两个主要基石是国家理论和产权理论，又因为是国家界定产权结构，因而国家理论

① 朱文胜. 中国保险业制度变迁与绩效研究［M］. 北京：中国金融出版社，2005：245.

是根本性的；最终是国家要对造成经济增长、停滞或衰退的产权结构的效率负责①。

在我国保险资源配置的制度变迁中，国家始终占据着重要的地位，发挥着十分重要的作用。中国保险业的制度变迁，总体而言是政府供给主导型的制度变迁。在政府与非政府主体参与制度安排的保险博弈中，因政府主体在资源配置的权力上处于优势地位，故保险制度供给的方向、速度、形式及战略选择，均主要取决于政府的意愿和能力；同时，我国的保险制度安排实行较为严格的“准入许可制”，非政府主体只能经由政府主体的批准后，才能进行制度创新，保险制度变迁的时序安排、停业复业以及发展，等等，也无不受控于政府的保险监管机构或部门，并通过国家出台相关法律法规政策以及监管机构对保险经营者的监管等方式予以实施。

虽然随着改革的深化，原有的权力结构和力量对比情况已发生了较大的改变，但因全社会的资源配置过程和改革进程总体上仍然是集权的，我国政府主导型的保险制度变迁方式，并未发生根本性的改变。

国家作为理性的“经济人”，在制度变迁进程中并非完全依照制度均衡与否和需求的大小来决定是否进行制度创新，而是在有限理性下追求自身效用的最大化。保险制度的供给，仍然取决于对国家效用函数中的成本和收益的分析。保险公司、保险中介机构等保险经营者的产权结构，主要取决于国家在保险产权边界上的退让程度，保险市场各方的意识形态也在相当程度上受到国家的诱导。故我国保险业的制度变迁，仍然主要是政府供给主导型的制度变迁。

---

① 道格拉斯·C. 诺斯. 经济史中的结构与变迁 [M]. 陈郁，等译. 上海：上海三联书店，1994：17.

第四节 本章小结

本章从保险制度及其变迁的含义入手，对新中国保险业的历史发展与制度变迁进行了一般分析。本章分别基于经济体制及制度变迁方式、基于诺斯的制度变迁视角，分析新中国保险业的历史发展与制度变迁，得出研究结论：强制性制度变迁与诱致性制度变迁各有优劣；我国保险业的历史发展，也存在着强制性保险制度变迁和诱致性保险制度变迁；诱致性保险制度变迁主要体现在组织机构及监管模式等方面；强制性制度变迁与诱致性制度变迁相互联系，相互制约；我国保险业的发展中交织着强制性制度变迁和诱致性制度变迁，但以强制性保险制度变迁为主导；保险经营技术可以复制，但客观的文化背景是无法复制的；从我国保险制度变迁来看，国家始终占据着重要地位，发挥着十分重要的作用；中国保险业的制度变迁，总体而言是政府供给主导型的制度变迁；中国保险业发展的历史进程表明，中国商业保险的历史是以制度变迁为主导的保险资源配置历史。

本章参考文献

[1] 阿兰·斯密德，等. 制度与行为经济学［M］. 刘璨，等译. 北京：中国人民大学出版社，2004.

[2] 凡勃伦. 有闲阶级论［M］. 蔡受百，译. 北京：商务印书馆，1964：139-140.

[3] 康芒斯. 制度经济学［M］. 于树生，译. 北京：商务印书馆，1962：87.

[4] 罗纳德·H. 科斯，等. 财产权利与制度变迁：产权学派与新制度学派译文集［M］. 刘守英，等译. 上海：上海三联书店，1994：96-113，253.

[5] 罗纳德·H. 科斯. 论生产的制度结构［M］. 盛洪，陈郁，译. 上海：上海三联书店，1994：161-162.

[6] 柯武刚，史漫飞. 制度经济学［M］. 韩朝华，译. 北京：商务印书馆，2000：32，115，142-143.

[7] 马尔科姆·卢瑟福. 经济学中的制度［M］. 陈建波，等译. 北京：中国社会科学出版社，1999：1-2.

[8] 道格拉斯·C. 诺斯. 经济史中的结构与变迁［M］. 陈郁，罗华平，等译. 上海：上海三联书店，上海人民出版社，1994：17，68，225-226.

[9] 道格拉斯·C. 诺斯. 论制度［J］. 经济社会体制比较，1996（6）.

[10] 道格拉斯·C. 诺斯. 制度、制度变迁与经济绩效［M］. 上海：上海三联书店，1994：3.

[11] 纳尔森，温特. 经济变迁的演化理论［M］. 胡世凯，译. 北京：商务印书馆，1987.

[12] 青木昌彦. 比较制度分析［M］. 周黎安，译. 上海：远东出版社，2001：5-11.

[13] 思拉恩·埃格特森. 关于制度经济学的批注［M］/李·J. 阿尔斯

通，埃格特森，等. 制度变革的经验研究. 北京：经济科学出版社，2003：6-27.

[14] 丹尼尔·W. 布罗姆利. 经济利益与经济制度 [M]. 陈郁，等译. 上海：上海三联书店，上海人民出版社，1996：22.

[15] 陈琦. 制度创新与制度变迁的理论辨析 [J]. 煤炭经济研究，2004（10）.

[16] 辞海编辑委员会. 辞海经济分册 [M]. 上海：上海辞书出版社，1980：1-2.

[17] 蔡莉. 我国寿险行业利差风险分析 [D]. 成都：西南财经大学，2007：28.

[18] 邓敏. 中国保险业的历史与未来：一个制度变迁视角 [J]. 金融研究，2000（6）.

[19] 费友海. 中国农业保险制度演化研究 [M]. 成都：西南财经大学出版社，2009.

[20] 高新才，赵金锁. 制度量化、供求均衡与制度变迁 [J]. 改革，2006（9）：119.

[21] 顾秋芬，戴申生. 1995 年世界保险费统计 [J]. 保险研究，1997（12）：44.

[22] 黄英君，江先学. 中外保险制度比较研究：基于制度变迁的视角 [J]. 经济社会体制比较，2007（5）.

[23] 何玉长，等. 新中国经济制度变迁与经济绩效 [M]. 北京：中国物资出版社，2002.

[24] 洪辰辰. 根系黄土地：中国保险史话 [M]. 北京：中国卓越出版公司，1989：4-5.

[25] 江春，许立成. 金融发展中的制度因素：理论框架与国际经验 [J]. 财经科学，2007（4）.

[26] 卢现祥. 西方新制度经济学 [M]. 北京：中国发展出版社，2004：38-41.

［27］鲁鹏. 制度与发展关系论纲［J］. 中国社会科学，2002（3）.

［28］林毅夫. 论制度和制度变迁［J］. 发展与改革，1988（4）.

［29］林毅夫. 强制性制度变迁与诱致性制度变迁［M］//盛洪. 现代制度经济学. 北京：北京大学出版社，2003：258，267，274.

［30］林毅夫. 强制性制度变迁与诱致性制度变迁［M］//财产权利与制度变迁：产权学派与新制度学派文集［M］. 上海：上海三联书店、上海人民出版社，1994.

［31］林义. 社会保险制度分析引论［M］. 成都：西南财经大学出版社，1997.

［32］刘诗白，等. 政治经济学［M］. 3 版. 成都：西南财经大学出版社，2013：259.

［33］刘恩华. 经济可持续发展论［M］. 北京：中国环境科学出版社，2002：60-61.

［34］李增刚. 制度经济学中的三大范式［M］//邹动涛. 经济中国之制度经济学与中国. 北京：中国经济出版社，2004.

［35］孟昭忆. 国际保险监管文献汇编（IAIS 卷）［M］. 北京：中国金融出版社，2006：2.

［36］马克思主义政治经济学概论编写组. 马克思主义政治经济学概论［M］. 北京：人民出版社，高等教育出版社，2011：288.

［37］马克思恩格斯选集：第 1 卷［M］. 北京：人民出版社，1976.

［38］孙凤仪. 两种制度经济学范式中的意识形态理论：分歧与根源［J］. 财经科学，2006（12）.

［39］孙蓉. 中国商业保险资源配置论：机制设计与政策分析［M］. 成都：西南财经大学出版社，2005.

［40］孙蓉，彭雪梅，胡秋明，等. 中国保险业风险管理战略研究：基于金融混业经营的视角［M］. 北京：中国金融出版社，2006.

［41］孙蓉，汪荣明，等. 农业灾害管理制度演进与工具创新研究：基于农业保险视角［M］. 上海：华东师范大学出版社，2019：51.

[42] 孙蓉，杨馥. 改革开放三十年：中国保险业的变迁与发展 [J]. 保险研究，2008 (12).

[43] 施建祥. 中国保险制度创新研究 [M]. 北京：中国金融出版社，2006：23-24，27.

[44] 汪洪涛. 制度经济学：制度及制度变迁性质解释 [M]. 上海：复旦大学出版社，2003.

[45] 汪丁丁. 制度创新的一般理论 [J]. 经济研究，1992 (5).

[46] 许涤新. 政治经济学辞典 [M]. 北京：人民出版社，1980.

[47] 许捷. 渐进改革中的保险制度变迁 [M]. 北京：中国金融出版社，2001.

[48] 颜鹏飞，等. 中国保险史志 [M]. 上海：上海社会科学院出版社，1989：203.

[49] 严汉平，白永秀. 经济学视野下关于“制度”的文献综述 [J]. 山西师范大学学报，2006 (6).

[50] 俞宪忠. 制度现代化解构 [J]. 天津社会科学，2002 (5).

[51] 张曙光. 论制度均衡和制度变革 [J]. 经济研究，1992 (6).

[52] 张维迎. 产权、政府与信誉 [M]. 上海：上海三联书店、上海人民出版社，2001.

[53] 朱文胜. 中国保险业制度变迁与绩效研究 [M]. 北京：中国金融出版社，2005：243-245.

[54] 中国保险学会，中国保险报社. 中国保险业二百年 (1805—2005) [M]. 北京：当代世界出版社，2005.

第四章 新中国机动车辆保险制度变迁

1988年，中国机动车辆保险的原保费收入超过20亿元，占中国财产保险市场原保费收入比重的37.60%。此后，机动车辆保险一直是中国财产保险业的第一大险种。2014年中国机动车辆保险实现原保费收入为5 516亿元，占财产保险市场原保费收入的比重为73.11%，中国已成为全球第二大机动车辆保险市场[①]。2019年，受汽车销量下滑、商业车险费改持续深化、报行合一实施以及监管趋严等多重因素影响，车险业务持续承压，机动车辆保险实现原保费收入8 188亿元，同比增长4.52%，同比增速放缓且低于产险行业整体增速，车险业务占比降至62.91%[②]。由于机动车辆保险具有产品复杂多样、业务范围广泛、占财产保险市场比重大等特点，因此，机动车辆保险制度的变迁对整个保险业的发展至关重要。

---

① 边文龙，等. 保险费率市场化效果的解释和评估［J］. 经济学（季刊），2017（4）：1477-1498.

② 根据银保监会公开数据整理而得。

第一节　机动车辆保险的内涵

一、机动车辆保险的概念

机动车辆保险中的机动车辆是指在中华人民共和国境内（不含港、澳、台地区）行驶，以动力装置驱动或者牵引，上道路行驶的供人员乘用或者用于运送物品以及进行专项作业的轮式车辆（含挂车）、履带式车辆和其他运载工具，但不包括摩托车、拖拉机、特种车[①]。

机动车辆保险是以机动车辆本身及其相关利益等为保险标的的一种财产保险，也是运输工具保险的主要险种。中国机动车辆保险分为机动车交通事故责任强制保险和机动车商业保险。

二、机动车辆保险的基本特征

（一）被保险人具有差异性

车险的被保险人一般包括企事业单位、个人或家庭。被保险人因性别、年龄、驾驶技术、健康及婚姻状况、工作种类及性质、文化教育、性格等不同而千差万别，被保险人的上述差异决定了车险经营的定价具有较高的难度及经营风险不确定性大。

（二）标的流动性强，风险大，异地出险多

车险的保险标的是在陆地上处于运动状态的车辆，具有流动性大的特征。在陆地上运行的条件情况复杂，路况不一，发生交通事故的风险相当大，出险概率远远大于处于静止状态的保险标的；同时，车辆的运行路线往往不是固定的，车辆经常发生在非保险合同签订地或非被保险人所在地。因而，该险种的

① 中国保险行业协会，《机动车辆商业保险示范条款》（2020 版），第 2 条。

保险标的及其风险很难被保险人控制，并给机动车辆的承保和理赔带来诸多不便。保险机构必须具有广泛的网点才能方便快捷地服务于这一保险标的。

（三）扩大的保险利益

在机动车辆保险中，驾驶员与保险标的的所有者不一定是同一人，根据这一特点，机动车辆保险条款一般规定：不仅被保险本人使用车辆时发生保险事故时保险人需要承担赔偿责任，而且凡是被保险人允许的合格驾驶员使用车辆时，也视为其对保险标的具有保险利益，一旦发生保险单上约定的保险事故，保险人同样需要承担赔偿责任。这一点说明机动车辆保险具有扩大的保险利益，此项规定最大限度地对被保险人和第三者提供了保障。需要注意的是，在保险合同有效期内，当发生被保险车辆转让、转卖与赠送等情况时，需要被保险人书面通知保险人，并得到保险人的批改，否则发生保险事故时，保险人不承担赔偿责任。

（四）保险赔偿有特殊性

一是异地出险、就地赔付。即被保险车辆在非投保地出险，一般都能获得异地保险机构的标准化、一致性的理赔服务（含非承保机构的同行代为理赔服务）。也就是说，被保险人可以在出险地就近的保险机构完成从报案到领取赔款的全部理赔过程。二是部分损失以修复为主。即一般情况下，被保险车辆发生部分损失，保险公司并不是以支付赔款来进行理赔，而是对被保险车辆损失部件以支付维修机构的修复费用为理赔方式。三是在机动车辆保险单的保险期限内，只要保险事故发生时保险人核定的单次赔偿金额在保单规定的保险金额以内，无论发生一次或多次保险责任范围内的机动车辆损失索赔，保险责任继续有效至保险期满；但是，只要有一次保险事故发生导致单次赔偿金额达到或超过保险金额，则保险责任终止。四是在我国，如果在投保机动车交通事故责任强制保险（以下简称“交强险”）的同时投保了商业第三者责任险，则交强险先于商业第三者责任险进行赔付。

（五）业务量大，保险普及率高，符合风险分散原则

我国各种机动车辆总量在逐年快速增加，由于机动车辆在运行中的风险极大，千千万万的机动车辆就构成了业务量极大的保险市场；而对机动车辆

第三者责任保险投保的法律强制，则使得这一市场能够得到充分的发掘。因此，相对于其他财产保险而言，机动车辆保险标的数量众多，可以大量承保，投保率和承保率都较高，符合风险分散原则。

三、机动车辆保险的主要险种

机动车辆保险分为主险和附加险两部分，其中主险包括机动车损失保险、机动车第三者责任保险、机动车车上人员责任保险共三个独立的险种，投保人可以选择投保全部险种，也可以选择投保其中部分险种。附加险种主要有11个，分别是：附加绝对免赔率特约条款、附加车轮单独损失险、附加新增加设备损失险、附加车身划痕损失险、附加修理期间费用补偿险、附加发动机进水损坏除外特约条款、附加车上货物责任险、附加精神损害抚慰金责任险、附加法定节假日限额翻倍险、附加医保外医疗费用责任险、附加机动车增值服务特约条款[①]。

以下对机动车辆保险的三个主险分别做简要介绍。

（一）机动车损失保险

机动车损失保险[②]是指在保险期间，被保险人或被保险机动车驾驶人（以下简称“驾驶人”）在使用被保险机动车过程中，因自然灾害、意外事故造成被保险机动车直接损失，且不属于免除保险人责任的范围，保险人依照保险合同的约定负责赔偿的保险；保险期间内，被保险机动车被盗窃、抢劫、抢夺，经出险地县级以上公安刑侦部门立案证明，满60天未查明下落的全车损失，以及因被盗窃、抢劫、抢夺受到损坏造成的直接损失，且不属于免除保险人责任的范围，保险人依照保险合同的约定负责赔偿的保险；发生保险事故时，被保险人或驾驶人为防止或者减少被保险机动车的损失所支付的必要的、合理的施救费用，由保险人承担的保险。

---

① 中国保险行业协会，机动车商业保险示范条款（2020版）。
② 中国保险行业协会，《机动车辆商业保险示范条款》（2020版），第6~8条。

（二）机动车第三者责任保险

机动车第三者责任保险[①]是指在保险期间，被保险人或其允许的驾驶人在使用被保险机动车过程中发生意外事故，致使第三者遭受人身伤亡或财产直接损毁，依法应当对第三者承担的损害赔偿责任，且不属于免除保险人责任的范围，保险人依照保险合同的约定，对于超过机动车交通事故责任强制保险各分项赔偿限额的部分负责赔偿的保险。

（三）机动车车上人员责任保险

机动车车上人员责任保险[②]是指在保险期间，被保险人或其允许的驾驶人在使用被保险机动车过程中发生意外事故，致使车上人员遭受人身伤亡，且不属于免除保险人责任的范围，依法应当对车上人员承担的损害赔偿责任，保险人依照保险合同的约定负责赔偿的保险。

第二节　机动车辆保险制度变迁文献综述

一、保险制度变迁相关文献

（一）国外文献

经济发展中的制度变迁存在多种研究范式。马克思最早阐述生产力和生产关系、经济基础和上层建筑的相互关系，试图将技术变迁与制度变迁结合起来，对人类社会的经济和社会发展史进行研究。以诺斯为代表的新制度经济学，运用产权理论、交易费用理论、制度变迁理论、国家理论等，着重研

① 中国保险行业协会，《机动车辆商业保险示范条款》（2020 版），第 20 条。
② 中国保险行业协会，《机动车辆商业保险示范条款》（2020 版），第 31 条。

究人、制度与经济活动之间的关系，并逐步形成了完整的理论框架。诺斯[①]以经济人假设为前提，以交易费用理论为理论基础，把制度变迁纳入供求均衡与非均衡的分析框架，分析制度供给、制度需求、制度创新的机会等，提出制度变迁的动力是源于经济人对预期收益与成本的比较。

在国外关于保险制度的研究中，Cummins[②]、Mitchel[③]对美国的保险费率制度和保险中介制度进行了研究，发现在进行费率监管的州，监管力度的确是影响保险价格的重要因素，而在保险中介制度方面则主要基于市场信息不对称进行了相关研究。

（二）国内文献

林毅夫[④]用“需求—供给”这一经典的理论构架把制度变迁方式划分为诱致性变迁与强制性变迁两种，认为诱致性制度变迁指的是一群（个）人在响应由制度不均衡引致的获利机会时所进行的自发性变迁；强制性制度变迁指的是由政府法令引起的变迁。

基于地方政府在改革的一定阶段中扮演的重要角色，杨瑞龙[⑤]提出了“中间扩散型”制度变迁方式的理论假说，并推断我国制度变迁的方式将从供给主导型逐步过渡到中间扩散型，并最终过渡到需求诱致型。

张杰[⑥]首先提出了“二元结构”理论，即“中国的制度结构相对于其他国家是十分独特的，基本情形可以概括为：发达而富有控制力的上层结构、流动性强且分散化的下层结构，但在上下两层结构之间却缺乏严密有效且富

---

① 道格拉斯·C. 诺斯. 经济史中的结构与变迁［M］. 陈郁，罗华平，等译. 上海：上海三联书店，1994：5-12.

② CUMMINS D, TENNYSON S. Moral hazard in insurance claiming: Evidence from automobile insurance The Wharton School, University of Pennsylvania, Philadelphia, Journal of Risk and Uncertainty, 1996, 12 (1): 29-50 [J]. Insurance: Mathematics and Economics, 1996, 18 (2): 140-140.

③ MITCHEL J O. Comparison of Sales Performance Across Financial Service Sectors. Journal of Financial Services Markets, 2002. (7).

④ 林毅夫. 关于制度变迁的经济学理论：诱致性变迁与强制性变迁［M］//罗纳德·H. 科斯，等. 财产权利与制度变迁：产权学派与新制度学派译文集. 胡庄君，译. 上海：上海三联书店，1994：390-397.

⑤ 杨瑞龙. 我国制度变迁方式转换的三阶段论［J］. 经济研究，1998（1）：4-9.

⑥ 张杰. 中国金融制度的结构与变迁［M］. 太原：山西经济出版社，1998：16-20.

有协调功能的中间结构”。其后，邓敏①，肖文、谢文武②，许捷、罗安定③，施建祥④等人都将这一理论运用到对中国保险制度变迁的具体分析中，提出了大致相同的观点。认为在二元结构条件下，国家占据优势地位，具有自身利益的国家为了追求效用最大化而推动了保险制度变迁。并运用了国家效用函数对我国保险制度变迁的动因进行了分析。分析结果表明，国家产权垄断程度越高，国家控制成本越大，国家效用值也就越低；而市场化程度越高，其他产权形式的创新能力越强，国家效用值就越高。正因为如此，随着我国市场经济体制改革的不断深化，我国保险制度也会从国家垄断向多元化竞争发展。而杨新顺⑤以国家效用函数为依托，采用成本—收益分析方法，构建了我国保险制度的分析框架，认为国家垄断保险安排并非纯粹取决于国家的主观意志，而是有其存在的经济基础，垄断产权规模并非越大越好，也非越小越好，应是符合国家最大化效用水平的均衡解。李志刚提出中国的二重结构决定了国家在制度制定和变迁中起到主导作用，但实际上利益集团仍然存在，特别是在社会主义市场经济体制下，非国有产权形式增加，谈判能力逐渐增强，仍然存在博弈过程。应用博弈分析的结果表明，中国保险制度的变革正是由国家单方面主导过渡到各利益主体博弈均衡的结果。

史晋川、沈国兵⑥将制度变迁理论进行分类，认为制度变迁理论主要包括：经济增长推动说（Schultz，1968；Ruttan，1978）、利益格局调整说（Davis、North，1979）、技术决定论（Veblen 等，1899）、制度变迁自我循环累积论（North、thomas，1973）、技术与制度互动论（Ruttan，1978）。其中，Schultz（1968）最早明确提出制度供给、制度需求等概念，认为经济学领域中的制度具有提供经济价值服务的功能，经济增长是推动制度变迁的源泉。

---

① 邓敏. 中国保险业的历史与未来：一个制度变迁视角［J］. 金融研究，2000（6）：97-107.

② 肖文，谢文武. 国家在保险制度变迁中的地位和作用［J］. 浙江大学学报（人文社会科学版），2003（1）：152-159.

③ 许捷，罗安定. 中国保险制度变迁机理研究［J］. 财经理论与实践，2004（7）：38-43.

④ 施建祥. 基于国家效用函数的中国保险制度变迁评析［J］. 浙江工商大学学报，2009（6）：61-66.

⑤ 杨新顺. 我国保险业发展历程的制度视角剖析［J］. 山西财经大学学报，2011，33（S1）：54-55.

⑥ 史晋川，沈国兵. 论制度变迁理论与制度变迁方式划分标准［J］. 经济学家，2002（1）：41-46.

保险制度是在生产要素所有者之间配置风险的一种制度。

朱文胜[①]，申海波、蒲海成[②]，黄英君、江先学[③]，卓志、周宇梅[④]，徐徐[⑤]等从制度经济学的角度阐述我国保险制度变迁过程，分析我国保险制度变迁，总结我国保险制度变迁经验。其中，朱文胜（2005）运用新制度经济学的相关理论，从产权结构、国家行为和意识形态三个方面，对中国保险制度变迁过程进行了实证研究。他详细地描述了产权安排由垄断性国有产权向多种产权形式混合并存的发展过程。指出国有产权的低效率是产权安排发生演变的根本原因。以国家理论为基础构建了国家效用函数，揭示了国家改变保险业产权结构并相应调整博弈规则的内在原因。他还分析了我国意识形态的变化对保险制度变迁所产生的重要作用，并以翔实的数据多方面比较、评价了中国保险制度变迁的绩效。

申海波、蒲海成（2006）在分析了保险产品市场化制度变迁中产品研发体制创新的必要性的基础上，探讨了创新的途径和内容，并进一步指出，虽然产品创新研发体制的成败取决于创新方面的技术、人才等资源禀赋，但与其配套的激励机制和销售机制等需要同步加以改革。

黄英君、江先学（2007）通过中外保险制度变迁的比较分析，发现政府决定和主导了我国保险制度的变迁，产权制度是制度变迁的重要内容和对象，政府通过控制产权制度，牢牢地控制保险制度变迁的方向和规模，使其朝着实现国家利益最大化的方向发展。当内外部制度条件发生改变时，来自内外部的竞争者不断增加，对国家垄断保险产权安排和对社会资源的完全支配力构成了挑战。为应对这种挑战和实现国家利益最大化，国家逐步调整了保险发展的目标函数，最主要的是国家逐步从国有产权安排中退出，重新界定保

① 朱文胜．中国保险业制度变迁与绩效研究［D］．广州：暨南大学，2004：26-51.

② 申海波，蒲海成．保险产品市场化与企业产品研发制度创新［J］．上海金融，2006（2）：68-69.

③ 黄英君，江先学．中外保险制度比较研究：基于制度变迁的视角［J］．经济社会体制比较，2007（5）：53-60.

④ 卓志，周宇梅．改革开放三十年中国保险制度的变迁与创新：基于制度经济学的视角和分析［J］．保险研究，2008（7）：3-8.

⑤ 徐徐．中国有效保险监管制度研究［M］．北京：经济科学出版社，2009：176-187.

险产权结构，修改博弈规则，从而导致了保险制度的变迁。

卓志、周宇梅（2008）将中国保险制度变迁分为：恢复和重建（1978—1988 年）、建构与改革（1989—1998 年）、深化与发展（1999—2008 年）三个阶段。我国保险业制度的建设初期，主要由政府主导，这种强制性变迁具有组织和实施成本低、快速扭转制度供给不足的优势，所以保险业恢复初期制度的设计由国家推动是很有必要的。但是，随着市场经济的发展和完善，我国保险制度变迁模式正在向政府和市场特别是各利益集团共同推进的模式转变。而在这种模式下，保险业的相关法律体系在发展中的作用日益凸显。此外，还指出应推进保险行业组织制度建设，以有利于增强诱致性变迁的力量。首先要理顺行业组织同市场和政府的关系，政府要将本应由行业组织行使的职能交出来，避免越位行使行政权力。中国保险制度变迁是强制性和渐进性制度变迁交融的结果，并且，中国保险制度变迁既有增量与局部性制度变迁又有试错性制度变迁。

徐徐（2009）运用制度经济学、博弈论、委托代理理论、公共选择理论等分析方法，探讨了有效保险监管的制度设计与制度变迁的理论基础，通过对保险监管制度动态演变的归纳总结，丰富和完善保险监管理论体系；结合我国国情和保险监管制度优化的现实需要，探讨中国保险监管制度改革的路径选择与目标模式，为建立健全与我国社会政治经济环境和保险制度相协调的有效保险监管制度提供了具有一定前瞻性和可操作性的对策建议。

孙祁祥等①，郑伟、刘永东、邓一婷②，卓志、朱衡③等对保险制度变迁与保险业增长之间的关系进行了研究，指出作为新兴发展中国家的一员，我国保险业增长主要依靠制度要素的推动。相比于宏观经济环境，保险业发展更多的依赖保险制度变迁。

---

① 孙祁祥，等. 改革开放 30 年：保险业的嬗变及发展路径的审视［J］. 财贸经济，2009（2）：50-56.

② 郑伟，等. 保险业增长水平、结构与影响要素：一种国际比较的视角［J］. 经济研究，2010（8）：141-154

③ 卓志，朱衡. 宏观经济、保险制度变迁与保险业增长［J］. 保险研究，2017（4）：3-14.

二、机动车辆保险制度改革相关文献

（一）国外文献

德国、日本和韩国等在20世纪末减弱了对车辆保险费率市场化进程的监管，但市场总体上没有出现过度竞争现象，相反还出现了勾结和合谋现象，因此监管依然严格。Joskow[①]提出，尽管美国各州没有明显的垄断，但监管和各个保险公司事实上的卡特尔行为造成保险费率较高而效率较低，应增强市场竞争。Suponcic 和 Tennyson[②]以美国市场为研究对象，提出对保险公司的严格监管造成市场上保险公司数量较少。植树信保[③]结合日本车险费率市场化改革历程，对车险费率市场化进行了研究，就非理性竞争、高赔付等问题进行了分析和阐述。Turchetti 和 Daraio[④]的研究表明，意大利提出放松管制后，车辆保险公司数量下降，效率提升。Scalera 和 Zazzaro[⑤]的研究表明，欧盟车辆保险费率市场化后，一些国家的车辆保险费率和赔款出现上升现象，保险人没有动机去减少赔款支付是主要原因。Derlin 和 Rose Anne 提出车险费率改革后保险公司的健康发展要建立在监管部门的监管基础之上，即要充分发挥监管部门应有的作用，通过建立风险监控体系引导保险公司良性竞争，营造健康有序的市场环境。

（二）国内文献

1. 机动车辆保险相关文献

自从1979年国内全面恢复保险业务以来，机动车辆保险就是我国第一批

---

① JOSKOW P L. Cartels, Competition and Regulation in the Property-Liability Insurance Industry [J]. Bell-Journal of Economics and Management Science, 1973, 4 (2): 375-427.

② SUPONCIC S J, TENNYSON S L. Rate Regulationand the Industrial Organization of AutomobileInsurance [J]. NBER Working Paper No. w5275, 1995.

③ 植树信保. 日本财产保险的变化及对策 [M]. 陈伊维，译. 北京：机械工业出版社，2005：10-11.

④ TURCHETTI G, DARAIO C. How Deregulation ShapesMarket Structure and Industry Efficiency: The Case ofthe Italian Motor Insurance Industry [J]. The Geneva Papers on Risk and Insurance-Issues and Practice, 2004, 29 (2): 202-218.

⑤ SCALERA D, ZAZZARO A. The Unpleasant Effects of Price Deregulation in the European Third-Party MotorInsurance Market: A Theoretical Framework [J]. B. E. Journal of Economic Analysis and Policy, 2007, 7 (1): 1-30.

经营的险种。1979—2001 年，是机动车辆保险实行监管部门统颁条款和费率阶段。机动车辆保险制度存在粗放式的保险条款和保险费率①。伴随着机动车辆数目的增加，交通道路状况的不断恶化，交通事故发生的概率呈现逐渐上升的趋势，机动车辆保险统一的保险费率扭曲了价格对保险产品供需的真实反映与调节作用，偏高的费率势必在诱发隐蔽的价格战的同时，抑制了有效的保险需求，违背了保险费率的公平合理原则，不利于增强保险公司的竞争能力②。谢宪③、张俊才④、彭雪梅⑤等均提出应实行商业车险条款费率管理制度改革的主张。2001 年 7 月起，中国保监会在广东实行商务车辆费率改革（以下简称“费改”）试点，由保险公司自主定价，并报当地保险监管机构备案后执行。

2003 年，费率改革由广东推向全国，开启车险费率改革的“第一幕”。这次中国机动车辆保险改革的影响是深远的，刘国新、陈云光⑥认为改革将使费率体系更合理、产品多样化、监管方式等发生变化、精算作用更加突出、销售渠道多元化。但从改革的实际情况来看，结果并不令人乐观。郑鹏⑦认为改革后的车险条款过于复杂，加大了消费者获得并理解信息的成本，导致其挑选费率低的公司投保。各家保险公司自行确定车辆保险条款和费率，当年保险公司费率普遍下降 20%~30%，市场竞争加剧⑧。此外，保险公司在和代理商博弈中处于劣势地位，使得改革后代理费居高不下⑨，而保险公司经理层集国有资本所有者代表、企业战略决策者、企业自身利益代表和企业经营活动组织者于一体，其权利和义务不明晰⑩的制度缺陷也是导致价格战的原因。

---

① 盛亚峰. 论我国机动车辆保险制度改革［J］. 保险研究，2000（4）：24-26.

② 兰虹. 论加快我国机动车辆保险费率市场化的进程［J］. 财经科学，2002（4）：76-80.

③ 谢宪. 保险市场竞争模式选择.［J］. 金融时报，1999（20）：6.

④ 张俊才. 保险费率市场化与新产品开发［J］. 保险研究：2002（3）：7-10.

⑤ 彭雪梅. 我国保险监管模式的选择［J］. 财经科学，2000（3）：94-97.

⑥ 刘国新，陈云光. 机动车辆保险制度改革及其影响［J］. 汽车研究与开发，2003（1）：9-11.

⑦ 郑鹏. 车险改革的信息成本分析［J］. 中国保险管理干部学院学报，2004（1）：16-17.

⑧ 周彬. 车辆保险费率市场化后的竞争模式与市场结构［J］. 东北财经大学学报，2016（2）：27-33.

⑨ 刘亮，等. 车商代理车险乱象解析［J］. 中国保险，2008（11）：59-62.

⑩ 邹平，刘虹. 中国保险改革发展启示录［M］. 北京：中国社会科学出版社，2003：4-8.

2003—2005年，许多保险公司在经历了行业混战后，逐渐“吃不消”，纷纷通过上调费率、限定手续费比例来规范市场。2006年，保监会规定给予投保人的所有优惠总和不得超过车险产品基准费率的30%，即“七折令”。从2001年年底开始的由保险公司自主制定车险条款费率，报保监会审批后执行的改革试点到2006年结束。从2006年开始了行业统一条款费率阶段，保险行业协会负责制定A、B、C三款商业车险行业条款费率，要求各保险公司择其一执行，并允许保险公司自行开发附加险条款并制定相关费率。董志勇①、崔惠贤②认为当时保险公司拥有车险产品的自主定价权后，不计成本地进行规模扩张，即保险公司以保费收入最大化为经营目标使得保险公司赔付率上升，是第一次市场化改革失败的主要原因。

黄余莉③认为手续费竞争作为一个市场经济中的商品服务竞争现象，根本上还是需要通过市场竞争来解决，起主导作用的还应该是保险主体本身。赵会军④认为“由严格费率管制向费率市场化过渡，最终走向费率市场化，成为中国保险市场繁荣发展的必经之路，价格管制的取消应该是市场发展的趋势”。管贻升⑤从监管制度角度研究机动车辆保险制度，认为现行机动车保险条款和费率监管制度没有满足激励相容要求，导致保险公司违反其制度的必然性。现行机动车保险条款和费率监管制度增加了交易成本、降低了效率，不利于受害人获得充分赔偿。应该以受害人获得充分赔偿为目的重构交强险与商业三者险的关系，实行机动车保险条款和费率市场化，以可置信的保险主体准入和退出制度及偿付能力监管和资本约束监管制度促进条款费率的理性竞争。王佳来⑥梳理了日本、韩国和德国的车险费率市场化改革情况，在与

① 董志勇. 费率市场化对车险市场影响的经济学模型分析［J］. 保险研究，2011（5）：47-54.

② 崔惠贤. 车险市场价格竞争的博弈分析：基于费率市场化改革背景［J］. 保险研究，2012（6）：39-48.

③ 黄余莉. 航意险手续费恶性竞争的经济学根源分析.［J］保险研究，2007（2）：41-43.

④ 赵会军. 中国保险费率管理制度的变迁与改革.［J］保险研究，2009（7）：24-30.

⑤ 管贻升. 中国机动车保险条款与费率监管制度研究［D］. 北京：对外经济贸易大学，2014：38-50.

⑥ 王佳来. 我国车辆保险费率市场化改革研究［D］. 上海：复旦大学，2008：54-59.

我国车险费率改革历程对比后发现，三国费率厘定的影响因子大部分已被中国的财险公司引入。但在改革的路径选择上，韩国采用分阶段的渐进式改革方案，缓和了对市场的冲击，有利于稳步推进市场化改革；德国采用将条款制定和费率厘定的权利全部一次性下放给财险公司的激进式改革方案，在经历5年的阵痛后逐步走上良性发展道路；日本通过风险细分差异化纯保费，降低经营成本和手续费以降低附加保费的方式，为后续正式条款费率市场化改革设置缓冲期。由于我国建立市场经济制度的时间不长，市场机制尚不完善，且德国车险费率改革时的保险市场成熟度远高于我国，因此我国不宜效仿德国采用激进式改革方案，而应该采取“政府条款费率→行业条款费率→市场化条款费率”的渐进式改革方案，同时必须进行相关配套制度的改革，逐步完善市场机制以实现完全市场化。

周彬[①]使用产业组织理论模型和非平衡面板数据分析时发现，与小公司相比，大公司经营效率指数较高，尤其是规模效率，这体现了中国现阶段规模优势对效率的影响，中小公司多处于规模收益递增阶段。即车辆保险行业处于规模报酬递增阶段，所以保险公司有扩大规模的动力。且保险公司经营效率指数和保险公司的利润负相关，这看起来似乎存在悖论，但这正是车辆保险行业混乱的反映，经营效率较高的保险公司并没有扩大规模，而铺摊子不择手段做大保费规模的公司利润普遍不高。边文龙等[②]认为，当时保险公司以“保费收入最大化”为经营目标的非理性行为的一个重要的深层次的原因是保险公司缺乏投保人风险的信息，且各家公司承担了自身的信息成本。崔惠贤（2012）车险“强营销”模式加剧了财险市场的恶性竞争，因而单纯的费率监管不利于车险市场化改革。李志恒[③]认为我国保险经营主体的数量和分布较为科学和均衡，社会公众和广大保险消费者逐步成熟以及保险监管形成了较为成熟的体系。所以，我国机动车辆保险费率市场化条件已基本成熟。

---

① 周彬．车辆保险费率市场化后的竞争模式与市场结构［J］．东北财经大学学报，2016（2）：27-33.

② 边文龙，等．保险费率市场化效果的解释和评估［J］．经济学（季刊），2017（4）：1477-1498.

③ 李志恒．推进机动车辆保险费率市场化改革势在必行［J］．金融理论与实践，2012（6）：83-86.

随着中国经济社会发展和市场经济体制的不断完善，这种“一刀切”的统一管制模式的弊端越来越明显①。2009 年 12 月，北京保险行业协会宣布从 2010 年 1 月开始实行车险费率浮动方案，各经营车险业务的保险公司可根据自身情况选择是否使用该方案。至此，机动车商业费率改革第二次费率调整准备阶段拉开帷幕。2010 年起，北京、深圳等地开始实行商业车险费率浮动试点。

经过前期的调研、论证、试点之后，为了解决车险市场长期存在的体制机制问题，更好地保护车险消费者权益和推动车险业加快转型升级，2015 年 2 月，《中国保监会关于深化商业车险条款费率管理制度改革的意见》发布，明确了中国商业车险费率改革政策的指导思想、基本原则、主要目标，条款形成机制，费率形成机制、条款费率监管、组织和实施等问题。这标志着中国第二轮商业车险费率市场化改革正式启动。陈文辉②认为高度集中的车险条款费率管理制度下，保险监管机构、保险行业协会和保险公司之间的定位不清晰、保险公司主动提升经营管理水平的内在动力不足、车险条款费率的合理调整机制缺失。只有通过进一步深化改革，才能解决车险市场长期存在的一些体制机制问题，更好地保护投保人、被保险人合法权益，推动保险行业加快转型升级，促进保险市场可持续健康发展。一些学者对于此次商业车险费率改革也提出了自己的建议，郑伟③认为新一轮“车改”，从车险条款上讲，应顺应消费者合理期待。对于车险费率，应强调费率与风险匹配，车险监管应关注消费者权益保护。同时，要从“条款+费率+管理制度”的“广度”来理解车险改革。此次车险改革有三个关键词：条款、费率和管理制度，而不能简化为车险“费率自由化”。王小韦、王雨飞、马丽娟④认为深化商业车险改革，是一个系统工程，需要在观念、制度、系统上综合推进。需要更

① 周华林，等. 车险费率市场化改革的政策效果［J］. 经济研究参考，2018（14）：11-22.

② 陈文辉. 稳步推进车险市场化改革［J］. 中国金融，2014（15）：9-11.

③ 郑伟. 商业车险改革思考［J］. 中国金融，2015（8）：66-68.

④ 王小韦，等. 对商业车险改革的深度思考［J］. 中国保险，2016（11）：26-28.

新观念、思想先行，完善制度、齐抓共管，依靠科技、实时监控。阎建军、崔鹏[①]认为此次车险费率市场化改革取得阶段性成果，从业务规模、经营效益上看，车险业务发展稳中向好。风险定价向差异化转型、经营管理向精细化转型、竞争手段向多样化转型，车险产品服务创新加快推进。方蕾和粟芳[②]认为，我国车险市场的实际费率低于“理论费率”。任田、张青菁、沈健[③]指出，第二轮费改开始后，一些保险公司为争夺市场，投入更多的费用到第三方中介渠道，而中小保险公司因业务规模小，人才和数据储备不足，在定价权方面没有优势，为了稳住市场份额，一味采用“地板价”或推出大量优惠措施，忽略了承保风险，导致综合费用率攀升，中小险企亏损严重。张宗韬[④]认为，车险市场出现的新特征是由多种因素造成的，商业车险费率改革加快了某些进程，但不会改变车险市场的发展规律，不应该过分关注短期效果。

2. 交强险相关文献

我国机动车交通事故责任强制保险（以下简称“交强险”）经历了从中资市场，到较开放的市场，再到完全开放的市场的改变[⑤]。在交强险的实施方式上，朱铭来[⑥]认为强制责任保险具有“准公共物品”属性和公共政策及社会保障性质。自从 1927 年美国马萨诸塞州立法通过强制汽车责任保险法以来，强制责任保险已被世界各国接受并得到广泛推广，成为国家管理社会的有效手段。一些发达国家和地区普遍对机动车辆道路交通第三方保险采取了强制性投保的要求[⑦]。包括我国在内的大多数国家，交强险一般是全国统一实施的。

---

① 阎建军，崔鹏. 车险费率市场化改革［J］. 中国金融，2017（13）：73-74.

② 方蕾，粟芳. 中国国情下的保险费率监管模式选择及影响分析：来自车险市场的经验证据［J］. 财经研究，2016（4）：112-122.

③ 任田，等. 我国二次商车费改现状与车险运营策略［J］. 上海保险，2017（8）：33-37.

④ 张宗韬. 关于后商车费改时代的若干思考［J］. 上海保险，2016（8）：13-16.

⑤ 王向楠，等. “交强险”运行状况分析及机制完善建议［J］. 保险研究，2016（9）：8-15.

⑥ 朱铭来，吕岩. 责任保险制度的经济学分析：以机动车交通事故责任强制保险为例［C］//“北大ccissr 论坛”. 0.

⑦ 一些国家早在 20 世纪上半叶就建立了交强险制度，如英国（1930）、爱尔兰（1933）、德国（1939），俄罗斯、印度、澳大利亚、加拿大、法国、意大利等也较早实施了交强险制度。

在交强险的赔付责任设计方面，王向楠、郭金龙认为相比于一些国家或地区采用有责任赔付模式，我国交强险的无责任赔付模式虽然能更全面地保护交通事故中受害人的利益，但同时也增加了保险公司的赔付支出和制度的运行成本。就交强险索赔对象而言，在采用过错责任制的国家或地区，受害人无权直接向保险公司提出索赔要求，而采取无过错责任制的国家或地区，第三方具有直接求偿权。而我国允许交通事故受害人直接向对方的“交强险”承保保险公司提出索赔要求，从而更好地保护受害人。

在交强险的赔付范围上，丁凤楚①、刘锐②认为交强险的财产补偿过少，无法弥补损失，反而会增加投保人负担，因此不应当涵盖财产损失赔偿责任。

在交强险的经营状况方面，孟生旺③认为我国交强险保费利润率水平明显偏高，应适当提高保险限额；孟生旺、李眸、商月④认为：由于人均收入水平、人均车辆数等方面存在差异，导致我国交强险赔付率存在显著的地区差异，各公司的交强险赔付率和费用率无关，但各地区的赔付率和费用率之间存在负相关的关系。刘红岩和高洪忠⑤认为：各公司和各地区的赔付率有显著差异，投资收益率与赔付率呈显著的正相关的关系；地区因素对费用率的影响不显著，公司规模对费用率有显著负向影响。朱南军和张昭蓉⑥发现交强险的企业效率和社会效率存在明显的地区差异，公司的企业效率和社会效率同步与不同步并存，业务范围、城镇化率、上一年城镇家庭人均可支配收入对交强险的企业效率具有正向影响，地区面积对交强险的企业效率具有显著负向影响，业务范围、上一年城镇家庭人均可支配收入对社会效率影响为负，

① 丁凤楚. 机动车交通事故侵权责任强制保险制度［M］. 北京：中国人民公安大学出版社，2007（1）：102-108.

② 刘锐. 中国机动车交强险模式定位与选择［J］. 保险研究，2011（7）：22-28.

③ 孟生旺. 交强险的经营结果和费率结构分析［J］. 统计研究，2008（6）：66-71.

④ 孟生旺，等. 交强险的成本因素分析［J］. 统计研究，2011（6）：47 -52.

⑤ 刘红岩，高洪忠. 交强险经营结果影响因素分析［J］. 统计与决策，2010（18）：91-93.

⑥ 朱南军，张昭蓉. 我国交强险经营的社会效率与企业效率测算及影响因素分析：基于2008—2012年的分省数据口［J］. 保险研究，2015（1）：29-41；朱南军，张昭蓉. 中国保险公司交强险经营效率测算及影响因素分析：基于企业与社会的视角［J］. 保险研究，2015（11）：36-46.

上一年农村家庭人均纯收入对企业效率和社会效率均有促进作用。朱铭来和刘宁馨①从交强险总体市场、区域市场和保险公司三个方面分析了2014年我国交强险经营情况，发现交强险投保率在不同车型之间存在较大差异，各地的经营成果也存在较大差异。

3. 国内外文献简要评述

关于经济发展中的制度及制度变迁问题研究，主要有马克思主义经济学相关的“生产力和生产关系、经济基础和上层建筑”的互动关系研究以及以诺斯为代表人物的新制度经济学的理论观点（如产权理论、交易费用理论等）构成的两大制度变迁分析框架。其中新制度经济学的理论观点形成了制度经济学研究的不同学说，如经济增长推动说、利益格局调整说、技术决定论、制度变迁自我循环累积论、技术与制度互动论等。

关于保险制度变迁的相关研究，国外文献非常少，仅有两篇，分别为对美国的保险费率制度和保险中介制度的研究；国内文献大多基于“二元结构”、强制性与诱致性变迁和新制度经济学理论，运用国家效用函数，从产权制度、国家行为和意识形态等角度，考察保险制度变迁。

有关机动车辆保险制度改革的文献，国外的相关研究主要集中于车辆保险费率市场化所造成的影响以及应采取怎样的监管行为。国内则将其划分为机动车辆商业险和交强险两类，分别进行研究。就机动车辆商业险保险制度方面，相关文献大多从费率改革必要性、费率改革历程、费率改革影响以及费率改革建议等方面进行研究，认为高度集中的车险条款、费率管理制度下，保险监管机构、保险行业协会和保险公司之间的定位不清晰、保险公司主动提升经营管理水平的内在动力不足、车险条款费率的合理调整机制缺失。过严的监管制度，会导致费率水平上升，公司效率低下，而宽松的监管环境则有利于公司效率的提升。因此如何进行制度设计，以构建车险条款、费率与

① 中国保险行业协会．中国机动车保险市场发展报告（2014）．北京：中国金融出版社，2015：310-340.

监督管理制度的激励相容机制，是我国机动车辆保险制度变迁需要思考的核心问题。

交强险保险制度方面的研究多从交强险的性质、实施方式、赔付责任设计、赔付范围、经营状况等视角进行分析，认为交强险具有“准公共物品”属性和公共政策及社会保障性质，应实行强制责任保险，在赔偿责任上采取“无过错责任原则”，有利于保护被保险人的利益，但是增加了保险公司的赔付和制度运行成本，交强险存在费率水平偏高且费率水平存在地区之间不公平的经营现状。

然而专门运用诺斯新制度经济学理论或者林毅夫的诱致性变迁与强制性变迁理论分析机动车辆保险的制度变迁，剖析新中国机动车辆保险制度变迁的演进特征及演进逻辑的文献寥寥无几，这为本书的研究留下了研究空间。

第三节　新中国机动车辆保险制度变迁的演进特征及演进逻辑

一、新中国机动车辆保险制度变迁的演进历程及特征

（一）中国机动车辆保险制度变迁的历程

自从1980年我国全面恢复保险业务以来，机动车辆保险就是我国第一批经营的险种。在40年的发展历程中，机动车辆保险制度变迁历程可大致分为以下几个阶段（见图4-1）：

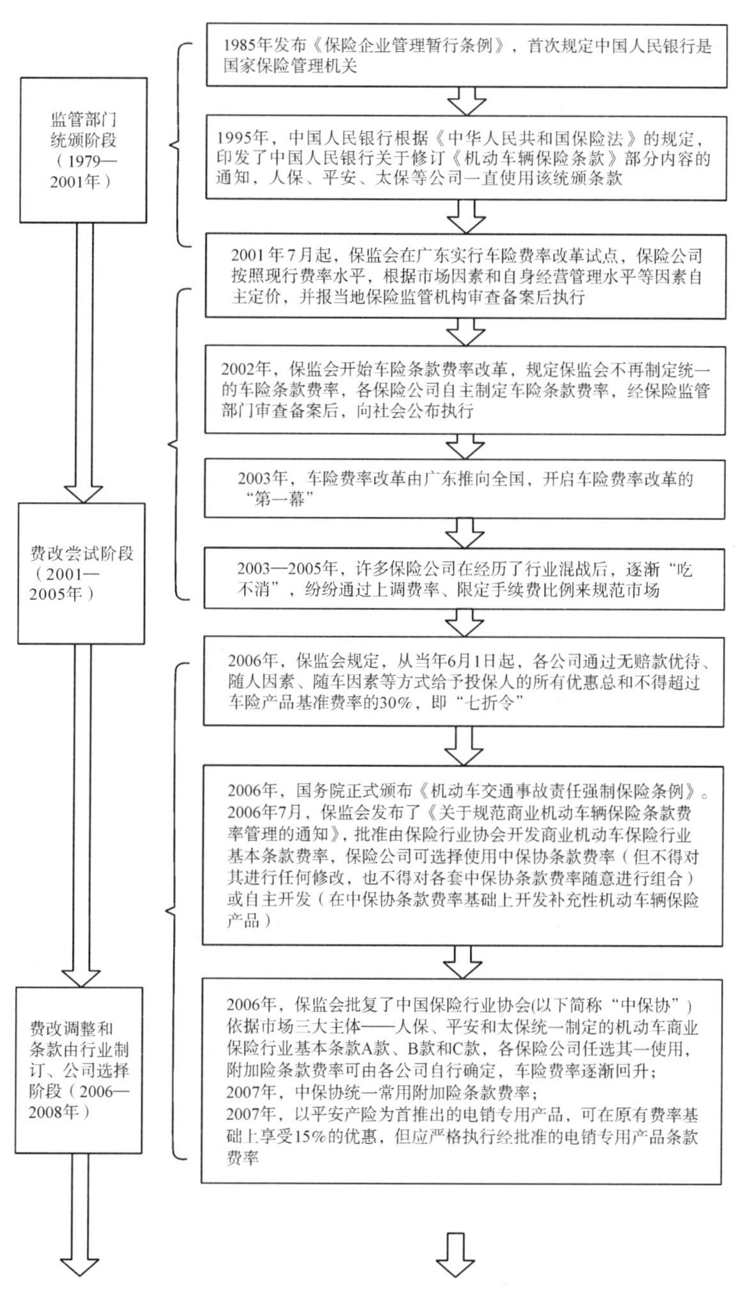
监管部门统颁阶段（1979—2001年）
1985年发布《保险企业管理暂行条例》，首次规定中国人民银行是国家保险管理机关
1995年，中国人民银行根据《中华人民共和国保险法》的规定，印发了中国人民银行关于修订《机动车辆保险条款》部分内容的通知，人保、平安、太保等公司一直使用该统颁条款
2001年7月起，保监会在广东实行车险费率改革试点，保险公司按照现行费率水平，根据市场因素和自身经营管理水平等因素自主定价，并报当地保险监管机构审查备案后执行
费改尝试阶段（2001—2005年）
2002年，保监会开始车险条款费率改革，规定保监会不再制定统一的车险条款费率，各保险公司自主制定车险条款费率，经保险监管部门审查备案后，向社会公布执行
2003年，车险费率改革由广东推向全国，开启车险费率改革的“第一幕”
2003—2005年，许多保险公司在经历了行业混战后，逐渐“吃不消”，纷纷通过上调费率、限定手续费比例来规范市场
费改调整和条款由行业制订、公司选择阶段（2006—2008年）
2006年，保监会规定，从当年6月1日起，各公司通过无赔款优待、随人因素、随车因素等方式给予投保人的所有优惠总和不得超过车险产品基准费率的30%，即“七折令”
2006年，国务院正式颁布《机动车交通事故责任强制保险条例》。2006年7月，保监会发布了《关于规范商业机动车辆保险条款费率管理的通知》，批准由保险行业协会开发商业机动车保险行业基本条款费率，保险公司可选择使用中保协条款费率（但不得对其进行任何修改，也不得对各套中保协条款费率随意进行组合）或自主开发（在中保协条款费率基础上开发补充性机动车辆保险产品）
2006年，保监会批复了中国保险行业协会(以下简称“中保协”)依据市场三大主体——人保、平安和太保统一制定的机动车商业保险行业基本条款A款、B款和C款，各保险公司任选其一使用，附加险条款费率可由各公司自行确定，车险费率逐渐回升；
2007年，中保协统一常用附加险条款费率；
2007年，以平安产险为首推出的电销专用产品，可在原有费率基础上享受15%的优惠，但应严格执行经批准的电销专用产品条款费率

二次车险费率调整准备阶段（2009—2014年）

2009年12月，北京保险行业协会正式发布《北京地区机动车商业保险费率浮动方案》，决定从2010年1月开始进行车险费改，试点地区商业车险费率浮动系数包括：无赔款优待及上年赔款记录、多险种同时投保、平均年行驶里程、特殊风险4项

2010年起，北京（2010年）深圳（2011年）、厦门（2011年）等地陆续开始实行商业车险费率浮动试点，其中厦门市的商业车险费率浮动系数新增1项“上门投保系数”

2012年3月，保监会发布《关于加强机动车辆商业保险条款费率管理的通知》：明确由中保协研究拟订机动车辆商业保险示范条款、机动车辆参考折旧系数和车型数据库，保险公司可以参考或使用中保协条款拟订本公司的商业车险条款，并 使用行业参考纯损失率拟订本公司的商业车险费率。同月中保协发布《中国保险行业协会机动车商业保险示范条款》

深化商车费改阶段（2015年至今）

2015年3月，保监会发布《深化商业车险条款费率管理制度改革试点工作方案》：首次提出了商车费改的时间表和路线图，确定黑龙江、山东、青岛、广西、陕西、重庆6个地区为商业车险改革试点地区。自当年5月1日起开始试点（实际启动时间为6月1日）。财险公司可以选择使用商业车险行业示范条款或自主开发商业车险创新型条款。使用商业车险示范条款的，可分别在［-15%，+15%］范围内，自主制定“核保系数”和“渠道系数”费率调整方案。同月，中保协发布《中国保险行业协会机动车商业保险示范条款（2014版）》

2015年10月，保监会发布《关于开展商业车险条款费率管理制度改革第二批试点工作的通知》，决定自2016年1月1日起，将天津、内蒙古、吉林等12个地区纳入试点

2016年6月，保监会发布《关于商业车险条款费率管理制度改革试点全国推广有关问题的通知》，决定将商车费改推广至全国，业内称此为“第一次费改”。第一次费改后，全国范围内自主核保、渠道系数浮动区间分别为［0.85~1.15］

2017年6月，保监会发布《关于商业车险费率调整及管理等有关问题的通知》，再度调整各地自主渠道系数以及自主核保系数，其中深圳自主核保系数和自主渠道系数均为［0.70~1.25］（“双70”）

2018年3月，保监会发布《关于调整部分地区商业车险自主定价范围的通知》：再度放大四川、山西、新疆等地区的自主核保系数和自主渠道系数浮动范围，其中费用竞争激烈的四川直接扩大至“双65”，低于此前深圳的“双70”

2018年，银保监会决定广西、陕西、青海三个区域试点商业车险自主定价改革，试点期为一年，即各保险公司根据消费者的风险程度自主定价，不再对价格设置上下限

2020年9月3日，银保监会发布《关于实施车险综合改革指导意见的通知》，强调完善行业纯风险保费测算机制，合理下调附加费用率，逐步放开自主定价系数浮动范围，优化无赔款优待系数，科学设定手续费比例上限。2020年9月4日，中保协发布《中国保险行业协会机动车商业保险示范条款(2020版)》。2020年9月10日，银保监会发布《示范型商车险精算规定》，旨在建立费率回溯和产品纠偏机制，明确保费不足准备金的评估标准

图4-1　1979—2020机动车辆保险制度变迁历程

根据机动车辆保险制度的发展历程可将其大致分为两类：一是监管部门统一制定条款和费率；二是条款费率由市场化决定。

（二）中国机动车辆保险制度变迁的演进特征

1. 车险制度变迁以成本—收益为分析工具

新制度经济学家诺斯认为："如果预期的净收益超过了预期的成本，一项制度就会被创新。只有当这一条件得到满足时，我们才可望发现在一个社会内改变制度和产权结构的企图。"① 换言之，只有当制度变迁带来的预期收益大于其产生的预期成本时，制度变迁才能实现。制度变迁理论模型是基于经济人对成本—收益进行的计算比较；制度创新的动力是创新主体期望实行新制度所带来的利益。

诺斯指出，"国家的存在是经济增长的关键，然而国家又是人为经济衰退的根源"②，因此作为"经济人"的国家提供服务的基本规则是博弈的基本规则，该规则具有双重目的："一是界定形成产权结构的竞争与合作的基本规则，这能使统治者的租金最大化；二是在第一个目的框架中降低交易费用以使社会总产出最大，从而使国家税收增加。"③ 这两重目的是统一的或者基本上是统一的，因为两者都在国家成本—收益核算的范围内，且都是国家所追求的目的，只不过一个是直接利益，而另一个是间接利益，或者说一个是短期目标，而另一个是长期目标。国家总是在两者之间寻求一种均衡，即在实施或容忍一种产权结构能够增加额外垄断租金与放弃该种产权结构而实施另一种更有效率的产权结构以增加国家税收之间寻求均衡。在此，笔者假设：如果垄断租金最大化代表国家的短期效用，社会产出最大化代表国家的长期效用，那么除非贴现因子足够大，否则国家会首先考虑短期垄断租金最大化。

国家在不同历史时期的发展战略目标即国家效用。国家效用函数是一个

① 罗德纳·H. 科斯，等. 财产权利与制度变迁：产权学派与新制度学派译文集［M］. 胡庄君，译. 上海：上海三联书店，2000：274.

② 道格拉斯·C. 诺斯. 经济史中的结构与变迁［M］. 陈郁，等译. 上海：上海人民出版社，1994：20.

③ 道格拉斯·C. 诺斯. 交易成本、制度和经济史［M］// 埃瑞克·G. 菲吕博顿，鲁道夫·瑞切特. 新制度经济学. 上海：上海财经大学出版社，1998：244-256.

涵盖多利益主体、多重目标的动态优化函数，其利益主体不仅包括各利益集团的利益，还包括公共利益等，国家效用的多重目标中最根本的是支持最大化和收入最大化。其中，收入最大化体现为保险对经济提供保障的贡献以及保险对金融体系提供支持的贡献，支持最大化体现为社会稳定。虽然两者的实现途径不同，但均与国家效用值呈正相关关系。国家效用函数的成本包括因潜在竞争对手的存在而产生的国家控制成本、外部竞争因子和制度安排的机会成本，这三个变量与国家效用值呈负相关关系。当然，国家发展战略目标的实现受制于特定时期的社会经济条件，如市场化程度、生产力发展水平、经济开放程度和经济规模等。

从国家效用函数的收益视角来看，伴随着车险费改，车险保费规模迅速扩大，不仅有利于满足社会对车险风险保障的需求，对社会提供经济保障，而且有利于增加财政收入。在国内保险业务恢复的第一年（即 1980 年），首批恢复设立的险种之一——运输工具保险（含机动车辆险），实现的保费收入只占财险保费收入的 2.7%；1988 年仅车险保费收入就突破了 20 亿元，并以 38%的财险市场份额超越企财险首次成为财险第一大险种；2006 年车险保费收入首次突破 1 000 亿元，达 1 108 亿元；2019 年车险保费收入达 8 188 亿元，占财险市场份额的 62.91%。车险保额凸显车险对经济的保障功能，车险保额随业务规模扩大而增大，2019 年机动车辆保险保额为 252.34 万亿元①。2018 年交强险理赔的立案件数为 3 177 万件，赔付金额为 1 384 亿元。2006 年交强险制度实施以来，截至 2018 年年底，交强险累计赔案 2.5 亿件（其中垫付 354 万件），累计赔付突破 1 万亿元②。随着保险行业的发展壮大，行业缴纳的所得税、营业税、增值税等增加，增加了财政收入。

随着保险行业业务的扩展，保费规模扩大，增大了行业的总资产和保险资金使用余额，不仅壮大了行业实力，而且在服务实体经济、支持金融市场发展等方面发挥了越来越重要的作用。2019 年保险业总资产 20.56 万亿元，

① 张爽. 2018 年全国交强险保费收入 2 034 亿元 [N]. 中国银行保险报，2019-12-09.

② http://xw.sinoins.com/2019-12/09/content_315218.htm.

净资产 2.48 万亿元，其中财产险公司总资产 2.29 万亿元。2019 年保险业资金使用余额为 18.53 万亿元。2004—2019 年，保险资金累计实现投资收益 6.08 万亿元，年平均收益率 5.3%。在提升行业利润水平、改善偿付能力、壮大资本实力、支持业务创新、有效化解风险方面发挥了十分重要的积极作用。一直以来，保险资金为关系国计民生的重大项目和基础设施建设提供长期稳定的资金，服务实体经济发展。如保险资金是京沪高铁的第二大股东；投资“南水北调”工程、中石油管道项目、粤东西北产业投资基金项目等。保险资金已经成为我国经济发展的一支重要力量。近年来保险资金主要通过直接融资、间接融资、项目融资三种方式支持实体经济发展。如自 2013 年“一带一路”倡议首次提出到 2019 年年底，保险资金以债权、股权计划形式支持“一带一路”建设项目，投资规模达 13 005.46 亿元。此外，截至 2019 年年底，保险机构已经成为长期债券市场和基金市场的最大机构投资者、股票市场的第二大机构投资者、债券市场的第三大机构投资者，在另类投资市场的影响力也正在逐步加大。

保险业的特殊性质决定了国家不仅关注保险业的经济利益，还应更多考虑如何防范重大风险以维护社会稳定。随着 2006 年交强险的出台以及后续商业三责险的推出，机动车辆责任保险在发挥保护事故受害者人身伤亡和财产安全上发挥着越来越重要的作用，极大地化解了交通事故双方的矛盾，有利于社会的和谐和稳定。

从国家效用函数的成本视角来看，车险市场的外部竞争越来越激烈，竞争成本增加。在车险制度变迁中，车险供给主体的数量增加（从 1980 年的 1 家，增加到 2019 年的 88 家）以及有条件分步骤放开外资保险公司在我国经营车险业务的经营权（如从中资股权比例至少占 51%的合资公司才能经营交强险业务到 2012 年允许外资保险公司经营交强险业务），加剧了市场微观主体的外部竞争。内资财险公司通过示范效应和竞争效应，一方面提高了车险业务的竞争能力与抗风险能力，另一方面学习外资财险公司的管理经验，科学运用保险资金，使得国家的控制成本也相应下降。

制度变迁的机会成本表现为政府对行业车险费改各个环节的监管成本。

如车险费改的设计费；费改执行前期的宣传费用、培训费用、试错成本；制度修改和完善协调与调整费用；新制度施行初期各方面不适应造成的机会成本（如抵触成本、摩擦成本）等。

因此，机动车辆保险制度供给与变迁取决于国家效用函数中成本和收益的比较分析，也就是说新的制度安排和制度结构只有当预期车险费改制度对经济提供的保障贡献、对金融体系提供支持的贡献以及社会稳定的贡献之和大于预期的国家控制成本、外部竞争成本和制度变迁的机会成本之和，即其净效益大于零时，才有寻求创新的动力，愿意去变革制度。而只有当相对价格的变化使得群体致力于变革制度的预期收益大于预期成本时，制度均衡才会被打破，从而才会发生制度变迁。

2. 车险是以强制性制度变迁为主，并与诱致性制度变迁相结合的产物

首先让我们看看林毅夫先生是如何定义强制性变迁与诱致性变迁的：诱致性变迁是指一群（个）人在响应由制度不均衡引致的获利机会时所进行的自发性变迁；强制性变迁指的是由政府法令引起的变迁①。由此可知，诱致性制度变迁是下层的行为人和企业在原有制度安排下无法获得获利机会，为了追求潜在的利润或降低成本，自发倡导、组织、实施的对现行制度安排的变更、替代或创造一种新的制度安排。强制性制度变迁是一种以政府为主体，借助行政权力和立法手段等外在强制力，以追求租金最大化或产出最大化为目标，以政策、法令为引入形式的自上而下的、激进的制度变迁。诱致性制度变迁与强制性制度变迁并非割裂（对立）的，强制性制度变迁在进行前期探索和经验积累时离不开诱致性制度变迁，诱致性制度变迁完成后期任务也离不开强制性制度变迁。

商业机动车辆保险制度是以强制性制度变迁为主，遵循自上而下的原则，与诱致性制度变迁相结合的产物。纵观机动车辆保险制度的发展历程，从需求侧看则是由最初的强制性和诱致性制度变迁转向诱致性制度变迁。强制性

---

① 林毅夫. 关于制度变迁的经济学理论：诱致性变迁与强制性变迁［M］//罗德纳·H. 科斯，等. 财产权利与制度变迁：产权学派与新制度学派译文集. 胡庄君，译. 上海：上海三联书店，1994：384.

制度变迁主要体现在：由政府制定且以法令形式进行颁布，通过新闻报道、保险行业协会或保险监管机构（现为银行保险监督管理委员会，简称“银保监会”）官网、专家会议等方式向社会公众传达，并由政府对实施情况进行监督管理，然后根据实施效果进行修改调整。制度从制定到实施再到监管都有政府参与并干预，政府在整个过程中起决定性的主导作用。诱致性制度变迁主要体现在两个方面：一是下层的行为人和企业为了追求由制度不均衡引致的获利机会而自发产生了相应的制度变迁需求；二是遵循自下而上的原则，且为非正式制度安排形式。以第一次车险费改为例，统颁条款实施的早期，国家作为新制度的创立者和实施主体，在行业制定统颁条款，节省了公司的交易费用，有利于行业迅速建立和扩大保险市场。然而随着车险市场的逐步恢复和建立，统颁条款已经不能适应公司差异化经营管理水平和市场需求的变化，公司为了追求由现有制度不均衡引致的获利机会，自发产生结合自身经营管理水平、适应市场差异化需求制定条款和费率的动机。为满足市场经营者制度变迁的需求，同时保护建立不久尚很脆弱的车险市场能够长期健康发展，国家也在最短的时间和以最快的速度用新制度替代旧制度，以获取制度变迁产生的净收益，减少在制度变迁进程中可能产生的不必要的摩擦成本。国家以法规的形式制定费改试点政策，并在广东进行先行先试，在取得一定试点经验和效果的基础上，改革由广东推向全国。然而，全面费改铺开后，由于行业大打价格战，导致车险费率持续降低的同时，费用率水平不断上升，车险综合成本率持续攀升，最终导致 2003 年全行业出现严重亏损。第一次费改的效果不尽如人意，全行业出现严重亏损，保险公司不能从中获利，保险公司为了追求由现有制度不均衡引致的获利机会而产生了上调费率、限定手续费比例的制度需求，于是各保险公司成立了非正式制度安排形式——行业自律公约来规范市场。这一举措虽在短期内取得了一定的成效，但很快便因部分公司私自提高手续费而失效，致使行业再次陷入混战状态。在诱制性制度变迁实施以后，为引导行业健康有序发展，作为上层的保监会开始调整制度，于 2006 年推出“七折令”，以强制性的方式规定各家保险公司给予投保人的所有优惠总和不得超过车险产品基准费率的 30%，使得制度变迁得以在更大范围内推广和扩散。

然而机动车交通事故责任强制保险则属于自上而下的强制性制度变迁，政府的干预、主导起了决定性作用。首先，其名称中的“强制”二字就包含着强制性实施的意思，具体体现在《中华人民共和国道路交通安全法》[①]（以下简称《道路交通安全法》）中规定了机动车主、管理人必须强制购买机动车第三者责任强制保险。其次，交强险制度作为我国第一个由国家法律规定实行的强制保险制度，它的变迁是由政府法令所引起的。主要体现在：2004年5月1日我国开始实施《道路交通安全法》，首次以法律的形式明确实行机动车第三者责任强制保险制度；作为《道路交通安全法》配套的行政法规——《机动车交通事故责任强制保险条例》（以下简称《交强险条例》）自2006年7月1日起开始实行，对该制度的适用范围、各项原则、保险各方当事人权利义务以及监督管理机构职责等进行了更为细致的规定；保监会于2016年6月30日下发了《机动车交通事故责任强制保险业务单独核算管理暂行办法》，明确核算管理相关内容；2007年6月27日保监会下发了《机动车交通事故责任强制保险费率浮动暂行办法》，明确费率浮动与道路交通事故相联系；2008年年初，保险行业协会公布了新版《机动车交通事故责任强制保险费率方案》，规定了被保险机动车在道路交通事故中有责任与无责任情况下分别承担的赔偿限额；2009年9月，财政部、保监会等五部门联合发布《道路交通事故社会救助基金管理试行办法》，对《道路交通安全法》和《交强险条例》的部分内容进行了更加详细的规定，并着手在全国建立社会救助基金；国务院分别于2012年3月30日、2012年12月17日、2016年2月6日和2019年3月2日对《交强险条例》进行了四次修订；2020年9月10日中国银保监会发布《关于调整交强险责任限额和费率浮动系数的公告》，明确了新交强险责任限额方案、费率浮动系数方案和实施时间。正是国家通过政府法令的形式对我国机动车强制保险法律制度的一次又一次完善，才使我国逐

① 《中华人民共和国道路交通安全法》（2011年）第九十八条规定：机动车所有人、管理人未按照国家规定投保机动车第三者责任强制保险的，由公安机关交通管理部门扣留车辆至依照规定投保后，并处依照规定投保最低责任限额应缴纳的保险费的二倍罚款。

渐形成了集法律、行政法规、部门规章为一体的机动车强制保险法律制度体系。因此，交强险制度变迁遵循着自上而下的原则。在交强险制度变迁过程中，主要是国家在进行干预，国家对制度的发展方向起着主导作用。

3. 国家是机动车辆保险制度变迁的核心，其力量通过产权安排实现

诺斯认为，国家是一种某个特定地区内对合法使用强制性手段具有垄断权的制度安排，它的主要功能是提供法律和秩序。国家规定产权结构，国家性质决定产权性质[①]。国家和产权制度构成了市场运行的基本制度环境。国家的统治者通过提高收益来巩固自己的统治，增加自身的福利，统治者追求的是社会整体收益的最大化。为了使人们的经济活动尽量满足社会利益最大化，对产权制度的要求就是社会成员的个人收益和社会的整体收益相等。因此，当一种产权制度只是增加社会成员的个人收益而不能增加社会的整体收益时，统治者就要对该产权制度进行调整，以使社会成员的个人收益和社会的整体收益回归到相等的状态。从产权制度供给方面来看，“产权的出现是国家统治者的欲望和交换当事人努力降低交易费用的企图彼此合作的结果”[②]。明确的界定产权，有助于减少未来的不确定性，进而降低产生机会主义行为的可能性。

具体来说，车险制度变迁中国家的基本职能主要体现在以下两个方面：一是界定产权制度，提供机动车辆保险市场上产权结构竞争和合作的基本博弈规则，从而使统治者的租金最大化；二是在基本规则的框架内，降低交易成本，提高车险市场的资源配置效率，使社会产出最大化，从而增加税收。

根据机动车辆保险条款、费率方面管控程度的变迁来看，首先，国家垄断机动车辆保险条款费率产权，并对车险经营产权进行严格限制，由保险监管机构全权负责车险条款费率的制定阶段。1985 年颁布的《保险企业管理暂行条例》首次规定中国人民银行是国家保险管理机关，负责车险条款费率的制订。1995 年，中国人民银行根据《保险法》规定，制订了机动车辆保险条

① 道格拉斯·C. 诺斯. 经济史上的结构与变革［M］. 陈郁，等译. 北京：商务印书馆，2005：12.

② 道格拉斯·C. 诺斯. 经济史中的结构与变迁［M］. 陈郁，等译. 上海：上海三联书店，1991：17.

款费率。1998 年保监会成立后，先后两次对中国人民银行原制定的机动车辆保险条款费率进行修订。

其次，国家适度放开车险经营产权的限制，将部分产权分配给保险公司阶段。2002 年保监会开始进行机动车辆保险条款费率改革，在总结广东机动车辆保险费率改革试点经验的基础上，规定保监会不再制订统一的机动车辆保险条款费率，各保险公司自主制订、修改和调整机动车辆保险条款费率，经保险监管部门审查备案后，向社会公布使用。2003 年，机动车辆保险费率改革由广东推向全国，开启机动车辆保险费率改革“第一幕”。

再次，国家适度收紧经营产权限制，将分配给保险公司的经营产权部分收回阶段。2003—2005 年，由于行业大打价格战，导致车险费率持续降低的同时，费用率水平不断上升，车险综合费用率的上升致使综合成本率持续攀升，最终导致 2003 年全行业出现严重亏损。2006 年，保监会规定从当年 6 月 1 日起执行“七折令”[①]。同年保监会批复了中国保险行业协会依据“老三家”[②] 统一制定的机动车商业保险行业基本条款 A、B 和 C 三款产品，各保险公司任选其一使用，三款产品的费率结构、费率水平和费率调整系数全行业基本一致。2007 年行业协会又统一颁布了新版车险行业条款，除原有的车辆损失险、商业三者险外，又将车上人员责任险、盗抢险、不计免赔率特约险、玻璃单独破碎险、车身划痕损失险和可选免赔额特约险 6 个险种也纳入了行业基本条款的范围，新版条款于同年 4 月 1 日开始执行。同年，电销专用产品可在原有费率基础上享受 15%的优惠，但应严格执行经批准的电销专用产品条款费率。车险费率逐渐回升。

2010 年起，北京、深圳、厦门等地开始实行商业车险费率浮动试点[③]，取消七折浮动限制。2012 年 3 月保监会发布《关于加强机动车辆商业保险条款费率管理的通知》：明确由中国保险行业协会研究拟订机动车辆商业保险示

---

① “七折令”即各公司通过无赔款优待、随人因素、随车因素等方式给予投保人的所有优惠总和不得超过车险产品基准费率的 30%。

② “老三家”即市场三大主体：人保、平安、太保。

③ 试点的主要方式是减少浮动因子的个数，扩大理赔记录因子的浮动幅度，取消七折浮动限制。

范条款、机动车辆参考折旧系数和车型数据库，各财险公司可以参考或使用行业协会条款拟订本公司的商业车险条款，并使用行业参考纯损失率拟订本公司的商业车险费率。

最后，就到了国家深度放开经营产权限制阶段，2015 年 6 月正式开始深化商车费改试点，试点范围从最初的 6 个地区，增加到半年后的 18 个地区，最后推广到全国。此次试点的核心内容：各保险公司自主测算商业车险基准附加费用率；自主“核保系数”和“渠道系数”的浮动区间均在［0.85，1.15］范围内；各财险公司可以选择使用行业协会拟订的商业车险行业示范条款或自主开发商业车险创新型条款等。本轮改革赋予了保险公司更多的自主权，给予了保险市场更多的定价权。

机动车辆保险条款费率管理制度从 1995 年的“监管部门统一颁布”到 2002 年的“各保险公司自主制定”，从 2006 年的“行业协会制定、公司选择”再到 2015 年“深化商车费改”，经历了一个螺旋式、渐进式上升的过程。简言之，机动车辆保险条款、费率方面管控程度及范围经历了这样一个发展历程：管制→放开→收紧→放开。因此，国家对机动车辆保险经营产权的限制亦是经历了一个与国家对条款、费率方面管控程度相对应的历程，即严格限制→适度放开→再度收紧→深度放开。

为什么会出现机动车辆保险经营产权制度的变迁呢？产权制度是我国机动车辆保险制度最基础且最核心的制度变量，是机动车辆保险制度变迁的重要对象及内容。国家通过控制产权制度，牢牢地控制机动车辆保险制度变迁的方向及规模，使其朝着实现社会利益最大化的方向发展。从机动车辆保险经营产权的变迁来看，如果车险产权制度能够在最大限度降低市场交易费用的同时，最大化社会利益，那么该种制度即是公平合理的。在意识形态的支配和约束下，人们就会自觉地遵守这种制度，服从这种制度的安排。而随着社会经济的不断发展和经济活动内容的不断丰富，当原有的产权制度不再能够降低交易费用时，就产生了改变原有的产权制度的意识和要求。

2006 年起中国保险行业协会依据“老三家”统一制定的机动车商业保险行业基本条款 A、B 和 C 三款产品，各保险公司任选其一使用。这三款产品一直沿用数年，其间几乎没有做过实质性的改动，三款产品的费率结构、费率水平和费率调整系数全行业基本一致，且条款之间差异微乎其微，车险市场产品同质化严重，导致整个市场长期以来处于低水平的、粗放式的“拼费用”“拼返点”的价格混战与无序竞争状态，缺乏市场活力。行业统一的车险条款费率管理制度在一定程度上限制了车险市场的健康持续发展，导致车险的风险管理职能不能得到充分发挥，交易成本高，资源配置效率低下，无法实现社会利益最大化。原有产权结构遭到质疑，人们就产生了改变原有产权制度的强烈需求。为应对这种质疑并实现社会利益最大化，国家必须重新界定产权结构，修改竞争和合作的博弈规则，从而引发机动车辆保险制度的变迁，为开启本轮费率市场化改革埋下了伏笔。

关于交强险方面，从保险业务经营主体的限制来看，2006 年 7 月 1 日起开始实行的《交强险条例》规定交强险只能由中资财产保险公司经营，外资财产保险公司无经营资格①。2012 年 3 月第一次修订的《交强险条例》中指出，“保险公司经保监会批准，可以从事机动车交通事故责任强制保险业务”②。此时，可以从事交强险业务的不再只限于中资财产保险公司，允许合资和外资财产保险公司也参与交强险的经营，这意味着中国交强险市场正式对外资财产保险公司开放。在 2016 年 3 月 1 日国务院发布的《关于修改部分行政法规的决定》第五十条中，删去了《交强险条例》第五条第一款中的“经保监会批准”的字样。由此可见，交强险的经营产权是在逐步放开的。让符合保监会要求的中外资财产保险公司都能进入交强险市场，从而丰富了交强险供给主体，增强了市场主体之间的竞争，以优化交强险市场上稀缺性保险资源的资源配置效率，增强产出绩效，从而促进交强险发展，实现社会利益最大化。

---

① 《交强险条例》(2006) 第五条第一款规定：中资保险公司经保监会批准，可以从事机动车交通事故责任强制保险业务。

② 2012 年 3 月国务院发布《关于修改〈机动车交通事故责任强制保险条例〉的决定》。

4. 意识形态赋予机动车辆保险制度合法性，降低了交易成本

所谓合法性，“意味着某种政治秩序被人认可的价值”①。也可以说是“社会的组织机构自认为以及被认为是正确和正当的程度”②。在诺斯看来，意识形态的基本功能是赋予政治或经济制度有效的合法性，使该制度获得人们的高度认同，通过对个体最大化行为进行某种程度的约束，约束人们对制度规则的投机行为，以降低制度运行成本，为集体行动提供情感和价值激励机制，以克服“搭便车”行为。但诺斯发现，意识形态虽然是认知系，但具有超越认知的情感意志功能，对某种政治或经济制度是否公正与合法的看法、对某种共同理想、信念、价值的追求，对某种责任、义务的承担，都会激励个体跳出成本—收益的计算框架，参与到集体行动中。因此，意识形态通过赋予某种制度的合法性或目标的正当性，发挥着为人们的行为提供某种情感或思想上的“选择性激励”的功能。

一般而言，社会群体鉴别一个政治或经济制度是否合法的判定根据，是看制度的价值取向与群体的价值取向是否吻合以及怎样吻合。由于社会对统治者合法性的认同直接影响到统治者统治地位的存续，因此统治者往往都很关注社会群体对自己制定政策的合法性的认同。一般来说，统治者通常采用两种方法，即运用强制力量和“对合理性进行投资”③ 以维护自己的合法性。现代社会中，若统治者仅采用强制力量一种手段来维护自己的合法性，则易导致成本高企，最终难以“跳出历史周期律”，故通常而言，统治者会兼用两种方法以维护自身的合法性。

因此在机动车辆保险制度变迁中，政府以把维护保险消费者的合法权益作为自己的行为准则来赢得民心，如在“新国十条”④ 的基本原则中提到

---

① 哈贝马斯. 交往与社会进化［M］. 张博树，译. 重庆：重庆出版社，1989：184-190.

② 西摩·马丁·李普塞特. 政治人：政治的社会基础［M］. 张绍宗，译. 上海：上海人民出版社，1997：25.

③ 道格拉斯·C. 诺斯. 制度、制度变迁与经济绩效［M］. 刘守英，译. 上海：上海三联书店，上海人民出版社，1994：59.

④ 指《国务院关于加快发展现代保险服务业的若干意见》国发〔2014〕29 号。

"维护保险消费者的合法权益，规范市场秩序"。不仅如此，政府还通过车险制度改革践行着自己的诺言。比如，2014 版商业车险综合示范条款废除了饱受诟病的"无责不赔""高保低赔"等"霸王条款"，删除了原有免责条款中争议比较大的"驾驶证失效或审验未合格"等 15 项内容，顺应了消费者的合理期待，消除了消费者的误解，提升了费率与风险的匹配程度等都是维护保险消费者合法利益的体现方式。结果表明，消费者可谓是本轮商车费改试点的最大受益者，费改推动单均保费明显下降，无赔款优待系数的引入又倒逼消费者改变驾驶习惯。2016 年第一季度，首批试点地区消费者支出的单均保费同比下降 7.69%，第二批试点地区单均保费同比下降 6.64%[①]。正因为如此，保险消费者真诚认同了此次车险费改的合法性，愿意参与集体行动并支持政府的做法。无疑，消费者的支持节约了消费者对车险制度的合法性的认同成本，进而节省了政府与保险消费者之间的交易成本。

5. 未能形成有效的收益递增机制是导致中国机动车辆保险非绩效变迁路径依赖的重要因素

第一次机动车辆保险费率市场化改革失败，行业陷入无序的"价格混战"，而后又回归行业统颁，针对这一现象可用路径依赖现象的客观存在进行部分解释。而未能形成有效的收益递增机制是导致中国机动车辆保险非绩效变迁路径依赖的重要因素。具体表现为：

（1）规模经济未凸显。由于保险公司在硬件设备和相关精算、财务管理等人员的人力资本投资较少，导致行业技术力量有限、人员储备不足，加之行业发展初期，数据规模有限，因此很难设计开发出各种各样满足不同需求的保险产品。在产品同质化严重的背景下，保险公司之间的竞争只能是简单粗暴的价格竞争，致使费率不断走低，甚至出现拒保的问题。因而定价质量难以达到社会公众的预期值，导致无论其内部经济还是外部经济均未达到预期的收益递增的目标函数。

① 朱颖惠. 商车费改成绩单出炉 消费者支出下降明显［EB/OL］.（2016-05-12）. http://finance.sina.com.cn/roll/2016-05-12/doc-ifxsephn2222359.shtml.

（2）学习效应较差。未能有效地掌握费率市场化改革制度所应提供的获利机会，这是由于当时的机动车辆保险行业对费率改革没有做好充分的准备，导致市场主体的学习效应较差。而机动车辆保险制度变迁的速度是机动车辆保险惯例学习速度的函数，学习速度又取决于保险公司及保险消费者的预期回报率。由于信息分割，市场不完全现象严重，导致其学习的预期回报率较低。

（3）协调效应差。所谓协调效应是指为适应新的制度而产生的组织与其他组织缔约，以及具有互利性的组织产生与对新制度的进一步投资而获得的效应。这次费改带来的较为突出和严重的影响主要表现在两方面：一是价格混战导致机动车辆保险费率水平不断走低，2003 年当年的机动车辆保险市场平均费率同比下降 16.38%；二是有些车型（如桑塔纳）因盗抢率较高而出现被部分公司拒保的现象。在此情况下，首先，保险公司获利较为困难，致使保险公司不满意；其次，由于拒保，致使有些客户买不了保险，最终导致客户也不满意；最后，对于政府来说，行业陷入无序的“价格混战”也有损政府的利益，政府也是极不满意的。因此，在数据准备不充分、技术力量有限的情况下，此次费改使得政府、保险公司及投保人之间难以相互协调。

（4）缺乏有效的适应性预期。此次费改因定价技术、风险的识别能力、技术手段都有限，且市场条件亦不够成熟，难以解决同质化问题，即制度创新能力不够，增加了这项制度持续存在的不确定性。

上述四种状况使得我国机动车辆保险制度在变迁过程中，第一次机动车辆保险费率市场化改革潜在的收益递增机制未能有效地显现出来，因而在与政府统颁的动态博弈中没有显示出其应有的制度优势，进而不能形成有效的费率市场化制度变迁路径的自我强化机制。这也成为此后商车费改的主要动因之一。

二、新中国机动车辆保险制度变迁的演进逻辑

机动车辆保险制度变迁演进逻辑结构，可以归结为分析制度变迁的主体、动力、路径以及演进方式。

（一）机动车辆保险制度变迁的主体

当制度的供给与需求基本均衡时，制度是稳定的。如果社会群体能够从制度变迁中获得预期收益，则有动力成为推动制度变迁的行为主体，发动、主导并实施制度变迁。当制度变迁主体实施制度变迁的预期收益高于预期成本时，制度的均衡就会被打破。因此制度均衡是否会打破，不仅取决于制度实施主体预期收益的高低，还取决于制度变迁主体实施制度变迁的成本大小。制度变迁主体实施制度变迁的成本大小取决于组织是否具有变革制度所必需的技术、知识和学习能力，即取决于组织是否具有制度创新能力。

在我国机动车辆保险制度的发展过程中，国家作为制度创新和变迁的主体和主要推动者，其效用函数始终左右着制度变迁的方向与轨迹。国家供给制度、主导制度变迁主要表现为：机动车辆保险制度改革由政府监管部门统一决策、统一部署，经过自上而下的管理体系，通过一定方式向社会公众传达改革内容。可以认为，作为车险制度变迁的决策者，政府监管部门的制度供给能力和意愿决定了制度变迁方向和形式。政府监管部门作为机动车辆保险制度改革的发起者与组织者，主要采取诸如颁发政策文件、召开工作会议、领导讲话、专家咨询、新闻报道等方式向社会传达变迁精神。

行为主体除了国家以外，还有其他利益相关者，他们共同推动相关制度的发展，保险消费者便是其中之一。以 2011 年“无责不赔”车险风波来说，保险公司以所谓的“行业惯例”来对抗消费者的“合理期待”，它们认为“因为是这么保的（保单规定如果无责则不赔），所以就应当这么赔（如果确认无责，则保险公司不赔）”。然而调查显示，绝大多数车险消费者都认为，如果购买了商业车损险保单，在约定的期间发生约定的保险事故，即使保险车辆方无事故责任，保险公司也应当对被保险车辆的车损承担赔偿责任。显然，车损险“无责不赔”条款存在严重缺陷，是对车险消费者权益的严重侵害。经历此番车险风波和争议之后，《机动车辆商业保险示范条款》（2014 版）对此进行了回应和体现，规定：因第三方对被保险机动车的损害而造成保险事故，被保险人向第三方索赔的，保险人应积极协助；被保险人也可以直接向本保险人索赔，保险人在保险金额内先行赔付被保险人，并在赔偿金额内代位行使被保险人对第三方请求赔偿的权利。由此可见，车险消费者促进了保险行业将工作思路从“因为怎么保，所以怎么赔”转变为“应当怎么赔，所以怎么保”，并以此来推动车险制度改革。

（二）机动车辆保险制度变迁的动力机制

诺斯认为稀缺性、竞争、认知、选择是制度变迁的动因[①]。他认为，在稀缺经济和竞争组织环境下，制度和组织的连续交互作用是制度变迁的关键之点……竞争使组织持续不断在发展技术和知识方面进行投资以求生存，这些组织获取这些技能、知识的方法将逐渐地改变我们的制度。诺斯认为资源是稀缺的，通过竞争以市场决策实现优胜劣汰，进而使稀缺性资源实现最优配置。同时，在认知了竞争的外界以后，人们才会理性地做出边际选择。因为这种选择是有效率的，人们可以从选择新的制度下获得更多的潜在利益，于是经济组织的制度变迁就在这些做出边际选择的集团的推动下发生了。事实上，制度变迁的主要诱致因素是主体期望获得最大的潜在利益。

我们用此动力机制来解释机动车辆保险费率市场化改革的原因。机动车辆保险市场是保险公司同业间开展竞争与合作的重要领域。车险市场的乱象主要是过多的资本追逐有限的保险资源所致。多年来，资本只进不出，保源增幅有限，供需间的不平衡引致非理性竞争。尽管随着道路交通建设的投入增大，全国汽车保有量逐年上升，但是保源依旧是稀缺资源，也正因为如此，各保险公司集中精兵强将在机动车辆保险市场上展开激烈竞争。而统一集中的机动车辆保险条款费率管理制度在一定程度上限制或阻碍了机动车辆保险市场健康有序发展，弱化了机动车辆保险风险管理的职能。由监管机构统一制定条款费率，尽管具有透明度增加，在一定程度可遏制价格恶性竞争的优点，但致使渠道竞争加剧。保险公司在竞争中只能选择粗放的“拼费用”“拼返点”等方式争取业务，致使佣金、手续费激增，车险行业综合成本率持续攀升。保险经营费用率居高不下，侵蚀了保险公司的利润空间。除了几家大

① 道格拉斯·C. 诺斯. 制度、制度变迁与经济绩效［M］. 刘守英，译. 上海：上海三联书店，上海人民出版社，1994：57-60.

型财险公司因规模效应而产生盈利外，其余的财险公司均出现不同程度的亏损。统颁费率的做法增加了市场的交易成本，限制公司的经营产权，导致整个市场长期以来陷入粗放的、低水平的、无序而恶性的竞争状态，市场缺乏活力，行业亟待转型。同时条款费率的全国统一，使保险公司的竞争力和创新活力没有得到有效激发，产品单一且同质化，使得消费个性化需求得不到满足，整个市场犹如一潭死水，无序且低效，没有实现资源的有效配置。于是，群体在认知这种低效率的竞争后，倾向于理性地做出边际选择，于是渴望并发动进行机动车辆保险市场化改革，以期从新的制度中获得更多的潜在利益。

此外，随着监管的加强和行业自律的推动，车险市场的竞争和洗牌仍会持续。2018 年 7 月 20 日，银保监会发布《中国银保监会办公厅关于商业车险费率监管有关要求的通知》[①]，规定财险公司报给银保监会的手续费的取值范围及使用规则要与实际使用情况保持一致（即业内俗称的车险“报行合一”）。从同年 8 月 1 日起，人保、平安等几家大公司率先开始执行新的车险手续费率。而从同年 8 月 8 日起，行业便开始全面执行此新标准。整个车险行业的统一规范，虽然短期来看，因手续费上限受到严格限制，保险公司返佣大幅减少，变相导致“车险涨价”，减少了消费者得到的优惠，但是从行业长期发展来看，有利于降低原本不合理的高手续费，遏制价格战，促使保险公司转变经营理念，改变公司以往依靠低价抢夺市场份额的传统经营模式，探索以更多资源提升服务、优化风险管控的发展道路，以降低市场交易费用，改善公司的承保利润。因此车险行业统一规范，不管是对于消费者、保险公司还是整个车险行业来说，都是利好的，有利于促进各方共同推动商车费改的深化和实施，以实现市场资源的优化配置，提高资源的配置效率。

（三）机动车辆保险制度变迁的演进路径

回顾机动车辆保险制度变迁的演进过程，可以看出机动车辆保险改革主要是在处理政府和市场在资源配置中的作用强弱，明确政府在市场中扮演的

---

① 银保监会：《中国银保监会办公厅关于商业车险费率监管有关要求的通知》（2018）中要求各财产保险公司在报送商业车险费率方案时，应报送手续费的取值范围和使用规则，新车业务手续费的取值范围和使用规则应单独列示，“报多少、给多少”。

角色地位。若是政府决定条款和费率，扮演制度制定者的角色，在资源配置中起决定性作用，就是监管部门统颁或者行业制定、公司选择阶段；若是市场决定条款和费率，在资源配置中起决定性作用，而政府扮演的角色主要是监管者，则是市场化阶段。至于应是政府制定还是市场化决定，是基于当时的内外部环境使用成本—收益分析法分析新制度的预期收益是否大于预期成本，是否具备打破制度均衡的条件等。制度变迁不论其表现形式如何，实质上都可以归结为相关利益主体对一种制度替代另一种制度的成本—收益进行权衡的结果。

基于此，以下从国家效用的角度加以分析，为了分析问题的方便和简洁，建立一个高度简化的国家效用函数来说明我国机动车辆保险制度的变迁过程，国家效用函数 U 有两个自变量，一个是收益变量 I，一个是成本变量 C，可表达为：

目标函数：
$$U=U(I,C) \tag{4.1}$$

约束条件：①政权稳定，以财政压力的形式表现出来；②金融稳定及经济发展水平，以社会稳定的形式表现出来。

根据机动车辆保险制度发展历程，本书假定国家在机动车辆保险制度上有两种可行的选择：一是政府决定车险条款和费率，即政府扮演制度制定者的角色，车险条款和费率由监管部门统颁或者行业制定、公司选择；二是车险条款费率由市场化决定，即根据市场化运作确定车险条款和费率，政府主要负责对其进行监管。此外，我们还假定国家总效用 U 随收益 I 增加而增大，随成本 C 增加而减少，即：

$$\frac{\partial U}{\partial I}>0 \qquad \frac{\partial U}{\partial C}<0 \tag{4.2}$$

成本和收益这两个变量则由如下几个变量决定：①追求垄断的产权形式以及社会经济的发展。开展机动车辆保险的国有保险机构的产权比例，该比例越高表明国家垄断产权的程度越高，越倾向于对国家保险机构的控制。对经济的发展，体现为对社会经济保障和金融体系以及社会稳定的支持程度，两者用 P 表示。②国有保险机构垄断产权以外的产权安排、外部竞争程度和制度变迁机会成本，主要表现为开展机动车辆保险的非国有保险机构（民营和外资保险机构）的成长带来的竞争成本、国家控制成本以及制度变迁的监督成本，这是一个外生变量，用 Q 表示。则有：

$$I=I(P,Q) \qquad C=C(P,Q) \tag{4.3}$$

按照假定，国家是理性的，具有追求垄断产权形式的内在冲动，垄断产权规模越大，国家所获得的经济租金就越多，对经济剩余的支配能力就越强，从而收益越多；但与此同时，维持垄断产权形式必须支付成本，这些成本包括垄断产权本身消耗的资源以及由于垄断产权的存在而丧失的经济效率，因此垄断产权规模越大，国家支付的成本也越大。即：

$$\frac{\partial I}{\partial P}>0 \quad \frac{\partial C}{\partial P}<0 \tag{4.4}$$

由此可得：

$$U=U[I(P,\ Q),\ C(P,\ Q)] \tag{4.5}$$

这意味着，从国家效用函数的角度来看，政府对两种机动车辆保险制度的选择将取决于由开展该险种的国有保险机构产权垄断程度和非国有保险机构的外部竞争所导致的成本—收益的权衡，当然，最终的选择还必须考虑财政压力和社会稳定这两个约束条件。随着渐进改革进程的逐步深化，国家效用函数中的两个变量和外部约束条件都在发生变化，由此导致政府推动从一种机动车辆保险制度过渡到另一种机动车辆保险制度，从而实现政府效用的最大化。

（四）机动车辆保险制度变迁的演进方式

制度变迁的方式分为渐进式与激进式两种。渐进式制度变迁是缓慢的、温和的、逐步推进的。“由于制度框架存在报酬递增，其变迁过程是渐进式的。”① 因此诺斯认为绝大部分制度变迁是渐进的。激进式制度变迁则是大爆炸式的、急剧的、跳跃的，一般表现为短期内的整体式变革或制度结构的大变革。然而，渐进论与激进论并不是截然分开的，而是可以融合在一个制度变迁过程当中，即在一个制度变迁中兼有渐进式和激进式的特征，机动车辆

---

① 道格拉斯·C. 诺斯. 制度、制度变迁与经济绩效［M］. 刘守英，译. 上海：上海三联书店，上海人民出版社，1994：128-130.

保险制度变迁即是如此。

就机动车辆保险制度变迁而言，既有渐进的政府制定车险条款费率的阶段或者商车市场化改革阶段，也有在两种制度下，对车险制度分别进行的不断修订完善，还有突变的政府制定和市场化决定两种制度的相互转换。显然，这是一个渐进与突变并存的制度变迁过程。

在突变性方面，条款费率统颁与条款费率市场化是有显著区别的，如上所言，政府所扮演的角色不同，在资源配置中的作用不同。另外，统颁条款费率制度这种大一统的制度具有增加透明度、遏制恶性价格竞争的优势，但也导致产品同质化严重、渠道竞争加剧的不良后果。而条款费率市场化制度则更加鼓励产品创新，以满足个性化的需求，然而价格竞争激烈。因此，突变性主要体现为两种车险制度的相互转换使其制度结构的稳定性被打破，近而发生连续性中断的质变过程。

在渐进性方面，机动车辆保险制度不是另起炉灶建立一种新制度，而是在原有制度基础上的改变，故对原有制度会产生路径依赖，从而使得新制度不可避免地要受到原有制度的影响和牵制。以条款费率统颁时代来说，1995 年，中国人民银行根据《保险法》的规定，制定了机动车辆保险条款费率，人保、平安、太保等公司一直沿用这种统颁条款。到 2001 年之前，我国的机动车辆保险条款和费率一直受到保险监管机构的严格管制。2006 年，国务院正式颁布《交强险条例》，为了配合交强险制度的实施，规范车险市场秩序，中国保险行业协会以人保、平安、太保三大市场主体的产品条款和数据为主要依据，统一制定了机动车辆保险行业车损险和商业三者险基本条款的 A、B、C 三款产品，各家财险公司可任选其一使用，费率水平基本一致，但各财险公司可自行确定附加险条款费率。2007 年，保险行业协会又颁布了统一的机动车辆保险常用附加险条款费率。这一系列商业机动车辆保险条款和费率改革，在某种程度上，标志着自 2001 年开始的商车费改正式结束，从某种意义上说，我国商业机动车辆保险又回到了条款和费率统颁的时代。

另外，这种渐进改革的方式与策略还表现在两种车险制度模式的转换往往不是立即以一种新制度取代旧制度，而是存在一个新制度与旧制度同时并存的缓冲期，新制度在实践中逐渐替代原有制度，经历着此消彼长的过程。以第二轮商车费改为例，2010—2015年可以看成是“行业制定、公司选择”阶段向本轮商业车险费率市场化改革的过渡时期。在此期间，以北京、深圳、厦门等地为代表的地区实行商业车险费率浮动试点，直到2015年3月《深化商业车险条款费率管理制度改革试点工作方案》才首次提出了商车费改的时间表和路线图。并且有了2003—2006年的商车费改失败经验，监管层面对新一轮商车费改显然更加谨慎，在反复研究之后，2015年6月才正式开始试点，且并非一次性改革到位。此次采用的是渐进式的改革，试点范围逐步扩大，即6个地区先行试点，12个地区跟进试点，在前期18个试点地区市场反应较好的情况下，推广至全国；自主系数浮动范围逐步扩大，多次调整各地自主渠道系数以及自主核保系数，从“双75”政策到“双70”，再放大到“双65”，在不断试探行业的反应中，推动改革渐次深入。制度的路径依赖与渐进改革有利于政策的稳定性和社会稳定。

交强险制度的演进方式则是渐进式的。自2004年5月1日我国开始实施《道路交通安全法》，首次以法律的形式明确实行交强险以来，国家相继颁布了一些行政法规、规章制度对交强险制度进行一次又一次的完善，到2010年左右，我国才形成集法律、行政法规、部门规章为一体的交强险制度体系。此后，国务院分别于2012年3月30日、2012年12月17日、2016年2月6日和2019年3月2日对《交强险条例》进行了四次修订。2020年9月10日中国银保监会发布《关于调整交强险责任限额和费率浮动系数的公告》，明确了新交强险责任限额方案、费率浮动系数方案和实施时间。可见我国的交强险制度一直都处于不断完善的进程中，而这个不断完善的进程并非一蹴而就的，而是一个循序渐进的过程。

中国机动车辆制度变迁具有试验式、渐进式特征，一方面表现为由政府主导的自上而下的强制性变迁的路径依赖，另一方面表现为供给主导与需求诱制性耦合互动的渐进式发展。具体表现为：一方面国家保险监管机构负责捕捉和归纳制度创新的需求，各保险公司承担制度创新的主要任务，在自身权责范围内，综合考虑车险市场状况及消费者的合理期待，因地制宜地实施创新，并向国家保险监管部门反馈新的制度创新的需求，国家保险监管部门接手、筛选来自各保险公司的创新需求，启动下一步制度创新；另一方面，国家保险监管部门作为制度变迁的主体和供给者，受经济体制改革渐进式、有限理性和信息不对称的影响，不可能在制度变迁之时就设计一个改革的终极目标，只能设置阶段式的制度变迁目标，通过渐进式改革，甚至试错的方式，在车险制度演进过程中进行边际性调整，及时捕捉和发现保险公司的制度变迁需求，使得机动车辆保险制度改革能够有的放矢。保险公司在波动的制度环境和试验性的制度安排下，不断调整，以适应市场化取向的制度变迁的要求，并在改革和试错的过程中产生新的制度变迁的需求。而由于观念、偏好等非物质要素主要与特定的文化背景相关联，而文化背景的持续性特征导致观念、偏好的变迁极为缓慢，这就从根本上导致了中国车险制度变迁具有总体渐进性特征。

第四节　新中国机动车辆保险制度变迁的演进历程

一、改革开放前机动车辆保险的制度变迁：1949—1978 年

中华人民共和国成立后，为了尽快恢复受连年战争破坏的国民经济，发展民族保险事业，1949 年 10 月 20 日在北京成立了第一家国有保险公司，即中国人民保险公司，标志着新中国的保险事业跨入了一个新的时代。中国人民保险公司积极开展各种财产保险业务，除火灾保险和运输保险等主要业务外，还涉及一系列新保险业务，其中便包括汽车保险业务。

新中国保险业因主要依靠行政命令开展业务以及内部管理混乱、代理人队伍消失等问题的出现而不得不进行重大调整。1953 年 3 月，中国人民保险公司第三次全国保险工作会议确定了“整理城市业务，停办农村业务，整顿

机构，在巩固的基础上稳步前进”的方针。1958 年 10 月，在西安举行的全国财贸工作会议提出：实现人民公社化后，保险的职能和作用已经消失；加之不少人认为机动车辆保险以及第三者责任保险是在交通事故发生后，对肇事者提供经济补偿，会导致交通事故的增加，从而带来负面社会影响，于是，中国人民保险公司于 1955 年停止了机动车辆保险业务。1959 年，国内保险业务除上海、哈尔滨、广州、天津等地外，其他地方全部停办。同时出于精简机构的考虑，只在中国人民银行国外业务管理局下设保险处，负责处理中央和北京地区进出口保险业务以及集中统一办理国际分保业务和对外活动等。到了 20 世纪 70 年代中期，为了满足各国驻华使领馆汽车风险保障和风险转嫁的需要，中国人民保险公司开始办理以涉外业务为主的机动车辆保险业务。

二、改革开放后机动车辆保险的制度变迁：1979 年至今

（一）监管部门统颁机动车辆保险条款费率阶段（1979—2000 年）

改革开放以来，随着国民经济的快速发展，特别是经济体制改革的逐步推进，保险业面临的宏观经济社会环境在不断变化。1978 年 12 月，党的十一届三中全会在北京召开。1979 年 2 月，在北京召开的中国人民银行全国分行行长会议指出：通过保险形式，建立保险基金以补偿因自然灾害或意外事故导致的损失，符合社会主义经济规律，是国民经济发展中不可或缺的环节，是为祖国四个现代化建设服务的重要措施。1979 年 4 月国务院在批转的第 99 号文件《中国人民银行分行行长会议纪要》中指出，根据为生产服务、为群众服务和自愿原则，通过试点逐步恢复国内保险业务。自此，我国保险业进入全面恢复和快速发展时期。为了适应国内企业和单位对汽车保险的需要，中国人民保险公司作为当时全国范围内唯一经营保险业务的机构，逐步恢复了中断近 25 年之久的机动车辆保险业务，然而，此时机动车辆保险业务体量甚小，全年保费收入共计 728 万元，仅占当年全部财产保险保费的 2.4%[①]。

① 单鹏. 保险费率市场化：全球经验与中国改革［M］. 北京：中国金融出版社，2016：120-212.

为了保障交通事故中受害者的经济利益，减少处理交通事故时的诸多问题，从 1983 年开始，国务院有关部门要求所有机动车辆都必须向中国人民保险公司购买机动车辆第三者责任保险，逐渐地将第三者责任保险通过立法程序作为法定保险来对待。

随后，中国平安保险公司和中国太平洋保险公司相继于 1988 年、1991 年成立，股份制保险公司的出现成了国有保险公司有力的竞争者。1988 年，机动车辆保险保费收入首次超过了企业财产保险，此后，机动车辆保险在财产保险市场上第一大险种的地位便一直持续至今[①]，并且机动车辆保险保费收入占财产保险保费收入的比重越来越高。1992 年对外开放后国内经济空前活跃，财产险市场经营主体迅速增加，直接拉动了机动车辆保险保费收入后几年的高速增长。

1995 年 10 月 1 日《中华人民共和国保险法》正式实施，其中，第一百零六条规定："商业保险的主要险种的基本保险条款和保险费率，由金融监督管理部门制订。保险公司拟订的其他险种的保险条款和保险费率，应当报金融监督管理部门备案。"此时，保险公司经营的所有险种，包括机动车辆保险在内，均有国家监管机关的介入。随后，各保险公司制定了 1995 年版的机动车辆保险费率和条款，本次费率改革的重点在于"从车费率"的模式下开展结构性调整，费率水平整体呈现上升趋势。

1997 年，机动车辆保险险种范围不断丰富，不仅有车辆损失险和第三者责任保险，而且还增加了盗抢险、车上人员责任险等十几个附加险种。为了营造出有利的政策环境，打击机动车辆保险业务中存在的违法违规行为，自 1997 年 8 月，中国人民银行先后下发了《关于加强机动车辆保险业务管理的通知》《关于机动车辆保险业务有关问题的通知》[②]，连续颁发的政策在一定时期内对遏制不正当行为起到了一定的积极作用，但违规现象仍屡禁不止。

随着机动车辆保险业务的发展，机动车辆盗抢险条款的某些内容和费率已不能适应市场的变化。1998 年 11 月 5 日中国人民银行下发了《关于修订机

---

① 朱铭来. 我国机动车保险需求的实证研究［J］. 北大赛瑟（CCISSR）论坛，2008：154-169.

② 银发〔1997〕358 号、银发〔1998〕249 号文件。

动车辆保险附加全车盗抢险条款和费率的通知》[①]，将原机动车辆保险附加盗抢险条款改为机动车辆保险附加全车盗抢险条款。

1998 年 11 月 18 日中国保险监督管理委员会成立，标志着我国保险监管体制更加专业化、法制化和现代化。

然而在保险监管体制改革前后，市场上存在着高手续费、高返还和低保险率等市场乱象，为此，1999 年 1 月 6 日，保监会下发《关于重申机动车辆保险市场管理有关规定的通知》[②]，就整顿机动车辆保险市场的有关规定进行再次申明。

机动车辆保险市场上“鸳鸯保单”[③]、非正常批单退费[④]等违规行为屡见不鲜，为规范机动车辆保险市场秩序，加强对机动车辆保险监制单证的管理，保护保险合同双方的合法权益，1999 年 3 月 3 日，保监会印发《机动车辆保险监制单证管理规定》[⑤]，规定监制单证均采用一单一车制，严禁一单多车，并于 1999 年 4 月 1 日起执行。通过此次改革，假保单的问题基本得到解决，市场秩序也出现了一定程度的好转。

为了督促保险公司稳健经营，保监会根据《保险法》的有关规定，修订了《机动车辆保险条款》和《机动车辆保险费率》[⑥]，于 1999 年 4 月 1 日起执行。从保险责任、责任免除、赔偿处理等多个方面对各机动车辆险种条款进行详细规定以及明确了不同类型车辆的基本险、附加险的费率。经过半年多的实践，在严谨保险合同、规范保险公司经营行为等方面发挥了积极作用，但同时也暴露出一些问题。为此保监会再次修改了机动车辆保险费率和条款，新的《机动车辆保险费率规章》和《机动车辆保险条款》分别自 2000 年 4 月 1 日、2000 年 7 月 1 日起执行。主要变化有：机动车辆种类适用范围更加具体，基本

---

① 银发〔1998〕511 号文件。

② 保监产〔1999〕2 号文件。

③ “鸳鸯保单”：又称“阴阳保单”，指保险营销员或保险公司在打印保单时，人为地将保单各联分开打印，保单的客户联、业务留存联、财务留存联等各联的内容不一致。

④ “非正常批单退费”：通过虚假批单退费方式支付非正常费用。

⑤ 保监发〔1999〕36 号文件。

⑥ 保监发〔1999〕27 号文件。

保险费由国产、进口类变为 A、B 类之分，同时增加了“套国产品牌的进口车名录”等说明，使得保险条款更加清晰，费率更加科学、合理，极大地增强了可操作性。2000 年 8 月 1 日保监会下发《财产保险条款费率管理暂行办法》①，规定：未经保监会批准，保险机构不得私自变更主要险种的基本条款和费率。企业财产保险、机动车辆保险、雇主责任保险等均采用统一规定的方式。

（二）机动车辆保险费率市场化改革初步尝试阶段（2001—2005 年）

此前保险监管部门制定的单一费率使得市场上出现了“高手续费、高返还”等一系列恶性竞争行为，保险公司费用率和经营成本居高不下，严重影响了市场秩序，加重了保险公司的负担。为了促进机动车辆保险市场的健康发展，监管机构决定进行机动车辆保险费率改革。2001 年 7 月，保监会批准深圳机动车辆保险市场试行费率浮动制度，各产险公司可根据具体情况，在机动车辆保险统一费率上下 30%的范围内进行浮动，同年，保监会发布《关于在广东省进行机动车辆保险费率改革试点的通知》②，自 2001 年 10 月 1 日起，机动车辆保险费率市场化改革便率先在广东省进行试点。

此次改革的重点在于，广东省内各财产险公司将可参照监管机构制定的基准费率，依据保险车辆的风险因素、被保险人的安全记录和自身的管理情况，兼顾“随车”③ 和“随人”④ 因素，自主制定机动车辆保险费率。改革的目标在于实现机动车辆保险费率产品的市场化，形成以偿付能力监管为核心的新的监管体系。2001 年 12 月 11 日，中国正式加入 WTO，中国保险业承诺在 5 年内取消外资保险在经营区域和大部分业务范围方面的限制。加入 WTO 后意味着保险市场将逐步对外开放，机动车辆保险费率改革有利于国内保险市场与国际保险市场接轨。然而，现实情况并没有向预期方向发展。同年 12

① 保监发〔2000〕149 号文件。

② 保监发〔2001〕164 号文件。

③ 随车因素：车辆使用性质（如私人车辆与非私人车辆、营业车辆与非营业车辆等）、类型、厂牌型号、核定吨位、核定载客数、车身颜色、制造年月、是否固定停放、事故记录等。见保监发〔2001〕164 号文件之附件《车险费率改革试点指引》。

④ 随人因素：年龄、性别、驾龄、职业、婚姻状况、单人还是多人驾驶、违章肇事记录、影响安全驾驶的因素等。见保监发〔2001〕164 号文件之附件《车险费率改革试点指引》。

月，华泰保险公司在广东省率先进行机动车辆保险费率下调，整体平均下调30%以上，其中党政机关公务用车的车险费率下调幅度甚至高达55%[①]。之后，其他财险公司纷纷加入价格战，降低费率以争抢车险业务，2002年整个机动车辆保险市场竞争异常激烈，导致平均费率的快速下降以及赔付率的不断上升，并最终导致这次改革试点以失败告终。

此次改革试点失败的关键在于只是单独下放了机动车辆保险费率厘定的自主权，条款仍由保监会统一制定，机动车辆保险的条款不能随费率的调整而变化，各家保险公司销售的产品具有同质性，为了抢占机动车辆保险市场份额，就必然会从价格上入手，从而出现了市场上这一混乱局面。此次广东车险改革试点虽未完全成功，但试点期间所暴露出来的问题为今后制定和调整改革政策提供了思路，同时也为各家保险公司日后适应商车费改的全面市场化做好了准备。

为了解决市场乱象，促进我国机动车辆保险市场健康发展，提升我国保险竞争力，在汲取深圳、广东机动车辆保险改革试点经验之后，2002年8月，保监会颁布《关于改革机动车辆保险条款费率管理制度的通知》，规定于2003年1月1日起，在全国范围内实行新的机动车辆保险条款费率管理制度，同时下发的《机动车辆保险条款费率管理制度改革指引》[②]指出，机动车辆保险（包括基本险和附加险，下同）条款以及费率由保险公司制定，报保监会审批，总公司可以授权各地分支机构对机动车辆保险费率进行“微调”，保险机构在制定、调整费率时，可以参考随车、随地、随人因素。与广东试点的不同之处在于，各险企有权自主制定机动车辆保险条款和费率，向保监会报批即可。

2003年5月20日，保监会下发了《关于机动车辆保险管理制度改革实施情况的通报》[③]，对2003年第一季度机动车辆保险市场情况进行了总结。保监会认为此次改革的主要成效有：机动车辆保险市场运行平稳，实现了改革的基本目标，促进了产险市场险种结构的调整；承保面扩大，投保人得到实惠，机动车辆保险产品多样化、个性化，技术含量增加，满足了不同消费者的需

① 粟芳. 机动车辆保险制度与费率［M］. 厦门：厦门大学出版社，2001：302.

② 保监发〔2002〕87号文件之附件一。

③ 保监发〔2003〕69号文件。

要；保险公司的经营管理水平有所提高，管控能力有所增强，自律意识有所增强等。同时，一些保险公司在经营思想、经营管理方面仍然存在问题，例如：部分保险公司不严格执行经保监会批准的条款费率，采用挂应收保费的办法违规支付手续费；部分代理人（尤其是汽车销售商）因不及时划转车险保费而产生大量的应收保费；为扩大市场份额，部分保险公司采用各种违规手段参加政府采购活动等。

然而从 2003 年全年的市场情况来看，一方面由于保险公司之间粗放的、"拼费用""拼返点"的价格混战导致车险费率水平下降；另一方面由于跨年机动车辆保险业务的承保利润受上年车险业务品质的影响，故各公司 2002 年承保的车险业务质量下降，直接影响了该公司 2003 年车险业务的经营效益，最终造成了 2003 年全行业机动车辆保险的亏损。总的来说，机动车辆保险改革的大环境使得保险公司努力增强自身的竞争力，不断进行突破，但改革成效还得经过一段时间才能显现。

从 2003 年下半年开始，人保等公司连续多次调整机动车辆保险费率，其他保险公司也纷纷做出了较大调整，费率的频繁变动给机动车辆保险业务的稳定发展带来不利影响。但是，人保根据保险标的的风险频率和强度确定差别化费率，正是非寿险精算技术发展以及机动车辆保险市场自由竞争的充分体现。

各保险公司对准备金的提取不规范，主要表现为未足额提取未决赔款准备金和未到期责任准备金，导致低估成本，高估收益。为了规范准备金的提取，2004 年 12 月 15 日，保监会颁布了《保险公司非寿险业务准备金管理办法（试行）》（以下简称《办法》）[①]，这是我国第一个非寿险精算的管理规定。随后保监会颁布了《保险公司非寿险业务准备金管理办法实施细则（试行）》（以下简称《实施细则》）[②]，对准备金的评估做了具体规定[③]。由此，

① 保监会令〔2004〕13 号文件。

② 保监发〔2005〕10 号文件。

③ 《保险公司非寿险业务准备金管理办法实施细则（试行）》要求，2004 年 12 月 15 日之前开业的保险公司在 2007 年 1 月 1 日前按《保险公司财务制度》规定的标准计提责任准备金的同时，提供另一套按《办法》和《实施细则》规定的标准计提的责任准备金备考数据。从 2007 年 1 月 1 日起，各公司只按《办法》和《实施细则》规定的标准计提责任准备金。2004 年 12 月 15 日之后开业的保险公司只按《办法》和《实施细则》规定的标准计提责任准备金。

各保险公司的准备金提取逐步走向科学、规范化。然而在实务中，为了达到新规定的准备金提存标准，各保险公司选择在短时期内迅速提高准备金提存比例，使机动车辆保险业务的盈利状况受到严重影响。

自2001年广东机动车辆保险改革试点以来，机动车辆保险市场陷入了降价大潮，2001—2005年，从机动车辆保险费率来看，整体处于下降趋势，2005年达到最低，仅为8.41‰；机动车辆保险保费收入从2001年的421.72亿元猛增至2005年的857.52亿元，其中，2004年机动车辆保险保费收入增速最快，同比增长达37.89%；同样，2005年机动车辆保险赔款支出超过了2001年的2倍，其中，2003年机动车辆保险赔款支出同比增速竟高达68.34%（见表4-1、图4-2、图4-3）。

表4-1　2001—2005年机动车辆保险业务费率

年份	2001	2002	2003	2004	2005
费率（‰）	11.48	10.99	9.19	9.82	8.41

数据来源：2002—2006年《中国保险年鉴》。

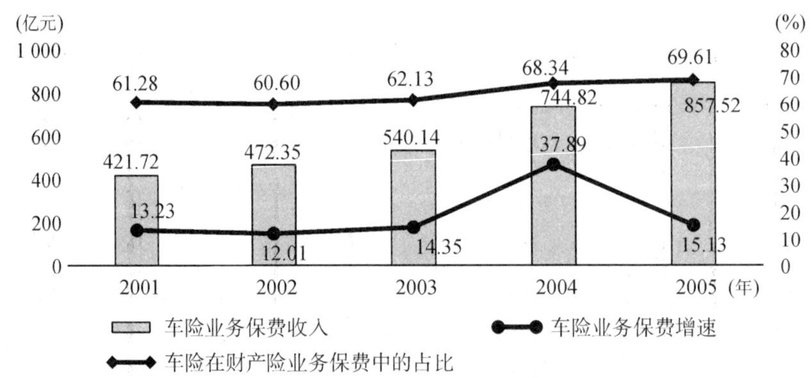

图4-2　2001—2005年机动车辆保险业务保费收入及其增速

数据来源：2002—2006年《中国保险年鉴》。

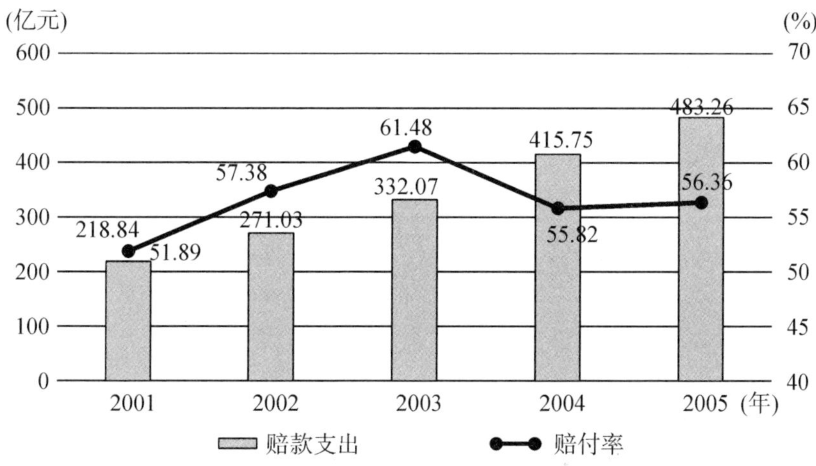

图 4-3　2001—2005 年机动车辆保险业务赔款支出及赔付率

数据来源：2002—2006 年《中国保险年鉴》。

（三）机动车辆保险费率市场化改革调整阶段（2006—2008 年）

针对整个机动车辆保险行业出现的降价大潮以及机动车辆保险手续费居高不下的情况，为了提高保险公司合法合规经营意识，保监会于 2006 年 3 月 2 日发布《关于进一步加强机动车辆保险监管有关问题的通知》①，要求各保险公司据实列支手续费，并执行“七折令”②。将手续费实际支付金额，全额在“手续费支出”科目据实列支，保险公司给予投保人的所有优惠总和不得超过机动车辆保险产品基准费率的 30%，对优惠幅度规定了上限，但经过反复整顿之后，市场乱象仍大量存在。

同年，保监会批准了由中国保险行业协会制定的机动车商业保险行业基本条款，将其分为 A 款、B 款和 C 款，各财险公司根据自身实际情况选择其一执行，附加条款和费率可自行制定。2007 年 4 月保监会进一步统一了机动车辆保险附加条款和费率。

---

① 保监发〔2006〕19 号文件。

② 《关于进一步加强机动车辆保险监管有关问题的通知》中要求手续费实际支付金额，全额在“手续费支出”科目据实列支，保险公司给予投保人的所有优惠总和不得超过机动车辆保险产品基准费率的 30%。

在汽车消费增长和交强险制度的双重作用下，机动车辆保险业务保费收入呈现逐年上升趋势。2008 年国内汽车销量为 938.05 万辆，同比增长 6.7%；2008 年机动车辆保险保费达 1 702.52 亿元，比 2006 年增长 594.55 亿元，而 2007 年机动车辆保险保费增速最高，达 33.96%；机动车辆保险赔款支出方面，则从 2006 年的 616.3 亿元一路飙升至 2008 年的 1 046.53 亿元。

针对财险市场上虚挂应收保费、违规支付手续费等现象，2008 年 1 月 1 日，北京市保监局出台机动车辆保险"见费出单"[①] 管理制度，随后，保监会要求行业从 2009 年开始全面实施机动车辆保险"见费出单制度"，对整个机动车辆保险市场而言，受交强险费率下调且国内汽车销量增速大幅降低等因素的影响，机动车辆保险总保费收入增速下降（见图 4-4、图 4-5、图 4-6）。

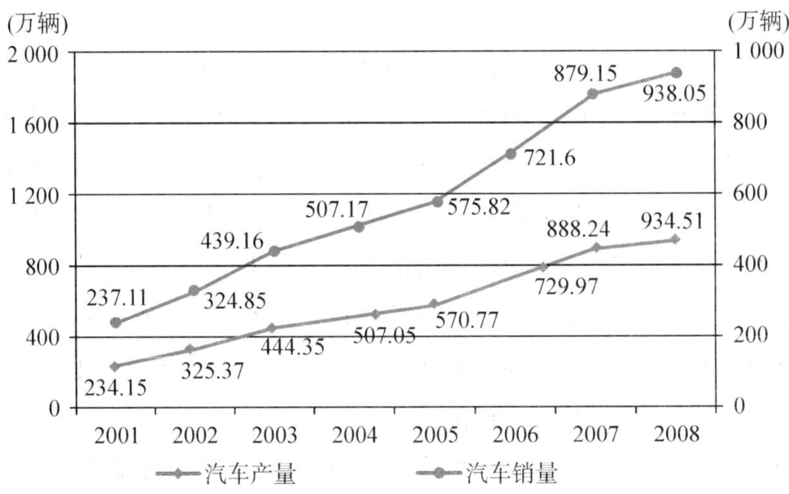

图 4-4　2001—2008 年我国汽车生产及销售数量

数据来源：2002—2009 年《中国统计年鉴》及中国汽车工业协会。

① "见费出单"是指保险公司财务系统或者核心业务系统对车险全额保费的收费入账信息进行即时确认成功并自动发出唯一有效指令后，业务系统方可生成并打印正式保单或批单。见中保协发〔2008〕242 号文件。

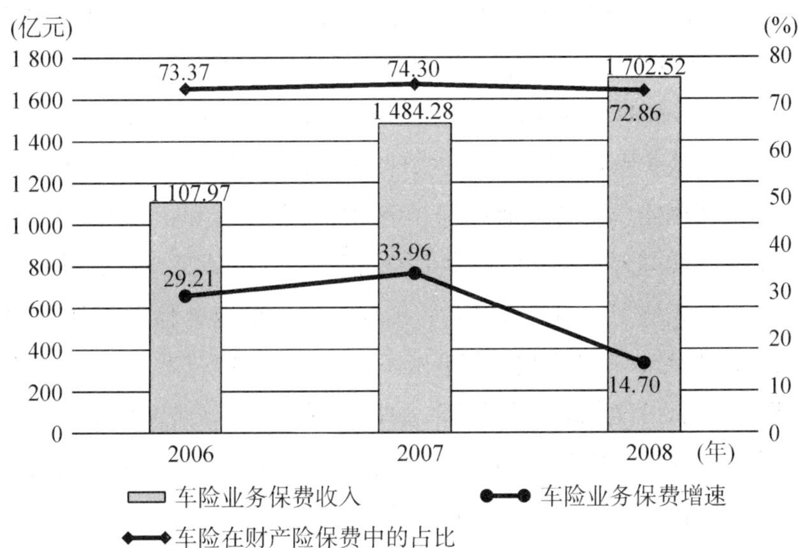

图 4-5　2006—2008 年车险业务保费收入及其增速

数据来源：2006—2008 年《中国非寿险市场发展报告》。

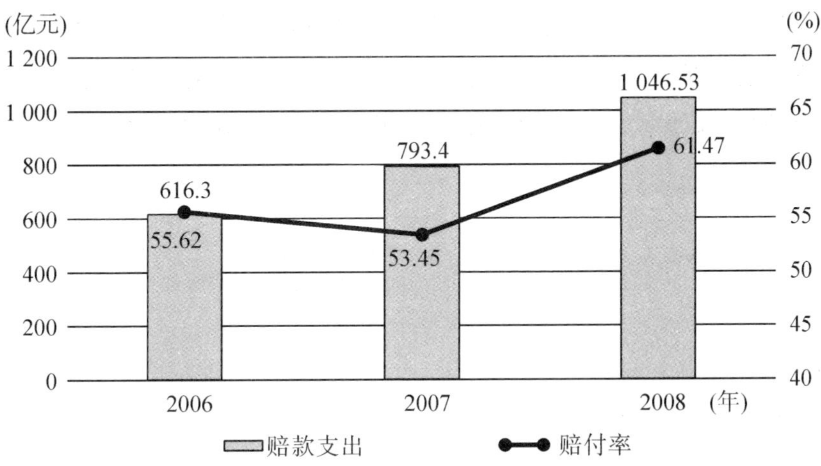

图 4-6　2006—2008 年车险业务赔款支出及赔付率

数据来源：2006—2008 年《中国非寿险市场发展报告》。

（四）第二次机动车辆保险费率条款市场化改革准备阶段（2009—2014年）

2009年12月，北京保险行业协会在广泛征求社会意见的基础上，调整完善了《北京地区机动车商业保险费率浮动方案》①，随后制定了《2011年度北京地区机动车商业保险费率浮动档次升降方案》②，费率调整因子包括无赔款优待③及上年理赔记录、多险种投保、平均年行驶里程和特殊风险4项因素，标志着继2001年机动车辆保险费率市场化改革之后，北京地区机动车商业保险费率改革正式施行。截至2010年9月末，北京地区保费整体同比下降15.1%，未出险续保车辆保费较基准费率平均下浮30.6%④。费率浮动制度的实施，提升了机动车辆保险费率的公平合理性，有效维护了被保险人的合法权益。

随后，2010年6月6日，保监会发布了《关于深圳开展商业机动车辆保险定价机制改革试点的通知》⑤，正式授权原深圳保监局开展商业机动车辆保险定价机制改革试点，机动车辆保险市场化重新拉开帷幕。该通知规定，深圳各财产保险公司可使用现行商业机动车辆保险行业指导条款和费率，也可自主开发基于不同客户群体、不同销售渠道的商业机动车辆保险深圳专用产品，报保监会审批后在深圳地区使用；商业机动车辆保险深圳专用产品可扩大费率浮动范围，完善相关费率浮动因子。深圳保险行业协会出台了《深圳地区机动车商业保险费率浮动方案》⑥，明确了个人车辆费率系数包括“赔款

① 北京保险行业协会.《北京地区机动车商业保险费率浮动方案》出台［EB/OL］.（2009-12-22）. http://wwww.biabii.org.cn/bjita_webmap/bjita_xhyw/2009/12/22/f0a7cb96f5dc4bbea6e57ffc799281f8.html.

② 北京保险行业协会. 北京保险行业协会出台《2011年度北京地区机动车商业保险费率浮动档次升降方案》［EB/OL］.（2010-12-21）. http://wwww.biabii.org.cn/bjita_webmap/bjita_xhyw/2010/12/21/52958b1d534841c586dddb74ed246dec.html.

③ 无赔款优待：根据驾驶人员的驾驶记录和索赔记录给予一定费率折扣。参见：粟芳. 机动车辆保险制度与费率［M］. 厦门：厦门大学出版社，2001：250.

④ 太平洋保险官网. 北京保监局实施机动车商业保险费率浮动制度成效初显［EB/OL］.（2018-04-21）. http://www.cpic.com.cn/c/2018-04-21/1444741.shtml.

⑤ 保监产险〔2010〕619号文件。

⑥ 中国保险监督管理委员会. 关于在深圳开展商业车险定价机制改革试点的通知［EB/OL］.（2010-06-13）. http://www.cbirc.gov.cn/cn/view/pages/ItemDetail.html?docId=371996&itemId=925&generaltype=0.

记录系数"[①]"险别系数"[②]"车型系数"[③]以及"交通违法记录系数"[④]4项（见表4-2）。

表4-2　深圳机动车商业保险费率浮动系数表

个人车辆费率系数				
项目	说　明			系数值
赔款记录系数	A	A1	连续3年及以上没有发生赔款	0.5
		A2	连续2年没有发生赔款	0.55
		A3	上年没有发生赔款	0.6
		A4	上年发生1次赔款	0.7
		A5	上年发生2次赔款	1.0
		A6	上年发生3次赔款	1.1
		A7	上年发生4次赔款	1.3
		A8	上年发生5次赔款	1.5
		A9	上年发生6~10次赔款	1.8
		A10	上年发生10次以上赔款	2.0
		A11	本年首次投保商业车险	1.0
险别系数	B		同时投保第三者责任险和其他险别	0.95
车型系数	C		仅适用于机动车损失险	1.0~2.0
交通违法记录系数	D	D1	驾驶机动车逆行、倒退行驶的三次及以上	0.1
		D2	不按交通信号灯规定通行的三次及以上	0.1
		D3	超速50%以上的三次及以上	0.1
		D4	未取得机动车驾驶证、机动车驾驶证被吊销的	0.3
		D5	驾驶机动车造成交通事故后逃逸的（肇事逃逸）	0.3
		D6	每发生一次饮酒后驾驶违法行为的（饮酒驾驶）	0.1
		D7	每发生一次醉酒后驾驶违法行为的（醉酒驾驶）	0.3

① "赔款记录系数"：根据车辆以往保险年度赔款次数确定，对应A1至A11其中之一，不累加。

② "险别系数"：适用于同时投保机动车第三者责任保险和其他险别，其他情况该系数值为1。

③ "车型系数"：适用于古老、稀有、特异、购置年限较长或维修成本高昂等具有较高风险的车型，由各保险公司根据具体风险状况据实使用。

④ "交通违法记录系数"：根据投保车辆上一年度交通违法情况分别对应D1至D7，系数D等于D1至D7各项累加之和，如累加之和大于50%，则系数D等于50%。

表4-2(续)

团体车辆费率系数			
项目	说明		系数值
管理系数	E	评定安全管理水平及风险状况	0.8~1.2
经验赔付和风险水平系数	F	经验赔付状况及预期风险水平	0.7~2.0

北京、深圳两地的商业机动车辆保险费率市场化改革试点的重要意义在于，虽然此时保险公司还不能实现自主定价，但与交管平台的对接和行业平台的上线，使得费率浮动变得公开化，费率的调整更加公平合理。

2010 年机动车辆保险业务在经历了 2006 年以来连续几年亏损之后实现了承保盈利，主要源于“见费出单制度”的实施以及各财险公司针对不同风险水平制定的定价策略。2011 年 4 月厦门地区也加入试点行列，费率浮动系数简化为 5 项，其中新增 1 项上门投保系数①。将商业机动车辆保险保费与理赔记录（包括出险次数和理赔金额）挂钩。经过在北京、深圳、厦门多地的试点，保监会和保险行业协会，组织了充分的调研，总结费改的相关经验，2011 年 9 月至 10 月，保监会向社会公开征求对加强机动车辆商业保险条款费率管理的相关意见，2012 年 2 月 23 日，保监会正式下发《关于加强机动车辆商业保险条款费率管理的通知》②，启动新一轮机动车辆保险条款费率改革，随后，保险行业协会发布《机动车辆商业保险示范条款》③。为进一步规范机动车辆保险市场，2014 年 6 月保监会在长沙召开机动车辆保险联席会议，提出了我国机动车商业机动车辆保险费率市场化改革的政策方向。同年 7 月，保监会对商业车险条款费率管理制度的改革征求相关意见，为再次费改做相应的准备工作。

如图 4-7 所示，2005—2014 年，车险市场集中度（CR3）始终处于 60%

---

① 上门投保系数：私家车主亲自到保险公司柜台办理投保手续，可以享受 15%的保费优惠。

② 保监发〔2012〕16 号文件。

③ 中国保险行业协会. 中国保险业协会今日正式发布《机动车辆商业保险示范条款》［EB/OL］.（2012-03-14）. http://www.iachina.cn/art/2012/3/14/art_23_6371.html.

以上，其中，2005 年车险市场集中度最高，达 71. 57%，此后历经下降、上升、下降的趋势，于 2014 年达到 66. 88%。

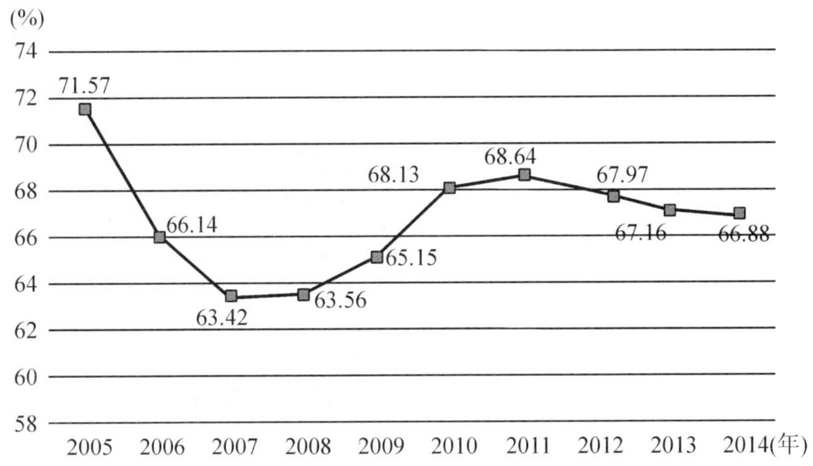

图 4-7　2005—2014 年机动车辆保险市场集中度（CR3）

注：CR3 指的是人保财险、平安财险以及太保财险。

数据来源：2005—2014 年《中国非寿险市场发展报告》。

车险保费方面，如图 4-8 所示，2009—2014 年，由 2009 年的 2 155. 61 亿元增至 2014 年的 5 515. 93 亿元，2010 年车险保费增速最高，达 39. 36%。

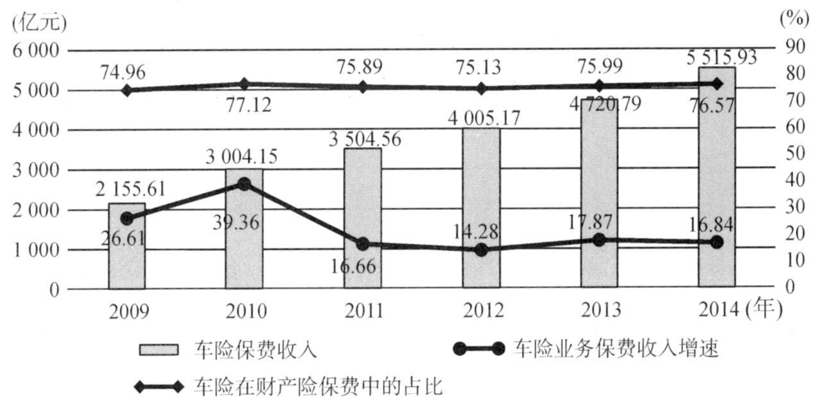

图 4-8　2009—2014 年机动车辆保险业务保费收入及其增速

数据来源：2009—2014 年《中国非寿险市场发展报告》。

车险赔付支出方面，如图 4-9 所示，2009—2014 年，车险赔付由 2009 年的 1 200. 69 亿元猛增至 2014 年的 3 026. 74 亿元。

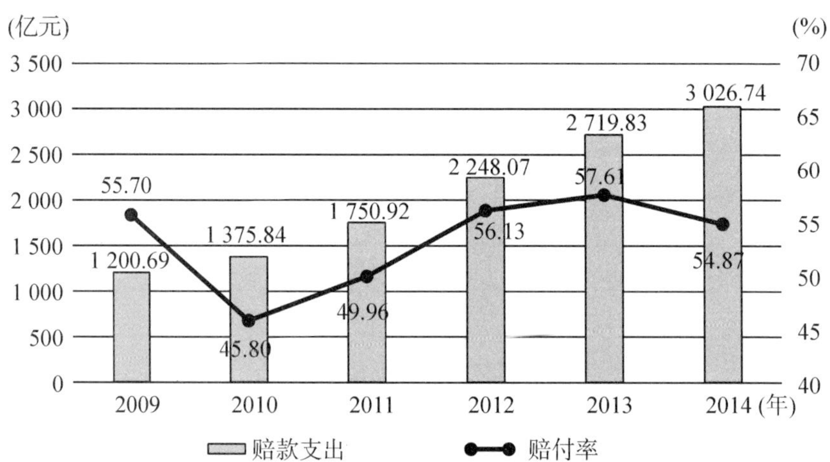

图 4-9　2009—2014 年机动车辆保险业务赔款支出及赔付率

数据来源：2009—2014 年《中国非寿险市场发展报告》。

（五）第二次机动车辆保险费率条款市场化改革阶段（2015 年至今）

2015 年 2 月 3 日，保监会发布了《关于深化商业车险条款费率管理制度改革的指导意见》①，财险公司可自主选择使用商业机动车辆保险行业示范条款或自主开发创新型条款，依据行业基准纯风险保费②和附加费用率③测算本公司商业机动车辆保险基准费率。其中，选择商业机动车辆保险示范条款的，自主制定“核保系数”④ 和“渠道系数”⑤ 费率调整方案。同月，中国保险行

① 保监发〔2015〕18 号文件。

② 基准纯风险保费：用于支付赔付成本，根据保险标的损失概率与损失程度确定。目前，基准纯风险保费表由中国保险行业协会统一制定、颁布并定期更新。

③ 附加费用率：主要是保险公司的业务获取成本与公司的运营成本，是反映保险公司经营能力的硬指标之一。

④ 自主核保系数：保险公司在一定范围内自主设置的一些商业车险核保系数，但是使用范围将会分步骤、分阶段放开，是保险公司的个性指标。车险自主核保系数比较复杂，可分为“从人”和“从车”两类影响因子。

⑤ 自主渠道系数：保险公司在一定范围内自主制定渠道定价策略及系数，是保险公司的个性指标。

业协会发布《机动车辆商业保险示范条款（2014 版）》[①]，删除了原有商业机动车辆保险条款实践中存在一定争议的十余项责任免除规定，扩大了机动车辆保险的保险责任和范围。2015 年 6 月率先在黑龙江、山东、广西、重庆、陕西和青岛 6 个地区启动试点，2016 年 1 月，加入新一轮改革试点行列的地区增加至 18 个，并且于 2016 年 7 月 1 日在全国全面推行新的商业机动车辆保险条款费率政策。2016 年年底，车均保费下降，机动车辆保险投保率有所上升，然而伴随而来的是市场竞争进入白热化阶段，机动车辆保险综合费用率不断攀升。市场上某些险企甚至通过调整财务数据的行为来粉饰真实经营状况，为此，2017 年保监会对机动车辆保险市场制定了现场检查工作方案，严查数据不真实的情况，并且重新制定了机动车辆保险企业的评价指标。

2017 年 6 月，保监会发布《中国保监会关于商业车险费率调整及管理等有关问题的通知》[②]，再度调整各地区自主核保系数以及自主渠道系数，多数地区实施“双 75”[③] 政策，而深圳采用“双 70”[④]，自主系数浮动范围最大。

2017 年 7 月，保监会发布《中国保监会关于整治机动车辆保险市场乱象的通知》[⑤]，明确禁止恶性竞争、虚列费用等行为。

2018 年 3 月，保监会下发《中国保监会关于调整部分地区商业机动车辆保险自主定价范围的通知》[⑥]，再度扩大四川、山西、福建等七个省市的商业机动车辆保险的自主系数浮动范围，其中机动车辆保险费用竞争尤其激烈的四川甚至扩大至“双 65”[⑦]。

---

① 中国保险行业协会. 关于发布《中国保险行业协会机动车商业保险示范条款（2014 版）》的通知［EB/OL］.（2015-03-20）. http://www.iachina.cn/art/2015/3/20/art_22_9327.html.

② 保监产险〔2017〕145 号文件。

③ 即自主核保系数和自主渠道系数最低都是 75 折。例如：在天津、河北、福建、广西、四川、青海、青岛、厦门等保监局辖区内，自主核保系数调整范围为［0.75，1.15］，自主渠道系数调整范围为［0.75，1.15］。

④ 即自主核保系数和自主渠道系数最低都是 70 折。如在深圳保监局辖区内，自主核保系数调整范围为［0.70，1.25］，自主渠道系数调整范围为［0.70，1.25］。

⑤ 保监财险〔2017〕174 号文件。

⑥ 保监财险〔2018〕61 号文件。

⑦ 即自主核保系数和自主渠道系数最低都是 65 折。四川自主核保系数调整范围［0.65，1.15］，自主渠道系数调整范围［0.65，1.15］。

2018年4月，陕西、广西以及青海三个地区试点商业机动车辆保险自主定价，三地险企可自行确定自主系数调整范围，试点为期一年。监管部门进一步放开商业机动车辆保险定价权，三地商业机动车辆保险费率全面放开的时代已经到来。

2018年上半年，人保、平安、太保和国寿财险4家财险公司提议行业设定统一的商车手续费上限，允许中小保险公司在其基础上最多上浮5%，并实施报送给银保监会的手续费取值范围及使用规则，必须与实际执行的保持一致，即业内俗称的“报行合一”。

2018年7月，银保监会发布《中国银保监会办公厅关于商业车险费率监管有关要求的通知》(即57号文)，要求各财险公司应报送手续费的取值范围和使用规则①。该通知是银保监会首次要求行业详细报送各种手续费的明细数据，以备检查各公司是否报行一致。

2018年8月1日，由人保、平安等保费规模位居行业前9的财险公司牵头率先在全国33个地区开始执行车险手续费的行业自律。然而，“报行合一”实施不久，市场即传出有的保险公司通过广告费、宣传费等科目套取费用返点，有的公司已突破了费用水平限制。

2018年12月，中国保险行业协会发布《中国保险行业协会机动车辆保险自律征求意见稿》，开展全国层面的行业自律。要求各险企严格执行“报行合一”、强调“不做假账”、鼓励监督举报。

2019年1月，银保监会印发《关于进一步加强车险监管有关事项的通知》，主要针对当前车险市场未按照规定使用车险条款费率和业务财务数据不真实两个方面问题，提出以下措施：一是银保监会各派出机构依法对辖区内财产保险机构车险经营违法违规行为进行查处；二是由行业协会建立对会员单位投诉举报的受理、核查制度；三是由中国保险信息技术管理有限责任公司建立车险费率执行相关数据的监测机制。

---

① 该通知中明确规定：手续费是指向保险中介机构和个人代理人（营销员）支付的所有费用，包括手续费、服务费、推广费、薪酬、绩效、奖金、佣金等；此外新车业务手续费的取值范围和使用规则应单独列示。

2020年7月9日，银保监会就《关于实施车险综合改革的指导意见（征求意见稿）》公开征求意见[①]，按照先后主次和轻重缓急的原则，抓主要矛盾和矛盾的主要方面，科学把握好改革目标。以“保护消费者权益”作为主要目标[②]，以“降价、增保、提质”作为阶段性目标[③]。短期内对于所有消费者做到“三个基本”，即“价格基本上只降不升，保障基本上只增不减，服务基本上只优不差”。

2020年9月3日，银保监会发布《关于实施车险综合改革的指导意见》，并于2020年9月19日正式实施。该指导意见的基本原则：一是市场决定，监管引导；二是健全机制，优化结构；三是提升保障，改进服务；四是简政放权，协调推进。预计改革实施后，短期内对于消费者可以做到“三个基本”：价格基本上只降不升，保障基本上只增不减，服务基本上只优不差。消费者将切实感受到以下改革红利：一是交强险责任限额大幅提升；二是商车险保险责任更加全面；三是商车险产品更为丰富；四是商车险价格更加科学合理；五是车险产品市场化水平更高；六是无赔款优待系数进一步优化。

该指导意见与之前的《征求意见稿》相比，主要有三个方面的变化：一是交强险的互碰自赔，费率不上调；二是纯风险保费的测算时间由每2~3年

---

① 此次车险综合改革从广度来看既涉及交强险改革，也涉及商车险改革；既涉及条款改革，也涉及费率改革；既涉及产品改革，也涉及服务改革；既涉及传统车险改革，也涉及新能源车险改革；既涉及车险市场改革，也涉及车险监管改革；既涉及车险供给者改革，也涉及中介渠道改革。

从力度上来看呈现出两个特点：一是预定附加费用率下降幅度较大，改革后的预定附加费用率将从35%下降至25%；二是预定赔付率上升幅度较大，静态测算改革后，预计车险整体赔付率将从60%提升至75%左右；三是简政放权力度较大，将商车险示范产品由审批制改为备案制，支持开发创新产品，在自主定价系数和手续费监管方面向各地银保监局授予更多职权；四是配套改革力度较大，积极推行实名缴费、电子保单，探索新技术研究应用，健全费率回溯、保费不足准备金等制度。

从节奏上来看，为坚持稳中求进，防止市场大起大落和无序竞争，经过反复论证，在比较关键的“自主定价系数”改革上选择分两步走，第一步将自主定价系数范围确定为［0.65，1.35］，第二步根据改革进展情况再适时完全放开。

② “保护消费者权益”具体包括：市场化条款费率形成机制建立、保障责任优化、产品服务丰富、附加费用合理、市场体系健全、市场竞争有序、经营效益提升、车险高质量发展等。这些具体目标应当服务于总体目标。

③ 由于当前车险市场的高定价、高手续费、服务争议等问题突出，因此将“降价、增保、提质”作为这次改革的阶段性目标。

调整一次，改为每1~3年调整一次；三是扩展责任由之前的7个变为现在的6个，删除了指定修理厂。

为完善车险精算制度，防范车险市场非理性竞争，2020年9月10日，银保监会发布了《示范型商车险精算规定》，要求保险公司建立费率回溯和产品纠偏机制，明确保费不足准备金的评估标准。

2018年至今，从公司自发——行业监管——行业自律——行业监管，为加强车险费率监管采取的一系列措施旨在督促行业切实转变车险经营理念，禁止手续费恶性竞争之风，降低行业综合成本率，真正实现从重视业务规模到重视客户服务的转变。

2015年机动车辆保险实现原保费收入6 199亿元，同比增长12. 38%，占财险业务市场份额的比重为77. 54%；2020年上半年，机动车辆保险实现原保费收入4 082亿元，同比增长3%，同比增速放缓且低于产险行业整体增速，车险业务占比56. 56%，仍是第一大险种（见图4-10）。

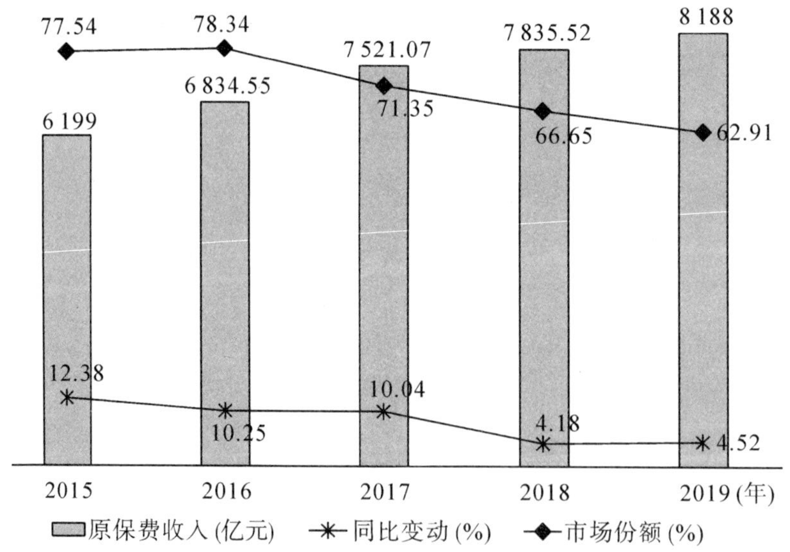

图4-10　2015—2019年机动车辆保险原保费收入、同比变动和市场份额

数据来源：2015—2019年银保监会官网数据汇总整理。

从图 4-10 可知：机动车辆保险原保费收入规模从 2015 年至 2020 年上半年呈现持续增长的势头，但增速在放缓；机动车辆保险占整个财险业务的比重呈现下降的趋势。

回顾机动车辆条款费率改革的进程不难发现：自 1980 年我国恢复机动车辆保险业务以来，旧的条款与费率制度已不能完全适应新的历史阶段中机动车辆保险业务发展的需要，为进一步优化和完善相关的体制建设，我国曾多次修订机动车辆保险条款和费率。总的来说，我国机动车辆保险市场化改革先后历经了“收紧→放松→收紧→放松”几经波折的过程。

在历次机动车辆保险市场化改革实践中，政策出台过后，随之而来的往往是“手续费不断攀升，一轮又一轮的价格战”，与改革的初衷背道而驰。虽然效果没有达到预期，但正是由于不断地摸索，积累实践经验，各利益主体才更加明确自身未来的方向。

保险监管部门从统颁机动车辆保险条款费率到允许保险公司通过制定产品和服务的差异化的过程表明，如今监管部门把自主定价权力交给市场主体，引导保险公司进行机动车辆保险业务正当竞争，更重要的是提升监管层次和质量。商业机动车辆保险改革后带来的一些波动在所难免，但是只要政府能够更合理地制定监管政策，便可以减少这些负面影响，促进机动车辆保险市场持续健康发展。

第五节　机动车交通事故责任强制保险制度变迁的演进历程

道路交通安全是重要的公众话题。为保障道路交通事故受害者权益、促进道路交通安全管理，全国人民代表大会常务委员会于 2003 年 10 月 28 日通过了《道路交通安全法》（2004 年 5 月 1 日起施行），该法第十七条规定“国家实行机动车第三者责任强制保险制度，设立道路交通事故社会救助基金”。2006 年 3 月，国务院根据《保险法》和《道路交通安全法》颁布了《机动车交通事故责任强制保险条例》，该条例于2006年7月1日起施行，这标志着交强险制度在我国开始运行。交强险具有缔约强制性、赔偿直接性、经营无利性等特征，故本节专门介绍和梳理机动车辆交通事故责任强制保险制度的变迁。

一、探索阶段(2004年至2006年6月)

交强险制度作为我国第一个由国家法律规定实行的强制保险制度，是由保险公司对被保险机动车发生道路交通事故造成本车人员、被保险人以外的受害人的人身伤亡、财产损失，在责任限额内予以赔偿的强制性责任保险[①]。随着我国机动车辆消费日益增加，交通事故量也随之连年攀升，为了保护交通事故受害人的利益，维护社会稳定，我国对交强险进行了不断的探索。

2004年5月1日我国开始实施《道路交通安全法》[②]，首次以法律的形式明确实行机动车第三者责任强制保险制度（以下简称“交强险制度”），规定机动车发生交通事故造成人身伤亡、财产损失的，由保险公司在机动车第三者责任强制保险责任范围内予以赔偿，同时还规定了机动车主、管理人不购买机动车第三者责任强制保险的，由公安机关交通管理部门扣留车辆至依照规定投保后，并处依照规定投保最低责任限额应缴纳的保险费的两倍罚款。《道路交通安全法》的诞生为之后出台《交强险条例》奠定了基础。

为了配合立法工作，非寿险业集中力量对强制三者险的保险责任、责任免除、赔偿原则、责任限额、条款费率等方面制定了基本原则，完成了强制三者险保险标志、保险单证及其管理办法的制定。2004年4月1日上海市率先实行了强制性的机动车辆第三者责任险，以机动车辆保险信息平台为依托，建立了机动车三者险费率浮动制度，实现了费率与交通违章、赔付记录挂钩。随后，北京等地区也公布了强制性机动车辆第三者责任险的条款和费率。

① 中华人民共和国国务院令第462号文件。
② 中华人民共和国主席令第四十七号文件。

二、正式实施阶段（2006 年 7 月至今）

经过《机动车交通事故责任强制保险条例草案》的摸索，自 2006 年 7 月 1 日起，我国开始实行《交强险条例》[①] 作为《道路交通安全法》配套的行政法规，该条例对机动车强制责任保险制度的适用范围、各项原则、保险各方当事人权利义务以及监督管理机构职责等进行了更为细致的规定，例如：通过“奖优罚劣”费率浮动机制[②]，将保费与违章记录挂钩来督促机动车辆驾驶人员遵守交规，谨慎行驶；社会效益优先，实行“不盈利不亏损”[③] 经营原则等。至此，我国真正意义上的强制保险制度已初步建立，交强险制度的顺利运行关系到广大消费者的切身利益，也有利于财险公司拓展市场空间，提升业务规模。

为了配合自 2006 年 7 月 1 日开始实施的交强险制度，保监会于 2006 年 6 月 30 日下发了《机动车交通事故责任强制保险业务单独核算管理暂行办法》[④]，首先，明确了“准确、公平、透明”的核算原则，要求保险公司单独核算、单独报告交强险的经营状况，其次，对交强险的收入和费用项目进行细分，并在会计核算系统中做出明确的标识。

交强险的实施对促进社会和谐、推动社会进步等方面有着重要意义，但是，《道路交通安全法》和《交强险条例》中，保险标的范围是否包括财产损失、归责原则、社会救助基金的来源是否要从保险费中提取等诸多方面还有待进一步的完善。

为了促使驾驶人提高道路交通安全意识和守法意识，减少道路交通事故

---

① 中华人民共和国国务院令第 462 号文件。

② 奖优罚劣：交强险费率水平将与道路交通安全违法行为和道路交通事故挂钩，安全驾驶者可以享有优惠的费率，交通肇事者将负担高额保费。见中华人民共和国中央人民政府网站 http://www.gov.cn/ztzl/2006-06/19/content_314497_3.htm.

③ “不盈利不亏损”原则是指保险公司在厘定交强险费率时只能考虑成本因素，不设定预期利润率，即费率构成中不含利润。也就是说，“不盈利不亏损”原则体现在费率制定环节，而不是简单等同于保险公司的经营结果。见中华人民共和国中央人民政府网站 http://www.gov.cn/ztzl/2006-06/19/content_314497_3.htm.

④ 保监发〔2006〕74 号文件。

的发生，2007 年 6 月 27 日保监会下发了《机动车交通事故责任强制保险费率浮动暂行办法》[①]，规定自 2007 年 7 月 1 日起，在全国范围内统一实行交强险费率浮动与道路交通事故相联系，一年内没有发生有责任道路交通事故的车主，交强险最终保费可在基础保费之上降低 10%，上两个年度没有发生有责任道路交通事故的车主，降低 20%的保费，连续三年没有发生有责任道路交通事故的车主，则降低 30%的保费。

2008 年年初，保险行业协会公布了新版《机动车交通事故责任强制保险费率方案》[②]，主要内容为：规定了被保险机动车在道路交通事故中有责任与无责任分别的赔偿限额，以及对《交强险基础费率表》42[③] 个车型中的 16[④] 个进行费率下调，平均下调幅度为 10%左右。

2008 年国内交强险承保数量快速增长，保费增速平稳，但自交强险责任限额和费率调整之后，2008 年下半年交强险赔付率明显上升，整体亏损，财

① 保监发〔2007〕52 号文件。

② 保监产险〔2008〕27 号文件。

③ 42 个车型指：家庭自用汽车 6 座以下、家庭自用汽车 6 座及以上、企业非营业汽车 6 座以下、企业非营业汽车 6~10 座、企业非营业汽车 10~20 座、企业非营业汽车 20 座以上、机关非营业汽车 6 座以下、机关非营业汽车 6~10 座、机关非营业汽车 10~20 座、机关非营业汽车 20 座以上、营业出租租赁 6 座以下、营业出租租赁 6~10 座、营业出租租赁 10~20 座、营业出租租赁 20~36 座、营业出租租赁 36 座以上、营业城市公交 6~10 座、营业城市公交 10~20 座、营业城市公交 20~36 座、营业城市公交 36 座以上、营业公路客运 6~10 座、营业公路客运 10~20 座、营业公路客运 20~36 座、营业公路客运 36 座以上、非营业货车 2 吨以下、非营业货车 2~5 吨、非营业货车 5~10 吨、非营业货车 10 吨以上、营业货车 2 吨以下、营业货车 2~5 吨、营业货车 5~10 吨、营业货车 10 吨以上、特种车一、特种车二、特种车三、特种车四、摩托车 50CC 及以下、摩托车 50CC~250CC（含）、摩托车 250CC 以上及侧三轮、兼用型拖拉机 14.7kW 及以下、兼用型拖拉机 14.7kW 以上、运输型拖拉机 14.7kW 及以下、运输型拖拉机 14.7kW 以上。其中，特种车一：油罐车、汽罐车、液罐车；特种车二：专用净水车、特种车一以外的罐式货车，以及用于清障、清扫、清洁、起重、装卸、升降、搅拌、挖掘、推土、冷藏、保温等的各种专用机动车；特种车三：装有固定专用仪器设备从事专业工作的监测、消防、运钞、医疗、电视转播等的各种专用机动车；特种车四：集装箱拖头。

④ 费率下调的 16 个车型为：家庭自用汽车 6 座以下、企业非营业汽车 6~10 座、企业非营业汽车 10~20 座、企业非营业汽车 20 座以上、营业出租租赁 10~20 座、营业出租租赁 20~36 座、营业出租租赁 36 座以上、营业城市公交 20~36 座、营业城市公交 36 座以上、非营业货车 2~5 吨、非营业货车 5~10 吨、特种车一、特种车三、特种车四、摩托车 50CC 及以下以及摩托车 50CC~250CC（含）。

险公司经营压力较大。

自交强险制度实施以来，在保障受害人利益、维护社会安定方面取得了阶段性的成效，然而我国仍未有专门的社会救助基金。为了弥补这一缺陷，2009 年 9 月，财政部、保监会等五部门联合发布《道路交通事故社会救助基金管理试行办法》①，于 2010 年 1 月 1 日起正式实施。该办法对《道路交通安全法》和《交强险条例》的部分内容进行了更加详细的规定，并着手在全国建立社会救助基金。该办法是我国机动车强制保险法律制度的又一次完善，此时我国已形成集法律、行政法规、部门规章为一体的机动车强制保险法律制度体系。

2012 年 3 月和 12 月国务院两次下发关于修改《交强险条例》的决定②，第一次修改第五条第一款，变为“保险公司经保监会批准，可以从事机动车交通事故责任强制保险业务”。此时，可以从事交强险业务的不再只限于中资保险公司，意味着中国交强险市场正式对外资保险公司开放。第二次增加一条，作为第四十三条：“挂车不投保机动车交通事故责任强制保险。发生道路交通事故造成人身伤亡、财产损失的，由牵引车投保的保险公司在机动车交通事故责任强制保险责任限额范围内予以赔偿；不足的部分，由牵引车方和挂车方依照法律规定承担赔偿责任。”

此后，国务院分别于 2016 年 2 月 6 日和 2019 年 3 月 2 日对《交强险条例》进行了两次修订。

为贯彻落实《关于实施车险综合改革的指导意见》中关于提升交强险保障水平的要求，2020 年 9 月 10 日，中国银保监会发布《关于调整交强险责任限额和费率浮动系数的公告》，规定了交强险的责任限额、费率浮动系数和实施时间。在责任限额方面，有责赔偿下每次事故责任限额从改革前的 12.2 万元提高到 20 万元，其中死亡伤残赔偿限额从改革前的 11 万元提高到 18 万元；医疗费用赔偿限额从改革前的 1 万元提高到 1.8 万元；财产损失赔偿限额维

---

① 中华人民共和国财政部中国保险监督管理委员会中华人民共和国公安部中华人民共和国卫生部、中华人民共和国农业部令第 56 号文件。

② 中华人民共和国国务院令第 618 号文件、中华人民共和国国务院令第 630 号文件。

持改革前的0.2万元。在无责赔偿下的每次事故责任限额从改革前的1.21万元提高到1.99万元，其中死亡伤残赔偿限额从改革前的1.1万元提到高到1.8万元；医疗费用赔偿限额从改革前的0.1万元提高到0.18万元；财产损失赔偿限额维持改革前的0.01万元。在费率浮动系数方面，突出地区差异，与道路交通事故相联系的费率浮动方案细分为5类。在实施时间上，新交强险责任限额和费率浮动系数从2020年9月19日零时起实行。

综上所述，我国交强险制度多年来一直处于不断完善的进程中。

如图4-11所示，2007年交强险制度实施之初投保率为38.61%，经过四年的发展，2011年达到50.67%。2012年交强险的机动车投保率进一步上升到54%，较2011年提高3.33个百分点。可见自制度实施以来，交强险的机动车投保率处于逐年上升的趋势。然而，从投保率的总量来看，仍然处于较低的水平。

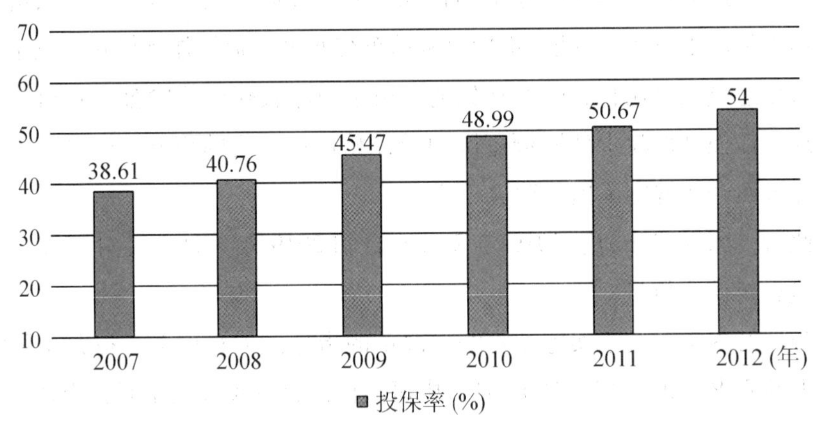

图4-11　2007—2012年我国交强险投保率

数据来源：2007—2012年《中国非寿险市场发展报告》。

自交强险制度实施以来，交强险保费收入一直呈上升的趋势，2017年交强险保费收入达到1 869.01亿元，较2007年的537.5亿元增加了1 331.51亿元；从保费收入增速来看，2009—2010年经历了快速增长的阶段，2017年保费收入同比增长19.97%，较2013年的同比增速上升1.78个百分点（见图4-12）。

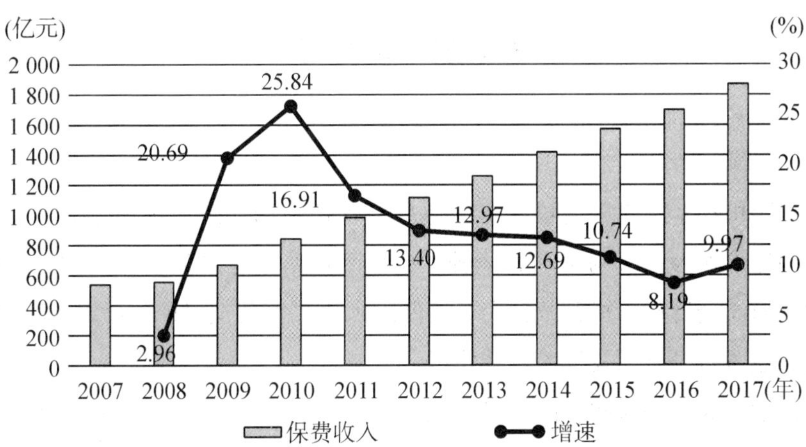

图 4-12　2007—2017 年我国交强险保费收入及其增速

数据来源：2007—2017 年《中国非寿险市场发展报告》。

如表 4-3 所示，自交强险制度实施以来，交强险综合成本率始终处于超出 100%的水平，2010 年和 2011 年综合成本率甚至超出了 110%，承保利润连年为负。交强险的费用率较为平稳，2008—2012 年的费用率逐年小幅下降，之后一直保持在 30%左右的水平。2014 年交强险赔付率为 73.2%，较 2008 年提高了 4.6 个百分点，其间经历了先上升后下降的过程，初始阶段快速上升主要源于限额费率的调整、赔付标准上调。

表 4-3　2008—2014 年我国交强险综合成本率以及承保利润

年份	费用率（%）	赔付率（%）	综合成本率（%）	承保利润率（%）
2008	32.6	68.6	101.2	-1.2
2009	30.8	78	108.8	-8.8
2010	30.6	82.3	112.9	-12.9
2011	30.4	81.9	112.3	-12.3
2012	30.3	77.6	107.9	-7.9
2013	30.6	72.9	103.5	-3.5
2014	30.3	73.2	103.5	-3.5

数据来源：2008—2014 年《中国非寿险市场发展报告》以及 2013—2014 年《中国交强险市场分析报告》。

第六节　本章小结

中国机动车保险分为机动车交通事故责任强制保险和机动车商业险。机动车辆保险作为财险的第一大险种，在保障道路交通事故受害者权益、促进道路交通安全管理、提升全社会风险保障水平、普及全民的保险意识和知识、降低交通风险等方面发挥了重要作用。

机动车商业保险制度的变迁主要集中在保险条款和保险费率的市场化改革两个方面。市场化改革的目标是通过价格引导市场供给和需求，提高资源配置效率，促进经济稳定发展，提高社会福利。纵观机动车辆保险制度变迁的演进历程，可以发现机动车辆保险改革主要是在调节政府和市场在资源配置中的作用强弱，明确政府在市场中扮演的角色。从1995年的"监管部门统颁"到2002年的"公司自主制定"，从2006年的"行业制定、公司选择"再到2015年的"深化改革"及2020年的"综合改革"，机动车辆商业保险制度的保险条款和保险费率方面在管控程度及管控范围上经历了一个"管制→放开→收紧→放开"的"螺旋式上升"的过程。国家对机动车辆保险经营产权的限制也相应经历了一个严格限制→适度放开→再度收紧→深度放开的过程。然而，"一放就乱，一管就死"。"乱时思自律，稳时谋破戒"，这是车险冲不破的怪圈。制度变迁不论其表现形式如何，实质上都可以归结为相关利益主体对一种制度替代另一种制度的成本—收益进行权衡的结果。"大难来时拼费用，弹尽粮绝开自律"，而一旦积攒起下次费用战的资本，自律又会毫无悬念地被打破。从目前看来，在份额渴求和客户黏性夹缝中的车险自律，注定只是一个暂时的脆弱协议，难见"柳暗花明"，只有"囚徒困境"。

2006年的"七折令"，2008年的70号文，2012年的39号文，2015年的二次费改，2017年整治乱象。历史表明，自律也就能维持一年左右，两次自律之间也就是三四年而已。那么这一次又能维持多久呢？2018年，在经营惨淡的车险增速和节节攀升的综合成本率之下，财险公司作为车险制度变迁的重要主体，大多盈利状况不佳，短期来看，交易成本颇高而收益甚微，并未达到预期收益，通过自律能否渡过阵痛期，“守得云开见月明”呢？是否会因变迁主体的动力不足而名存实亡？是否会因制度创新能力不够而再次回归政府在资源配置中的绝对作用？或许答案是肯定的。首先，从目前实施效果来看，垄断嫌疑、主体间利益的撕裂、数据失真愈演愈烈、背离市场化趋势等现象表明，市场是无序且低效率的，没有实现资源的有效配置，大部分财险公司并未获得期望的潜在利益，坚持的动力受到削弱，这些特性决定这也许又是一次无疾而终的自律运动。其次，结合制度变迁的渐进式特征来看，成功的制度变迁是一个相当缓慢的过程，需要不断地对演进过程进行边际性调整，使机动车辆保险制度不断适应市场化取向的经济体制改革的要求，这意味着还需要在两类制度中不断地相互更迭，反复不断地试错并总结，直到“天时地利人和”才能形成有效的收益递增机制并突破非绩效变迁路径依赖，从而实现机动车辆商业保险的制度变迁的终极目标：建成科学合理的产品和价格的市场化形成机制，引导市场供给主体形成自主定价、自主经营、自负盈亏的理性经营意识，促进机动车辆保险市场的健康、良性发展，进而取得预期收益。

自2003年10月28日全国人民代表大会常务委员会通过了《道路交通安全法》(2004年5月1日起施行)，中国的道路交通安全的第三者强制责任险被正式提出。经过十余年的发展，我国交强险的运行取得了很大的成就和社会效益。伴随着交强险制度的渐进式变迁，交强险已逐渐发展完善，并形成具有“奖优罚劣”费率浮动机制、“不盈利不亏损”的经营原则、“准确、公平、透明”的核算原则、专门的社会救助基金、无责赔付的赔付原则、经营产权深度放开特征的制度体系。

本章参考文献

[1] ACEMOGLU, DORON, SIMON J OHEN SON AND J AMES A. ROBINSON. Reversal of Fortune: Geography and Institutions in the Making of the Modern World Income Distribution [J]. Quarterly J ournal of Economics, 2002, 118: 1231-1294.

[2] CUMMINS D, TENNYSON S. Moral hazard in insurance claiming: Evidence from automobile insurance [J]. Journal of Risk and Uncertainty, 1996, 18 (2): 140.

[3] JOSKOW P L. Cartels, Competition and Regulation in the Property-Liability Insurance Industry [J]. BellJournal of Economics and Management Science, 1973, 4 (2): 375-427.

[4] MITCHEL J O. Comparison of Sales Performance Across Financial Service Sectors. Journal of Financial Services Markets, 2002 (7).

[5] SUPONCIC S J, TENNYSON S L. Rate Regulationand the Industrial Organization of Automobile Insurance [J]. NBER Working Paper, 1995.

[6] SCALERA D, ZAZZARO A. The Unpleasant Effects of Price Deregulation in the European Third-Party Motor Insurance Market: A Theoretical Framework [J]. B. E. Journal of Economic Analysis and Policy, 2007, 7 (1): 1-30.

[7] TURCHETTI G, DARAIO C. How Deregulation Shapes Market Structure and Industry Efficiency: The Case ofthe Italian Motor Insurance Industry [J]. The Geneva Papers on Risk and Insurance-Issues and Practice, 2004, 29 (2): 202-218.

[8] 植树信保. 日本财产保险的变化及对策 [M]. 陈伊维, 译. 北京: 机械工业出版社, 2005: 10-11.

[9] 道格拉斯·C. 诺斯. 经济史中的结构与变迁 [M]. 陈郁, 等译. 上

海：上海三联书店，1994.

[10] 舒尔茨. 制度与人的经济价值的不断提高 [M] //罗纳德·H. 科斯，等. 财产权利与制度变迁. 刘守英，等译. 上海：上海人民出版社，1994：251-265.

[11] 林毅夫. 关于制度变迁的经济学理论：诱致性变迁与强制性变迁 [M] //罗纳德·H. 科斯，等. 财产权利与制度变迁. 刘守英，等译. 上海：上海三联书店，1994：266-294.

[12] 边文龙，等. 保险费率市场化效果的解释和评估 [J]. 经济学（季刊），2017（4）：1477-1498.

[13] 崔惠贤. 车险市场价格竞争的博弈分析：基于费率市场化改革背景 [J]. 保险研究，2012（6）：39-48.

[14] 陈文辉. 稳步推进车险市场化改革 [J]. 中国金融，2014（15）：9-11.

[15] 董志勇. 费率市场化对车险市场影响的经济学模型分析 [J]. 保险研究，2011（5）：47-54.

[16] 邓敏. 中国保险业的历史与未来：一个制度变迁视角 [J]. 金融研究，2000（6）：97-107.

[17] 黄英君，江先学. 中外保险制度比较研究：基于制度变迁的视角 [J]. 经济社会体制比较，2007（5）：53-60.

[18] 管贻升. 中国机动车保险条款与费率监管制度研究 [D]. 北京：对外经济贸易大学，2014.

[19] 兰虹. 论加快我国机动车辆保险费率市场化的进程 [J]. 财经科学，2002（4）：76-80.

[20] 李祝用，姚兆中. 再论交强险的制度定位：立法的缺陷、行政法规与司法解释的矛盾及其解决 [J]. 保险研究，2014（4）：31-40.

[21] 李志刚. 基于适应性效率的中国保险制度变迁研究 [D]. 长春：吉林大学，2011.

[22] 李志恒. 推进机动车辆保险费率市场化改革势在必行 [J]. 金融理

论与实践，2012（6）：83-86.

［23］粟芳. 机动车辆保险制度与费率［M］. 上海：上海科技教育出版社，2005.

［24］刘亮，等. 车商代理车险乱象解析［J］. 中国保险，2008（11）：59-62.

［25］孟生旺，等. 交强险的成本因素分析［J］. 统计研究，2011（6）：47-52.

［26］任田，等. 我国二次商车费改现状与车险运营策略［J］. 上海保险，2017（8）：33-37.

［27］史晋川，沈国兵. 论制度变迁理论与制度变迁方式划分标准［J］. 经济学家，2002（1）：41-46.

［28］施建祥. 基于国家效用函数的中国保险制度变迁评析［J］. 浙江工商大学学报，2009（6）：61-66.

［29］申海波，蒲海成. 保险产品市场化与企业产品研发制度创新［J］. 上海金融，2006（2）：68-69.

［30］孙祁祥，等. 改革开放30年：保险业的嬗变及发展路径的审视［J］. 财贸经济，2009（2）：50-56.

［31］孙圣民. 制度变迁与经济绩效关系研究新进展［J］. 经济学动态，2008（10）：90-94.

［32］盛亚峰. 论我国机动车辆保险制度改革［J］. 保险研究，2000（4）：24-26.

［33］施建祥. 基于国家效用函数的中国保险制度变迁评析［J］. 浙江工商大学学报，2009（6）：61-66.

［34］王佳来. 我国车辆保险费率市场化改革研究［D］. 上海：复旦大学，2008.

［35］王小韦，等. 对商业车险改革的深度思考［J］. 中国保险，2016（11）：26-28.

［36］肖文，谢文武. 国家在保险制度变迁中的地位和作用［J］. 浙江大

学学报，2003（1）：153-160.

［37］许捷，罗安定. 中国保险制度变迁机理研究［J］. 财经理论与实践，2004（7）：38-43.

［38］徐徐. 中国有效保险监管制度研究［M］. 北京：经济科学出版社，2009.

［39］杨瑞龙. 我国制度变迁方式转换的三阶段论：兼论地方政府的制度创新行为［J］. 经济研究，1998（1）：3-5.

［40］杨新顺. 我国保险业发展历程的制度视角剖析［J］. 山西财经大学学报，2011，33（S1）：54-55.

［41］阎建军，崔鹏. 车险费率市场化改革［J］. 中国金融，2017（13）：73-74.

［42］张杰. 中国金融制度的结构与变迁［M］. 太原：山西经济出版社，1998.

［43］张冀，王稳，谢远涛. 强制责任保险福利研究：制度安排、市场化与舆论：以交强险为例［J］. 金融研究，2014（8）：192-206.

［44］张娜. 两岸交强险制度比较研究［J］. 上海保险，2014（10）：46-49.

［45］朱文胜. 中国保险业制度变迁与绩效研究［D］. 广州：暨南大学，2004.

［46］卓志，周宇梅. 改革开放三十年中国保险制度的变迁与创新：基于制度经济学的视角和分析［J］. 保险研究，2008（7）：3-8.

［47］卓志，朱衡. 宏观经济、保险制度变迁与保险业增长［J］. 保险研究，2017（4）：3-14.

［48］周彬. 车辆保险费率市场化后的竞争模式与市场结构［J］. 东北财经大学学报，2016（2）：27-33.

［49］周县华. 我国交通事故责任强制保险定价研究：来自北京、吉林、内蒙古和山东的经验证据［J］. 统计研究，2010，27（5）：81-86.

［50］郑伟. 商业车险改革思考［J］. 中国金融，2015（8）：66-68.

第五章
新中国责任保险制度变迁

责任保险发展至今已有100多年的历史，西方发达国家已经形成了较为完备的责任保险制度，关于责任保险的理论研究十分成熟，立法也臻于完善，责任保险已经成为英、美等西方发达国家社会保障体系的重要组成部分。新中国成立至今已70年，我国责任保险得到了长足发展，主要表现为责任保险险种不断增加，保费收入持续增长，逐步建立了机动车交通事故责任强制保险、旅行社责任保险等强制责任保险制度。进入21世纪以来，我国环境污染、食品安全事故、重特大公共安全事故时有发生，这些事件发生后受害人往往难以得到充分和及时的赔偿，进一步推动了我国责任保险制度的健全和完善。本章在分析新中国成立以来责任保险制度变迁的基本特征及演进逻辑的基础上，按照险别，进一步论述了公众责任保险制度、产品责任保险制度、职业责任保险制度和雇主责任保险制度的变迁动因和变迁历程，总结了新中国责任保险制度存在的主要问题，提出了未来责任保险制度创新和发展的方向。

第一节 责任保险的内涵

一、责任保险的概念

国内外学者对责任保险给出了不同的定义。所罗门·斯迪文·许布纳等[①]将责任保险定义为保险人承诺在符合承保条件和保单责任限额内，为被保险人支付应由被保险人承担的法律责任之金额的保险。科林·史密斯[②]认为，责任保险是指保险公司向被保险人就其对他人的法律责任提供赔偿的保险。魏华林等[③]认为，责任保险是指以保险客户的法律赔偿风险为承保对象的一类保险。许谨良[④]认为，责任保险是指保险人承保被保险人主要因过失造成他人人身伤害或财产损失依法承担的民事损害赔偿责任的保险。许飞琼[⑤]认为，责任保险是以被保险人依法应承担的民事损害赔偿责任或经过特别约定的合同责任为保险标的的保险。

从上述定义可以看出合同责任风险是否属于责任保险的标的具有一定争议性，美国、英国学者普遍认为合同责任风险不应成为责任保险的保险标的，被保险人的侵权行为是责任保险赔偿的要件，而其他学者主张侵权责任及经过特别约定的合同责任均可以作为责任保险的标的，《保险法》第五十条规定："责任保险是指以被保险人对第三人依法应负的赔偿责任为保险标的的保险。"表明我国的法律概念中责任保险的保险标的既包括侵权责任，也可以包括合同责任。

---

① 所罗门·斯迪文·许布纳，等. 财产和责任保险［M］. 陈欣，等译. 北京：中国人民大学出版社，2002：382.

② 科林·史密斯. 责任保险［M］. 陈彩芬，译. 北京：中国金融出版社，1991：200.

③ 魏华林，林宝清. 保险学［M］. 2 版. 北京：高等教育出版社，2006：40.

④ 许谨良. 财产和责任保险［M］. 上海：复旦大学出版社，1993：430-431.

⑤ 许飞琼. 责任保险［M］. 北京：中国金融出版社，2007：11.

二、责任保险的基本特征

（一）保障对象的特殊性

在人身保险及财产损失保险中，保险保障的对象一般是被保险人及其利益相关者，保险赔付归被保险人或受益人所有，而责任保险中保险赔款的直接对象为被保险人或受害的第三人，但赔款均以被保险人的行为所致第三人的利益损失及第三人向被保险人索赔为要件，若受害的第三人放弃损害赔偿请求权，被保险人的民事损害赔偿责任就不成立，保险人不得向被保险人支付赔款。因此，责任保险实质上是对被保险人之外的受害方即第三人利益的保障。

（二）保险标的的特殊性

人身保险的保险标的是人的身体和寿命，财产损失保险的保险标的是被保险人的物质财产及相关利益，而责任保险的保险标的是被保险人对第三人依法应付的赔偿责任，它具备以下三个特征：一是责任保险的标的是无形的，是被保险人与第三人之间的一种义务关系；二是责任保险中的损害赔偿责任必须是民事法律责任或经过特别约定的合同责任；三是该责任必须是由被保险人的过失和无过失行为所致，被保险人的故意行为所产生的责任不属于责任保险的责任。

（三）保险利益的特殊性

保险利益是指投保人或被保险人对保险标的具有的法律上承认的利益，与财产损失保险相比，责任保险的保险利益具有以下两个特征：一是责任保险的保险利益属于消极利益。消极利益与积极利益相对应，积极利益表现为投保人和被保险人因保险标的的安全而受益，一般的企财险、农险等均属积极利益。而消极利益表现为被保险人因拥有保险标的而受损，由于责任保险的保险标的是被保险人致人损害的潜在赔偿责任，当责任产生时，被保险人不仅无法从中获益，还需要以个人财产填补受害的第三人的损失，因此属于消极利益。二是责任保险的保险利益在投保时是不确定的。在财产损失保险中，保险利益的大小以保险标的物的价值为限。而责任保险的被保险人因对许多不特定的个体负有潜在的侵权责任从而具有了保险利益，但侵权责任的大小在投保时无法确定，更无法用货币衡量，属于不确定的保险利益。只有当损害赔偿责任确定时，保险利益才能够确定。

（四）保险金额和保险赔款的特殊性

财产损失保险合同的保险标的是物质财产，保险金额是在对保险标的估价的基础上确定。而责任保险合同中，保险人所承保的是一种特殊的无形标的，不具有客观市场价，因此无法根据保险标的的价值来确定保险金额。为了限制保险人承担赔偿责任的范围，一般在合同中载明赔偿限额作为保险人承担赔偿责任的最高额度①。

保险人在处理赔款时，一般的财产保险合同的赔案处理方式是在查勘定损后，根据保险标的的实际损失情况和保险合同载明的计算方式计算赔款。而责任保险的赔款通常需要以法院或执法部门的裁决为依据，在此基础上，保险人还须按照保险合同约定的赔偿责任计算赔款。

三、责任保险的主要险种

按照责任保险的险别，可将责任保险概括为公众责任保险、产品责任保险、职业责任保险及雇主责任保险四大类。

（一）公众责任保险

公众责任保险是指承保被保险人在固定场所或地点进行生产经营活动或进行其他活动时，因意外事故发生致第三者遭受人身伤害或财产损失，依法应由被保险人承担的经济赔偿责任②的保险。公众责任的构成，以在法律上负有经济赔偿责任为前提。个人、家庭、企业及各种组织在餐厅、商店、展览馆、动物园等公共经营场所及学校、办公楼、工厂等均可能因日常活动和生产经营活动造成意外事故，致使第三人遭受人身伤害或财产损失，从而需要依法承担民事损害赔偿责任。公众责任保险具有较强的公益性，既能够缓解

① 孙蓉，兰虹．保险学原理［M］．3版．成都：西南财经大学出版社，2010：103.
② 孙蓉，兰虹．保险学原理［M］．3版．成都：西南财经大学出版社，2010：103.

企业支付能力有限和巨额赔偿责任之间的矛盾，避免因无力赔偿造成的生产中断和破产，又能维持企业生产的稳定，从而维护整个社会的经济秩序，还能够减少民事赔偿纠纷、促进社会稳定，具有较强的社会管理功能。由此可见，公众责任保险具有准公共物品性质，其实际供给量可能低于社会有效供给量，因此，日本、瑞士、韩国、英国等国家规定公共场所必须投保火灾责任保险①；德国、芬兰、瑞典等国家实行了强制环境责任保险制度。

（二）产品责任保险

产品责任保险是指承保被保险人在约定期限内所生产、销售的产品，造成产品使用者及其他人的人身伤害或财产损失，依法应由被保险人承担的经济赔偿责任的保险。产品责任保险有以下几个特点：①产品责任保险须以产品责任法为基础。由于保险人的承保标的为被保险人依法应负的侵权责任，因此产品责任的相关法律法规是被保险人与受害人之间责任划分的依据，同时也是保险人的赔付依据。②产品责任保险强调保险的长期性。虽然产品责任保险多为1年期短期保险，但是由于产品从生产、销售到使用之间要经过加工、包装、运输、贮存、配送等多个环节，因此产品责任保险强调续保的连续性和保障的长期性。③产品责任保险中保险人与被保险人协作沟通的重要性。虽然产品责任保险不承保产品本身的损失，但是产品的质量与产品责任存在内在联系，即产品质量越差，产品责任风险越大，同时为了竞争需要，产品的频繁更新换代使得产品责任风险在不断变化，因此保险人需要加强与被保险人的信息沟通和对产品的风险评估。

（三）职业责任保险

职业责任保险，是指承保各种专业技术人员②因工作上的过失，造成第三者的人身伤亡或财产损失，依法应由被保险人承担的经济赔偿责任的保险。专业技术人员一般包括医生、律师、美容师、注册会计师、建筑工程师等。职业责任保险具有以下特点：①职业责任保险多采用团体保险的形式承保。专业技

① 童元松. 试论我国公众责任强制保险的发展路径［J］. 湖南财经高等专科学校学报，2010，124（26）：88-90.

② 专业技术人员是指掌握某一领域的专业知识，从而可以为他人提供技术服务的人员。

术人员的个人职业责任风险通常由个人责任保险承保，而职业责任保险主要是由各种提供专业技术服务的机构（医院、注册会计师事务所、律师事务所等）为机构职工统一投保。②职业责任保险多以“期内索赔式”[①] 的方式承保。职业责任保险的风险程度较高，因此，一般不采用“期内发生式”[②] 承保方式。③职业责任保险是企业增加竞争力的手段。在市场经济较为成熟的国家，专业技术人员之间竞争激烈，投保职业责任保险能够提高企业信誉和社会公信力，更能赢得客户的信任，因此在发达国家，投保职业责任保险不仅是出于转移和分散风险的目的，也是企业以此提高竞争力的重要手段。

（四）雇主责任保险

雇主责任保险，是指承保被保险人（即雇主）的雇员在受雇期间从事业务时因意外导致的人身伤害或患有与从事职业相关的职业性疾病，而依法或根据雇佣合同应由被保险人承担的经济赔偿责任的保险。雇主所承担的对雇员的责任，包括雇主的故意行为、过失行为及无过失行为导致的对雇员人身伤害的赔偿责任。但保险人一般将雇主的故意行为列为除外责任，主要承保雇主因过失行为导致雇员人身伤害的赔偿责任，部分国家也将无过失行为所致的赔偿责任纳入保险责任范围。雇主责任保险除了具备一般责任保险的共同特征外，还有以下特点：①保险对象的特殊性。雇主责任保险中的受害第三者为企业所雇佣的员工，是与雇主签订了雇佣合同的特定人群，而公众责任保险、职业责任保险及产品责任保险中的第三者为不确定的人群，这是雇主责任保险区别于其他责任险险种的重要特征。②保险期限的特殊性。雇主责任保险的保险期限以雇佣合同为基础，一般保险期限为一年，也可以根据雇主需要，签订不足一年或一年以上的雇主责任保险合同。③保险区域范围的特殊性。和公众责任保险不同，雇主责任保险的保险区域范围不固定，只要雇员所受伤害源于雇佣关系，雇主就应当承担损害赔偿责任。

---

① 期内索赔式，是指不论职业责任事故发生在何时，只要受到侵害的第三者在保险期限内向被保险人第一次提出有效索赔即构成保险事故，保险人就要依照保险合同承担赔偿责任。

② 期内发生式，是指保险人对保险有效期内发生的职业责任事故引起的损失负责，而不管受害人是否在保险有效期内提出索赔。

第二节　新中国责任保险制度变迁的基本特征及演进逻辑

一、责任保险制度变迁的基本特征

（一）制度变迁的基础：民事法律制度的健全与完善

责任风险是责任保险产生的自然基础，而责任风险的产生和变化又源于民事法律制度的健全与完善。可以说，民事法律制度的健全与完善，是责任保险制度变迁最直接的基础和动力。

1. 民事法律制度的健全与完善使责任风险多元化

新中国成立至今，我国现行有效的法律有近 300 部，涉及民事责任风险的法律可分为人身权、物权、债权、知识产权等种类，民事法律制度的变迁就是产权制度的发展史，从 1987 年颁布的《中华人民共和国民法通则》（以下简称《民法通则》），到 1999 年的《中华人民共和国合同法》（以下简称《合同法》）、2009 年的《中华人民共和国侵权责任法》（以下简称《侵权责任法》），体现了民事法律制度对个人权益保护的扩充，包括保护对象、保护范围及保护程度三方面的扩充。例如，从《民法通则》到《侵权责任法》体现了从物权保护到知识产权、人格权保护的扩充，从仅关注人身和财产损害赔偿到将精神损害纳入损害赔偿范围。再如，从新中国成立至今，我国空难民事赔偿责任逐渐提高，1951 年，空难死亡赔偿标准是 0.15 万元/人，1989 年为 2 万元/人，2006 年《国内航空运输承运人赔偿责任限额规定》，将承运人赔偿责任限额提高到 40 万元/人[①]。与此相对应，人们的日常生活和经营活动面临的责任风险种类和大小也在不断增加，个人、企业乃至社会对责任保险的供求也随之发生变化，进而推动了责任保险的制度变迁。

① 许飞琼. 责任保险［M］. 北京：中国金融出版社，2007：17.

2. 民法归责原则的演进促进了责任保险制度的变迁

民法归责原则是民事责任法律的基础和核心，是确定民事责任承担依据的基本准则。新中国成立以来，大陆法系和英美法系国家的民法归责原则理论演进对我国民法归责体系的形成与发展产生了较大影响①。在长期实践过程中，我国民事法律制度逐渐形成了以过错责任原则②为主，过错推定责任原则③、无过错责任原则（又称严格责任原则）④、公平责任原则⑤为辅的多元化归责原则体系。过错推定责任原则主要适用于：建筑物及搁置悬挂物致害责任和医疗行为致害责任。无过错责任原则主要适用于：高度危险作业致害责任、产品质量致害责任、机动车事故致害责任（限于“车对人”的情形）、环境污染致害责任、建筑物和地面施工致害责任、航空器致害责任、饲养动物致害责任。民法归责原则的演进加大了责任人的责任风险，从而促进了责任保险的制度变迁。

（二）制度变迁的动因：强制性制度变迁与诱致性制度变迁共同作用

强制性制度变迁是由政府作为第一行动集团，以政府命令和法律形式引入和实行的制度变迁。而诱致性制度变迁是个人或群体在响应由制度不均衡引起的获利机会时，自发倡导、组织和推动对现行制度安排的变更或替代⑥。根据制度变迁的主导群体不同，新中国责任保险的制度变迁大致可分为两个阶段：第一个阶段（1949—1990 年）是以国家为主导的强制性制度变迁，第二个阶段（1990 年至今）逐渐转变为强制性制度变迁与诱致性制度变迁的共

---

① 王利民，郭明龙. 民事责任归责原则新论：过错推定规则的演进：现代归责原则的发展［J］. 法学论坛，2006（6）：55-67.

② 过错责任原则，是以行为人主观上的过错为承担民事责任的基本条件的认定责任的准则。

③ 过错推定责任原则，是指在违法行为与损害事实之间存在因果关系的情况下，若行为人不能证明自己主观无过错，即推定行为人在致人损害的行为中有过错。

④ 无过错责任原则，是指违约行为发生后，违约方即应承担违约责任，而不以违约方的主观过错作为其承担违约责任的要件。

⑤ 公平责任原则，是指当事人双方对损害的发生均无过错，法律又无特别规定适用无过错原则时，由法院根据公平的观念，在考虑当事人双方的财产状况及其他情况的基础上，责令加害人对受害人的财产损失给予适当补偿，由当事人公平合理地分担损失的一种归责制度。

⑥ 林毅夫. 关于制度变迁的经济学理论：诱致性制度变迁与强制性制度变迁［M］//罗纳德·H. 科斯，等. 财产权利与制度变迁：产权学派与新制度学派译文集. 上海：格致出版社，2014：260.

同作用。

1949年新中国成立后，中国人民保险公司先后开办了汽车公众安全责任保险、船舶碰撞责任保险、涉外展览会公众责任保险等险种，这一时期的责任保险制度变迁属于强制性制度变迁，责任保险制度安排的主要目的是促进社会安定、降低政府成本和促进涉外业务的发展，但是这一制度安排仅维持了数年时间便宣告失败，1955年责任保险险种陆续停办，主要源于社会舆论的压力，不少人认为责任保险是对肇事者的经济补偿，减弱了民事责任制度的惩戒功能，甚至可能引发道德风险、事故的发生。政府强制实施和维持责任保险制度安排的交易费用过于高昂。20世纪70年代中期，为了满足外国驻华机构和人员的需求，中国人民保险公司开办了公众责任保险、产品责任保险、房屋责任保险等险种，但是国内责任保险业务仍处于停滞状态。1979年，中国人民银行颁布了《关于恢复国内保险业务和加强保险机构的通知》，中国人民保险公司自1980年开始逐步恢复了停办20多年的国内责任保险业务。1980—1990年，我国责任保险在积极探索中稳步发展，陆续开办了场所责任保险、环境责任保险、承运人责任保险、雇主责任保险、产品责任保险、医疗责任保险等几十个险种，该时期机动车辆第三者责任保险和承运人责任保险保费增长较快，至1988年，责任保险保费总收入近9亿元，其中机动车辆第三者责任保险占95.2%，承运人责任保险占4.2%，其他责任保险仅占0.6%①。因此，1949—1990年，责任保险从开业至停业多年后的复业，该阶段责任保险业务绝大多数是人保在开展，国有资本处于责任保险资源的垄断地位，该阶段的制度变迁属于典型的强制性制度变迁。

1990年，国家在保险资源配置的产权边界上做出让步，我国保险业务的经营主体不断增加，保险业开始按照市场经济的要求配置资源，责任保险进入了快速发展阶段。这一时期的责任保险制度变迁体现了强制性制度变迁和诱致性制度变迁的共同作用。随着市场经济的高速发展，公共安全事故、交

① 夏才生. 谈保险新险种开发［J］. 当代财经，1989（9）：56-58；叶慧，丁伟丽. 中外责任保险之比较［J］. 中国保险管理干部学院学报，2002（1）：46-52.

通事故及产品责任事故的发生频率和严重程度不断增加，国家陆续颁布了一系列促进责任保险发展的相关政策法规，例如，1995 颁布的《消防改革与发展纲要》提出“重要企业、易燃易爆危险品场所和大型商场、游乐园、宾馆、饭店、影剧院、歌舞厅、娱乐休闲等公共场所都必须参加火灾公众责任保险”，1999 年出台的《中华人民共和国海洋环境保护法》第六十六条规定：“按照船舶油污损害赔偿责任由船东和货主共同承担风险的原则，建立船舶油污保险、油污损害赔偿基金制度”。这些政策法规的颁布和政府的倡导，不仅拉动了责任保险的需求，同时也促使保险公司加大了对责任保险险种的开发力度，促进了责任保险制度的变迁。与此同时，诱致性制度变迁在这一时期也发挥了至关重要的作用。一方面，保险市场初显繁荣势头。随着保险供给主体的增多，保险市场竞争加剧，为了提高竞争力，各财险公司开始有计划地向责任保险市场开拓。1988 年，全国责任保险保费收入约 9 亿元，至 2015 年，全国责任保险保费收入达 302 亿元，年均增长率高达 23.41%（见图 5-1），同时责任保险供给主体由 1988 年的 3 家增加至 2015 年的 73 家①。2005 年，中国保监会批准筹建了我国首家专业责任保险公司——长安责任保险公司。另一方面，民事法律制度变迁推动了责任保险的制度变迁。随着《民法通则》《中华人民共和国产品质量法》（以下简称《产品质量法》）、《中华人民共和国消费者权益保护法》（以下简称《消费者权益保护法》）、《医疗事故处罚条例》《侵权责任法》等有关损害赔偿的民事法律制度的建立，增强了人们的法律意识，使得社会公众维护自己的权利有法可依，为责任保险市场的发展奠定了法律基础。可以说，随着市场经济的发展，诱致性制度变迁的重要性日渐加强，保险市场开始逐步承担起责任保险制度变迁主体的角色，诱致性制度变迁正在逐步成为新中国责任保险制度变迁的主要方式。

① 中国保险年鉴编辑部. 中国保险年鉴（2016）[J]. 中国保险年鉴社，2017.

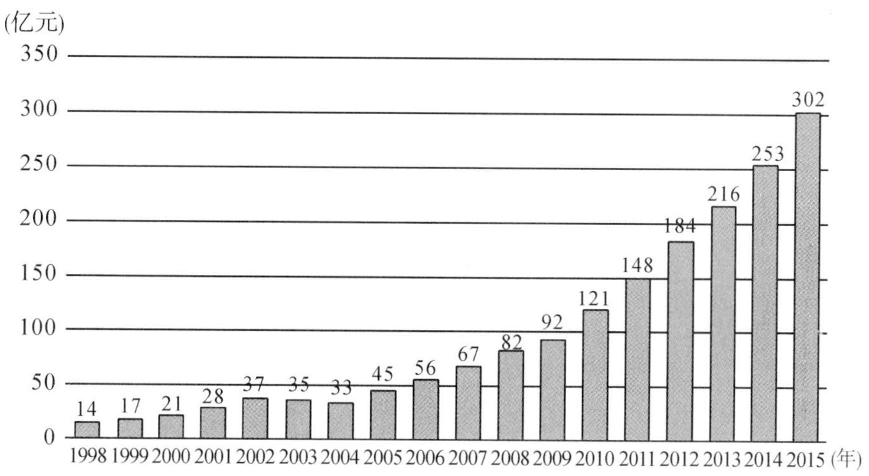

图 5-1　1998—2015 年全国责任保险保费收入统计图

资料来源：1998—2005 年数据参见：许飞琼. 责任保险［M］. 北京，中国金融出版社，2007；2006—2015 年数据参见：历年《中国保险年鉴》。

二、责任保险制度变迁的演进逻辑：相辅相成的二元目标

根据道格拉斯 · C. 诺斯的国家和产权理论，责任保险制度具有两个目标[①]：一是实现国家效用最大化；二是在第一个目标框架内，实现私人、企业和社会福利的最大化。因此，责任保险制度的变迁就是通过一系列制度安排（或称产权结构的优化），保障责任风险受损方的权益、化解社会矛盾、改善国家管理社会的能力，从而实现国家和社会的帕累托改进。该二元目标既相辅相成，又相互制约，是新中国责任保险制度变迁的演进逻辑和内在动力。

新中国成立初期，我国久经战乱、百废待兴，国家通过高度集中的计划经济体制大力发展重工业。该时期责任保险不仅饱受舆论谴责，同时保险经营技术和精算技术水平较低。可以说，该时期责任保险制度的建立既缺乏经济基础也不具备理论基础。因此，责任保险开办短短几年就于 1955 年停办。

① 道格拉斯 · C. 诺斯. 经济史上的结构和变革［M］. 陈郁，等译. 北京：商务印书馆，2016：29.

1979—1990 年，我国开始从计划经济体制向市场经济体制转轨。保险资本逐渐从垄断性的国有产权向多家竞争的公有产权转变，责任保险的供给主体有所增加。1990 年至今，保险资本从多家竞争的公有产权向混合产权转变，责任保险市场得到了快速发展。究其根源，是因为转轨时期经济的高速发展、法制建设的加强打破了现有的责任保险制度均衡，使新的制度安排成了可能。首先，随着经济的快速发展、人民物质生活水平的提高，责任保险需求显著增加。其次，国务院 1983 年颁布的《中华人民共和国财产保险合同条例》、1985 年颁布的《保险企业管理暂行条例》、1995 年颁布的《保险法》等保险相关法律法规为责任保险业务的开展及制度变迁的方向提供了保障，1986 年颁布的《民法通则》、1993 年颁布的《消费者权益保护法》和《产品质量法》、2017 年颁布的《中华人民共和国民法总则》（以下简称《民法总则》）等民事赔偿责任相关法律法规为责任保险的发展创造了制度环境。最后，国有保险公司面临严重的委托代理问题，导致保险资源配置的低效率问题日渐突出，少数几家国有保险公司难以满足责任保险质和量的需求，保险资源配置机制和产权结构改变势在必行。因此，为了满足经济发展的需要、实现国家效用最大化，国家在产权边界上做出让步，民营资本、境外资本纷纷进入我国保险市场，责任保险的供给主体不断增加。

1990 年起，我国陆续对“地面第三人责任险”、交强险等险种采取了强制性立法措施（见表 5-1、表 5-2），2018 年 5 月生态环境部原则通过了《环境污染强制责任保险管理办法（草案）》，将环境污染强制责任保险的立法提上日程。总体来看，责任保险的强制性立法比例远高于其他财产保险和人身保险险种。此外，进入 21 世纪以来，随着责任保险在企业经营活动中的使用频率越来越高、发挥的作用越来越大，责任保险的财政支持力度也在不断增加。2017 年 12 月，国家安全监管总局联合保监会和财政部颁布了《安全生产责任保险实施办法》，随后山东、广东等省市陆续出台相关规定对安全生产责任保险试点实行财政奖补；2018 年年初，江西省赣江新区和福建省厦门市相继出台规定，对参加环境污染责任保险的企业给予保费补贴；2018 年 10 月，国家税务总局颁布了《关于责任保险费企业所得税税前扣除有关问题的公告》，明确了企业参加雇主责任险、公众责任险等责任保险，按照规定缴纳的保险费，准予在企业所得税税前扣除。可谓，责任保险的强制性立法和财政支持力度的增加，其根本原因是责任保险具有将负外部性内在化的功能，例如，交强险能减轻肇事方自有财产不足导致的负外部性，环境责任保险能够通过环境保险费的方式将环境污染的社会成本内在地反映到企业成本里。因此，责任保险可以通过外部性内在化实现帕累托改进和增加社会总福利，进而减少政府舆论压力、提升国家管理社会能力，实现国家福利增进。

综上所述，责任保险的制度变迁中，无论是责任保险经营主体产权的多元化，还是责任保险市场的日渐繁荣，抑或是责任保险政策支持力度的加强，都是以实现国家效用和社会效用最大化为根本目标，这是责任保险制度变迁的内在逻辑。

表 5-1　1995—2018 年我国强制性责任保险的相关法律

法律名称	颁布/修订年份	相关规定
《中华人民共和国民用航空法》	1995	第一百零五条规定：公共航空运输企业应当投保地面第三人责任险
《中华人民共和国海洋环境保护法》	1999	第六十六条规定：国家完善并实施船舶油污损害民事赔偿责任制度；按照船舶油污损害赔偿责任由船东和货主共同承担风险的原则，建立船舶油污保险、油污损害赔偿基金制度。实施船舶油污保险、油污损害赔偿基金制度的具体办法由国务院规定
《中华人民共和国道路交通安全法》	2003	第十七条规定：国家实行机动车第三者责任强制保险制度，设立道路交通事故社会救助基金。具体办法由国务院规定 第九十八条规定：机动车所有人、管理人未按照国家规定投保机动车第三者责任强制保险的，由公安机关交通管理部门扣留车辆至依照规定投保后，并处依照规定投保最低责任限额应缴纳的保险费的 2 倍罚款。依照前款缴纳的罚款全部纳入道路交通事故社会救助基金。具体办法由国务院规定
《中华人民共和国公证法》	2005	第十五条规定：公证机构应当参加公证执业责任保险

表5-1(续)

法律名称	颁布/修订年份	相关规定
《中华人民共和国企业破产法》	2006	第二十四条规定：个人担任管理人的，应当参加执业责任保险
《中华人民共和国旅游法》	2013	第五十六条规定：国家根据旅游活动的风险程度，对旅行社、住宿、旅游交通以及本法第四十七条规定的高风险旅游项目等经营者实施责任保险制度
《中华人民共和国核安全法》	2017	第九十条规定：核设施营运单位应当通过投保责任保险、参加互助机制等方式，作出适当的财务保证安排，确保能够及时、有效履行核损害赔偿责任
《中华人民共和国民用航空法》	2018	第一百零五条规定：公共航空运输企业应当投保地面第三人责任险 第一百五十条规定：从事通用航空活动的，应当投保地面第三人责任险

资料来源：整理自中国法律法规数据库。网址：http://search.chinalaw.gov.cn/search2.html

表 5-2　1983—2018 年我国强制性责任保险的相关行政法规

行政法规名称	颁布/修订年份	相关规定
《中华人民共和国海洋石油勘探开发环境保护管理条例》	1983	第九条规定：企业、事业单位和作业者应具有有关污染损害民事责任保险或其他财务保证
《中华人民共和国水路运输管理条例》（已失效）	1997	第二十条规定：从事营业性运输的个体（含联户）船舶必须按照国家有关规定办理保险
《中华人民共和国工伤保险条例》	2003	第二条规定：中华人民共和国境内的企业、事业单位、社会团体、民办非企业单位、基金会、律师事务所、会计师事务所等组织和有雇工的个体工商户（以下称用人单位）应当依照本条例规定参加工伤保险，为本单位全部职工或者雇工（以下称职工）缴纳工伤保险费 第六十二条规定：用人单位依照本条例规定应当参加工伤保险而未参加的，由社会保险行政部门责令限期参加，补缴应当缴纳的工伤保险费，并自欠缴之日起，按日加收万分之五的滞纳金；逾期仍不缴纳的，处欠缴数额 1 倍以上 3 倍以下的罚款

表5-2(续)

行政法规名称	颁布/修订年份	相关规定
《中华人民共和国道路运输条例》	2004	第三十六条规定：客运经营者、危险货物运输经营者应当分别为旅客或者危险货物投保承运人责任险 第六十八条规定：违反本条例的规定，客运经营者、危险货物运输经营者未按规定投保承运人责任保险的，由县级以上道路运输管理机构责令限期投保；拒不投保的，由原许可机关吊销道路运输经营许可证
《中华人民共和国机动车交通事故责任强制保险条例》	2006	第二条规定：在中华人民共和国境内道路上行驶的机动车的所有人或者管理人，应当护照《中华人民共和国道路交通安全法》的规定投保机动车交通事故责任强制保险
		第四条规定：公安机关交通管理部门、农业（农业机械）主管部门应当依法对机动车参加机动车交通事故责任强制保险的情况实施监督检查。对未参加机动车交通事故责任强制保险的机动车，机动车管理部门不得予以登记，机动车案例技术检验机构不得予以检验 公安机关交通管理部门及其交通警察在调查处理道路交通安全违法行为和道路交通事故时，应当依法检查机动车交通事故责任强制保险的保险标志
《中华人民共和国内河交通安全管理条例》	2017	第十二条规定：按照国家规定必须取得船舶污染损害责任、沉船打捞责任的保险文书或者财务保证书的船舶，其所有人或者经营人必须取得相应的保险文书或者财务担保证明，并随船携带其副本 第六十七条规定：违反本条例的规定，按照国家规定必须取得船舶污染损害责任、沉船打捞责任的保险文书或者财务保证书的船舶的所有人或者经营人，未取得船舶污染损害责任、沉船打捞责任保险文书或者财务担保证明的，由海事管理机构责令限期改正。逾期不改正的，责令停航，并处1万元以上10万元以下的罚款
《会计师事务所执业许可和监督管理办法》	2017	第二十四条规定：会计师事务所应当完善职业风险防范机制，建立职业风险基金，办理职业责任保险。具体办法由财政部另行规定。特殊普通合伙会计师事务所的合伙人按照《中华人民共和国合伙企业法》等法律法规的规定及合伙协议的约定，对会计师事务所的债务承担相应责任

表5-2(续)

行政法规名称	颁布/修订年份	相关规定
《旅行社条例》	2017	第三十八条规定：旅行社应当投保旅行社责任险。旅行社责任险的具体方案由国务院旅游行政主管部门会同国务院保险监督管理机构另行规定 第四十九条规定：违反本条例的规定，旅行社拒不投保旅行社责任险的，由旅游行政管理部门责令改正；拒不改正的，吊销旅行社业务经营许可证
《国内水路运输管理条例》	2017	第十九条规定：水路旅客运输业务经营者应当为其客运船舶投保承运人责任保险或者取得相应的财务担保 第三十九条规定：水路旅客运输业务经营者未为其经营的客运船舶投保承运人责任保险或者取得相应的财务担保的，由负责水路运输管理的部门责令限期改正，处2万元以上10万元以下的罚款；逾期不改正的，由原许可机关吊销该客运船舶的船舶营运许可证件
《防治船舶污染海洋环境管理条例》	2018	第五十一条规定：在中华人民共和国管辖海域内航行的船舶，其所有人应当按照国务院交通运输主管部门的规定，投保船舶油污损害民事责任保险或者取得相应的财务担保。但是，1 000 总吨以下载运非油类物质的船舶除外 船舶所有人投保船舶油污损害民事责任保险或者取得的财务担保的额度应当不低于《中华人民共和国海商法》、中华人民共和国缔结或者参加的有关国际条约规定的油污赔偿限额
《防治海洋工程建设项目污染损害海洋环境管理条例》	2018	第二十六条规定：海洋油气矿产资源勘探开发单位应当办理有关污染损害民事责任保险

注：《工伤保险条例》的颁布是我国建立工伤保险制度的主要法律依据，也是社会保障制度的重要组成部分，但是，工伤保险和雇主责任保险均具有职业伤害风险转移职能，两者的保险责任既有重叠，又有各自的侧重点。两者之间既存在互补关系，又存在替代关系。因此，如何增强雇主责任保险和工伤保险的互补性和协调性，将对雇主责任保险的发展将产生深远影响。

资料来源：整理自中国法律法规数据库。

网址：http://search.chinalaw.gov.cn/search2.html

第三节　新中国公众责任保险制度变迁的演进历程

一、公众责任保险制度的建立（1949—1991 年）

公共责任保险始于 19 世纪 80 年代的欧洲，最初开展的险种是 1885 年英国铁路乘客保险公司开办的铁路承包人责任保险，随后住户责任保险等其他责任保险险种也逐渐开展。至 20 世纪 70 年代，由于经济水平的提高、工业化的发展，公共损害意外事故明显增多，再加上法制的完善和公众维权意识的增强，公众责任保险在工业化国家日臻成熟，已成为公共场所及个人、家庭的重要保障。

新中国成立后，人保公司率先开展了汽车公众安全责任保险、船舶碰撞责任保险、涉外展览会公众责任保险等险种，但均于 1955 年前后陆续停办。20 世纪 70 年代，为了满足外资合资企业、各国驻华机构及来华展览和艺术表演等需要，人保公司开展了汽车责任保险、展览会责任保险、马戏表演责任保险等业务，但国内公众责任保险仍处于完全休业状态。1980 年，在国家政策支持下，公众责任保险业务恢复办理。据统计，至 1981 年，人保公司开展了机动车辆第三者责任保险、承运货物责任保险、展览会责任保险、公众责任保险等近十个公众责任保险险种[①]。可以说，直到 20 世纪 90 年代初，虽然公众责任保险制度已具雏形，但公众责任保险业务仍然是人保在垄断经营，且险种单一，业务发展缓慢，至 1991 年，公众责任保险保费收入（除机动车辆责任保险、承运人责任保险外）[②] 仅 112 万元。

该时期公众责任保险发展缓慢的主要原因有两点：①市场经济体制建设处于起步阶段。我国责任保险制度的建立很大程度上受到近代责任保险发展

① 赵晓光．我国已开办的国内外保险种类［N］．经济日报，1984-09-04（10）.

② 在改革开放初期，公众责任保险保费统计口径仅包括“公众责任保险”单一险种，机动车辆责任保险和承运人责任保险保费均单独统计。

的影响，然而保险制度是植根于西方文化背景的一种市场制度，是随着工业化和市场经济的发展逐步形成的，该时期，我国市场经济体制还未建立，国有资本、公有资本仍然占据垄断地位，公众责任保险的发展缺乏适宜的制度环境。②民事法律制度建立刚刚起步。计划经济体制下人们对民事赔偿责任的需求很小，所以我国的立法发展长期以来形成了“轻民法、重刑法”的特征，有关民事损害赔偿责任的法律体系仍未建立，公众责任保险缺乏承保的法律依据和保障。

二、公众责任保险制度的初步建设（1992—1999年）

20世纪90年代中期，随着保险市场供给主体的增多，特别是1992年中国人民银行颁布了《上海外资保险机构暂行管理办法》之后，大批外资保险机构进入我国保险市场，公众责任保险市场开始出现竞争迹象，各保险公司开始尝试开发独立的公众责任保险险种。例如，1998年人保云南分公司率先在全省推广医疗责任保险；1999年人保公司开发了餐饮场所责任保险和供电责任保险两个全国性险种，并于同年对沿袭近20年的公众责任保险条款进行了修改并在全国推广实施，以适应市场发展的需要和投保人的需求。与原有条款相比，新条款承保责任范围更加全面、更接近国际惯例，同时保险条款更加严谨和规范化。

20世纪末期，公共安全事故的发生率及造成的人身伤亡和财产损失逐年上升，特别是公众聚集场所特大火灾时有发生。1991—2000年，我国共发生公众聚集场所特大火灾264起，造成1 750人死亡①。尤其是1994年，重大火灾事故频发：6月，珠海市合资企业万山纺织厂火灾，造成93人死亡、156人伤残；11月，辽宁省阜新市艺苑歌舞厅火灾，造成233人死亡、20人伤残；紧接着，12月，克拉玛依市友谊宾馆发生火灾，造成323人死亡、120

① 北京市公安局等联合发布《关于印发北京市公众聚集场所消防安全专项治理工作方案的通知》，京公消字〔2001〕450号，2001年6月18日。

人伤残[1]。群死群伤火灾事故引起了社会广泛关注，国家开始重视公众责任保险的推行和发展。1995 年公安部发布的《公共娱乐场所消防安全管理规定》及同年国务院办公厅转公安部《消防改革与发展纲要》均提出“重要企业、易燃易爆危险品场所和大型商场、游乐园、宾馆、饭店、影剧院、歌舞厅、娱乐休闲等公共场所都必须参加火灾公众责任保险”。在政策法规指导下，北京、上海、天津、湖北、海南等省市颁布了地方性法规和文件，在公众聚集场所强制或鼓励推行火灾公众责任保险。但由于缺乏法律赋予的强制性，火灾公众责任保险的投保积极性不高。以湖北省为例，湖北省产险公司 1998—2003 年火灾公众责任保险赔款总计 204 万元，仅占火灾事故赔付金额的 0.82%[2]。与火灾公众责任保险面临的尴尬境况相比，同时期机动车辆第三者责任险得到了快速发展。1984 年，国务院发布了《批转中国人民保险公司关于加快发展我国保险事业发展的报告的通知》，明确提出要加快建立机动车第三者责任法定保险制度。1991 年，国务院发布的《道路交通事故处理办法》第十条明确规定：“在实行机动车第三者责任法定保险的行政区域发生机动车交通事故逃逸案件的，由当地人保公司预付伤者抢救期间的医疗费、死者的丧葬费”。随后几年，全国有 24 个省（自治区、直辖市）［以下简称“省（区、市）”］政府出于保护受害第三人利益的考虑，颁布了地方规章，实施机动车辆第三者责任强制保险。

该时期公众责任保险制度的建设取得了初步成果，主要成效包括：①机动车辆第三者责任保险得到快速发展[3]。由于地方性法规的强制性作用，1991—2000 年，机动车辆及其第三者责任险保费从 8.5 亿元增长至 331 亿元[4]，年均增长率高达 50.21%。②场所责任保险得到一定发展。由于政策文件的颁布和政府部门的倡导，火灾责任保险、建筑工程责任保险等少部分场

① 张子浩. 浅议推行火灾公众责任保险［J］. 火灾与保险，1998（6）：37-40.

② 张作华，余辉. 探索强制火灾公众责任保险［J］. 中国保险，2004（6）：44-45.

③ 机动车辆第三者责任保险本质上属于公众责任保险。但因本书将专章分析机动车辆保险（含机动车辆第三者责任保险），故在此仅简略提及。

④ 中国保险年鉴编辑部. 中国保险年鉴（2001）［J］. 中国保险年鉴社，2001.

所责任保险得到了一定发展。但公众责任保险除了机动车辆第三者责任保险和场所责任保险之外的其他险种的发展几乎处于空白阶段。

三、公众责任保险制度的进一步建设(2000 年至今)

(一) 该阶段公众责任保险制度变迁的基础及动因

1. 公共安全问题突出是公众责任保险制度变迁的根本原因

21 世纪初，随着社会经济和城市化的发展，公众安全事故发生得越来越频繁、造成的损失越来越大，引发了广泛的社会关注。据统计，2003—2016 年，火灾造成的直接财产损失由 15.9 亿元增加至 37.2 亿元（见图 5-2）。尤其值得注意的是，公共聚集地重特大火灾造成的人员伤亡和财产损失十分惨重，2007—2012 年共发生重特大火灾 34 起，酒吧、歌舞厅、餐饮、商场等营业场所及工厂、在建工地等公共场所占 77%①，造成的人身伤亡和直接财产损失分别占该时期全部 83.9 万起火灾的 6.29% 和 9.08%。环境污染造成的公共损害也十分严重，2004 年，全国 GDP 为 16.18 万亿元，根据对环境污染治理投资的核算，在当时的治理技术水平下，需一次性投资 1.08 万亿元（不包括已经发生的投资）才能完全处理 2004 年排放到环境中的污染物，该污染治理投资金额占当年 GDP 的 6.8%②。此外，公共交通事故、爆炸事故、食物中毒等其他公共事故的损害后果也十分严重，据 2004 年统计，每年由于公共安全问题造成的损失计 6 500 亿元，约占 GDP 总量的 6%③。由于公共安全事故发生的频率和损失程度日渐增加，致害人往往难以以自身财力承担损害赔偿责任，因此需要通过开办公众责任保险以分散责任风险，从而促进了公众责任保险的发展。

---

① 傅智敏. 我国火灾统计数据分析［J］. 安全与环境学报，2014，6（14）：341-345.

② 国家环境保护总局，国家统计局. 中国绿色国民经济核算研究报告（2004）［R］. 环境经济，2006-09-07.

③ 孔德芳. 聚焦国家中长期科技发展规划四：访公共安全科技问题研究组组长范维唐［N］. 科技日报，2004-07-01（05）.

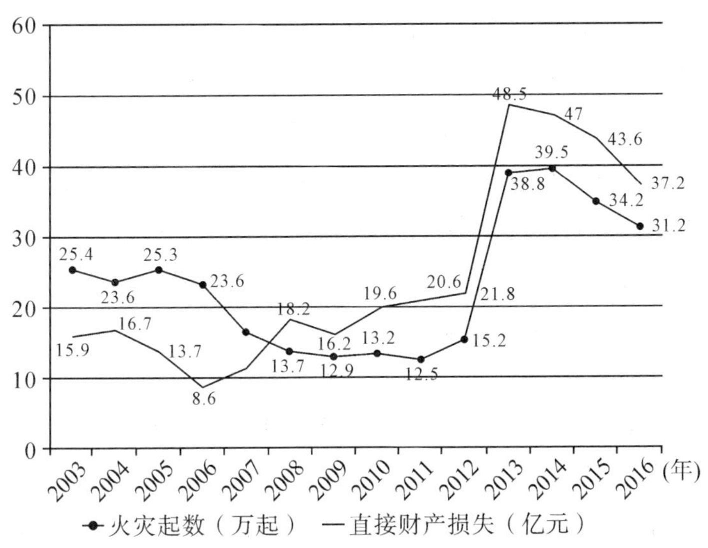

图 5-2　2003—2016 年全国火灾发生和造成损失情况

资料来源：中国消防. 2003—2016 年全国火灾情况分析［EB/OL］.（2017-03-04）［2019-09-20］. http://www.119.gov.cn/xiaofang/hztj/index.htm.

2. 民事赔偿责任制度的健全和完善是公众责任保险制度变迁的重要保证

出于对社会公众利益的保护，我国陆续出台了一系列有关场所责任、承包人责任、承运人责任及环境责任的法律法规。《中华人民共和国建筑法》第八十条明确了建筑物质量不合格致人伤害的侵权责任；《中华人民共和国海上交通安全法》《中华人民共和国民用航空法》《中华人民共和国道路交通安全法》等明确了承运人应承担的损害赔偿责任；《中华人民共和国环境保护法》《中华人民共和国水污染防治法》《中华人民共和国海洋环境保护法》《中华人民共和国固体废弃物污染环境防治法》等法律均对环境污染赔偿责任进行了规定；《民法总则》规定民事诉讼时效由 2 年调整为 3 年，强化了对民事诉讼主体的诉讼权利保护。一系列法律法规的出台是民事责任制度日益完善的重要标志，使侵权责任的领域不断扩大，为公众责任保险制度变迁奠定了基础。

（二）该阶段公众责任保险制度的发展现状

1. 公众责任保险险种增多、保费规模有所扩大

从 21 世纪初至今，公众责任保险供给主体不断增多，险种开发较为活

跃。2001年平安保险率先推出校方责任保险，随后各家保险公司陆续推出了旅行社责任保险、停车场责任保险、游泳场所责任保险、体育场馆责任保险、房地产责任保险、环境污染责任保险（以下简称“环责险”）、电梯责任保险等多个险种。1995年可以代表全国保费收入水平的人保公司公众责任保险保费收入为561万元（不包括机动车及其第三者责任险）[①]，至2015年，仅校方责任保险实现保费收入近15亿元[②]，为学校提供风险保障超过20万亿元，覆盖全国学生和教职工超过1亿人[③]。

2. 火灾公众责任保险取得进一步发展

过去由于经营场所大多没有投保公众责任保险，在火灾发生后无力履行损害赔偿责任，最后往往是由政府“兜底包揽”。为了解决公共聚集场所导致的公众伤害问题，充分利用责任保险的社会管理功能，2006年3月29日，公安部和保监会联合发布《关于积极推进火灾公众责任保险　切实加强火灾防范和风险管理工作的通知》，按照“政府领导、多方参与、齐抓共管、商业运作”的原则陆续在全国各省（区、市）开展火灾公众责任保险，凡是公共聚集场所和易燃易爆场所等均需投保火灾公众责任保险，以保障人民群众的生命安全和财产安全。2008年6月，上海市在大型商场、饭店、影院、网吧、歌舞娱乐场所和易燃易爆危险品场所推广火灾公众责任险；推行较顺利的沈阳市，从2008年1月至7月共有1 043家单位参保，保费达到710万元[④]。但是大多城市的火灾公众责任保险实施情况均不如人意。例如，河北邯郸市自2007年5月推行火灾公众责任保险，至当年7月，仅6家公司投保[⑤]；浙江省衢州市政府也于2011年10月下发了《关于开展火灾公众责任保险工作的通知》，并于次年召开火灾公众责任保险推进会，积极推进火灾公众责任保险工

① 许飞琼. 责任保险［M］. 北京：中国金融出版社，2007：49.

② 高嵩，叶珏珑. 校方责任险基本实现义务教育阶段全覆盖［N］. 中国保险报，2016-09-06（08）.

③ 中国保险年鉴编辑部. 中国保险年鉴（2016）［J］. 中国保险年鉴社，2017.

④ 中国消防在线. 沈阳市1 043家单位签下710万火灾责任保险［EB/OL］.（2008-07-09）［2019-09-20］. http://119.china.com.cn/.

⑤ 中国消防在线. 邯郸火灾公众责任险推广两个多月保费不足6 000元［EB/OL］.（2007-08-03）［2019-09-20］. http://119.china.com.cn/.

作，但收效甚微，当年全市仅有 20 多家单位投保[①]。

火灾公众责任保险发展缓慢的主要原因：①企业投保意愿不高。火灾公众责任保险的受益方是受害第三方，在实际中单一场所发生火灾的概率低，大多数业主都存在侥幸心理，加之政府救济容易产生"慈善风险"，这种"万事靠政府"的思维也限制了火灾公众责任保险的发展。②缺乏政策强有力的支持。在 GDP 政绩考核导向下，地方政府对火灾公众责任保险的实施缺乏有效的规划和扶持。深圳市在最初推行火灾公众责任保险时采取的是强制投保措施，不久后就将"强制投保"改为"自愿投保"。

3. 环境污染强制责任保险试点工作实施顺利

随着工业化的发展，工业企业环境污染导致的受害第三者的利益损失引发了许多环境纠纷。根据国家环保局统计，20 世纪 80 年代至 20 世纪末，我国环境纠纷保持在年均 10 万件左右，但步入 21 世纪后，环境纠纷数量急剧上升，仅 2003 年就突破了 50 万件[②]。为了加强污染事故防范和处置工作，进一步健全我国环境污染风险管理制度，2007 年国家环境总局发布《关于环境污染责任保险工作的指导意见》，在江苏、湖南、湖北、河南、重庆、深圳、宁波、沈阳等省市开展环责险试点，2008 年江苏省建立了船舶污染责任保险"共保模式"，由保监局等 5 家政府部门评审确定的 4 家大型保险公司组成共保体共同承保 2008 年江苏省船舶污染责任保险项目。2013 年保监会和环境保护部联合发布了《关于开展环境污染责任保险强制试点工作的指导意见》，对涉重金属企业和其他高环境风险企业启动环境污染强制责任保险试点。2008 年环责险约有 700 家企业投保，至 2015 年投保企业增加至 4 000 多家[③]，从 2008 年至 2015 年第三季度，全国投保环责险的企业超过 4.5 万家次，保险公

① 中国消防在线. 推进火灾公众责任保险工作的几点思考［EB/OL］.（2013-11-14）［2019-09-20］. http://119.china.com.cn/.

② 仝春建. 以商业保险破解环境污染赔偿困局［N］. 中国保险报，2006-09-25（07）.

③ 环境保护部. 环境保护部公布 2015 年环责险投保企业名单［EB/OL］.（2015-12-23）［2019-09-20］. http://www.nee.gov.cn/gkml/sthjbgw/qt/201512/t20151223_320045.htm.

司提供的风险保障金累计超过 1 000 亿元[①]。环责险在补偿污染受害者、推动环境保护及发挥事中事后监督功能方面发挥了积极作用。

目前我国环责险发展面临的主要困难包括以下三方面：①环境责任法律法规体系不完善。长期以来，我国尚未建立专门的环境责任法，而相关的各部法律间有关环境责任的一些规则原则仍存在冲突，同时我国对环境污染事故的评估标准也未建立，各地方政府在涉事企业的赔偿责任认定上存在随意性，极大地影响了环责险的发展。②环责险的发展模式尚未确定。我国环责险的发展虽然有中国银行保险监督管理委员会和环保部的大力推进，但是仍缺乏法律规范的支持，2018 年生态环境部原则上通过了《环境污染强制责任保险管理办法（草案）》，环境污染强制责任保险制度的建立指日可待。③环责险的技术体系不成熟。一方面造成了产品的针对性和创新型不强，难以满足企业需求；另一方面也使得保险公司经营成本过高，难以支撑其长远发展。

第四节　新中国产品责任保险制度变迁的演进历程

一、新中国产品责任保险制度的建立（1980—1992 年）

产品责任保险始于 19 世纪 70 年代的英国，至今已有 100 多年历史。1963 年，美国确立了产品责任的严格责任原则并作为产品责任诉讼案的判案依据，该原则对欧洲各国和日本产生了广泛影响。自此，产品责任保险在世界范围内得到了迅速发展。

我国的产品责任保险制度始于 1980 年，出口美国的烟花爆竹发生的产品责任事故是我国产品责任保险诞生的契机。20 世纪 80 年代，美国得克萨斯州

① 4 000 家环境污染责任险投保企业公布［N］. 经济日报，2015-12-24（06）.

“拉斯蒂、斯考特兄弟诉中华人民共和国火焰案”中原告因燃放从我国进口的烟火伤及眼睛，在美国法院对我国提起诉讼，索赔600万美元，最终因被诉对象有误，由我国国际贸易促进会斡旋结案①。鉴于此案的重大影响，美国进口商对我国出口商提出投保产品责任保险的要求。在此契机下，中国人民保险公司于1980年开始试办产品责任保险。1984年，中国人民保险公司武汉市分公司出具了国内第一张独立的责任保险单——“荷花”牌洗衣机产品责任保险和产品质量保证保险，开创了国内责任保险业务的独立承保的先河。1985年，中国人民保险公司陆续在上海、杭州、广州等沿海城市开展了独立的产品责任保险并在国内推广，主要以承保电热毯、洗衣机、电冰箱、电视机等电器产品为主。该时期产品责任保险险种单一，涉外业务主要包括烟花爆竹、自行车、儿童玩具、汽车轮胎、施工机械等约10类110余种产品的产品责任保险②，国内业务主要是家用电器产品责任保险。并且相对于公众责任保险和雇主责任保险来说，该时期产品责任保险业务量小、发展缓慢，1988年人保产品责任保险保费收入为550万元，仅占责任保险保费收入的6‰及非寿险保费收入的0.9‰③。该时期的产品责任保险制度的变迁以诱致性制度变迁为主，产品责任保险主要是在涉外业务的带动下发展起来的。

二、新中国产品责任保险制度的初步建设（1993年至今）

（一）该阶段产品责任保险制度变迁的基础及动因

1. 产品责任事故的频繁发生是产品责任保险制度变迁的根本原因

随着我国经济水平的提高和科学技术的高速发展，产品的种类越来越丰富，产品的复杂程度也急剧上升，相应地，产品责任事故的发生频率和造成的损失程度也越来越高。例如，2003年的“辽宁海城学生豆奶中毒案”，2 500余名学生因饮用了鞍山宝润乳业有限公司（下称“宝润乳液”）的

① 张洪涛，郑功成. 责任保险理论、实务与案例［M］. 北京：中国人民大学出版社，2005：228.

② 张洪涛，郑功成. 责任保险理论、实务与案例［M］. 北京：中国人民大学出版社，2005：228.

③ 叶慧，丁伟丽. 中外责任保险之比较［J］. 中国保险管理干部学院学报，2002（1）：46-52.

“高乳营养学生豆奶”而产生腹痛、恶心、头晕等中毒反应。2005 年 2 月 23 日，国家质检总局禁止含有“苏丹红一号”的食品在我国销售，肯德基因 5 种产品含有“苏丹红一号”而在我国被停售，事发后 4 天内肯德基至少损失 2 600 万元①。2006 年“齐二药”事件后，齐齐哈尔第二制药有限公司倒闭，而该事件的受害者却无法获得相应赔偿②。2008 年“三鹿奶粉”事件导致 29.4 万名患儿出现泌尿系统异常，并造成三鹿集团及其他 21 家涉案企业破产，2009 年石家庄中级人民法院裁定三鹿集团在破产清算后已无任何钱财用于清偿破产债权，意味着受害患儿无法从三鹿集团获得任何赔偿③。此外，还有光明鲜奶事件、雀巢奶粉事件、瘦肉精事件、SK Ⅱ 事件等一系列产品责任事故，这些事故给消费者和企业带来了严重的损害，很多产品因厂家没有投保产品责任保险或投保额度过低，无力承担巨额赔偿，严重损害了受害者的利益，更出现了受害者及其家属砸厂家店铺等暴力行为，造成了极为恶劣的社会影响。可见，产品责任事故的日益严重使得产品生产者、销售者和修理者转嫁产品责任风险的需求更为迫切，推动了产品责任保险制度的变迁。

2. 产品归责原则的演进是产品责任保险制度变迁的重要动力

目前，我国产品归责原则一般包括疏忽责任原则④、担保责任原则⑤和严格责任原则。1986 年颁布的《民法通则》体现了产品责任的合同责任和疏忽责任并存的二元责任归责原则。《民法通则》第八十八条提出：合同的当事人应当按照合同的约定，全部履行自己的义务。进一步明确了产品的合同责任。《民法通则》第一百二十二条还规定：因产品质量不合格造成他人财产、人身损害的，产品制造者、销售者应当依法承担民事责任。运输者、仓储者对此

① 朱伟东. 肯德基四天损失 2 600 万元，近两天给消费者一个说法［N］. 北京娱乐信报，2005-03-12.

② 刘芳. 齐二药事件受害者至今未获相应赔偿［N］. 中国青年报，2006-08-16（02）.

③ 郭娅丽，邵彦铭. 大规模侵权事件中未来侵权债权的法律保护：以“三鹿奶粉事件”为例［J］. 理论探索，2015（6）：123-128.

④ 疏忽责任原则，是指由于产品生产者或销售者因疏忽造成产品缺陷，致使消费者或相关第三人受到人身伤害或财产损害而应当承担的责任。

⑤ 担保责任原则，是指产品生产者或销售者因违反了对产品的明示担保和（或）默示担保，致使消费者或相关第三人受到人身伤害或财产损害而应当承担的责任。

负有责任的，产品制造者、销售者有权要求赔偿损失，明确了产品的疏忽责任。2018 年颁布的《中华人民共和国产品质量法》（以下简称《产品质量法》）体现了产品责任的疏忽责任和严格责任并存的二元责任归责原则，标志着我国产品责任归责原则由疏忽责任原则向严格责任原则的过渡。《产品质量法》第四十一条规定：因产品存在缺陷造成人身、缺陷产品以外的其他财产（以下简称“他人财产”）损害的，生产者应当承担赔偿责任。明确了生产者适用于严格责任归责原则。《产品质量法》第四十二条规定：由于销售者的过错使产品存在缺陷，造成人身、他人财产损害的，销售者应当承担赔偿责任。明确了销售者适用于疏忽责任归责原则。此后出台的《中华人民共和国消费者权益保护法》（以下简称《消费者权益保护法》）（1993 年）、《中华人民共和国侵权责任法》（2009 年）进一步明确了生产者的严格责任，对于销售者适用于严格责任还是疏忽责任学界一直存在争议，但从欧美发达国家产品归责原则的演变中可以预见，严格责任应当是我国产品责任立法的未来取向。产品归责原则的演进历程体现了对消费者的保护，加重了产品供给方的责任，产品生产者和销售者的责任风险大大增加，从而增加了产品责任保险需求。

3. 国际贸易的发展对产品责任保险制度变迁起促进作用

随着我国不断加大对外开放力度，对外贸易发展迅速、贸易规模不断扩大。1994—2017 年，我国出口规模从 1 210 亿美元增长至 22 635 亿美元，出口规模增长了 18 倍（见图 5-3）。随着出口规模的扩大，也发生了越来越多的出口产品责任事故。1999 年 1 月，美国华盛顿州发生一起卤素灯短路火灾案，火灾造成整栋木屋被烧毁。该灯泡为我国出口到美国超市的，因此销售者和生产者均对受害人进行了高额赔付。2003 年 5 月和 7 月，美国两名儿童因食用了我国台湾地区出口的果冻后被噎住，造成一名儿童死亡，另一名儿童成为植物人，该出口公司共向受害人家属赔偿 6 670 万美元[①]。2005 年欧盟“非食品消费品快速预警系统”中提到 701 种可能对消费者造成严重损害的商品，其中中国制造的占比高达 49.4%[②]。目前我国许多食品、器械、机电产品

① 刘若冰. 产品责任保险及其对我国出口企业的影响分析［D］. 广州：广东财经大学，2014.

② 邓茜，等. 中国商品出口欧美市场产品责任风险及对策分析［N］. 中国国门时报，2006-10-24（02）.

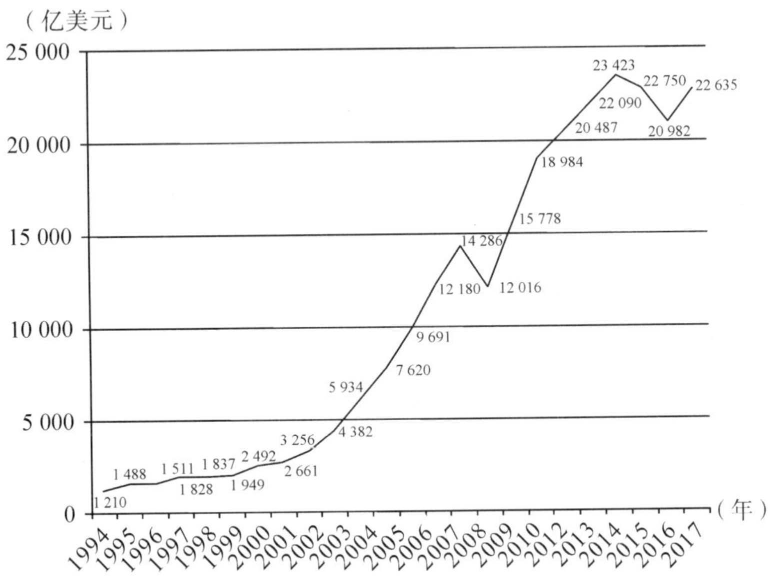

图 5-3　2009—2017 年中国出口情况

资料来源：商务部综合司. 2009—2017 年 12 月进出口简要情况［EB/OL］.（2018-01-09）［2019-09-20］. http://www.mofcom.gov.cn/article/tongjiziliao/cf/?.

已经进入了国际市场，基于国外法律对产品质量的严格要求以及欧美国家特别是美国十分注重对消费者权益的保护。使得我国出口面临非常大的产品责任风险。因此，大多外国进口商对我国出口产品制造企业提出了投保产品责任保险的要求，产品责任保险成了国际贸易的“通行证”。此外，随着我国对外开放力度的加大，大批外资保险机构进入我国保险市场，“三资”企业对产品责任保险的需求也在很大程度上促进了产品责任保险的发展。

（二）该阶段产品责任保险制度的发展现状

1. 产品责任保险保费收入持续增长，但占比仍然较低

1993—1994 年，国内产品责任保险保费收入约 6 300 万元，涉外业务保费收入约 1 500 万美元①，改革开放后国内经济的迅猛发展和国际贸易的增加带动了产品责任保险的发展，但是由于消费者缺乏法律意识和维权意识、相

① 张洪涛，郑功成. 责任保险理论、实务与案例［M］. 北京：中国人民大学出版社，2005：228.

关法制环境建设的滞后、承保精算技术和风险控制技术不成熟等因素，加之涉外业务采取限制承保、严格控制的方针，我国产品责任保险的发展相较其他责任保险险种更为缓慢，保费规模也相对较小。2008 年全国责任保险原保费收入为 81.7 亿元，产品责任保险保费收入仅为 9.2 亿元①，占责任保险保费收入的 11%、非寿险保费收入的 0.13%，保费规模低于公众责任保险、雇主责任保险和职业责任保险三大类险种。部分不发达地区产品责任保险发展更为滞后，例如，2008 年广西地区产品责任保险保费收入仅 162 万元，仅占当地责任保险保费收入 0.95%②。近年来，消费者的索赔意识有了明显提升，随着消费者权益保护的法律制度的完善和执法力度的加大，产品生产者和销售者越来越感受到了压力和责任，国内产品责任保险需求也会不断增加，产品责任保险的进一步发展是大势所趋。

2. 食品安全责任保险制度初步建立

食品风险的与日俱增和食品安全事故的频繁发生，使得食品安全问题已经成为一个关系到国计民生的重要社会议题。2015 年正式实施的《中华人民共和国食品安全法》第四十三条规定：国家鼓励食品生产经营企业参加食品安全责任保险。同年，保监会会同国家食品药品监管总局、国务院食品安全委员会办公室联合印发《关于开展食品安全责任保险试点工作的指导意见》，要求各个地区重视食品安全责任保险的发展，充分发挥食品安全责任保险的风险控制和社会管理功能，结合实际积极开展食品安全责任保险试点，将食品安全责任保险试点情况纳入地方食品安全工作考核评价体系，企业投保情况纳入企业信用记录和分级分类管理指标体系。随即河北、重庆、上海、甘肃等省市在当地保监局推动下陆续开展了食品安全责任保险试点。至 2015 年年底，我国共有 21 个省份开展了食品安全责任保险试点，投保单位超过 1.6 万个，保额超过 800 亿元。同年浙江省宁波市开展了全国首个区域性食品安全责任保险，地方政府通过财政出资为鄞州区 80 余万居民和近 10 万师生、

① 中国保险年鉴编辑部. 中国保险年鉴（2009）[J]. 中国保险年鉴社，2010.

② 吴年冬. 浅谈我国产品责任保险体系的构建 [J]. 区域金融研究，2009（4）：57-58.

数万建筑工人投保了食品安全责任保险①。虽然在中央和地方政府的努力推动下食品安全责任保险的发展取得了一定成果，但是整体而言，食品安全责任险的投保率仍较低，以中国人民财产保险股份有限公司为例，其 2015 年总保费收入为 2 810 亿元，而食品安全责任保险保费为 7 145 万元，占比不足 1‰②。目前我国食品安全责任保险发展面临的主要困难包括三方面：一是民事赔偿法律体系尚不完善，在发生食品安全责任事故后，涉事企业的民事赔偿责任较低，起到的惩戒作用有限，导致企业投保食品安全责任保险的积极性不高；二是食品生产和销售企业主动投保意识不强，大多存在侥幸心理；三是适应需求的保险产品开发还需要进一步加强。

第五节　新中国职业责任保险制度变迁的演进历程

一、新中国职业责任保险制度的建立（1980—1998 年）

职业责任保险始于 19 世纪末西方国家的医生职业责任保险，之后又陆续开展了会计师职业责任保险、律师职业责任保险等业务。20 世纪 60 年代，随着职业诉讼案件数量的剧增，职业责任保险进入了迅速发展阶段，险种扩展至教师、保险经纪人、心理学家、药剂师、兽医等 80 多种专业技术人员和服务人员的职业责任保险业务③。

新中国的职业责任保险制度始于 1980 年，初期仅开办了医疗责任保险，至 1994 年，中国人保职业责任保险收入仅 218.4 万元④。1994 年，上海建纬

① 中国保险年鉴编辑部. 中国保险年鉴（2016）［J］. 中国保险年鉴社，2017.

② 李芳，于海纯. 我国食品安全责任险的作用研究［J］. 保险研究，2017（1）：101-107.

③ 郑功成. 责任保险理论与实务［M］. 北京：金融出版社，1991：197.

④ 许飞琼. 责任保险［M］. 北京：中国金融出版社，2007：50.

律师事务所在友邦保险公司投保了首个律师执业失误保险；1995 年，武汉正信律师事务所与中国平安保险公司武汉分公司签订了律师责任保险协议；随后两年，深圳、北京陆续试办了律师责任保险；等等。可以说，相较于公众责任保险和雇主责任保险，该时期的职业责任保险发展十分缓慢，不仅险种单一，保费收入也很少，1992—1995 年的职业责任保险保费收入基本为 200 万元上下。

二、新中国职业责任保险制度的快速建设（1999 年至今）

（一）该阶段职业责任保险制度变迁的基础及动因

1. 职业责任风险的显著增加是职业责任保险制度变迁的根本原因

首先，随着社会分工的细化，职业责任风险的复杂性不断增加。随着科学技术的日新月异，各种职业的专业性、技术性和复杂性不断被强化，工作中的可控性和容错度也在不断降低，微小的失误都有可能造成巨大的损失。例如，工程设计师绘图的微小偏差可能导致产品存在重大缺陷，美容师的操作失误可能导致患者毁容等，从而可能引发受害人的巨额损失和索赔。其次，在职业责任保险中，法官处理索赔案件时遵循“深口袋”逻辑的现象比较普遍，即受害人作为经济“弱势”的一方更容易获得法官的同情，在判决的时候倾向于为那些向职业人员索赔的受害方提供经济利益，因此在一定程度上加大了从业者的职业责任风险。最后，随着社会和经济的发展，民事损害赔偿额度呈现不断增长的趋势，职业责任风险显著增加。

2. 法律制度的健全与完善是职业责任保险制度变迁的重要保障

法律制度的完善、职业责任赔偿制度的建立为受害人进行职业责任的诉讼提供了依据。除了《民法通则》（1986 年）、《保险法》（1995 年）、《民法总则》（2017 年），我国 1993 年颁布的《中华人民共和国注册会计师法》和《公司法》、1996 年颁布的《中华人民共和国律师法》（以下简称《律师法》）、2002 年颁布的《医疗事故处理条例》等法律法规均为受害人受到职业损害提起诉讼提供了法律依据。

（二）该阶段职业责任保险制度的发展现状

1. 医疗责任保险基本实现二级以上医院全覆盖，但基层医疗机构参保率低

自1999年云南省以政府令形式在全省推行医疗责任保险，北京、上海、深圳、河南等地方政府也陆续颁布了相关文件推行医疗责任保险，主要采取统保的方式投保医疗责任保险。例如，2002年上海市政府颁布了《上海市医疗事故责任保险实施方案（试行）》，要求全市的公共医疗机构及城镇职工基本医疗保险定点医疗机构都应参加医疗事故责任保险；2003年河南省卫生厅颁布了《关于在全省推行医疗事故责任保险工作的通知》，鼓励各地积极开展医疗责任保险；2004年中国人民财产保险股份有限公司统一承保北京市多家医疗机构的医疗责任保险，实现了医疗责任保险的统保①。2007年中国保监会、卫生部及国家中医药管理局联合下发《关于推动医疗责任保险有关问题的通知》，对地方政府各部门推动医疗责任保险的开展提出了指导性的要求。同年，北京市全市共有414家医疗机构和7万名医务人员参保医疗责任保险，累计保险责任限额达6.2亿元②。在政策的推动下，医疗责任保险在缓解医患纠纷、规范医疗秩序方面发挥了较大作用，至2013年，我国共有6 000多个二级以上医疗机构投保了医疗责任保险，占二级以上医疗机构总数的60%③。2014年国家卫生计生委、司法部、财政部、保监会、国家中医药管理局联合下发的《关于加强医疗责任保险工作的意见》进一步提出“到2015年年底前，全国三级公立医院参保率应当达到100%；二级公立医院参保率应当达到90%以上”的目标，并要求各地积极开展试点医疗责任保险，推进政府办基层医疗机构积极参保。各省（区、市）政府在推进医疗责任保险方面开展了大量工作，福建、江苏等省的部分地市建立了医疗风险互助金，由医疗机构缴纳、存入指定账户，专款用于之后的赔付。至2015年，医疗责任保险覆盖

① 王伟. 职业责任保险制度比较研究［M］. 北京：法律出版社，2015：151.
② 中国保险年鉴编辑部. 中国保险年鉴（2008）［J］. 中国保险年鉴社，2009.
③ 高嵩，赵广道. 医责险任重道远，亟须完善制度设计［EB/OL］.（2014-08-13）［2019-09-20］. http://sw.sinoins.com/2014-08/13/content_125634.htm.

约6.5万家医疗卫生机构，基本实现了2015年三级公立医院参保率达到100%、二级公立医院参保率达到90%以上的目标①。尽管医院的医疗责任保险参保率接近全覆盖，但是从整体医疗卫生机构的参保情况来看，责任保险的发展却仍显滞后。至2015年年底，我国共有98.35万个卫生医疗机构②，其医疗责任保险覆盖率仅6.61%。其主要原因包括以下几点：①除医院外，其他医疗卫生机构的投保积极性不高。在政策推动下，医院基本实现了医疗责任保险全覆盖，然而全国卫生医疗机构③中，医院仅占比2.80%④。而社区诊所等基层卫生医疗机构实行的是自愿投保方式，政府也没有相应的鼓励政策，再加上基层医疗机构医患纠纷相对医院较少、保险意识不强，所以投保医疗责任保险的意愿很低。②医疗责任保险的技术体系不完善。我国医疗责任保险起步较晚，没有长期的数据支持分析。既精通医学又精通精算的专业人才也很缺乏，因此对费率的测算没有科学的依据，而是采用的经验费率，费率的合理性和保险条款的设计都存在问题。③保险公司缺乏专业的复合型人才。在开展医疗责任保险过程中，由于缺乏既懂医学又懂保险的复合型人才，在查勘定损和理赔时多需要第三方机构的协助，存在理赔手续复杂、理赔时间长、附加服务价值低等问题。

2. 律师责任保险多以地区统保方式承保，部分地区形成地域性垄断格局

1997年的《律师法》第四十九条规定：律师违法执业或者因过错给当事人造成损失的，由其所在的律师事务所承担赔偿责任。这条规定第一次在法律层面上建立了律师赔偿责任制度，自此，律师责任保险开始以较快的速度发展。1998年，海南律师协会与太平洋保险公司签订了海南省律师责任保险协议书，为全省100多家律师事务所的500名律师投保了律师责任保险，建立了首个覆盖全省的律师责任保险制度⑤。2001年，中国平安保险公司北京

① 中国保险年鉴编辑部. 中国保险年鉴（2016）［J］. 中国保险年鉴社，2017.

② 国家卫生计生委：《2016年我国卫生和计划生育事业发展统计公报》。

③ 根据国家卫生健康委员会的统计口径，医疗卫生机构包括医院、基层医疗卫生机构、专业公共卫生机构、其他机构四大类。

④ 国家卫生计生委：《2016年我国卫生和计划生育事业发展统计公报》。

⑤ 韩长印，郑丹妮. 我国律师责任险的现状与出路［J］. 法学，2014（12）：138-149.

分公司与北京市律师协会签订了律师职业责任保险协议，每年由律师协会从会费中出资200万元为北京所有执业律师投保，保额高达4亿元[①]。自此，广东省、安徽省合肥市等各省市也陆续效仿，以省、市级律师协会为投保人，代表所辖律师事务所统一进行投保。从我国律师责任保险发展的整体状况来看，律师协会在促进律师事务所参保方面起主导作用，诱致性制度变迁在律师责任保险制度变迁中起决定性作用，这也和国际上的发展趋势相符。我国律师职业责任保险发展至今已有20余年，其发展中存在的突出问题有：①部分地区的律师责任保险已经形成了地域性垄断格局。在部分省份，一家保险公司长期独立承保该地区全部律师责任保险业务，平安保险、中国人保财险、太平洋保险等公司甚至包揽了多个省份的律师责任保险业务。律师协会统一投保，律师事务所和律师丧失自由选择保险公司的权利，区域性垄断格局的形成使市场竞争机制无法发挥作用，一定程度上阻碍了律师责任保险的发展。②保单条款不合理，部分条款相当严苛。目前我国开展律师责任保险的各家保险公司保单条款雷同，产品之间差异性很小，且部分条款相当严苛，难以满足实际需求。③对律师责任保险的需求仍不足。由于我国律师行业发展缓慢及律师赔偿责任制度不完善，律师责任险的理赔案件较少。2001—2010年，即使在北京、上海这样律师事务所较集中的大城市，平均每年也只发生一二起律师责任险理赔案件，并未呈现逐年增多的趋势，且索赔额不高，多为几万元至几十万元[②]。

3. 注册会计师职业责任保险制度初步建立

1999年中国人保为了响应市场需求，开发了我国第一款注册会计师职业责任保险，并于同年报中国保监会批准。2000年，中国平安深圳分公司与深圳市注册会计师协会签订了我国保险业第一份注册会计师职业责任保险承保协议[③]。自此，注册会计师职业责任保险陆续在全国各地开展，2003年，北

① 王宇. 我国律师全面推行执业责任保险，有过失要赔钱［N］. 法制日报，2005-01-21（05）.

② 韩长印，郑丹妮. 我国律师责任险的现状与出路［J］. 法学，2014（12）：138-149.

③ 张洪涛，郑功成. 责任保险理论、实务与案例［M］. 北京：中国人民大学出版社，2005.

京市236家会计师事务所中约70家购买了会计师事务所责任保险，占比约30%[①]。目前，四川省和上海市采用的是统保方式投保注册会计师职业责任保险，即由省、市级注册会计师协会与保险公司签订投保协议进行集中投保。而全国其他7 000多家事务所仍采用的是分散、自愿投保的方式。截至2014年年底，全国约有500家会计师事务所投保职业责任保险，占全部7 316家会计师事务所的6.83%[②]，而其中投保的大多是“北上广深”等发达城市的会计师事务所，经济欠发达地区的参保情况不甚理想。2015年，中国保监会和财政部联合发布了《会计师事务所职业责任保险暂行办法》，鼓励事务所投保职业责任保险，第25条规定：在本办法施行前已设立的会计师事务所，鼓励其在5年内尽快完成由提取职业风险基金向投保职业责任保险的过渡。2016年1月，财政部发出通知，启动2015年度会计师事务所年度报备工作，会计师事务所投保职业责任保险的情况被首次纳入报备内容。可以看出，政府对注册会计师职业责任保险的发展的关注度和重视度在不断增加，其发展必将迎来重要转机。目前，我国注册会计师职业责任保险制度存在的突出问题包括：①会计师事务所投保意愿不强。其中最关键的因素就是我国尚未建立审计师民事诉讼制度，注册会计师面临的民事诉讼风险很低。②区域发展严重失衡。北京、上海、深圳等城市的参保率较高，2008年，一线城市的保费收入占到了全国保费的90%[③]。③保险公司承保意愿不强，推出的产品难以满足需求。截至2016年年底，推出责任保险产品的69家保险公司中仅有24家开展了注册会计师职业责任保险业务。可见，即使已经在发展责任险种，保险公司承保注册会计师职业责任保险的积极性也不高。另外，从各个保险公司公布的保险条款来看，其条款差异较小，未根据市场情况及时更新保险条款，难以真正满足会计师事务所的实际需求。

---

① 王伟. 职业责任保险制度比较研究［M］. 北京：法律出版社，2015：305.

② 侯宁. 注册会计师职业责任保险制度问题研究［D］. 北京：首都经济贸易大学，2017：205.

③ 穆艳. 浅谈注册会计师职业责任保险制度［J］. 经济视角，2008（7）：54-55.

4. 其他职业责任保险的发展状况

除了上述三种职业责任保险，我国其他职业责任保险也取得了一定的发展。1999 年起，我国进行了工程设计责任保险试点，2003 年建设部发布了《关于积极推进工程设计责任保险工作的指导意见》，对各个地区政府推进工程设计责任保险提出了指导性要求。目前已经有上海、深圳、北京等多个省市推行了该项保险制度，在维护国家投资安全、提高工程设计质量方面有重大意义。近年来，随着中介市场的快速发展，保险中介人所承担的责任风险也越来越大，2005 年保监会发布了《关于保险代理（经纪）机构投保职业责任保险有关事宜的通知》，对保险代理机构投保职业责任保险或缴纳保证金提出了明确要求。目前，我国已经开始尝试建立董事责任保险制度。2002 年，中国平安保险公司和美国丘博保险集团联合推出了我国首个公司董事及高级职员责任保险，此后，中国人保财险公司也推出了该险种。随着法律对董事和高管责任的强化，该险种有望取得长足发展。此外，美容师职业责任保险、电脑职业责任保险、新闻记者职业责任保险等新兴险种也相继出现，为专业技术人员提供更全面的职业保障。

第六节　新中国雇主责任保险制度变迁的演进历程

一、新中国雇主责任保险制度的建立（1989—1999 年）

雇主责任保险始于 19 世纪的欧洲，1880 年英国颁布了《雇主责任法》，当年即成立了专业的雇主责任保险公司。1889 年，美国开办了雇主责任保险。此后，雇主责任保险在西方各国快速地发展起来。

我国于 1980 年恢复办理涉外雇主责任保险业务，当时为了满足外资企业的需求，中国人保开办了该项业务。1989 年，陕西渭南地区保险公司率先开办了国内雇主责任保险，承保国营、集体单位和私营企业的雇员、合同制工人、临时工及其他在岗工人因从事业务活动依法或依合同应由被保险人承担的经济赔偿责任，这是国内雇主责任保险制度建立的开端。1989 年 10 月，中国人保与中国个体劳动者协会联合发布通知，要求从 1990 年起在全国范围内开展个体工商户雇主责任保险，并制定了具体的实施措施。20 世纪 90 年代，各家财产保险公司纷纷开设了雇主责任保险，1991—1994 年，中国人保雇主责任保险保费收入从 1 023 万元增长至 5 704 万元，年均增长率高达 77.32%，是责任保险中保费收入增长较快的险种。1996 年 8 月劳动部发布了《企业职工工伤保险试行办法》，其第四条规定：企业必须按照国家和当地人民政府的规定参加工伤保险，按时足额缴纳工伤保险费，按照本办法和当地人民政府规定的标准保障职工的工伤保险待遇。由于工伤保险和雇主责任保险互补与替代并存的关系，该办法的出台为雇主责任保险的发展带来了新的挑战和契机。

二、新中国雇主责任保险制度的初步建设(2000 年至今)

（一）该阶段雇主责任保险制度变迁的基础及动因

1. 安全生产事故频发、职业危害严重是雇主责任保险制度变迁的根本原因

随着我国工业化和机械化进程的加深，机器代替手工成为趋势、产业结构复杂化，工具和器械的使用、与各种危险化学品的接触、高危行业的特殊工作环境使雇员发生安全生产事故、患上职业病的概率大大增加，带来的后果也越来越严重。据国际劳工组织公布的数据，我国工矿企业 10 万从业人员事故死亡率约为发达国家的 2 倍。2000—2006 年，我国工矿商贸企业共发生 91 640 起工伤事故，造成 103 221 人死亡，年均死亡人数 14 745 人。我国面临的职业病风险也十分严峻。截至 2006 年年底，全国累计报告职业病 67 万

起，其中尘肺病约为61万起，每年新发尘肺病人近1万人[①]。触目惊心的安全生产事故和职业病发数据与社会文明的进步构成了巨大反差，不仅对劳动者的人身财产安全甚至生命安全造成了严重威胁，对社会生产力和国家经济造成了巨大破坏，更容易造成社会的不稳定、损害国家和政府的形象。

2. 法制的完善和职业伤害补偿制度的建立是雇主责任保险制度变迁的重要保障

从雇主责任保险的发展历程来看，发达国家的工伤责任的归责原则均经历了由合同责任原则、过错责任原则向严格责任原则转变的过程。现在大多数发达国家对雇主责任保险采用的是严格责任原则，即只要雇员不是主观上故意导致自己受伤，均可获得经济补偿，而举证之责也由有利于雇主方逐步转向为有利于雇员方。自2003年国务院颁布《工伤保险条例》以来，明确了我国以工伤保险为基础、雇主责任保险为补充的职业伤害补偿制度。工伤保险体现的是国家对劳动者承担的社会责任，属于社会保险性质，因此在工伤事件处理中均采用严格责任原则，无论事故的发生是否与雇主有关，均可获得赔款。而雇主责任保险采用的是过错责任原则，即赔偿以雇主存在主观过错为条件。可以看出，我国的工伤责任目前采用的是过错责任原则和严格责任并存的二元归责原则，但从发达国家工伤归责原则的演变中可以预见严格责任原则应该是我国工伤责任立法的未来取向。

（二）该阶段雇主责任保险制度的发展现状

1. 工伤保险与雇主责任保险存在替代关系，雇主责任保险发展受限

2003年4月，国务院颁布了《工伤保险条例》，建立了强制性工伤保险制度。《工伤保险条例》第二条规定：中华人民共和国境内的企业、事业单位、社会团体、民办非企业单位、基金会、律师事务所、会计师事务所等组织和有雇工的个体工商户应当依照本条例规定参加工伤保险，为本单位全部职工或者雇工缴纳工伤保险费。该条例明确了工伤保险制度的强制性地位，

① 岑敏华，郭颂平．职业病风险与雇主责任保险的风险管控［J］．保险研究，2008（9）：44-46.

提高了工伤保险的立法层次。2004 年 1 月，我国开始强制推行工伤保险，并取得了良好的效果，2000—2017 年保费收入不断增长（见图 5-4），覆盖面也不断扩大，至 2017 年，工伤保险参保人数已达到 22 724 万人。

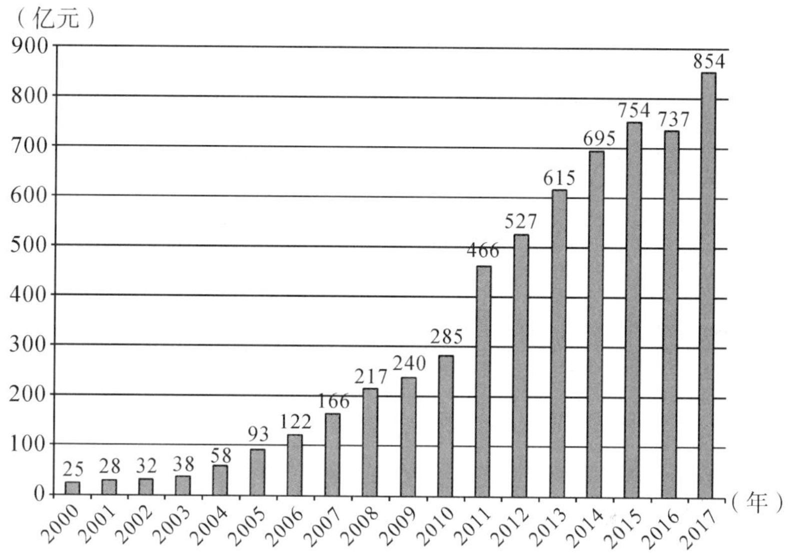

图 5-4　2000—2017 年全国工伤保险保费收入情况图

资料来源：人力资源社会保障部，国家统计局.《2008—2017 年度人力资源和社会保障事业发展统计公报》,《2000—2007 年度劳动和社会保障事业发展统计公报》［EB/OL］.（2018-05-21）［2019-09-20］. http://www.mohrss.gov.cn/sYrlzyhshbzb/zwgk/szrs/tjgb/index_1.html.

《工伤保险条例》的出台使得工伤保险的社会覆盖面扩大，工伤认定范围和工伤补偿项目都进一步增加，由于工伤保险和雇主责任保险的保险责任有所重叠，就导致了企业投保雇主责任保险的积极性下降。2002 年，雇主责任保险保费收入为 19.2 亿元，在非寿险保费收入中排名第五位，占当年非寿险总收入的 2.46%[①]。至 2008 年，雇主责任保险（不包括工伤保险）保费收入为 18.9 亿元[②]，占当年非寿险总收入的 0.6%。可以看出 2002—2008 年，雇

① 唐运祥. 中国非寿险市场发展研究报告（2002）［M］. 北京：中国金融出版社，2003：57.

② 中国保险年鉴编辑部. 中国保险年鉴（2009）［J］. 中国保险年鉴社，2010.

主责任保险保费收入不增反降，在非寿险保费收入中的占比更是显著降低。而同期工伤保险取得了长足发展，2000—2017 年工伤保险收入由 25 亿元增长至 854 亿元，年均增长率约为 21.67%，和雇主责任保险的发展呈鲜明对比。主要的原因是工伤保险和雇主责任保险具有很强的替代性，在承保范围、保险责任等方面具有高度相似性，已经投保了工伤保险的企业缺乏投保雇主责任保险的积极性。尤其是 2011 年修订后的《工伤保险条例》，进一步扩大了保险责任范围和保险赔偿额度，更是让雇主责任保险失去了竞争优势，进一步挤压了其发展空间。加之目前我国雇主责任保险存在逆向选择严重、经营技术水平低等因素，雇主责任保险的发展十分艰难。下一步，明确雇主责任保险的定位、发挥其对工伤保险的补充性作用，实现雇主责任保险和工伤保险的协调发展，仍然是雇主责任保险未来发展的主要课题之一。

2. 安全生产责任保险试点工作稳步推进

近年来安全事故的频发引起了政府的高度重视，2004 年中国保监会确定了 9 个省市试点煤炭责任保险。2006 年，国务院颁布了《关于保险业改革发展的若干意见》，明确提出“在煤炭开采等行业推行强制责任保险试点，取得经验后逐步在高危行业、公共聚集场所、境外旅游等方面推广”，同年中国保监会和国家安全监督管理局联合下发了《关于大力推进安全生产领域责任保险、健全安全生产保障体系的意见》，该意见提出尽快在建筑业、采掘业等高危行业推动安全生产责任保险试点，并从三个方面对各级安全生产监管部门运用商业责任险促进安全生产工作提出指导，对充分发挥责任保险的市场机制的作用、推动安全生产工作起到了积极作用。山西省自安全生产责任保险试点以来，煤矿责任险投保率从 2006 年的不足 10%，提高到了 2013 年上半年的 22%①；2008 年 8 月，湖南省正式启动安全生产责任保险试点，在长沙市烟花爆竹、危险化学品和非煤矿山三大高危行业开展，2008 年 9 月至 2009

① 保监会. 煤炭保险专业化经营有效提升煤炭安全生产保障水平［EB/OL］.（2013-10-15）［2019-09-20］. http://bxjg.circ.gov.cn/tabid/5272/Default.aspx? type=mulu.

年 3 月，参保企业 2 469 家，长沙市市区范围基本上做到了应保尽保[①]；2006 年 9 月，上海市政府发布了《上海市危险化学品安全管理办法》，规定“危险化学品单位投保商业性安全责任险的，可以不再缴纳风险抵押金”，对危险化学品相关单位开展了安全责任保险试点工作，试点参保的企业约有 8 000 家，这是上海市首次在安全生产领域引入保险机制[②]。各省（区、市）安全生产责任保险试点工作的顺利进行，为安全生产责任保险的进一步推行提供了宝贵经验。未来有望将安全生产强制责任保险纳入高危行业安全事故风险防范机制建设，将安全生产责任保险从煤矿山、危险化学品、烟花爆竹等领域向其他行业扩张，并逐步扩大保障范围、提高保险金额，从而更好地推进我国安全生产责任保险的运行，发挥其社会治理功能。

第七节　本章小结

一、责任保险制度存在的主要问题

（一）法律制度不健全导致责任保险需求严重不足

近年来，在中央政府的政策支持下和地方政府的积极推动下，环责险、火灾公众责任保险及安全生产责任保险等险种纷纷开展了试点工作，但是在试点之后，大多数参保企业选择不再续保。其主要原因是我国法律制度的不健全，企业和个人的违法成本低，导致责任保险投保积极性不高。一方面，我国法律支持的损害赔偿范围较窄，仅包括财产损失、收入损失、医疗费用

① 保监会. 湖南高危行业安全生产责任保险试点工作取得突破［EB/OL］.（2009-05-06）［2019-09-20］. http://bxjg.circ.gov.cn/tabid/5272/Default.aspx? type=mulu.

② 保监会. 上海开展危险化学品安全责任保险试点工作［EB/OL］.（2009-02-12）［2019-09-20］. http://bxjg.circ.gov.cn/tabid/5272/Default.aspx? type=mulu.

等；而美国等发达国家一般还包括精神损害、人身侵犯、产品用途丧失、惩罚性损害赔偿等，尤其是在美国，惩罚性损害赔偿在赔偿金额中的占比非常高。另一方面，我国法律支持的损害赔偿金额较小。欧美发达国家在处理侵权案件时归责原则多采用严格责任，而我国除少数情形外，主要采用的是过错责任原则，从赔偿限额的法律规定和法院的实际判决情况来看，我国的责任案件的赔偿额也远远小于欧美发达国家。责任损害赔偿的范围窄、金额小，意味着个人和企业的违法成本和投保责任保险的预期收益都很低，对责任保险的需求产生了非常不利的影响。

（二）责任保险的政策支持力度不够

公众责任保险、产品责任保险等责任保险具有保护受害人利益、化解社会矛盾、提高社会整体福利及改善国家的社会治理能力等功能。但是，责任保险是具有一定正外部性的产品，仅仅依靠市场配置资源是无法实现帕累托最优的，在没有政策干预的情况下，责任保险的实际供给水平会低于社会最优水平。因此，许多国家对具有显著正外部性的责任保险险种确定为强制保险，或者提供相应的补贴，以提高责任保险的覆盖面。而我国除了对交强险实施强制性立法，对部分责任保险险种实施地方性立法和鼓励投保政策外，对与国计民生密切相关的食品安全责任保险、医疗责任保险等险种均缺乏强有力的政策支持。

（三）责任保险的经营技术水平低，产品质量有待提升

责任保险承保的是各种侵权责任，由于其危害结果界定困难、风险难以控制及存在多个利益相关方，开展责任保险的风险相较其他财产保险更大。开发满足市场需求的责任保险险种需要保险公司具有较强的承保能力、较高的产品研发水平和精算技术水平，然而我国开展责任保险的年限较短，既缺乏经营经验，也缺乏相关的承保数据，保险公司为了稳定经营、降低风险，大多数责任保险险种的责任范围较窄、责任限额较低，而保险费率又相对较高，产品设计缺乏科学性。此外，国内责任保险产品主要借鉴和模仿国外成熟的保险产品，产品同质性严重，保险公司自主开发和创新能力较弱，无法根据国内的市场环境和保险消费者的需求设计保险产品，相当部分产品是

“闭门造车”，产品与实际需求严重脱节，导致现有的责任保险产品市场认可度很低。

（四）责任保险的服务形式有待创新，服务能力有待提升

与发达国家相比，我国责任保险的事前和事后服务水平均显不足。责任保险的事前风险预防能够显著降低责任事故的发生。例如，美国的养老院责任保险，保险公司提供了完善的配套服务体系，减少了医护人员用错药或护理指导不当的可能性。美国工厂联合保险商协会不仅提供火灾相关的保险，还开发消防安全产品、服务于国家消防标准的研发和设计，在防灾防损方面发挥了重要作用。日本的保险公司一般都由风险管理的子公司提供责任保险的专业增值服务，投保人在购买产品责任保险时将会得到保险公司提供的有关产品责任说明书（包括法律规定、风险范围等），还提供拟订方案等服务。而我国责任保险缺乏丰富的防灾防损服务形式，事前风险预防功能较弱。此外，责任保险涉及的利益方较多，因此在理赔的过程中多需要多方配合。而目前我国保险公司缺乏专业的复合型人才，在查勘定损和理赔时多需要第三方评估机构的协助，导致理赔时间长、理赔程序复杂，在很大程度上影响了客户体验。

二、责任保险制度创新的方向

（一）健全和完善民事法律制度，增加责任风险转移需求

纵观全球，责任保险最发达的地方往往就是那些法律制度最健全的国家或地区。责任保险的承保责任范围是以民事责任范围为依据的。我国应尽快制定《产品责任保险条例》《环境污染责任保险条例》等责任保险专门法规，建立健全责任保险法律法规体系。尽快对民事赔偿责任的相关法律予以细化，明确不同民事责任的责任范围、事故认定和适用的归责原则。建立健全受害方合法权益保护的相关法律制度，加大责任方的侵权过失成本，对处于弱势地位、举证困难的受害者提供相应的法律援助，建立和完善第三者直接请求权制度，充分保护受害人利益，贯彻落实相关法律法规，促进责任保险的发展。

（二）加大对责任保险的政策支持力度

责任保险具有准公共品的特性，使得它难以完全依靠市场机制实现健康发展，只有依靠国家政策和相关政府部门的推动，才可能有效解决市场失灵造成的责任保险市场资源配置无效率的问题。责任保险的发展应当采用“政策引导、政府推动、市场运作”的原则，将医疗责任、食品安全、公共安全、安全生产、环境污染等与国计民生和国民经济发展紧密相关的领域作为重点：①加快环境污染强制责任保险的立法进程，积极争取火灾公众责任保险、医疗责任保险、食品安全责任保险的立法强制；②联合生态环境部、卫生健康委员会（以下简称“卫健委”）等多个部门积极推动责任保险发展，采用税收优惠、财政补贴、政府购买、政府提供再保险等方式支持责任保险发展；③鼓励有条件的地区“先行先试”，积极试点食品安全险、安全生产责任险等险种，积累一定经验后逐步扩大试点范围和承保责任范围，积极创新和推广地方特色发展模式，例如，江苏省船舶污染责任保险“共保模式”、山西省煤矿安全责任服务保险“预防为主”的特色服务模式；④充分发挥责任保险市场化运行机制和行业自律作用，加强责任保险市场的信息化建设，增强费率厘定的科学性和合理性；⑤大力支持责任保险专业化经营，发挥专业化经营优势。支持保险公司创新，对坚持创新和特色经营的保险公司给予一定政策支持和鼓励。

（三）提高责任保险的专业化经营水平，坚持创新

加大责任保险科研投入，增强责任风险的识别能力、增加风险评估手段。加强保险公司风险管理能力，通过风险证券化、成立自保公司等非传统风险转移方式加强责任保险的风险承担能力和承保能力。完善人才选拔机制和培养机制，整合具有保险、法律、医疗、环境等多领域专业知识的人才。依托行业技术和人才资源设立专业的责任保险公司，实现专业化经营优势，充分发挥责任保险的经济补偿和风险管理功能。

针对保险消费者需求进行产品创新、服务创新及技术创新，形成各自的核心竞争力。在产品创新方面，应避免无效创新。截至2004年年底，我国责

任保险产品已有400多个①，但能形成一定业务规模的险种并不多，大量的无效责任保险产品创新，不仅浪费了宝贵的企业资源，对于不符合大数法则的承保更可能导致经营亏损。因此，产品创新应立足于增强自身核心竞争力、抢占市场份额，发挥自身优势、扬长避短，增强新产品的科学性和市场适应性。在服务创新方面，创新保险事前风险预防、事中协调沟通和监控、事后理赔和应急服务形式，提升附加服务价值。在技术创新方面，探索互联网、大数据、人工智能、区块链技术在责任保险中的应用，提高保险资金运用效率。

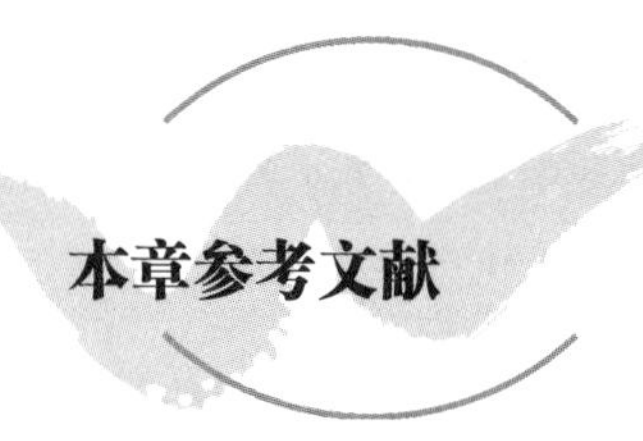

本章参考文献

［1］道格拉斯·C. 诺斯. 经济史上的结构和变革［M］. 陈郁，等译. 北京：商务印书馆，2016.

［2］罗纳德·H. 科斯，等. 财产权利与制度变迁：产权学派与新制度学派译文集［M］. 刘守英，等译. 上海：格致出版社，2014.

［3］岑敏华，郭颂平. 职业病风险与雇主责任保险的风险管控［J］. 保险研究，2008（9）：44-46.

［4］韩长印，郑丹妮. 我国律师责任险的现状与出路［J］. 法学，2014（12）：138-149.

［5］侯宁. 注册会计师职业责任保险制度问题研究［D］. 北京：首都经济贸易大学，2017.

［6］李芳，于海纯. 我国食品安全责任险的作用研究［J］. 保险研究，2017（1）：101-107.

① 许飞琼. 责任保险［M］. 北京：中国金融出版社，2007：51.

[7] 穆艳. 浅谈注册会计师职业责任保险制度 [J]. 经济视角，2008 (7)：54-55.

[8] 孙蓉，兰虹. 保险学原理 [M]. 3 版. 成都：西南财经大学出版社，2010.

[9] 王伟. 职业责任保险制度比较研究 [M]. 北京：法律出版社，2015.

[10] 王利民，郭明龙. 民事责任归责原则新论：过错推定规则的演进：现代归责原则的发展 [J]. 法学论坛，2006 (6)：55-67.

[11] 吴年冬. 浅谈我国产品责任保险体系的构建 [J]. 区域金融研究，2009 (4)：57-58.

[12] 许飞琼. 责任保险 [M]. 北京：中国金融出版社，2007.

[13] 许谨良. 财产和责任保险 [M]. 上海：复旦大学出版社，1993.

[14] 叶慧，丁伟丽. 中外责任保险之比较 [J]. 中国保险管理干部学院学报，2002 (1)：46-52.

[15] 张洪涛，郑功成. 责任保险理论、实务与案例 [M]. 北京：中国人民大学出版社，2005.

[16] 张子浩. 浅议推行火灾公众责任保险 [J]. 火灾与保险，1998 (6)：37-40.

[17] 张作华，余辉. 探索强制火灾公众责任保险 [J]. 中国保险，2004 (6)：44-45.

[18] 郑功成. 责任保险理论与实务 [M]. 北京：中国金融出版社，1991.

[19] 庄咏文. 保险法教程 [M]. 北京：法律出版社，1986.

第六章
新中国信用保证保险制度变迁

人们常说，保险产品是“看不见、摸不着”的，因为保险标的的风险若不发生，则无法被人们触碰和感知。然而，对于信用保证保险来说，不仅保险标的的风险是看不见、摸不着的，而且它的保险标的——信用，也同样是看不见、摸不着的。尽管如此，国际上为这种看不见、摸不着的信用保证保险，成立了一个专门的国际组织——伯尔尼协会，全称“国际信用和投资保险人协会”(The International Union of Credit & Investment Insurers)，而我国也为其专门成立了全国唯一一家政策性保险公司——中国出口信用保险公司，并出台了一项与其相关的专门保险条例——《存款保险条例》。

“看不见、摸不着”的信用保证保险有何魅力，能让诸多国家参与和认同？为此，本章将以制度变迁理论为理论基础，探究“什么是信用保证保险”“我国开办信用保证保险业务的目的是什么”以及“新中国成立后，我国信用保证保险的发展情况如何”等问题，希望得出新中国信用保证保险制度变迁的相关结论并对其未来发展加以展望。

第一节 信用保证保险的内涵

一、信用保险与保证保险的概念及其关系

我国学者对信用保证保险的概念一直存在不同的理解。庹国柱把信用保险和保证保险作为同一概念使用，认为以义务人的信用作为保险标的的带有担保性质的保险，应统一为保证保险或信用保证保险①；而多数学者则认为，信用保证保险实际上包括信用保险和保证保险②。两者的主要分歧在于是否把投保人不同，即权利人投保或义务人投保，作为信用保险与保证保险的重要区别。

在实务中，从历年的《中国保险年鉴》中可以看出，信用保证保险可以被分为信用保险和保证保险两个险种进行业务统计，这与新中国信用保证保险实际经营的情况相匹配；并且从信用保险和保证保险在我国的发展历史进程可以看出，两个险种的制度变迁过程不尽相同；同时，政府出台的相关政策基本上是分别针对两个险种进行指导实施的。因此，本章把信用保证保险分为信用保险和保证保险两个险种来分别阐述和分析。

尽管，本章的重点在于对新中国信用保险和保证保险制度变迁的研究，然而，对于信用保险和保证保险的概念、基本特征和主要险种等基本问题仍不能忽略，因此本节首先对信用保险和保证保险的内涵及其关系进行阐述和辨析。

（一）信用保险的内涵

从不同的角度出发，信用保险的定义并不唯一。赵明昕（2004）在其博

---

① 庹国柱. 信用保证保险概念与分类之质疑［J］. 上海保险，2002（4）：44-47.

② 郑功成，孙蓉. 财产保险［M］. 北京：中国金融出版社，1999：379；乔林，王绪瑾. 财产保险［M］. 2版. 北京：中国人民大学出版社，2008：364；曾鸣. 信用保证保险研究［M］. 上海：上海财经大学出版社，2009.

士论文中把学者们对信用保险的定义进行归类，大致可以分为信用风险管理说（代表性学者有：Dick Briggs & Burt Edwards，1988；黄华名，2001；詹姆斯·S. 特里斯曼，2002）、信用利益保护说（代表性学者有：江朝国，2002；郑玉波，2001）、合同说（代表性学者有：李玉泉，1997；徐卫东，2000）三类①。关于信用保险的定义，此处不做详细讨论，而是借鉴当前国内主流保险学教材中对信用保险的定义：信用保险是保险人根据权利人的要求担保被保证人信用的保险②。

从实务方面来看，信用保险一般分为国内信用保险、出口信用保险和投资保险。其中，国内信用保险亦称商业信用保险，它是保险人为商品赊销活动中卖方的应收账款回收提供的保险，是在买房信用未完全获得卖方认可的条件下，对买方信用的支持和对卖方应收账款回收的保障③。国内信用保险包括赊销信用保险、预付信用保险、企业贷款信用保险、个人贷款信用保险和信用卡保险五个种类。出口信用保险是承保出口商在经营出口业务的过程中，因进口商方面的商业风险或进口国方面的政治风险而遭受损失的一种特殊的保险④。根据保险期限的不同，出口信用保险可以分为短期出口信用保险和中长期出口信用保险；根据保险责任起讫时间的不同，出口信用保险业务可以分为出运前的保险和出运后的保险；根据承保方式的不同，出口信用保险业务可以分为综合承保和选择承保；根据承保风险的不同，出口信用保险可以分为商业风险保险和政治风险保险等⑤。投资保险承保本国投资者在外国投资期间因政治原因遭受投资损失的风险。我国目前开办的信用保险业务主要有出口信用保险和投资保险。

（二）保证保险的内涵

保证保险在美国被称为“bond”，即“保证、担保”之意。国内学者对保

① 关于这三种说法下的信用保险概念，赵明昕在其博士论文中有详细的分析论述，可参见：赵明昕. 信用保险制度研究［D］. 重庆：西南政法大学，2004.

② 郑功成，孙蓉. 财产保险［M］. 北京：中国金融出版社，1999：384.

③ 乔林，王绪瑾. 财产保险［M］. 2 版. 北京：中国人民大学出版社，2008：367.

④ 郑功成，孙蓉. 财产保险［M］. 北京：中国金融出版社，1999：388.

⑤ 郑功成，孙蓉. 财产保险［M］. 北京：中国金融出版社，1999：392.

证保险的定义基本相同，保证保险是义务人（被保证人）根据权利人的要求，要求保险人向权利人担保义务人自己信用的保险①。保证保险一般分为确实保证保险和忠诚保证保险两大类，而每一类又包含若干险种，下面主要介绍两类保证保险和险种名称②。

确实保证保险有许多种类，国际保证保险权威机构美国 SFAA（美国保证和忠诚保证协会）通常将其分为合同保证保险和商业保证保险。合同保证保险指，保险人对义务人按照规定的要求履行合同义务的行为进行保证，确保义务人将履行所有合同义务。合同保证保险主要包括投标保证、履约保证、支付保证、维护保证、供应保证、完工保证和双重权利保证等险种。商业保证保险在美国也称为非合同保证保险，其险种主要包括司法保证保险、信托保证保险、许可证保证保险、公务员保证保险、联邦保证保险、存款保证保险和杂项保证保险。

美国 SFAA 把忠诚保证保险分为两大类，即金融机构保证保险和非金融机构保证保险。金融机构保证保险主要包括对股票经纪人、商业银行和保险公司等金融企业提供的保证保险，非金融机构保证保险指对除金融机构以外的其他商业机构和政府机构提供的保证保险，一般称为雇员忠诚保证保险。

相较于国外而言，我国保险市场上保证保险的险种相对较少，除上述提到的工程合同类保证保险和雇员忠诚类保证保险外，还有消费信贷类保证保险和质量保证类保证保险。其中，消费信贷保险主要包括个人消费贷款保证保险、机动车辆消费贷款保证保险、个人购房抵押贷款保证保险；而产品质量保证保险承保产品生产者、销售者对其产品的修理、更换、退货的“三包”责任，其投保人应为产品生产者或销售者，权利人则为购买者或消费者。

（三）信用保险与保证保险的关系

信用保险和保证保险之间既有共性又有区别。其联系在于信用保险和保证保险的保险标的都是信用，都是保险人对被保证人的行为致使债权人遭受

---

① 王绪瑾. 保险学［M］. 3 版. 北京：经济管理出版社，2004：269.

② 这部分主要参考牛新中主编的《财产保险》一书中的相关内容，参见：牛新中. 财产保险［M］. 上海：立信会计出版社，2013：241-246.

经济损失承担赔偿责任的保险；而区别主要表现为以下几点[①]：

第一，投保人不同。信用保险是债权人要求保险人担保债务人的信用，通常由债权人投保；而保证保险是债务人要求保险人向债权人担保自己的信用，所以通常由债务人自己投保。

第二，合同形式不同。信用保险业务通常是通过出具保险单的形式来完成的，其保单格式与其他财产保险并无明显差别，同样规定责任范围、除外责任、责任限额、保险费、损失赔偿及被保险人的权利义务等基本条款。但是，保证保险通常不是出具保险单而是出立保函，该保函的格式和内容与普通财产险保单明显不同，其内容通常很简单，一般只规定担保事宜。

第三，保险人承担的风险不同。在信用保险中，保险人实际承担着债务人的违约风险。但在保证保险中，保险人只出立保证书，履约义务还是由债务人自己承担。因为保险人通常将保证保险的承保看作是对义务人（投保人）提供信用的特殊手段，特别强调对义务人承保前的资格审查和选择，理论上只为其认为不会发生违约风险的投保申请人提供相应的保证保险，把不具备履约条件的投保申请人拒之门外，并且保险人通常享有追偿权[②]。

第四，保费性质不同。信用保险的投保人交付的保费是将被保证人的信用风险转移给保险人的价金，保险人将收取保险费作为赔偿基金。可见，一般情况下，保证保险属于担保业务，被保证人所交付的费用是一种担保手续费，是对保险公司出具信用的一种报酬。

第五，主要应用领域不同。信用保险更多应用于各类贸易活动，最典型的形式就是出口信用保险；而保证保险则更多地应用于各类工程建设领域，其典型形式就是各类工程合同保证保险。

① 参见：牛新中．财产保险［M］．上海：立信会计出版社，2013：233-234．对于保证保险的保费性质方面的观点，笔者与其略有不同。

② 何绍慰．中国保证保险制度研究［M］．北京：社会科学文献出版社，2010：26.

二、信用保证保险的基本特征：与一般财产保险比较

信用保险和保证保险都是针对信用风险的保险，与传统的承保物质损失的财产保险存在显著区别，这些区别也是信用保险和保证保险的基本特征。通过与一般财产保险的比较，了解信用保险和保证保险的基本特征，有助于全面认识该类特殊险种，还有助于理解后文的新中国信用保证保险制度变迁的演进特征和演进历程。

（一）信用保险的基本特征

信用保险承保的是经济活动中个人或机构的信用情况。与一般财产保险相比，具有以下不同之处：

第一，保险标的不同。一般财产保险承保的是因遭受自然灾害和意外事故造成的被保险人有形财产或人身伤亡的损失；信用保险承保的是经济交往中的信用风险。

第二，赔付金额的确定不同。一般财产保险中，保险人承担的赔偿责任一般以出险时标的的实际价值或保险金额为限；在信用保险中，保险合同双方当事人一般会约定一个赔偿限额，保险事故发生后，保险人只在这个限额内承担赔付责任。

第三，涉及的关系人不同。一般财产保险中，保险合同只涉及保险人、投保人和被保险人；在信用保险中，保险合同还涉及与投保人存在经济责任的第三方，但第三方并不是保险关系人。

（二）保证保险的基本特征

保证保险如同一般财产保险一样，都是一种风险管理手段，它们都是为经济损失提供补偿的。但实际上，保证保险与一般财产保险存在很大的区别，主要表现在以下几个方面：

第一，保证保险与一般财产保险的内在机制不同，保证保险更是一种风险回避机制而非风险分摊机制。一般财产保险是基于大数法则的风险分摊机制；而保证保险的保险人通常将保证保险视为对义务人提供信用背书，注重对义务人承保前的信用资质遴选，原则上只为不会发生违约风险的投保人提

供保证保险，拒绝对不具备履约条件的投保申请人提供信用担保。

第二，保证保险与一般财产保险的直接目的不同。在一般财产保险中，保险的直接目的是承担被保险人的损失；而在保证保险业务中，保险人在履行赔付责任之后有权向义务人追偿，这是保证保险的基本特征之一，也是保证保险与传统商业保险的根本区别之一。因此，保证保险的直接目的并不是保护投保人的利益，而仅仅是保护权利人的利益。

第三，保证保险费从性质上看是一种“服务费”。一般财产保险的费率是基于精算假设而确定的，也就是说损失的发生在概率上具有“必然性”，保险公司收取的保费绝大部分都会用于赔偿未来的损失。而对于保证保险，保险人会进行严格的资格审查，将不具备履约条件的投保申请人排除在可承保对象之外，而且通常还会采取风险监控等多种方式主动防范保险期间内的违约风险，并保有追偿权。这样，保证保险费实际上等同于保险人对被保险人提供信用背书的“服务费”，其费率厘定并未建立在严格的精算基础之上，而是更多地考虑了服务成本及合理利润等诸多因素。

第四，保证保险合同通常是附属性合同。一般财产保险合同是主合同，是建立在合同双方当事人自愿基础上的独立合同；而保证保险合同是保险人对投保人的债务偿付、违约或过失承担责任的附属性合同，保险人只在保险合同中约定的履约事项已经成立而投保人违约的情况下承担给付责任。

第二节　信用保证保险制度变迁相关文献综述

中国保险制度既具有一些与世界其他国家的保险制度相似之处，又不乏自己的风格和特质（卓志、周宇梅，2008）。国内外学者对出口信用保险的作用和发展历史进行了梳理和研究。Funatsu H（1986）指出政府可以积极利用出口信用保险，以优惠的保险费率促进出口。在这样的出口信用保险优惠费率政策下，政府实际上是通过出口信用保险来补贴出口企业。Aldcroft（1962）对英国出口信用保险的早期（1919—1939年）发展历史进行研究，将英国出口信用保险的发展历史分为两个阶段：1919—1929年的试验实施阶段；1930—1939年的再组织和再调整（re-organization and re-adjustment）阶段。第一次世界大战结束后，英国为恢复与欧洲大陆其他国家的贸易往来，由英国政府出台信用风险保障计划，并在贸易委员会中组建出口信用部门，这一部门一直主导着英国信用保障计划的实施，也是世界第一家官方支持的出口信贷担保机构——英国出口信用担保局（Export Credit Insurance Guarantee Department），英国出口信用担保局于1937年成为一个政府部门（Dick Briggs and Burt Edwards，1988）。随着信用保险的日益发展，1928年4月，国际信用保险协会（International Credit Insurance Association；ICIA）在法国巴黎正式成立，该协会是承保信用保险和保证保险的保险人组织，这是最早的信用保险业国际组织[①]。1934年，英、法、意和西班牙的出口信用保险组织依据《瑞士民法典》（Swiss Civil Code）成立了国际信用和投资保险人协会（International Union of Credit and Investment Insurers），简称伯尔尼协会（Berne Union），开展出口信用保险。截至2017年年底，伯尔尼协会有来自世界73个国家和地区的83家成员公司，其中包括5名观察员。成员资格是多样化的——成员组织可以是私有的或有政府背景的信用保险机构和多方参与的金融机构，它们代表了世界范围内出口信贷和投资保险业的各个方面[②]。

第二次世界大战结束后，信用保险迎来了发展的繁荣期，信用保险的社会价值逐渐彰显。二战后的长达半个多世纪的时间内，世界和平发展，生产力逐步恢复，并达到了空前的水平，国际经济竞争愈发激烈，越来越多的企业对流动资金周转便利的要求较高，希望采用延期付款的方式进行交易，这一时期，银行贷款利率大幅上升，信用交易在市场经济的主流交易中占有相

① 赵明昕. 中国信用保险法律制度的反思与重构：以债权人的信用利益保障为中心［M］. 北京：法律出版社，2010：89-90.

② 伯尔尼协会官方网站. Historic Timeline，资料来源：https://www.berneunion.org/Stub/Display/41，查询日期：2020-11-12。

当大的比重（赵明昕，2010）。随后，发达国家和发展中国家和地区陆续开始成立信用保险机构[①]。1946 年，法国为了承保政策性出口信用保险业务，成立了对外贸易保险公司；1956 年，澳大利亚组建了澳大利亚出口融资与保险局，承保大宗产品的出口信用保险和出口融资业务，为出口企业提供出口信贷支持；加拿大出口开发公司（EDC）于 1969 年成立，其前身是 1944 年成立的加拿大出口信贷保险公司，其信用保险业务主要为出口企业提供政治风险和商业风险的保障；1957 年，印度官方开始主办出口信用保险，成立了出口信贷担保局；1966 年，中国香港政府全额出资，成立了香港出口信用保险公司（ECIC）；1975 年，新加坡出口信贷保险公司成立；1976 年，韩国进出口银行成立，并于 1977 年接管了出口信用保险业务；中国台湾地区于 1979 年成立了进出口银行，主要开展短期出口信用保险和融资业务；印度尼西亚出口信贷保险公司成立于 1985 年，主要承保出口信用保险和提供银行贷款担保（徐蓉，2001）。为了支持我国的经济发展，1988 年中国人民保险公司开办政策性进出口信用保险业务。

信用保证保险最早源于国外，因此，当其被引入国内后，我国学者们对其概念的界定和理解进行了讨论。李建智（1994）认为应摒弃“信用保证保险”的称谓，因为没有既是信用保险又是保证保险的业务，要么是信用保险，要么是保证保险，要么二者皆不是。刘亚（1997）对信用保险和保证担保的概念进行了辨析，从两者的经营范围、风险集中度和债券人的风险转嫁方式等方面，分析了两者的异同。赵明昕（2005）认为，由于信用保险和保证保险在承保对象、业务性质和制度价值方面的根本差异，信用保险不能为保证保险所包含。

国内学者对保证保险的研究集中在解决小微企业融资难的问题方面。庄慧彬（2010）分析了小额贷款保证保险业务推出的背景，并从保险主体、保险标的和承保条件等几个方面分析了保证保险与信用保险的不同点，并提出了大力发展小额贷款保证（信用）保险的一些政策建议。唐金成（2012）借

① 徐蓉. 商业信用保险研究［D］. 北京：对外经济贸易大学，2001：2.

鉴美国、日本、韩国与中国台湾地区等发达经济体积累的通过发展信用保证保险来化解中小型企业融资难题的经验，提出通过信用保证保险来解决我国中小企业融资难的问题。娄飞鹏（2013）认为，积极发展贷款保证保险，需要完善相关的法律法规，优化社会信用生态环境，理顺银保合作关系。李文中（2014）指出，开展小额贷款保证保险可能会面临逆向选择和道德风险，需要政府的政策扶持，以及良好的机制设计作为开展小额贷款保证保险的实施保障。

近年来，随着互联网的发展，学者们的视线也转向了 P2P（peer-to-peer，点对点）网贷、互联网信用等新风险。王强（2017）提出可以将信用保证保险作为 P2P 网贷的一种风险分担机制选择。何虹（2017）认为保险公司作为发现风险、控制风险、分散风险的最专业机构，无疑是与 P2P 网贷公司结合的最佳选择。苏静（2018）基于我国经济发展的现实，认为互联网信用保证保险的发展具有广阔的市场空间。

综上所述，国内外学者对信用保证保险发展历史的研究较为丰富，从中可以很好地梳理出信用保证保险发展的历史发展脉络。但是，少有学者运用制度变迁理论，对信用保证保险的发展历史进行深入的分析和探索。而本章将以制度变迁的理论视角，试图分别对新中国信用保险和保证保险的制度变迁背景、阶段、特征、成就与经验等若干问题进行分析，从而探究新中国信用保险和保证保险的发展历程中，强制性制度变迁和诱致性制度变迁的历史事实。一方面，探索新中国信用保证保险制度变迁过程中，强制性制度变迁和诱致性制度变迁是如何影响我国信用保证保险发展的；另一方面，可以通过新中国信用保险和保证保险的发展历史检验制度变迁的理论。

第三节　新中国信用保证保险制度变迁的演进特征和演进逻辑

任何一项制度变迁的演进都存在着共性，比如制度产生的根源是信息不对称、制度变迁的主体可能是政府也可能是市场中的组织或个人；制度变迁的方式可能是强制性制度变迁也可能是诱致性制度变迁。任何制度都可以从这些共性进行分析，而共性中往往存在差异，这些差异就是演进过程中制度独有的特征。基于此，本章探讨新中国信用保险制度的演进特征及逻辑，并将从其制度变迁的根源、制度变迁的主体和制度变迁的方式进行分析。

汪丁丁（2005）指出，制度分析必须是具体的，因为制度千差万别，如果没有给出制度现象的具体描述，那么这种分析就不算制度分析①。可见，制度分析要以特定的历史为背景。

然而，需要注意的是，本章在结构安排上把新中国信用保证保险制度变迁的演进特征放在了制度变迁演进历程描述和政策梳理之前，这一结构安排主要考虑以下原因：如前文所述，信用保证保险可以分为信用保险和保证保险两个险种，因此，本章需要对我国信用保险制度变迁和保证保险制度变迁分别进行梳理和分析，分析中发现两者的演进特征即有共性又有差异。我们认为，本章的这种结构安排，有助于读者对两个险种制度变迁演进特征产生整体印象，更有助于在后文阅读中验证和思考本章所分析总结的两个险种的演进特征，进而有助于读者对新中国信用保证保险制度变迁的理解和把握（见表 6-1）。

---

① 汪丁丁. 制度分析基础讲义 I：自然与制度［M］. 上海：上海人民出版社，2005：29.

表 6-1 新中国信用保证保险制度变迁的演进特征

险种	制度变迁的激励	制度变迁的主体	制度变迁的方式
信用保险	国际贸易信息不对称	政府	强制性制度变迁为主、诱致性制度变迁为辅
保证保险	国内市场信息不对称	市场	诱致性制度变迁为主、强制性制度变迁为辅
存款保险	金融市场信息不对称	政府	强制性制度变迁

一、新中国信用保证保险制度变迁的根源

诺斯在《制度、制度变迁与经济绩效》一书中指出，制度形成的基础是由交易费用决定的行为人对信息的处理过程，交易费用的产生源于信息获得的成本性及不对称性[①]。他还指出，在现代世界中，保险是将不确定性转化为风险的方法，从而通过提供一种风险分散机制来降低交易成本（North D. C.，1991）。从理论上讲，信用保险制度和保证保险制度可以应对由于交易双方信息不对称而产生的信用风险，能够降低国际贸易和国内市场的交易成本，这也是新中国信用保险制度变迁的根源所在。

国际贸易中的信息不对称，是新中国信用保险制度变迁的根源。改革开放后，我国对外贸易的国门向国内企业敞开，国内企业可以通过对外贸易来赚取外汇，这也是当时国家所希望并支持的。但由于战争、暴乱、政权动荡等政治风险以及连带的汇率波动等商业风险的存在，出口企业往往容易遭受较大的损失，为了解决这一问题，我国建立了信用保险制度，其中，出口信用保险则能分摊上述风险。

市场经济中的信息不对称，是新中国保证保险制度变迁的根源。改革开放后，我国开始从计划经济向市场经济转型，而市场经济的核心是通过价值规律来实现交易。在市场经济中，由于存在逆选择和道德风险这样信息不对

① 道格拉斯·C. 诺斯. 制度、制度变迁与经济绩效［M］. 陈郁，等译. 上海：格致出版社，2014：128-129.

称现象。作为理性经济人的一方，为实现交易而不得不接受对方要求对其权益提供保障要求，在对各种保障方式的不断探索中，人们逐渐发现了一种特殊的第三方保障机制，这就是保证保险①。从而，我国的保证保险制度开始逐步建立。

二、新中国信用保证保险制度变迁的主体

诺斯认为制度是由"一些人"设计出来的②，而这"一些人"可以形成组织，组织乃是促成制度变迁的主角。组织包括政治团体、经济团体、社会团体以及教育机构③。按照诺斯的表述，新中国信用保证保险制度变迁的主体主要是政治团体和经济团体。为便于表述，本章中的政治团体由政府或国家来指代；经济团体主要指参与市场交易的企业或个人，或直接用市场来代替。

（一）信用保险制度变迁的主体

我国信用保险主要指出口信用保险，其制度变迁主要由政府主导，并由国有保险公司实施经营和管理。改革开放后，我国对外贸易的国门逐渐敞开，一部分企业开始有了出口赚汇的需求，当时完全由政府主导的中国人民保险公司开始为这些有贸易需求的企业提供出口信用保险的办理，之所以能在没有国家明确相关政策法规出台的情况下，开展出口信用保险业务，主要是由于中国人民保险公司本身是由政府主导开办的，具有"政企不分"的特点④，公司的决定也往往代表着政府的意志。因此，新中国出口信用保险从无到有的转变，是由代表着政府意愿的中国人民保险公司开启的。这种由政府主导

---

① 何绍慰. 中国保证保险制度研究［M］. 北京：社会科学文献出版社，2010：44-45.

② "制度是一个社会博弈规则，或者更规范地说，它们是一些人为设计的、型塑人们互动关系的约束。"参见：道格拉斯·C. 诺斯. 制度、制度变迁与经济绩效［M］. 陈郁，等译. 上海：格致出版社，2014：1.

③ 道格拉斯·C. 诺斯. 制度、制度变迁与经济绩效［M］. 陈郁，等译. 上海：格致出版社，2014：5-6.

④ 1983 年，中国人民保险公司正式升格为国务院直属局级经济实体，并于 1984 年 1 月 1 日起，正式从中国人民银行中分设出来。但在业务上仍然受中国人民银行的领导、管理、协调、监督和稽核。中国保险年鉴编辑委员会. 中国保险年鉴（1981—1997）［M］. 中国保险年鉴编辑部，2001：98.

的，针对具体业务指派保险公司实施经办的模式作为出口信用保险经营的主流模式一直延续至今，只是在新中国信用保险制度变迁过程中，国家为了提高经营的效率，不但引入中国人民保险公司，而且随后又引入了进出口银行负责我国出口信用保险业务。2001 年，国家专门成立了中国出口信用保险公司，独家经营我国出口信用保险业务。

中国人民保险公司、中国进出口银行以及中国出口信用保险公司（以下简称“中国信保”）三家公司都是国有企业，属于国有控制部门，其产权也属于国家。这种由国家产权代为经营的模式，在我国经济转型期的不完善市场中，是相对有效率的。然而，从长远角度来看，当市场完善后，行政干预减少后，它就变得效率低下了①。在出口信用保险制度变迁过程中，我国政府逐渐意识到了垄断经营效率低下的问题，开始选择了产权边界退让与增加产权总量②，具体做法是针对短期出口信用保险，国家引入中国人保和中国平安两个经营主体，促进市场竞争。这在本章第四节会有进一步的分析。

（二）保证保险制度变迁的主体

在新中国保证保险制度变迁中政府的主导作用远不如在信用保险制度变迁中明显。从我国保证保险的发展过程和相关政策来看，政府主要起监督和指导作用，而新中国保证保险制度变迁的主体是市场交易中的企业和个人。

改革开放后，保证保险业务一直由中国人民保险公司独家经营，但政府对这一业务的推动力度并不强，直到 1992 年，国务院出台相关政策后才引入中国平安和中国太平洋两家保险公司与中国人保共同经营保证保险业务，这也是改革开放后，在政策中首次明确提及保证保险。如果把引入非国有制保险机构看作是国家产权的退让，那么保证保险制度中的国家产权退让要早于

① 这一分析借鉴了李稻葵（1995）对“模糊产权”的分析和结论。参见：李稻葵. 转型经济中的模糊产权理论［J］. 经济研究，1995（4）：42-50.

② 邓敏（2000）对我国保险制度变迁在国家产权退让方面的特征作了分析，认为国家产权退让是从 1979 年开始的，以人民保险公司的成立作为标志。但正如本书所分析的，在很长一段时间内，国家对国有保险公司的控制力始终未减，因此笔者认为，至少在出口信用保险制度方面，国家产权实际开始退让的时间一定是晚于 1979 年的。参见：邓敏. 中国保险业的历史与未来：一个制度变迁视角［J］. 金融研究，2000（6）：97-107.

信用保险制度中的国家产权退让早20多年的时间，这也为保证保险市场中的非政府参与者推动保证保险制度变迁提供了一定条件。在我国市场经济不断完善的条件下，私有产权可以发挥更高的效率，因此，保证保险赶上了互联网金融发展的快车，实现了“弯道超车”式的发展，在政策支持力度明显不如出口信用保险政策支持力度的情况下，保证保险的保费收入追平甚至超过了出口信用保险的保费收入（见图6-1）[①]。然而，市场中效率与风险并存，近年来，保证保险业务的发展出现了风险，政府及时出台相关政策，对保证保险市场进行修正，对我国保证保险制度变迁进行监督和指导。

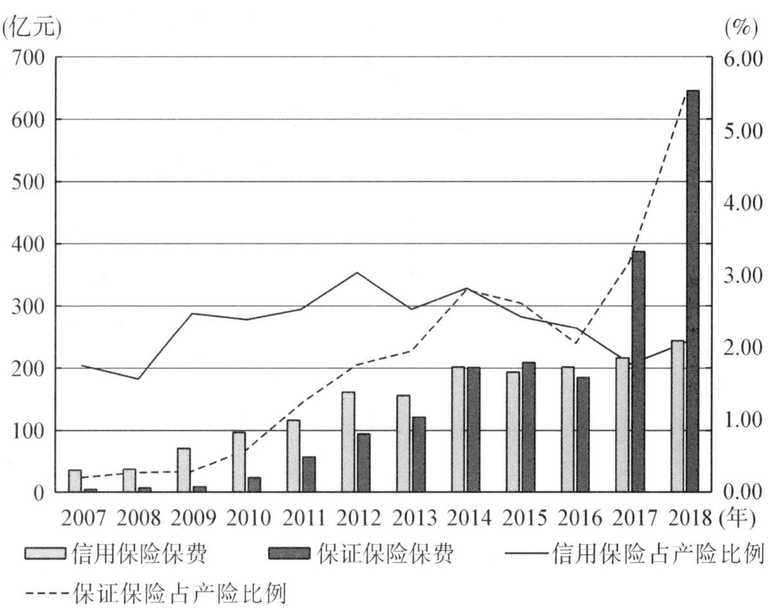

图6-1　2007—2018年我国信用保险和保证保险保费和保费占比

数据来源：2007—2018年数据根据历年《中国保险年鉴》整理；2016年数据根据《保险蓝皮书2017》整理。

① 可参见本章第四节和第五节的内容。

三、新中国信用保证保险制度变迁的方式

出口信用保险的制度变迁，可以从一定程度上反映我国信用保险制度的变迁历程①。我国保险市场上以出口信用保险为主的信用保险及保证保险，都已开展了近40年，在它们各自的制度变迁过程中既有自上而下的政府主导，又有自下而上的市场推动。可以说，新中国信用保证保险制度变迁的方式也是强制性制度变迁和诱致性制度变迁共同交织进行的，只不过在各自不同的发展阶段，发挥主导作用的主体可能会不同，制度变迁方式也不尽相同②。

改革开放初期，政府还未就出口信用保险和保证保险相关业务出台明确的指导性经营政策前，两者在市场上就已经开展了一些业务，且均由中国人民保险公司经办。但不同之处在于，出口信用保险业务一直处于政府部门的督导之中，采用试点经办，并逐渐扩大经办试点；而对于保证保险业务，政府参与较少。我们认为，这可能由于保证保险这一名称在当时没有被保险公司所提及，一般以一些其他险种名称来代替；政府部门对保证保险关注度较低，进而导致了中国人保对经营保证保险的积极性不高；且当时的市场对保证保险的需求也有限。我们认为，在改革开放初期，出口信用保险制度变迁主要由政府主导，而保证保险制度变迁属于市场主导的诱致性制度变迁过程。

出口信用保险和保证保险的正式制度出台后，两者的发展路径有明显区别。国家在明确建立出口信用保险制度后，虽然把出口信用保险的经营权下放到中国人保、进出口银行及中国出口信用保险公司，但国家仍然处于主导地位，对于该险种的业务经营会出台相关政策或指导性意见，这主要是由于出口信用保险制度是一项政策性的保险制度，需要肩负国家社会和经济等多方面发展的历史使命，并且政府的参与方式往往是下发相关政策性文件，这类文件通常具有强制性，有“批准、批复”等字眼（见图6-2中的右半部分），

① 在本章第四节将有具体的说明。

② 为便于读者理解，我们绘制了新中国信用保险和保证保险制度变迁的时间树，在中间时间轴的左边是保证保险制度变迁过程中的主要内容；右边是出口信用保险制度变迁过程中的主要内容。见图6-2。

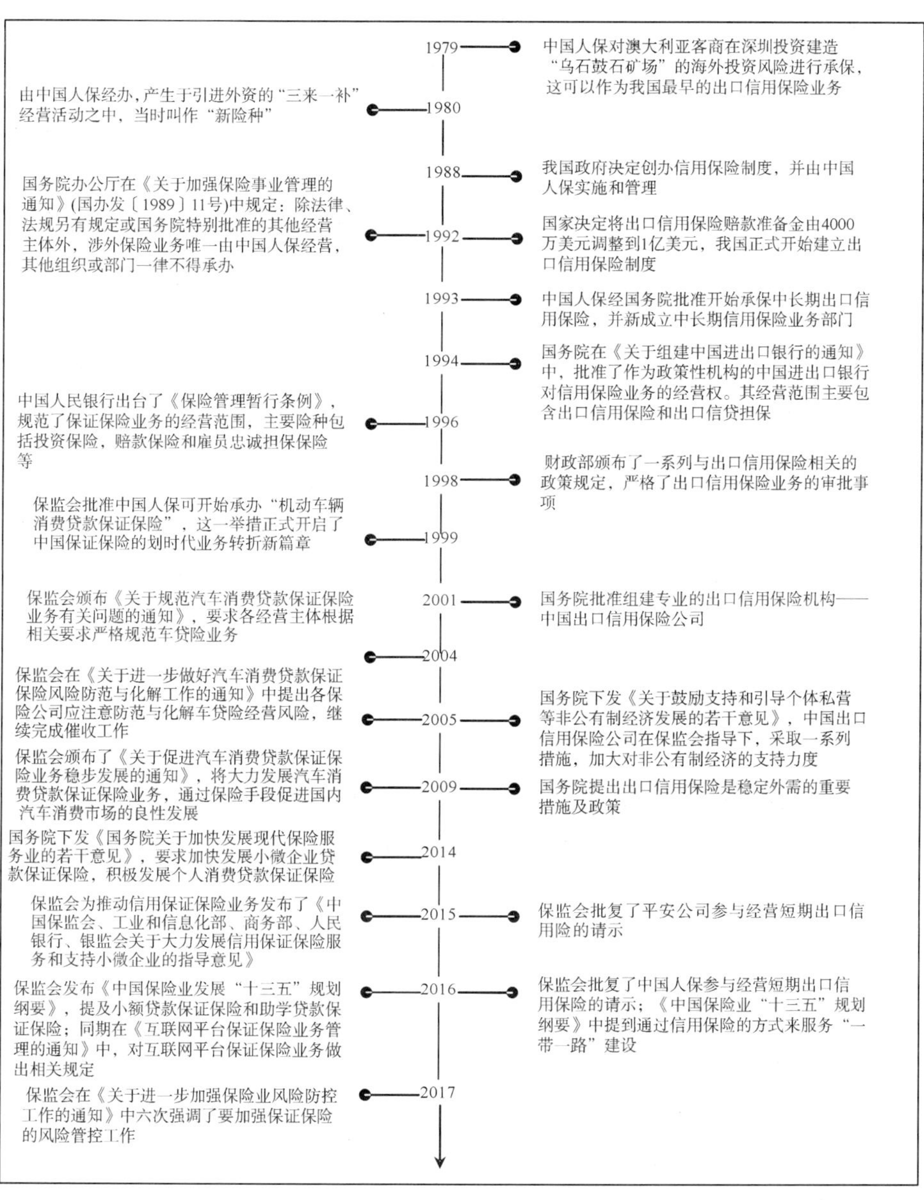

图 6-2　新中国信用保险和保证保险制度变迁时间树①

① 笔者根据信用保险和保证保险的相关政策和资料整理绘制。

一般规定着“什么业务能办”“什么业务不能办”和“由哪家公司来办”等强制性命令，政府充当了“裁判员”和“运动员”的双重角色。可以说，新中国出口信用保险制度变迁过程在很长一段时间内都属于政府主导的强制性制度变迁过程。

相比之下，保证保险的制度变迁主要是由市场主导的。政府在保证保险制度变迁过程中，依然出台了许多相关政策，但与出口信用政策最大的区别在于，政府更加关注保证保险的市场情况，故而出台的政策主要是对保证保险市场的指导与修正，一般会见“促进”“规范”“加强”等字眼（见图 6-2 中的左半部分），如“促进汽车消费”和“ 加强互联网平台保证保险业务”。然而，这些政策是根据市场情况的变化而出台的政策，在一定程度上滞后于保证保险市场的发展。可见，新中国保证保险制度变迁主要是由市场主导、自下而上的诱致性制度变迁过程，政府主导的强制性制度变迁未曾显现，或仅仅起到辅助作用。

第四节　新中国信用保险制度变迁的演进历程和政策推演：以出口信用保险为例

追溯历史可以发现，在新中国成立之后至改革开放前的时间里，我国没有开展信用保证保险业务，改革开放后，随着对外贸易的迅速发展和保险业的复苏，我国信用保证保险制度得以逐步建立。本节对改革开放后新中国信用保险制度变迁的演进历程和政策推演进行回顾和梳理，下一节将对改革开放后新中国保证保险制度变迁的演进历程和政策推演进行回顾和梳理。

信用保险是一个较为年轻的险种，我国的信用保险业务则开展得更晚，且更为初级。按照信用保险的业务分类来看，我国保险机构开办的信用保险业务主要限于出口信用保险一类。出口信用保险晚于国内商业信用保险，是伴随着商业贸易信用的发展而产生的一类保险业务，是解决出口贸易活动中应收账款回收问题的主要方式之一[①]。在我国，出口信用保险的保费收入在信用保险保费收入中的占比非常高，基本都在85%以上[②]。而且，出口信用保险是一种离不开政府支持和参与的政策性较强的险种[③]。我国的出口信用保险一直作为一类政策性保险，从开始到现在一直由政府主导和参与，所以出口信用保险的制度变迁，在一定程度上能够代表我国信用保险的制度变迁。因此本节主要以出口信用保险为例，对新中国信用保险制度变迁的演进历程和政策推演进行回顾、梳理和分析。

一、出口信用保险的制度变迁：1979—1984年（萌芽阶段）

本章第一节已述及出口信用保险的概念和分类，按照分类标准的不同，不同类别的出口信用保险业务也有所差别，故本节还将对我国实际中的出口信用保险业务加以具体说明。当前，我国出口信用保险业务主要由中国出口信用保险公司经营，其业务主要包括：中长期出口信用保险、海外投资保险和短期信用保险等出口信用保险业务，这些业务的承保风险和损失赔偿比例见表6-2~表6-4。

可见，中长期出口信用保险业务为长期应收款项提供风险保障，期限一般为2~15年；海外投资保险为海外投资者及金融机构因政治风险造成的经济损失提供风险保障，承保期限不超过20年；短期信用保险为应收账款提供收汇风险保障，期限一般为一年以内[④]。

---

① 乔林，王绪瑾. 财产保险［M］. 2版. 北京：中国人民大学出版社，2008：368.

② 笔者根据2006—2015年的《中国保险年鉴》中的相关数据，计算得出。

③ 杨学进. 出口信用保险规范与运作［M］. 北京：中共中央党校出版社，1995：8.

④ 中国出口信用保险公司官方网站. 中长期出口信用保险简介［EB/OL］.［2020-11-11］. http://www.sinosure.com.cn/ywjs/zcqckxybx/zcqckxybxjj/index.shtml.

表 6-2　中长期出口信用保险业务

承保风险	主要保险内容
商业风险	债务人宣告破产、倒闭、解散或拖欠商务合同或贷款协议项下应付款项
政治风险	债务人所在地政府或还款必经的第三国（或地区）政府禁止或限制债务人以约定货币或其他可自由兑换货币偿还债务
	债务人所在地政府或还款必经的第三国（或地区）政府颁布延期付款令，致使债务人无法还款
	债务人所在地政府发生战争、革命、暴乱或保险人认定的其他政治事件
损失赔偿比例（%）	出口买方信贷保险、出口延付合同再融资保险最高赔偿比例为 95%
	出口卖方信贷保险项下最高赔偿比例为 90%
	金融机构（含金融租赁公司）作为被保险人的海外租赁保险最高赔偿比例为 95%，非金融机构作为被保险人的海外租赁保险最高赔偿比例为 90%

资料来源：中国出口信用保险公司官方网站，查询日期：2018 年 7 月 25 日。

表 6-3　海外投资保险

承保风险	主要保险内容
征收	东道国采取国有化、没收、征用等方式，剥夺投资项目的所有权和经营权，或投资项目资金、资产的使用权和控制权
汇兑限制	东道国阻碍、限制投资者换汇自由，或抬高换汇成本，以及阻止货币汇出该国
战争及政治暴乱	东道国发生革命、骚乱、政变、内战、叛乱、恐怖活动以及其他类似战争的行为，导致投资企业资产损失或永久无法经营
违约	东道国政府或经保险人认可的其他主体违反或不履行与投资项目有关的协议，且拒绝赔偿
损失赔偿比例	赔偿比例最高不超过 95%

资料来源：中国出口信用保险公司官方网站，查询日期：2018 年 7 月 25 日。

表 6-4　短期信用保险

承保风险	主要保险内容
商业风险	买方破产或无力偿付债务
	买方拖欠货款
	买方拒绝接收货物
	开证行破产、停业或被接管
	单证相符、单单相符时开证行拖欠或在远期信用项下拒绝承兑
政治风险	指买方或开证行所在国家、地区禁止或限制买方或开证行向被保险人支付货款或信用证款项
	禁止买方购买的货物进口或撤销已颁布发给买方的进口许可证
	发生战争、内战或者暴动，导致买方无法履行合同或开证行不能履行信用证项下的付款义务
	买方或开证行付款须经过的第三国颁布延期付款令
损失赔偿比例	政治风险所造成损失的最高赔偿比例为 90%
	破产、无力偿付债务、拖欠等其他商业风险所造成损失的最高赔偿比例为 90%
	买方拒收货物所造成损失的最高赔偿比例为 80%
	出口信用保险（福费廷）保险单下的最高参与比例可以达到 100%
	中小企业综合保险下的最高赔偿比例为 90%

资料来源：中国出口信用保险公司官方网站，查询日期：2018 年 7 月 25 日。

下面将以出口信用保险为例，对中国改革开放后新中国信用保险制度变迁的演进历程进行回顾和梳理。本章按照时间顺序进行梳理分析，可参见本章第三节的时间树图（见图 6-2）。

改革开放之初，我国即出现了出口信用保险业务。1979 年，中国人民保险公司为澳大利亚客商在深圳投资建造“乌石鼓石矿场”承保了海外投资风险保险，主要目的在于吸引外资，但海外投资保险也揭开了我国出口信用的帷幕[1]。1983 年，在上海，中国人民保险公司携手中国银行共同完成了一笔出口船舶买方信贷的中长期出口信用保险业务。同年，中国人保为港商承保了投资风险，引起香港及外国投资者的兴趣和国际保险市场的关注[2]。1984 年，我国出于促进出口贸易的目的，计划开办出口信用保险业务，原对外经济贸易部出口局建议保险公司准备开办出口收汇保险和信贷保险业务。

可见，1979—1984 年我国出口信用保险业务还处于“零敲碎打”的萌芽阶段。在这一阶段，尽管我国政府没有出台明确的出口信用保险制度，但为满足国际贸易的需要，中国人保已首先经办了出口信用保险业务。这也是响应改革开放初期的经济需求，而这种制度需求一旦产生，由哪个主体来开启新中国出口信用保险制度变迁，只是时间的问题。

二、出口信用保险的制度变迁：1985—1992 年（试办阶段）

1985 年，由于资金无法落实，由中国人民银行提议中国人保制定出口信用保险方案的提议被搁置下来。但作为尝试，中国人保分别在上海和天津小规模地试办了出口信用保险，这是我国最早办理的正式出口信用保险业务。

1988 年，我国政府决定借鉴国际惯例，创办信用保险制度。中国人保设立了出口信用保险部，专门从事出口信用保险业务的实施和管理。中国人保自主经营，单独管理，不以盈利为目的[3]。国家提出了开办出口信用保险的基本原则，主要包括国家财政拨付准备金、税费优惠；中国人保内部对该业务单独建账、独立核算；保本经营、避免亏损；采取审慎的发展方针等。同年，中国人保借鉴英国出口信用担保局（ECGD）和中国香港出口信用担保局（ECIC）等伯尔尼协会成员机构的经验，制定了中国第一份出口信用保险业

① 赵明昕. 中国信用保险法律制度的反思与重构：以债权人的信用利益保障为中心［M］. 北京：法律出版社，2010：199-200.

② 中国保险学会，《中国保险史》编审委员会. 中国保险史［M］. 北京：中国金融出版社，1998：472.

③ 中国保险年鉴编辑委员会. 中国保险年鉴（1981—1997）［J］. 中国保险年鉴社，2001：101.

务的保单——“短期出口信用保险综合险保险单”和相关单证，并就业务管理和财务管理制定了各项管理规定。

1989 年上半年，中国人保的上海、天津、广西、宁波 4 家分公司开始试办机电产品短期出口信用保险①。1990 年 3 月，中国人保扩大试办短期出口信用保险分公司的范围，除西藏分公司外的 42 家分公司均可办理短期出口信用保险②。通过在全国范围选择重点投保企业和全面业务宣传的办法，中国人保将进出口保险业务全面推开，当年新签保单 98 份，承保金额 2.8 亿美元，较上年翻了三番③。1991 年，其业务进一步推广，当年新签保单 125 份，承保金额 4.8 亿美元。1992 年，中国出口信用保险的承保金额达到 7.3 亿美元。1989—1992 年，在国家财政的支持下，中国人保逐步建立了赔款准备金制度，用于出口信用保险业务的专项资金单独核算④。1992 年 6 月，国务院决定在我国正式建立出口信用保险制度，国家财政向中国人保提供了 1 亿美元的出口信用保险赔款准备金，作为“国家风险基金”⑤。

1989—1992 年，中国人保作为唯一的一家经营出口信用保险的机构，其短期出口信用保险的承保金额逐年迅速增加，年增长幅度均超过 50%，然而承保金额占出口总额的比重非常低，均未超过 1%（见表 6-5）。中国人保全系统短期出口信用保险保费收入累计达 1 060 万美元，保额超过 10 亿美元，支付赔款 400 多万美元，为国内外 3 000 多家出口企业提供了国际贸易风险保障，促进了地区间贸易往来⑥。

---

① 杨学进. 出口信用保险规范与运作［M］. 北京：中共中央党校出版社，1995：153. 原文写的是“中国人民保险公司下属的上海、天津、广西、宁波 5 家分公司试办理出口信用保险业务”和“由 5 家扩大到 22 家”，笔者根据原文中表述，认为这两处都应该是 4 家。

② 杨学进. 出口信用保险规范与运作［M］. 北京：中共中央党校出版社，1995：153-154.

③ 中国出口信用保险公司. 出口信用保险操作流程与案例［M］. 北京：中国海关出版社，2008：6.

④ 曾鸣. 信用保证保险研究［M］. 上海：上海财经大学出版社，2009：23.

⑤ 杨学进. 出口信用保险规范与运作［M］. 北京：中共中央党校出版社，1995：154.

⑥ 杨学进. 出口信用保险规范与运作［M］. 北京：中共中央党校出版社，1995：154.

表 6-5　1989—2000 年中国人保短期出口信用保险经营情况

年份	承保金额（亿美元）	承保金额增长率（%）	出口总额（亿美元）	承保金额占出口总额比重（%）
1989	1.05	—	—	—
1990	2.8	166.67	620.9	0.45
1991	4.8	71.43	718.4	0.67
1992	7.3	52.08	849.4	0.86
1993	10.5	43.84	917.4	1.14
1994	11	4.76	1 210.1	0.91
1995	9.8	-10.91	1 487.8	0.66
1996	7.1	-27.55	1 510.5	0.47
1997	8.6	21.13	1 827.9	0.47
1998	10.8	25.58	1 831.1	0.59
1999	13.5	25.00	1 949.3	0.69
2000	17.4	28.89	2 492	0.70

数据来源：中国出口信用保险公司. 出口信用保险操作流程与案例［M］. 北京：中国海关出版社，2008：7.

可以看出，在 1985—1992 年这一试办阶段，我国的信用保险主要由政府来主导开展，并由中国人保实施管理，贯彻了党中央、国务院提出的“出口市场多元化战略，为推动我国出口大发展服务”的经营思想和理念①，稳步向前的发展。因此，这一阶段属于强制性制度变迁过程，强制性制度变迁具有激进性和存量革命的性质，这说明此时我国部分行业生产力已经达到一定水平，政府迅速决策建立出口信用保险制度，为推动我国经济改革和发展提供了强有力的制度支撑。

① 杨学进. 出口信用保险规范与运作［M］. 北京：中共中央党校出版社，1995：156.

三、出口信用保险的制度变迁：1993—2000年（初步发展阶段）

1993 年，中国人保开始办理中长期出口信用保险业务，出口信用保险业务的种类逐步丰富，中长期出口信用保险体系不断完善，这促进了成套设备的出口和国际市场的开拓。

1994 年 4 月 26 日，国务院印发《关于组建中国进出口银行的通知》，批准了作为政策性金融机构的中国进出口银行的组建方案和章程。随即中国进出口银行设立了保险部，贯彻并执行国家产业和外贸政策，重点是支持机电产品等中长期出口信用保险业务。至此，我国的出口信用保险开始由中国人保和中国进出口银行两家承办。

1996 年 10 月 30 日，国际信用和投资保险人协会（伯尔尼协会）通知中国人保，正式成为该协会的观察员①，两年后成为正式会员。1998 年年初，财政部颁布了一系列政策规定，旨在加强出口信用保险项目的审批。“两家办”的情况持续到中国信保成立前，造成了出口信用保险的经营体制存在不顺畅的问题。在中国人保采用市场化、商业化的运作方式下，出口信用保险作为政策性业务显得不被重视；而属于信贷机构的中国进出口银行，风险分担能力较弱，难以有效转移出口信用保险业务的风险。这导致了出口信用保险难以充分发挥对出口贸易的支持作用，大多数企业难以将出口信用保险作为防范规避出口收汇风险的首选工具②。

从表 6-5 可以看出，1993—2000 年，中国人保的短期出口信用保险承保金额总体增长了 65.7%，但期间业务规模波动较大，特别是 1995 年和 1996 年都出现了 10%以上的负增长；并且业务规模较小，出口信用保险的保险金额占同期出口额的比重徘徊在 1%左右。中国信保成立前，中国人保总共承保 123 个项目，承保金额 25.25 亿美元③。

我们认为，在 1993—2000 年中国出口信用保险这一初步发展阶段属于政

① 中国保险年鉴编辑委员会. 中国保险年鉴（1981—1997）［J］. 中国保险年鉴社，2001：101，155.

② 曾鸣. 信用保证保险研究［M］. 上海：上海财经大学出版社，2009：24.

③ 中国出口信用保险公司. 出口信用保险操作流程与案例［M］. 北京：中国海关出版社，2008：7.

府主导的诱致性制度变迁过程，主要是由中国人保和中国进出口银行两家国有企业主导，政府对这两家国有企业有决定的控制权。中国人保和进出口银行配合国家产业政策和市场需求，逐渐地开展出口信用保险业务。从制度变迁的速度来看，属于渐进式的变迁，这有利于我国出口信用保险实现探索性初步发展，降低了发展过程中修正错误的成本。然而，渐进式的制度变迁存在一个效率问题。出口信用保险业务毕竟不是这两家国企的主要业务，只是按照政府要求经营办理，经营效率不会很高。面对这样的情况，以政府为主导的新中国出口信用保险制度变迁又该去往何方?

四、出口信用保险的制度变迁：2001 年至今（发展新阶段）

2001 年 5 月 23 日，国务院批准组建专业的出口信用保险机构——中国出口信用保险公司；中国加入 WTO 第七天，即 2001 年 12 月 18 日，中国信保正式揭牌运行。作为中国唯一的国家政策性保险公司，中国信保积极配合国家外贸、产业、外交、财政和金融政策，为国内企业提供风险保障服务，积极开拓海外市场支持中国企业在国际上生存和发展。2001 年，中国信保接替中国人保成为伯尔尼协会会员，并于 2002 年在北京成功承办了伯尔尼协会年度大会。我国的信用保险保费规模迅速增长，2002 年增幅达 151. 9%，我国出口信用保险的发展进入了新阶段。

随着业务规模的不断提升，中国信保在全国增设 19 个营业机构[①]。随着业务规模的进一步扩大，从 2004 年 7 月开始，在总公司营业部体制不变的情况下，辽宁、天津、山东、江苏、上海、浙江、福建、广东、深圳、宁波和厦门 11 个地方营业管理部调整为分公司，同时，在云南增设了分公司；原来的重庆、安徽、陕西、湖南、四川和河南 6 个地方营业管理处全部调整为营业管理部。

① 公司成立之初，即设立了总公司营业部及在辽宁、天津、山东、江苏、上海、浙江、福建、广东、深圳、宁波和厦门 11 个地方设立了营业管理部，在安徽、陕西、河南、湖南、四川和重庆 6 个地方设立了营业管理处。

各地保监局为了更充分地发挥其政策性职能，推动保险业全面发展，纷纷采取措施，促进出口信用险发展，服务地方经济社会建设。例如，中国信保长沙营业管理部在短短三年时间内实现了飞速发展，2004 年承保额达到 13 276.63 万美元，同比增长 115.94%，保险费收入 76.93 万美元，同比增长 122.25%，直接拉动湖南省新增出口达 5 000 万美元，带动出口融资约 9 000 万元人民币。据估算，通过出口拉动，2004 年出口信用保险直接带动 11 000 人就业，促进社会保障资金节支在 1 270 万元左右，为湖南省增加税收收入总计在 1 685 万元左右；中国信保于 2004 年 7 月在哈尔滨市设立办事处，截至 2015 年 2 月，黑龙江省投保出口信用保险的企业已达 14 家，其中出口额超千万元的有 7 家，企业累计申报出口额 2 795 万美元[①]。

2005 年 2 月，国务院印发的《关于鼓励支持和引导个体私营等非公有制经济发展的若干意见》（国发〔2005〕3 号），中国信保在中国保监会指导下，采取一系列积极措施，加大对非公有制经济的支持力度，促进了非公有制经济的发展。同年八月，中国信保与商务部共同下发《商务部中国出口信用保险公司关于实行出口信用保险专项优惠措施支持个体私营等非公有制企业开拓国际市场的通知》，通过多项出口信用保险优惠服务促进非公有制企业发展[②]。截至 2015 年 8 月底，中国信保承保的年出口额在 1 500 万美元以下的中小非公有制企业达到 1 986 家，共为上述企业 17.4 亿美元的出口业务提供了风险保障，比去年同期增长 99.7%[③]。

出口信用保险为农产品出口企业提供了相应的风险保障。截至 2007 年上半年，保险金额达到 58.2 亿美元，已累计为 28 个省份的 2 000 多家农产品出口企业提供了信用保险保障，自 2001 年年底成立以来，中国信保积极为农产品出口企业提供出口信用保险及相关服务，增强了我国企业开拓国际市场的

---

① 银保监会. 促进出口信用保险发展，服务地方经济社会建设 [EB/OL]. (2005-12-09) [2020-11-11]. http://www.cbirc.gov.cn/cn/view/pages/ItemDetail_gdsj.html? docId=302&docType=1.

② 银保监会. 出口信用保险公司积极支持非公有制经济发展 [EB/OL]. (2005-12-12) [2020-11-11]. http://www.cbirc.gov.cn/cn/view/pages/ItemDetail_gdsj.html? docId=377&docType=1.

③ 中国保险监督管理委员会数据. 出口信用保险公司积极支持非公有制经济发展. 2005.12.12。

能力，促进了农产品出口贸易，得到政府部门和农产品出口企业的认可和欢迎①。

2008年的金融危机涉及了全世界，这对我国出口信用保险的发展既是挑战也是机遇。金融危机过后，稳定外需对于促进各类企业发展、提升就业率、进而拉动国内市场的消费具有重要作用。2009年，国务院将出口信用保险确定为稳定外需的重要政策，通过调低费率等多种方式，帮助企业控制出口收汇风险，引导和支持企业抢抓海外订单。出口企业经历了金融危机后，对风险的防范意识显著增强，出口信用保险的需求显著增加，据统计显示，仅2009年上半年，1至6月累计新增短期出口信用保险客户2 000多家，同比增长超2倍，一举超过2007年全年新增保户数量。2009年，中国信用保险保费规模达到70.25亿元，同比增长91.26%，是我国自2008年金融危机后至今，保费增长率最高的一年（见图6-3）。

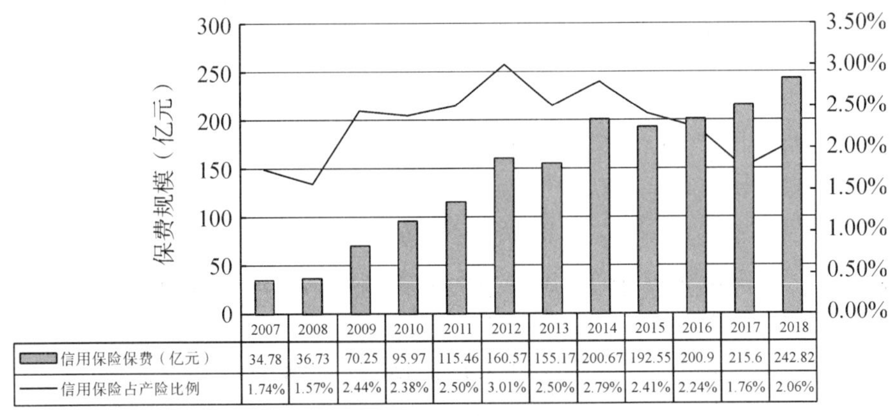

	2007	2008	2009	2010	2011	2012	2013	2014	2015	2016	2017	2018
信用保险保费（亿元）	34.78	36.73	70.25	95.97	115.46	160.57	155.17	200.67	192.55	200.9	215.6	242.82
信用保险占产险比例	1.74%	1.57%	2.44%	2.38%	2.50%	3.01%	2.50%	2.79%	2.41%	2.24%	1.76%	2.06%

图6-3　2007—2018年我国信用保险保费规模及在产险业务中的占比②

① 银保监会. 出口信用保险支持农产品出口初现成效［EB/OL］.（2007-08-04）［2020-11-11］. http://www.cbirc.gov.cn/cn/view/pages/ItemDetail_gdsj.html? docId=522&docType=1.

② 数据来源：2007—2018年数据根据历年《中国保险年鉴》，2016年数据整理根据《保险蓝皮书2017》整理。

2010 年，中国信保按照国家加快转变经济发展方式、调整优化经济结构的要求，将机电等七大行业确定为重点支持行业，出口信用保险对七大重点行业的承保规模快速增长，为我国出口产品结构调整发挥了支持作用。2010—2016 年，政府几乎没有专门出台针对出口信用保险的政策，但中国出口信用保险的发展仍稳中有升，出口信用保险占财产险保费规模的比例始终为 2.24%~3%，其保费规模从 2010 年的 95.97 亿元较平稳地递增到 2014 年的 200.67 亿元。此后的两年中，政府针对出口信用保险的政策只有 2016 年 8 月 31 日保监会出台的《中国保险业发展“十三五”规划纲要》，其中提到通过信用保险的方式来服务“一带一路”建设，仅把信用保险作为支持经济发展的一种手段，并没有促进或抑制信用保险发展的政策主张，但 2015 年和 2016 年的保费规模均在 200 亿元左右。

中国信保作为全国唯一的一家承保出口信用保险的保险公司，尽管其成就有目共睹，但它本身具有垄断企业的特征，也存在着国有垄断企业的通病，比如有保费高、官僚主义较严重和创新不足的特点。为此，保监会在 2015 年和 2016 年先后批复了中国平安和中国人保两家公司参与经营短期出口信用险的请示①，竞争机制被引入到短期出口信用保险市场，笔者对比中国信保和中国人保两家公司两款相似的出口信用保险的最低费率发现，前者费率比后者费率高出 53%②，这也说明我国政府及时引入市场竞争主体的必要性。在出口信用保险发展的现阶段，政府开始引入市场竞争机制，来引导出口信用保险市场和经营主体的完善和创新。我们认为，这属于政府引导的诱致性制度变迁过程，并能够在一定程度上激发市场经营主体的活力，增强企业的核心竞争力。

---

① 笔者查询保监会官方网站，2015 年 7 月 30 日，保监会公示《关于中国平安财产保险股份有限公司出口贸易特定合同信用保险条款和费率的批复》；2015 年 8 月 21 日，保监会公示《关于中国平安财产保险股份有限公司平安出口贸易信用保险条款和费率的批复》；2016 年 3 月 11 日，保监会公示《关于中国人民财产保险股份有限公司短期出口特定合同信用保险条款和费率的批复》。

② 对比两家的保险产品分别是 2016 年 3 月 11 日保监会批复的“中国人民财产保险股份有限公司短期出口特定合同信用保险”和 2016 年 9 月 30 日保监会批复的“中国出口信用保险公司短期出口信用保险特定合同保险（2.0 版）”，根据保监会网站公布的费率分别计算理论最低费率，前者为 0.038%，后者为 0.058%。

总体来看，中国信保成立以来，我国出口信用保险快速发展，业务规模大幅扩大，对出口贸易和投资的渗透率显著提高，出口信用保险已成为我国对外经贸发展中不可或缺的政策性金融工具。2001 年至今，出口信用保险在其发展阶段，既包含强制性制度变迁，又包括诱致性制度变迁；而中国信保的成立，是在制度变迁过程中所产生的组织转型。黄群慧和白景坤（2013）指出，组织转型是组织主动适应制度变迁以实现持续成长的主要方式。

首先，中国信保的成立，是建立在国家理性选择的强制性制度变迁基础之上的。我国政府打破原来出口信用保险由中国进出口银行和中国人保经营的模式，积极组建了中国信保，专门经办出口信用保险业务。这是一个通过政府命令和法规强制实行的自上而下的制度变迁，属于强制性制度变迁，也是国家理性选择的结果，有利于我国在加入 WTO 后，与世界经济快速接轨。

其次，出口信用保险制度变迁受到国内外市场环境的共同影响。中国信保成立后，随着业务的快速发展和市场客户的需求增多，中国信保增设分支机构，这属于市场主导的诱致性的制度变迁，也是一个渐进式的制度变迁过程，符合我国出口信用保险的需求累增与阶段性突破的发展方式；而 2008 年的全球金融危机带来的机遇和挑战，是外部市场力量推动下的诱致性制度变迁，促使经济个体的风险意识增强，行为习惯受其影响逐渐改变，进而使得出口信用保险需求量迅速猛增，政府适时出台有利于出口信用保险实施的政策，带动了我国的经济复苏，并促进了出口信用保险的发展。

最后，尽管出口信用保险仍是一类政策性保险，但政府主导的强制性制度变迁对其发挥的作用越来越小。近年来，伴随着互联网的发展，人们的生产生活方式变化巨大，这也促使信用保险制度随着互联网经济的发展而改变，而政府专门针对出口信用保险的政策越来越少，然而信用保险的发展规模却稳中有升，在一定程度上说明了当前的诱致性制度变迁为主的发展方式，适合中国信用保险制度的持续发展。

第五节　新中国保证保险制度变迁的演进历程和政策推演

一、保证保险的制度变迁：1980—1988 年（萌芽阶段）

我国的保证保险于 20 世纪 80 年代初由中国人保开始办理，主要存在于中国人保的部分涉外业务中。1980 年，中国人保设立了国外业务部，主要负责发展涉外保险业务，保险品种以各类进口货物运输保险和远洋船舶保险为主。从改革开放之初的“三来一补”，到后来“三资”企业的建立，促进了一些新的保险险种的产生，其中就包括我国最早的保证保险①。

由于是初办保证保险业务，工程合同的内容尚不够完备，并且尽管国务院于 1983 年颁布的《中华人民共和国财产保险合同条例》和 1985 年的《保险企业管理暂行条例》中均提到“保证保险”这一术语，但未对其进行明确的定义或出台任何具体的经营管理规则。因此，在实务中，保险公司基本不会主动争取这类业务，只有在国内外的经营单位要求投保，且不予承保会影响工程合同订立的情况下才进行承保，还需要有相关领导和部门的批准文件，或工程被列入国家计划之中，此外，还需要投保企业提供可靠的反担保措施。事实上，这一时期保险公司开展的保证保险业务与担保公司的业务相类似。

可以看出，我国保证保险是在改革开放后，经济发展的过程中自发产生的，主要来自企业的担保需求，政府的主导作用较弱，这一阶段的保证保险业务主要由中国人保开展。保证保险制度的产生对我国改革开放之初的货物运输和远洋船舶运输提供了风险保障，也为顺利引进外资和建立“三资”企业提供了有利条件。因此，新中国保证保险制度的产生属于诱致性制度变迁。

① 何绍慰. 中国保证保险制度研究［M］. 北京：社会科学文献出版社，2010：35.

二、保证保险的制度变迁：1989—1995 年（试办阶段）

1989 年国务院办公厅印发了《关于加强保险事业管理的通知》（国办发〔1989〕11 号），规定涉外保险业务只能由中国人保经营，其他部门一律不得办理。1992 年 9 月 29 日国务院办公厅公布了《关于中国太平洋保险公司和中国平安保险公司业务范围的复函》（国办函〔1992〕93 号），允许中国平安和中国太保承办“三资”企业的保险业务，从而打破了保证保险由中国人保独家经营的市场局面。1993 年，中国平安与原国家技术监督局达成合作意向，开展“产品质量综合保险”。事实上，一些银行机构也参与到这一时期的保证保险业务之中，成为第三方保障机制。因为这一时期的保证保险业务主要还是合同保险，且由于保险公司经营条件过于严格，需要提供第三方担保，例如中国建设银行也常以银行保函的方式提供保障。尽管在这一阶段国务院允许经营保证保险的公司从一家增加到了多家，保证保险产品种类也有所增加，但直到 1995 年《保险法》立法时，“保证保险”并未被写进《保险法》中。

由此可见，1989—1995 年，保证保险的发展主要由国务院主导和审批，这一阶段是以强制性制度变迁为主，但保险公司根据市场的需求，主动向国务院申请经营保证保险，是一个自下而上的过程，应属于诱致性制度变迁。因此，这一阶段是强制性制度变迁和诱致性制度变迁共同参与的过程，且强制性制度变迁发挥了主要作用。

三、保证保险的制度变迁：1996—2006 年（初步发展阶段）

1996 年中国人民银行颁布了《保险管理暂行条例》[①]，这一条例通常被认为是我国最早的有关“保证保险”的正式官方文件。该条例的颁布实施促进了我国保证保险业务的发展。1997 年中国平安推出的“分期付款购车保证保

---

① 其中第四十一条规定，“保险的主要险种是指经中国人民银行认定的险种”。在《保险管理暂行条例》最后的附文中，对主要险种进行罗列说明，保证保险即在其中。

险合同条款”，随后中国保险业陆续开始经营消费信贷保证保险。继中国平安之后，中国太保和天安保险公司推出了一系列保证保险产品。1998 年中国保监督会成立，由其负责监督管理我国的保险业。1999 年中国保监会推进并启动了中国保险企业为消费信贷提供保证保险的新业务[①]。尽管我国保证保险业务规模在 2000—2002 年迅猛增长，保费从 2000 年的 1. 87 亿元增长到 2002 年的 9. 18 亿元，相当于每年翻一番，但直到 2002 年修订《保险法》时，在《保险法》中仍未涉及保证保险，仅在《保险公司管理规定》中提到了保证保险，这导致保证保险业务的开展面临无法可依的局面，并且在司法实践中对保证保险的判决标准不一（娄飞鹏，2013）。2002 年前后，各保险公司的保证保险业务集中于汽车消费信贷保险，该险种发展迅猛的同时，产生了赔付率过高的问题，以至于该险种在 2003 年底被紧急叫停[②]。

截至 2003 年 12 月 31 日，汽车消费信贷保险尚有未了责任 419. 56 亿元。2004 年，保监会印发的《关于规范汽车消费贷款保证保险业务有关问题的通知》要求重新规范车贷险业务。2005 年 3 月，车贷险风险化解工作已取得明显效果，保监会下发了《关于进一步做好汽车消费贷款保证保险风险防范与化解工作的通知》，要求各保险公司继续完成催收工作。各家保险公司以及各地保监局全力采取多种措施，加强规范车险信贷业务的经营管理方式。经历了这次车险信贷危机后，保险公司建立了更加完备的汽车消费信贷保证保险业务规范。

至此，我国的保证保险市场已经历了 20 多年的发展，然而仍属于刚刚起步，其业余指标与全球平均的保证保险业务指标差距很大，2006 年我国人均保费仅为 0. 63 元，保险渗透率仅为 0. 004%，而全球大多数国家人均保费为 1. 2 美元，渗透率在 0. 01%以上。此后，“工程质量保证保险”“住宅质量保证保险”以及“中小企业贷款保证保险”等一系列保证保险险种被相继推出。例如，2006 年华安公司推出“华安就学贷款保证保险”，为贫困大学生提供

① 冯涛. 保证保险纠纷中保险责任法律分析［D］. 北京：对外经济贸易大学，2005：6.

② 何绍慰. 中国保证保险制度研究［M］. 北京：社会科学文献出版社，2010：37.

多方面的保险保障助学贷款保险①。

可以看出，1996—2006年，中国人民银行和保监会作为政府部门在监管和主导保证保险业务方面发挥了重要作用，特别是中国人民银行放开保险公司经营保证保险的权限，使得保险公司参与度增加，保证保险市场活跃度提升；1998年保监会成立后，保证保险的种类审批速度加快，此阶段具有强制性制度变迁的特点。而在发展的过程中，保险公司根据市场需求，设计多种保证保险产品，并向保监会申请批准，这是一个由市场自发引导自下而上的过程，因此，具有诱致性制度变迁的特点。总体来看，这一阶段具有强制性制度变迁和诱致性制度变迁共同交织的特点。政府的放权与设立专门监管机构，使得保证保险市场机制得以发挥，相对而言，这一时期诱致性制度变迁对保证保险市场的发展起到了更大的作用。

四、保证保险的制度变迁：2007年至今（发展新阶段）

2007—2018年，我国保证保险业务快速发展，保费规模从2007年的4.13亿元增长到2018年的645.24亿元，增长了155倍，并在2015年首次超过了信用保险保费规模，同时在财产保险业务中占比也大幅提升了27倍，达到5.47%（见图6-3）。在此期间，政府出台了多项政策，促进了保证保险的发展。

2009年6月5日，保监会发布了《关于促进汽车消费贷款保证保险业务稳步发展的通知》，将大力发展汽车消费贷款保证保险业务，通过保险手段促进国内汽车消费市场的良性发展。2014年8月10日，国务院发布《国务院关于加快发展现代保险服务业的若干意见》，要求加快发展小微企业贷款保证保险，积极发展个人消费贷款保证保险；在此基础上，2015年1月28日，保监会发布《保监会 工业和信息化部 商务部 人民银行 银监会关于大力发展信用保证保险服务和支持小微企业的指导意见》（保监发〔2015〕6号）。为了提高信用保证保险业务在支持小微企业发展中的功效，应利用保险独特的增信

① 新浪网. 华安财险“就学贷款保证保险”［EB/OL］.（2006-12-04）［2020-11-11］. http://news.sina.com.cn/o/2006-12-04/091710677115s.shtml? from=wap.

融资功能帮助小微企业融资贷款、风险分散，支持实体经济发展，促进经济质量和效益的提升。尽管这三个政策的出台都对保证保险的发展有所促进，但促进的力度差别很大，2010 年保证保险保费规模同比增长 185.6%，占产险保费比例同比提升了 1 倍；而 2015 年仅同比增长 4.1%，占比同比下降 6%；2016 年也为负增长（见图 6-4）。本书认为，2009 年汽车消费需求的增加，促使了汽车消费贷款需求的增加，从而促进了政策的出台，因此，2009 年的政策属于市场主导的诱致性制度变迁；而 2014 年和 2015 年的政策是为了配合贷款发放，提升小微企业和居民的投资消费能力，属于政府主导的强制性制度变迁，而在实体经济中，小微企业的投资需求由于多种原因未能真正释放，导致保证保险的保费规模同比没有增加。另外，随着我国保证保险的发展，政府对保证保险在经济中发挥的作用有了新的要求，在《中国保险业发展“十三五”规划纲要》中明确指出，积极探索扶贫小额贷款保证保险等信贷扶贫模式，完善风险补偿机制；积极开展针对贫困家庭大中学生的助学贷款保证保险；积极推动小额贷款保证保险业务发展，为大众创业、万众创新提供融资增信服务。这说明保证保险的融资增信功能将在保险助推扶贫攻坚、保险支持经济转型升级方面发挥重要作用。

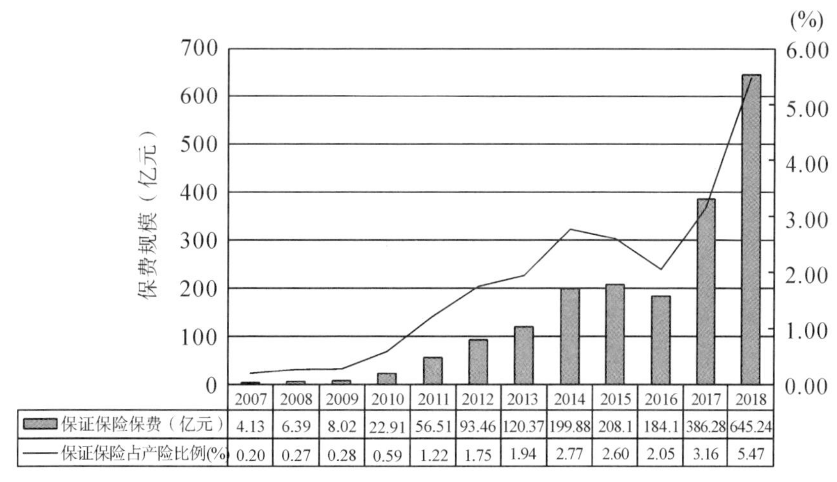

	2007	2008	2009	2010	2011	2012	2013	2014	2015	2016	2017	2018
保证保险保费（亿元）	4.13	6.39	8.02	22.91	56.51	93.46	120.37	199.88	208.1	184.1	386.28	645.24
保证保险占产险比例(%)	0.20	0.27	0.28	0.59	1.22	1.75	1.94	2.77	2.60	2.05	3.16	5.47

图 6-4　2007—2018 年我国保证保险保费规模及在产险业务中的占比

数据来源：2007—2018 年数据根据历年《中国保险年鉴》整理，2016 年数据根据《保险蓝皮书 2017》整理。

目前，在消费金融和互联网金融的爆发下，保证保险这一曾经被视为小众的险种正在频繁地出现在公众视野中。部分财险公司旗下的保证保险业务规模迅速扩大，有的公司在保证保险业务模块实现了盈利。2015 年，浙商财险旗下保证保险业务贡献 2 395.7 万元的承保利润，成为公司当年保费收入排名前 5 的险种中第二赚钱的险种。长安责任保险也在其 2015 年度报告中透露，保证保险类上年承保利润 1 094.67 万元，成为公司当年保费收入前 5 的险种中唯一一个实现承保盈利的险种。2016 年，保证保险成为中国平安财险旗下第二大险种，其所贡献的保费收入达 81.36 亿元，其保费收入仅为同期车险保费收入的 5%，但其所贡献的承保利润却达 26.96 亿元，与同期车险承保利润仅有 800 万元的差距。

虽然部分保险公司保证保险业务得到了快速增长，但从行业整体情况来看，保证保险的保费规模占比仍然较小，难以受到保险公司方面的重视。就目前来看，保险行业尚未找到一个良好的保证保险经营模式，保证保险的经营与发展仍在摸索中。

保证保险背后的高风险高赔付仍使很多中小险企望而却步，备受瞩目的当属侨兴私募债违约事件①。这一事件引起了保监会的高度重视，2016 年1 月 29 日，保监会发布《关于进一步加强互联网平台保证保险业务管理的通知（征求意见稿）》，对通过互联网平台投保保证保险业务的保险限额做出明确规定，投保人为法人，则累计投保金额不得超过 500 万元；若投保人为自然人，个人累计投保金额不得超过 100 万元。2017 年 4 月 23 日，保监会在《关于进一步加强保险业风险防控工作的通知》中连续 6 次提到保证保险，强调严控信用保证保险业务风险，并在同年 7 月 20 日发布了《中国保监会关于印发〈信用保证保险业务监管暂行办法〉的通知》（保监财险〔2017〕180 号），定义了网贷平台信保业务，是指保险公司与依法设立并经省级地方金融监管

① 2014 年浙商财产保险公司为侨兴集团发行的私募债提供保证保险，同时由广发银行为该债进行反担保，通过互联网渠道募集资金。2016 年东窗事发，由于私募债违约，反担保虚假无效，浙商财险面临高达 10 亿元的保险赔偿金，也因此遇到了偿付能力不足的问题，此后“侨兴私募债违约事件”震惊全国。

部门备案登记、专门从事网络借贷信息中介业务活动的金融信息中介公司合作，为网贷平台上的借贷双方提供的信保业务，并对经营信用保证保险业务的保险公司经营规则、内控管理和监督管理做了明确的规定，其中网贷平台信保业务风险防范是这一政策关注的重点和出台的主要目的。

由此可见，在2007年至今的发展新阶段，保证保险正借助互联网金融的东风飞速发展，其保费规模增长速度加快，在经济活动中所起的作用也日渐显著，同时面临的风险较以往更加不可控和不可预测，风险发生时造成的后果更加严重，在实务中保证保险业务的发展变化推动监管政策的制定和改变，因此，这一阶段主要属于市场主导的诱致性制度变迁过程。

第六节　新中国保证保险的制度变迁：基于《存款保险条例》

存款保险作为保证保险的一种，有时被称作存款保证保险[①]，有时也被称作存款保证[②]。它是以银行为投保人，保证存款人的利益，当发生银行对存款人取款方面支付能力的风险时，由保险人负责赔偿责任[③]。不同于其他保证保险，存款保险的投保人是银行等金融机构，它具有为金融机构提供风险保障的功能，常被作为国家保障金融体系安全的一种制度安排。经过20多年的市场实践及反复探索和论证，2015年，我国《存款保险条例》终于正式出台，因此本节将对新中国存款保险制度的变迁过程加以阐释和评析。

目前，国际上公认的存款保险制度起源于美国。1933年，美国首次建立了基于美国联邦制的存款保险制度。此后，尤其是20世纪80年代后期，众

① 牛新中. 财产保险［M］. 上海：立信会计出版社，2013：243.

② 许飞琼. 财产保险［M］. 北京：高等教育出版社，2014：343.

③ 许飞琼. 财产保险［M］. 北京：高等教育出版社，2014：343.

多国家纷纷建立存款保险制度以保证其国内金融体系稳健运营以及促进国内经济稳步发展[①]。2015年我国的《存款保险条例》正式出台并实施，标志着新中国存款保险制度正式建立。

以下将从新中国存款保险制度建立进程及新中国存款保险制度主要内容两个方面对新中国的存款保险制度加以阐释和评论。在新中国存款保险制度建立进程方面，将对《存款保险条例》订立过程加以梳理和分析；在新中国存款保险制度内容方面，将着重分析《存款保险条例》的内容，包含投保机构范围、保障责任、费率、偿付限额及存款保险基金收支情况等内容。

一、新中国存款保险制度的建立

按存款保险的显性与隐性、全额和限额等特征，我们通常将其分为“隐性全额存款保险”及“显性限额存款保险”。前者是指国家以虽未出台明文规定，但以国家信用为商业银行提供担保，当商业银行破产时，政府需要划拨财政资金或者寻求央行贷款以保证存款人利益不受损失。而“显性限额存款保险”指的是国家事先有明确的制度安排，在银行破产时，存款保险机构应优先安排银行对存款人规定限额内的受保障存款给予及时赔付，然后通过资产清算等方式努力回收破产银行的剩余资产，并以超过限额的优先级给付存户[②]。美国首创的存款保险制度就属于“显性限额存款保险”。本书中的存款保险如无特别指出，都指“显性限额存款保险”。

新中国成立后，我国和所有计划经济国家一样，一直实行的是隐性存款全额保险制度。改革开放后，才不断有学者开始关注存款保险制度。刘德林（1985）指出要建立集体金融机构的存款保险制度；林志琦（1985）详细介绍了美国存款保险制度，并把存款保险作为我国集体金融组织保证存款人资金安全的一种新思路；李亚新和解少明（1987）明确指出我国应该建立存款保

① 何光辉. 存款保险制度研究［M］. 北京：中国金融出版社，2003：12.

② 魏加宁. 存款保险制度与金融安全网研究［M］. 北京：中国经济出版社，2014：119-120.

险制度，并对建立存款保险制度的目的和意义、核心内容和客观基础做了说明，并提出设立保险存款基金委员会并隶属中央银行领导，详细说明了资金调剂与存款赔付的实施步骤。1993 年我国政府正式提出建立存款保险制度，经过 20 多年的多方研究、探索和推动，2015 年，我国《存款保险条例》正式出台并实施（见表 6-6）。

表 6-6 我国存款保险制度的建立进程

时间	内容
1993 年 12 月	《国务院关于金融体制改革的决定》（国发〔1993〕91 号）中首次正式提出要建立存款保险基金，保障社会公众利益
1997 年 11 月	中共中央、国务院召开了第一次全国金融工作会议，并下发《中共中央国务院关于深化金融改革，整顿金融秩序，防范金融风险的通知》（中发〔1997〕19 号），提出“逐步建立城乡信用社存款保险制度”
2004 年 8 月	我国开始起草存款保险条例，并于当年年底完成初稿
2006 年 3 月	全国人民代表大会通过了《中华人民共和国国民经济和社会发展第十一个五年规划纲要》，指出“规范金融机构市场退出机制，建立相应的存款保险、投资者保护和保险保障制度”
2006 年 8 月	中国人民银行向国务院上报了《关于加快建立我国存款保险制度有关问题的请示》和《存款保险条例（建议稿）》
2007 年	第三次全国金融工作会议指出，要加快建立存款保险制度
2008 年 3 月	温家宝在《政府工作报告》中指出要建立存款保险制度
2008 年 7 月	国家发展和改革委员会公布的《关于 2008 年深化经济体制改革工作意见》（国办发〔2008〕103 号）中，也明确指出：“制定存款保险条例（人民银行、法制办负责）。”
2009 年 5 月	国务院在《关于 2009 年深化经济体制改革工作意见》的通知中，再次要求建立健全存款保险制度，并由人民银行和银监会负责
2011 年 3 月	《中华人民共和国国民经济和社会发展第十二个五年规划纲要》中重申“建立存款保险制度”
2012 年 1 月	第四次全国金融工作会议指出，“要抓紧研究完善存款保险制度实施方案，择机出台并组织实施”
2012 年 9 月	《金融业发展和改革“十二五”规划》提出，建立健全存款保险制度，加快存款保险立法进程，择机出台《存款保险条例》，明确存款保险制度的基本功能和组织模式

表6-6(续)

时间	内容
2013年5月	中国人民银行在《中国金融稳定报告》中指出，建立存款保险制度的各方面条件已经具备，内部达成共识，可择机出台并组织实施
2013年5月	国务院批转了国家发展和改革委员会《关于2013年深化经济体制改革重点工作的意见》，提出："推进制定存款保险制度实施方案，建立健全金融机构经营失败风险补偿和分担机制，形成有效的风险处置和市场退出机制"
2013年11月	党的十八届三中全会《关于全面深化改革若干重大问题的决定》明确提出，"建立存款保险制度，完善金融机构市场化退出机制"
2014年3月	李克强总理在政府工作报告中提出：全年金融体制改革的主要任务是建立存款保险制度
2014年11月	中国人民银行、国务院法制办就《存款保险条例（草案）》公开向社会征求意见；征求意见期限为30天
2015年3月	国务院正式公布《存款保险条例》，并于5月1日起正式实施

资料来源：笔者根据相关资料整理。

新中国存款保险的开展过程明显较其他一般保险险种的开展过程慢了许多，究其原因，有学者指出是受到两次金融危机的影响。如王天宇（2015）认为1997年的政策（见表6-6）出台后，亚洲金融危机严重阻碍了我国城乡信用社存款保险制度的建设及发展；而2009年5月的政策（见表6-6）出台，受到2008年全球金融危机爆发的影响，我国存款保险制度建设再次陷入停滞状态①。然而，即便是由于金融危机的影响，两次金融危机间也应有足够的时间来推出存款保险制度，之所以一直没有推出，笔者认为主要有三点原因：

首先，我国存在隐性存款保险。改革开放后，尽管我国逐步完成了由计划经济向市场经济转变的经济体制改革，但不可否认，很长一段时间，我国政府在各个行业的主导作用仍然很强，银行业更是政府主导开展和经营的重点对象，多数银行背后的大股东就是政府。因此，存款人的资金安全最后由政府来兜底，实际上我国存在隐性的存款保险制度。

① 王天宇. 我国存款保险制度研究［M］. 北京：中国金融出版社，2016：157-158.

其次，在存款保险制度建立过程中，市场的诱致性变迁力量较弱，政府靠一系列政策的出台来替代了市场的诱致性变迁，最终推出《存款保险条例》。一方面，与出口信用保险制度相比，可以看出政府并不迫切实施存款保险制度，政府没有像推动出口信用保险制度那样，采取强制性制度变迁手段，迅速推动存款保险制度；另一方面，作为存款人的中国老百姓对政府无比信任，认为有政府兜底的银行发生挤兑风险的可能性极小，这也使得自下而上的诱致性制度变迁力量较弱，不足以推动保险公司自发进行存款保险业务的承办，金融市场也难以自发产生专业的存款保险机构。因此，我国的存款保险制度建立过程较缓，属于政府主导的诱致性变迁过程。

最后，存款保险是一类保险，也是一项制度，国家一般对于新制度的出台都较为谨慎。就连存款保险制度的首创者美国也是在不断尝试中才确立了方向。美国自 1892 年以来，有两次共 14 个州进行过存款保险的尝试，均以失败告终[①]。并且存款保险中存在逆选择、道德风险和委托—代理关系等问题[②]，这些因素对我国金融市场乃至国民经济稳定的影响都具有不确定性，因此，我国政府从开始确定要建立存款保险制度到《存款保险条例》的颁布实施，经过了十多年的论证和探索。

二、新中国存款保险制度的相关内容与实施情况

为适应中国宏观经济的发展，银行业逐步构建出一项关键制度——存款保险制度，其主要目的之一是降低银行储户的存款风险，并且已经成为银行业储户存款保障的风险安全防范网络的重要环节。《存款保险条例》包括二十三条监管细则，依据《存款保险条例》之第三条监管细则，存款保险是指投保机构向存款保险基金管理机构交纳保费，形成存款保险基金，存款保险基金管理机构依照本条例的规定向存款人偿付被保险存款，并采取必要措施维

① 魏加宁. 存款保险制度与金融安全网研究［M］. 北京：中国经济出版社，2014：3.
② 何光辉. 存款保险制度研究［M］. 北京：中国金融出版社，2003：181-182.

护存款以及存款保险基金安全的制度。基于以上定义可知，银行业所涉及的存款保险虽然被称为保险，但其本质是一种制度，而这种制度是根据保险的理念和原理设计的一种金融风险防控制度。

（一）存款保险的投保机构范围

银行储户的现金存款存在一定的流动性风险等，相关监管部门为加强银行储户存款的安全性保障，设计了存款保险制度，同时相关监管部门为实现存款保险机制的合理发展与制度公平，营造中国商业银行的公平竞争环境，最大限度地发展存款保险制度的保障职能，相关监管部门赋予存款保险制度的强制执行机制。基于《存款保险条例》第二条的相关规定可知，一般位于中国境内且具备存款吸收能力的相关金融机构，主要涉及中国境内的商业银行（其中涵盖外商独资银行以及中外合资银行等）和农信社等机构与组织，均需设置存款保险制度，以进一步加强居民存款的安全保障。此外，基于国际银行业相关监管制度可知，一般情况下，国外具备吸收存款能力但尚未获得法人资格的金融机构（还包括具备存款吸收能力的中资金融机构在海外设立的金融分支机构）若在中国境内设立分支机构，中国相关监管部门可不对其设置存款保险监管制度，但中国相关金融机构与国际相关金融机构具备存款保险制度差异或与其他相关监管制度相悖的除外。

（二）存款保险制度的保障范围

基于《存款保险条例》的第四条相关规定可知，存款保险不仅对境内人民币存款提供保障，还将外币存款也纳入其保障范围。同时，存款保险还涵盖个人、公司、单位本金和利息等相关储户存款范畴。然而，针对商业银行等金融机构之间的同业存款等均不属于存款保险制度所保障的范畴。一般情况下，世界各国存款保险制度均不涉及对商业银行之间的同业存款保障，其目的之一便是促进市场经济运行约束机制的发挥，降低商业银行等金融机构的道德风险。

（三）存款保险保费的交纳主体和费率标准

存款保险保费并不是银行储户支付，而是由商业银行、农村信用社等存款金融机构承担该项成本。存款保险基金管理机构基于中国宏观经济以及资本市场等的发展状态设置存款保险费率标准，同时考虑银行存款规模、商业银行存款保险保费资金规模等因素，进一步对存款保险费率测算准则进行完善和配置，然后报国务院等权力机关批准做出最终决策准则。具体而言，商业银行等投保主体的费率测算细则，主要依据投保主体的业务规模、运营效率以及金融业务风险环境等相关指标做出决策。金融机构相关监管部门综合考量基准费率与风险差别费率，基于此种精算定价机制能够完善商业银行等金融机构的公平竞争环境，有效发挥市场经济运行对存款保险投保主体的自我约束机制，加深商业银行等能够吸收存款的金融机构审慎经营理念，维持存款金融机构均衡平稳的良好发展趋势。此外，通过国际存款机构等的相关存款保险监管制度的实施经验以及考虑中国商业银行所处的发展环境及风险分担机制，中国存款保险支付成本较国际存款金融机构投保主体而言，中国存款保险参保机构具备更低的保费成本。

（四）存款保险偿付限额

存款保险制度的偿付限额涉及银行储户自身权益以及道德风险等相关因素。参照《存款保险条例》第五条的相关实施细则要求，中国存款保险制度将50万元人民币设置为最大赔付限额。中央银行以及银行监督管理委员会等金融业监管机构综合考虑商业银行业务发展状况、资本充足率等相关指标，同时审查中国居民存款意愿、消费信心以及信贷水平等经济变量，并由各种测算工具多次计量与检验后，将50万元人民币设定为存款保险保障的最高赔付限额。存款保险制度中设定的最高赔付限额相当于中国2013年人均GDP的12倍左右，该赔付限额的设定标准与国际存款保险制度设定的最高赔付限额相比，中国存款保险的保障水平更高，几乎可以覆盖中国99.63%银行储户的全部存款额度①。此外，随着中国经济的不断迁移演变，存款保险制度的最高赔付限额也随之发展演变，并基于相应发展阶段的银行业务规模、风险环境以及制度演变等因素，对存款保险最高赔付限额加以调整。

① 中国人民银行金融稳定分析小组. 2015中国金融稳定报告［R］. 北京：中国金融出版社，2015：136.

值得一提的是，当银行储户的存款损失超过存款保险的最高赔付限额时，存款保险条例第五条还做了明确规定，存款人可以依法从投保机构清算财产中受偿。

（五）存款保险机构设置及机构职责

《存款保险条例》第七条明确了我国存款保险机构的设置由国务院安排部署。目前，中国人民银行金融稳定局存款保险制度处实施存款保险基金管理部门的相关监管职责，发挥存款保险制度的保障职能。

《存款保险条例》使存款保险基金管理机构能够及时调整存款金融机构业务发展方向以及金融风险管理机制。《存款保险条例》实施细则涉及信息核查、参与调解等监管手段，其具体实施细则涵盖：审计存款保险制度中的费率测算准则以及存款金融机构（如商业银行）等相关的风险监管信息；调解存款金融机构之间的同业拆借信息；建立存款金融机构之间的信息分享平台；对未达到资本监管要求的存款金融机构施行差别于优质存款金融机构的存款保险精算定价，并有权对其发出信号预警，要求其报送相关财务信息，对其实施一定的强制监管措施，防范存款金融机构流动性风险的进一步扩张。

与此同时，金融机构相关监管机构为满足当前金融业相关法律法规，尽量确保存款保险基金的安全，以实现对存款金融机构存款保障职能的发挥。《存款保险条例》中进一步要求，当存款金融机构的运行过程中出现严重的流动性风险甚至破产风险时，此时存款保险制度便发挥其储户存款保障职能，其具体实施措施包括存款保险机构直接现金偿付、委托第三方关联机构间接补充资金，甚至还可通过存款保险投保主体或者满足条件的第三方金融机构等收购或者合并出现严重财务危机的存款金融机构，以尽可能地保障银行储户的财产权益不受损失。同时，通过存款保险制度的有效施行，以相对较小的经济成本或者社会成本平抑存款金融机构的流动性不足风险、财务危机风险以及可能发生的银行破产隐患。基于以上措施，达到使中国商业银行、农村信用合作社等存款金融机构平稳运行的目的，营造良好的金融环境，保持中国金融业的稳定发展。

（六）存款保险基金

中国商业银行、农村信用合作社等能够吸收存款的金融机构向存款保险机构所支付存款保险保费，共同建立了存款保险投保主体的“存款保险基金池”。存款保险基金池的建立有助于完善市场经济推动商业银行等存款机构的自我约束机制，提升“无形的手”这一低成本约束机制的运行效率。为确保存款保险基金池的资金不被挪用和损失，《存款保险条例》中的第九条特别针对存款保险基金池的资金稳定设置了一定的安全防护措施，并且在存款保险制度中明确要求，存款保险投保主体所构建的保险基金必须基于安全、流动性以及保值增值的基本准则进行操作，资金使用不得超出以上监管要求。《存款保险条例》为进一步稳固存款保险基金的安全稳定，对存款保险基金池的存储位置进行了严格规定，要求存款保险基金池仅能置于中央银行，主要可进行国债、地方债、央行票据等信用风险较低的优质权证，严禁存款保险基金在没有相关监管机构授权的情况下投资于公司债、股票市场等风险等级较高的金融产品，当然根据相关规定，存款保险基金还可以用于投资国务院批准的其他金融工具。

（七）我国存款保险制度实施情况

存款保险制度的相关监管规定要求，存款保险投保主体可以通过存款保险基金管理机构实现对商业银行等存款储户的资金保障职能，存款保险客户基于所缴纳的存款保险保费构建“存款保险基金池”，并根据相关监管部门的规定由存款保险机构或关联机构进行管理。中央银行对存款保险基金设立专门账户，并且施行分账管理以及单独核算制度，保障存款保险基金的稳定运行，以进一步确保存款金融机构储户资金的稳定和安全（见表 6-7）。2014 年，中国成立了存款保险基金，但目前还尚未使用。2015 年作为《存款保险条例》实施的第一年，存款保险保费收入即达到 30.78 亿元；2016 年存款保险保费收入同比增长 6.5 倍，达 204.71 亿元；2017 年保费收入同比增长 15.32%，达 236.07 亿元。到 2017 年年底，存款保险基金专项账户已达到 480.28 亿元人民币的资金数额，由于中国金融环境相对稳定，以及相关监管部门适度地采取了相对有效的宏观调控措施，尚未要求存款保险基金对商业银行等存款金融机构发挥其存款保障职能①。

表 6-7　2015—2017 年我国存款保险基金收支情况统计　　单位：元

项　目	年份		
	2015	2016	2017
一、期初基金专户余额	—	3 099 980 654. 42	23 810 479 076. 13
二、本年归集	3 099 980 654. 42	20 710 498 421. 71	24 217 817 775. 29
1. 保费	3 077 833 027. 46	20 471 200 682. 84	23 606 898 563. 06
2. 滞纳金	—	134 437. 49	395 698. 41
3. 利息收入	21 719 060. 96	238 139 580. 01	610 523 487. 43
4. 暂收款项	428 566. 00	1 023 721. 37	26. 39
三、本年支出	—	—	—
四、期末基金专户余额	3 099 980 654. 42	23 810 479 076. 13	48 028 296 851. 42

资料来源：笔者根据人民银行公布数据整理。

从我国《存款保险条例》开始实施，截至 2017 年 12 月 31 日，全国 3 959 家吸收存款的银行业金融机构已全部办理了投保手续，风险差别费率平稳实施，存款保险制度功能不断完善②。世界银行 FSAP 评估团（2017）对我国的存款保险制度进行评估后指出，中国存款保险制度参照国际惯例，强制要求商业银行等存款金融机构投保，并且强制施行存款保险限额赔付制度，此外存款保险的精算定价标准包括两部分，即基准费率与风险差别费率，以尽可能地保证商业银行等金融机构处于公平稳定的制度环境中运行。充分利用现行金融监管协调机制，符合《有效存款保险制度核心原则》等国际存款保险准则的要求。存款保险制度加强现行金融监管协调机制中的信息共享，

① 国际货币基金组织官方网站资料. 中华人民共和国金融部门评估规划：国际标准与准则执行情况详细评估［EB/OL］. 国际货币基金组织官方网站，2017-10-24.

② 中国人民银行官方网站［EB/OL］.（2016-05-20）［2020-11-11］. http://www.pbc.gov.cn/jinrongwendingju/146766/2165207/3488750/index.html.

有效支持监管工作的开展[1]。存款保险制度是当前中国金融业非常关键的基础性风险防范机制之一，有助于加强和完善中国金融风险防范网络强度，能够有效降低银行储户存款风险损失，针对金融市场进一步完善并构建更加有效的风险规避与处理机制，在建立维护我国金融稳定的长效机制等方面发挥积极作用。

综上，《存款保险条例》的建立标志着我国从隐性存款保险制度过渡到显性存款保险制度。实际上，我国经济转型时期出现了以政府为主导的隐性担保体系，隐性存款保险是其中的一部分，所有发生经营失败、破产的存款类银行，其个人存款都得到了政府的全额赔偿。这种做法虽然缺乏法律制度上的依据，但增强了中国人民对国家信用的信心。然而，我国隐性存款保险制度并不是一项正式的制度安排，仅具有危机事后处理的功能，缺少事前监管防控金融风险的作用。而随着政府对正式存款保险制度的逐步推动，直到《存款保险条例》的正式实施，我国才产生了正式的存款保险制度，这建立起了对我国居民存款具有法律意义的保障；弥补了隐性存款制度缺乏事前监管的不足，进而强化对银行业的正向激励和市场约束；大大增强了民营银行、中小银行的信用和竞争力，为民营银行、中小银行的发展提供了一个稳定有序的市场环境。

① 国际货币基金组织货币与资本市场部与世界银行全球金融与市场局：《中华人民共和国：金融部门评估规划：国际标准与准则执行情况详细评估》［EB/OL］.［2020-11-11］. https://www.imf.org/~/media/Files/Publications/CR/2017/Chinese/cr17359c.ashx.

第七节　本章小结

一、研究结论

本章通过对新中国信用保证保险制度变迁过程的阐述与探究，在一定程度上阐明了中国信用保证保险制度在中国经济发展过程中所处的重要地位，尤其是在宏观经济决策制定过程中所占据的关键性地位。同时，基于中国信用保证保险制度变迁视角深入探究了中国当前信用保证保险制度中存在的问题，主要得出以下结论：

第一，新中国信用保证保险制度变迁可以由信用保险制度变迁和保证保险制度变迁共同推演。信用保险制度和保证保险制度在我国的发展时间相对较短，尽管业务规模增长迅速，但两者各自的保费规模在我国财产保险业务中所占的比例仍然较低。信用保险制度变迁主要是由政府主导的强制性变迁，从开始建立到发展都贯穿着政府主导、国有政策性保险公司经办的特点，在不同的时期根据不同的经济发展需要，政府出台相应的信用保险政策来引导信用保险制度的发展；保证保险制度变迁过程中，经济个体自下而上地推动了保证保险的产生和发展，政府的主导作用并不显著，但政府对保证保险制度变迁过程中的修正作用不可忽视。

第二，新中国存款保险制度的建立过程，是由我国政府主导推动的，并受我国宏观金融环境变化的影响。存款保险可以作为一类特殊的保证保险。从我国的金融市场发展情况和对存款保险制度的需求程度来看，政府并不急于实施存款保险制度，因此，我国政府并没有像推动出口信用保险制度那样，立即采取强制性制度变迁手段来建立存款保险制度，而是经历了政府主导的诱致性制度变迁过程，直到我国金融市场环境已经比较成熟、金融监管更加完善、金融法律制度更为健全、公众保险意识不断加强的新常态宏观金融环境下，我国政府才正式推出酝酿了20多年的存款保险制度。可见我国政府在对待影响不确定的新制度时，态度非常谨慎。这体现了我国政府对新中国社会经济发展非常负责任的态度。

第三，新中国信用保证保险的发展随着中国宏观经济的发展而不断更新换代，即中国信用保证保险制度设计局限于中国经济结构的转型与发展，随着中国经济发展的演变，信用保证保险制度便应运而生。在信用保证保险制度的发展演变历程中，中国政府在其演变迁移过程中具备较强的主观能动性，并发挥了关键的引导监督职能。信用保证保险制度的构建与发展，始终应适应相应阶段的社会生产力发展水平，不能脱离相应发展阶段的社会生产力而单独存在。基于此，为保证中国信用保证保险制度的进一步完善，并保持其平稳发展，中国政府须遵从信用保证保险制度与经济发展演变的基本走势，促进二者之间的协调性发展，进一步合理有序地提供中国信用保证保险制度的发展动力，并给予市场一定的自由度，适度允许市场自主选择信用保证保险制度变迁的方向和机制。

第四，新中国信用保证保险制度服务于实体经济的发展，为经济活动顺利达成提供相应的制度保障。出口信用保险主要针对国家宏观政策调整、经济体制改革等宏观层面做出相应的制度安排，并在应对世界经济环境变化方面发挥了重要作用；保证保险制度主要针对国内企业和个人经济活动需求等微观经济层面，对经济活动的多方主体提供信用风险保障，进而促进消费和信贷投资的增长。

第五，新中国信用保证保险的发展历程检验了制度变迁理论的基本规律。一种理论之所以能够指导实践，正是因为该理论来源于实践，并且可以被实践所检验，这样的理论所揭示的规律才具有价值和意义。本章通过制度变迁理论分析改革开放后新中国信用保险和保证保险的发展历程，展现了我国信用保证保险在各个历史阶段的发展中，强制性制度变迁和诱致性制度变迁所产生的影响，以及这种影响在新中国信用保证保险发展过程中所发挥的作用。这些影响和作用，推动了新中国信用保证保险事业的快速发展，从而使这一经典理论再一次为历史所验证。

二、研究展望

依据本章对新中国信用保证保险制度变迁机制的分析，在互联网经济飞速发展的趋势下，以及当前我国政府机构改革的契机，对我国信用保证保险的发展进行展望：

第一，信用保证保险制度顺势发展，为尽量完善信用保证保险制度同中国经济的协调性发展，政府需加强对其进行顶层设计，并强化信用保证保险的核心功能理念。我国的经济发展日新月异，特别是互联网对社会、经济、文化等各领域的影响日益增强，互联网对保险业的影响也日益受到重视，信用保证保险具有应对信用风险的功能，在互联网经济中必然会发挥越来越大的作用。在法律层面，政府需要根据市场情况和行业发展的变化，明确信用保证保险的法律地位；在监管机构设置层面，2018 年保监会和银监会合并为中国银保监会后，银行和保险公司之间的信息共享机制更加健全，跨越了互联网贷款保证保险等业务监管中可能存在的部门权限障碍。

第二，互联网金融的发展将会使得我国信用保证保险规模扩大。互联网金融有别于传统金融，是在互联网技术快速发展的基础上诞生的新的业务模式，互联网金融的发展取决于互联网技术的发展。信用保证保险可借助互联金融的便捷性和直接性，突破传统条件下时间、空间的障碍，保险中介所处的中间环节将进一步减少，交易成本会大幅下降。同时，互联网经济活动是建立在信用的基础之上，人们在享受其便捷性的同时，更需要信用风险的保障，这些都会促进我国信用保证保险业务的发展。

第三，金融科技的发展将会使得我国信用保证保险的精算定价更具合理性与准确性。截至 2018 年年底，中国信用保证保险尚不具备相对合理的精算定价机制，其风险定价尚不能按照具体现实情境分别定价，依然是对不同层次的风险情境施行相对统一的单一定价机制（苏静，2018）。随着科技的发展，金融业通过大数据、云计算、人工智能、区块链等新技术来改变传统的金融信息采集来源、风险定价模型、投资决策过程，这会使信用风险评估更加精准，从而实现对信用保证保险的精准定价。

第四，制度变迁理论在我国信用保证保险发展中将发挥与时俱进的作用。互联网的问题需要互联网自身来解决。在互联科技飞速发展的背景下，信用保证保险作为“互联网+”模式下的一项具体的金融应用，在发展过程中必然会产生新的问题，然而，政府在处理这些“新”问题时，不应再依赖于“旧”手段，也就是说，政府所主导的强制性制度变迁，应该越来越少，政策干预频率应该越来越低，留给互联网保险市场的各方主体发挥诱致性制度变迁的力量的空间会越来越大，从而以“新”方法，化解“新”问题。可以预见，以科技为依托的互联网金融，在处理“新”问题时的效率会非常惊人，这也有可能会颠覆诱致性制度变迁是一个缓慢过程的观点。

第五，我国存款保险制度应在金融市场监管中发挥更大、更积极的作用。《存款保险条例》已正式实施数年，其间我国金融市场受互联网技术的冲击和改变较为明显，互联网金融为人们带来诸多金融便利，但同时也滋生了新的风险，如近期的互联网金融中的 P2P 产品，由于各种原因导致了居民资金损失。像 P2P 这类金融机构实质上已经具备了吸收居民存款的功能，而《存款保险条例》中对这类金融机构并无明确的规定，这类金融机构游离在隐性存款保险制度和显性存款保险制度之外，因此如果《存款保险条例》的投保对象能涵盖此类金融机构，那么必然会加强对此类金融机构的监管力度，进而保障人民的财产安全。

本章参考文献

[1] ALDCROFT, DEREK H. The early history and development of export credit insurance in great britain, 1919—1939 [J]. The Manchester School 30 (1): 69-85.

[2] BRIGGS D, EDWARDS B. Credit insurance: how to reduce the risks of trade credit [M]. Woodhead-Faulkner, 1988.

[3] FUNATSU H. Export credit insurance [J]. Journal of Risk and Insurance, 1986: 679-692.

[4] NORTH D C. Institutions [J]. Journal of economic perspectives, 1991, 5 (1): 97-112.

[5] 道格拉斯·C. 诺斯. 制度、制度变迁与经济绩效 [M]. 杭行，译. 上海：格致出版社，上海人民出版社，2016.

[6] 詹姆斯·S. 特里斯曼. 风险管理与保险 [M]. 11 版. 裴平，主译. 沈阳：东北财经大学出版社，2002.

[7] 冯涛. 保证保险纠纷中保险责任法律分析 [D]. 北京：对外经济贸易大学，2005.

[8] 何虹. 小额贷款保证保险经营模式需完善 [J]. 农村金融研究，2017 (10): 78-79.

[9] 何绍慰. 中国保证保险制度研究 [M]. 北京：社会科学文献出版社，2010.05.

[10] 黄斌. 信用保证保险发展现状及创新 [J]. 中国保险，2017 (4): 29-33.

[11] 黄华明. 风险与保险 [M]. 北京：中国法制出版社，2002.01.

[12] 李建智. 保证保险辨析：兼评“借款保证保险”在保险学术理论上的认识误区 [J]. 保险研究，1994 (2): 11-15.

［13］李文中. 小额贷款保证保险在缓解小微企业融资难中的作用：基于银、企、保三方的博弈分析［J］. 保险研究，2014（2）：75-84.

［14］林志琦. 美国的存款保险制度［J］. 金融研究，1985（4）：53-54.

［15］刘德林. 浅议集体金融机构的存款保险［J］. 银行与企业，1985（9）：34-35.

［16］刘亚. 信用保险与保证担保［J］. 保险研究，1997（4）：29-30，14.

［17］娄飞鹏. 贷款保证保险：发展情况、现存问题及建议［J］. 金融发展研究，2013（10）：78-81.

［18］牛新中. 财产保险［M］. 上海：立信会计出版社，2013.

［19］乔林，王绪瑾. 财产保险［M］. 2 版. 北京：中国人民大学出版社，2008：367.

［20］苏静. 我国发展互联网信用保证保险的应用前景分析［J］. 保险职业学院学报，2018，32（1）：79-82.

［21］苏静. 我国发展信用保证保险面临的挑战及对策［J］. 中国保险，2018（1）：31-34.

［22］唐金成. 发达经济体中小企业信用保证保险制度比较研究［J］. 东南亚纵横，2012（1）：43-46.

［23］庹国柱. 信用保证保险概念与分类之质疑［J］. 上海保险，2002（4）：44-47.

［24］王强. 信用保证保险促进 P2P 网络借贷的发展研究［D］. 安徽财经大学，2017.

［25］王天宇. 我国存款保险制度研究［M］. 北京：中国金融出版社，2016.

［26］魏加宁. 存款保险制度与金融安全网研究［M］. 北京：中国经济出版社，2014. 04.

［27］许飞琼主. 财产保险［M］. 北京：高等教育出版社，2014.

［28］杨学进. 出口信用保险规范与运作［M］. 北京：中共中央党校出版社，1995.

[29] 赵明昕. 论信用保险与保证保险之差异 [J]. 沈阳师范大学学报(社会科学版), 2005 (1): 37-40.

[30] 赵明昕. 中国信用保险法律制度的反思与重构 以债权人的信用利益保障为中心 [M]. 北京: 法律出版社, 2010.06.

[31] 郑功成, 孙蓉. 财产保险 [M]. 北京: 中国金融出版社, 1999.01.

[32] 庄慧彬. 解决农村融资难题: 贷款保证保险与贷款信用保险间的优劣分析 [J]. 保险研究, 2010 (3): 78-81.

[33] 卓志, 周宇梅. 改革开放三十年中国保险制度的变迁与创新: 基于制度经济学的视角和分析 [J]. 保险研究, 2008 (7): 3-8.

第七章 新中国人寿保险制度变迁

改革开放40余年的理论与实践表明，保险制度变迁是保险业增长的源泉。保险制度的改革创新为保险业的发展注入了更多新鲜的血液和动力，有效的保险制度是中国保险业成长的重要原因。人寿保险是人身保险的重要组成部分，人寿保险是以被保险人的寿命为保险标的，以被保险人生存和死亡为给付人寿保险金条件的人身保险。寿险制度的变迁体现了保险制度变迁的主要特征，但在自身发展过程中又呈现出其独特的制度变迁形态。通过对新中国人寿保险制度的生成、发展和变迁的梳理，我们可以清楚地看到，人寿保险在中国的发展中有许多中国转轨经济的特点。商业人寿保险制度诞生于社会保障制度转轨的需要，发展于中国经济制度变迁的进程中。本章将重点分析人寿保险制度生成、发展和制度变迁的相关内容。

第一节　人寿保险的内涵

一、人寿保险的概念

人寿保险是以被保险人的寿命为保险标的，以被保险人生存和死亡为给付人寿保险金条件的人身保险。人寿保险是人身保险的主要组成部分，它的基本内容是投保人与保险人通过订立人寿保险合同明确双方各自的权利与义务关系，投保人向保险人交付保险费，当发生保险合同约定的保险事故或者被保险人达到保险合同约定的年龄、期限时，保险人按照寿险合同的约定给付保险金①。

二、人寿保险的基本特征

（一）保险标的的不可估价性

人寿保险的保险标的是人的寿命，人的寿命的价值是无法用货币来衡量的，因此人寿保险不能以保险标的的价值为依据来确定保险金额。在保险实务中，人寿保险的保险金额是由投保人和保险人双方约定的。为了避免保险金额过低而失去人寿保险的意义，或保险金额过高诱发道德风险而危及被保险人的生命安全，以及保险费超过投保人经济承受能力而导致保险合同失效，人寿保险的保险金额主要根据被保险人对寿险的需求程度和投保人交付保费的能力来确定，这两个因素的结合点就是恰当的人寿保险的保险金额。

人寿保险保险金额的确定有两种思路：一是死亡保险的保险金额根据被保险人死亡风险一旦发生造成的家庭收入损失来确定；二是死亡保险的保险金额根据被保险人死亡风险一旦发生造成的家庭保障缺口来确定。

---

① 孙蓉，兰虹．保险学原理［M］．成都：西南财经大学出版社，2015：104.

（二）保险金的定额给付性

由于寿险保险标的具有不可估价性，人寿保险通常为定额给付性保险。它不适用于保险的损失补偿原则，即不适用于代位求偿原则和重复保险的分摊原则。在人寿保险中，只要保险合同中约定的保险事故发生，保险人就要按照约定的保险金额给付保险金。由第三者造成被保险人死亡或残疾的，保险人向被保险人或者受益人定额给付保险金后，不再享有代位求偿权，但是被保险人或者受益人仍然有权利向第三者要求赔偿。如果被保险人同时拥有数份有效的人寿保险保单，那么在保险事故发生后就可以同时要求多家人寿保险公司按照保险合同约定的保险金额给付保险金。

（三）保险利益的特殊性

保险利益是指投保人或者被保险人对保险标的具有的法律上承认的利益。这里的利益通常是指保险标的的安全与损害直接关系到被保险人的切身经济利益，表现为：保险标的存在，这种利益关系存在；如果保险标的受损，则投保人或被保险人的经济利益也会受损。一般而言，保险利益是保险合同生效的条件，也是维持保险合同的一项基本原则。在人寿保险中，保险利益关系既可以表现为经济利益关系，也可以表现为亲缘关系。

我国《保险法》规定："人身保险的投保人在保险合同订立时，对被保险人应当具有保险利益。财产保险的被保险人在保险事故发生时，对保险标的应当具有保险利益。"人寿保险保险利益的特殊性主要体现在：

1. 人寿保险保险利益的认定

人寿保险的保险标的是人的寿命，因此在人寿保险合同订立时，投保人应当对被保险人具有保险利益，否则投保人就不能为被保险人向保险人投保，即使投保了，人寿保险合同也是无效的。但是由于人寿保险保险标的的特殊性，寿险的保险利益不能根据确定的经济利益来判断投保人对被保险人是否具有保险利益。在人寿保险中，判断投保人对被保险人是否具有保险利益主要以人与人之间的关系为基础。

我国《保险法》在认定投保人对他人身体和寿命是否具有保险利益时规

定了一定的亲属范围[1]，同时又规定可以以投保人取得被保险人的同意为依据来判断投保人对被保险人是否具有保险利益。即通过限制家庭成员关系范围并结合被保险人同意的方式来确定保险利益，在保险利益的表达方式上采用了“法定+意定”，既可以有效地防范道德风险，又满足了寿险投保的灵活性。

2. 人寿保险保险利益的量的规定

人身保险最主要的组成部分之一是人寿保险，人寿保险的保险标的是人的寿命。由于保险标的的不可估价性，从理论上讲，人寿保险的保险利益没有量的规定，投保人在为被保险人投保人寿保险时通常不会受保险金额的限制，只会考虑投保人对被保险人是否具有保险利益。但是在某些特殊情况下，人身保险的保险利益有量的规定。例如债权人为债务人投保人寿保险，保险利益通常不能超过债务限额。

3. 人寿保险保险利益存在的时间点

在人寿保险中，要求投保人在订立保险合同时对被保险人具有保险利益，而不要求投保人在保险事故发生后申请保险金赔付时对被保险人具有保险利益，这是因为寿险具有储蓄性，且其保险期限具有长期性，保险利益只是订立保险合同的前提条件，而不是维持合同有效或者给付保险金的条件。人寿保险存续期间或者保险事故发生时，投保人对被保险人是否具有保险利益并不影响人寿保险合同的效力。例如丈夫给妻子购买人寿保险，事后二人离婚，离婚后妻子发生保险事故，保险人应承担保险金给付责任。人寿保险要求合同订立时具有保险利益的原因在于：首先，人寿保险是定额给付性的，因而不必要求保险事故发生时投保人对被保险人一定具有保险利益；其次，人寿保险通过对保险利益的规定，来实现防范道德风险的目的；最后，人寿保险兼具保障性与储蓄性，保险金是所交保费的一定积累，因此并不需要事故发生时一定具有保险利益。否则，有违保险宗旨，也有失公平。

---

① 我国《保险法》第三十一条规定，投保人对下列人员具有保险利益：（一）本人；（二）配偶、子女、父母；（三）前项以外与投保人有抚养、赡养或者扶养关系的家庭其他成员、近亲属；（四）与投保人有劳动关系的劳动者。除前款规定外，被保险人同意投保人为其订立保险合同的，视为投保人对被保险人具有保险利益。订立合同时，投保人对被保险人不具有保险利益的，保险合同无效。

（四）人寿保险的长期性

人寿保险中，保障责任包括死亡与生存。投保人购买人寿保险是为了防范早逝的风险与长寿的风险。这种风险保障的需要是长期的，人寿保险期限短则数年，长则数十年甚至可以伴随被保险人一生。由于人身保险具有长期性的特点，使它在业务经营中有着自己的特殊性：

（1）人寿保险的保费通常采用年缴方式或限期交付方式，保险公司每年都有较稳定的保费收入，保单也不需要每年更新。

（2）人寿保险长期稳定的保费收入，可以积累一定的保险基金供中长期投资，在保险投资时，对资金的流动性要求不像财产保险那么迫切。

（3）人寿保险的长期性，使人寿保险业务的内部管理比财产保险更加严格，要求做到管理业务标准化、管理工作程序化和管理资料档案化。

（4）人寿保险的长期性，决定了保险人在保险有效期内不得随意解除保险合同。为了给投保人提供方便，人寿保险合同常规定宽限期条款、保单质押贷款条款和复效条款等。

（5）传统的人寿保险不仅保险期限长，而且保额和保费都固定不变，很难随着经济形势的变化进行调整，尤其是受到利率波动和通货膨胀的冲击，会给人寿保险公司的稳健经营带来影响。此外，保险期限的长期性使寿险公司对于未知的诸如死亡率因素、利息率因素、费用因素、保单失效率因素等的预测变得较为困难，对寿险精算和险种创新提出了更高的要求。

（五）人寿保险的储蓄性

人寿保险除了具有保险保障的功能外，还兼有储蓄的性质。我们可以从人寿保险保费的构成和转换两个角度来分析人寿保险的储蓄性。

1. 人寿保险保费的构成

人寿保险的保费包括纯保费和附加保费两部分，纯保费是用于给付人寿保险金的，附加保费是用于保险公司经营管理费用支出的。纯保费进一步又可分为危险保费和储蓄保费，危险保费用于当年人寿保险金的给付，储蓄保费则用于未来年度人寿保险金的给付。储蓄保费相当于投保人将多交的保费存放于保险公司，保险公司将它进行投资运用，使它不断增值，以保证将来保险金的给付。如果投保人中途退保，保险公司必须将累积的储蓄保费以退保金的方式返还给投保人。如果投保人临时经济上有困难，也可以以保单上积累的现金价值为基础向保险公司申请保单贷款。

2. 人寿保险保费的转换

死亡率是人寿保险厘定费率的基本要素之一。随着年龄增加，死亡率也会逐年增加，特别是到了老年以后，死亡率上升的幅度增大。那么随着年龄的增长，死亡率的增加，投保人需要缴纳的保险费会越来越高，这并不利于人寿保险的发展。对投保人而言，年龄越大，保费负担能力减弱，保费的增加可能会导致其丧失保险保障，从而使人寿保险失去存在的意义；对保险公司而言则容易出现逆选择：身体健康的人考虑保费上升无力承担而退出保险，体弱多病者考虑到风险程度增大而坚持投保，从而使正常情况下计算出的保险费难以维持公司经营。

在人寿保险实际经营中，多采用均衡保费代替每年发生变动的自然保费，其目的是为了避免保险费的频繁变动，保证保险人的正常经营。均衡保费是指将投保人每年所交的自然保费（考虑利率因素）在缴费期内进行年度均衡得出的保险费。采用均衡保费，投保人在缴费期内每年缴纳相等的保险费。一般情况下，投保人早期缴纳的人寿保险均衡保费高于自然保费，晚期缴纳的人寿保险均衡保费低于自然保费，后期不足的保费部分可以通过前期多交的保费来弥补。即投保人在投保初期多缴纳的保险费储蓄在寿险公司，寿险公司进行资金投资，使它不断增值以补偿投保后期所缴纳保费的不足。自然保费向均衡保费的转换，既可以使投保人经济上能够负担均衡，使被保险人晚年也有能力享受保险的保障，还可以保证保险人正常的业务运营。所以，人寿保险的储蓄性还体现在自然保费向均衡保费的转换中。

三、人寿保险的基本险种

人寿保险按照保险责任的不同可以分为死亡保险、生存保险和生死两全保险。

（一）死亡保险

死亡保险是以被保险人身故作为给付保险金条件的人寿保险。死亡保险根据保险期限的不同，又分为定期死亡保险和终身死亡保险。定期死亡保险习惯上称为定期寿险，是承保被保险人在约定期限内死亡的人寿保险，具有价格低廉、保障水平高的高杠杆特性。终身死亡保险习惯上被称为终身寿险，顾名思义，就是被保险人在任何时间死亡，保险人都要承担给付保险金的责任。由于人固有一死，因此终身寿险的给付是必然发生的。终身寿险保单具有现金价值，带有一定的储蓄性质。

（二）生存保险

生存保险是以被保险人生存作为给付保险金条件的人寿保险。生存保险的保费可以趸交，也可以期交。年金保险便是生存保险的典型代表。目前市场上比较常见的年金保险是教育金保险和养老金保险。年金保险有多种分类方法，按年金给付起始时间划分，年金保险可以分为即期年金保险与延期年金保险。年金保险按年金给付终止的时间划分，分为终身年金保险和定期年金保险。按年金给付水平是否有变化来划分可以分为定额年金保险与变额年金保险。

（三）生死两全保险

生死两全保险是指被保险人无论在保险期限内死亡还是生存至期满，保险人都给付保险金的一种人寿保险。两全保险是寿险业务中承保责任最全面的一种，因此保险费率也较高。

上述分类方法是传统人寿保险的基本分类方法，随着人寿保险制度的演进，渐渐产生了一些创新的人寿保险险种。主要是分红寿险、投资连结寿险和万能寿险。分红寿险是指保险人除了承担传统寿险的保险责任外，还将公司在经营中取得的一部分盈利以保单红利的方式返还给保单持有人的保险。投资连结寿险是指包含传统保险保障功能并至少在一个投资账户拥有一定资产价值的人寿保险。投资连结寿险的优点在于能抵御通货膨胀，缺点在于投保人要承担投资风险。万能寿险并不是“无所不保”的意思，“万能”指的是灵活可调的意思。万能寿险缴费灵活，保费可以多缴，也可以少缴，保险金额可以根据需要进行调整。万能寿险能满足一个人生命周期不同阶段的寿险保障需求。

第二节　新中国人寿保险制度变迁的演进特征和政策推演

人寿保险制度是对寿险契约活动中各种行为规范的总称。寿险制度的核心是对寿险交易行为进行规范，也就是寿险制度的内涵。而实现对寿险行为进行规范的具体形式称为寿险制度的外延，包括寿险的正式制度与寿险的非正式制度①。从正式制度角度来讲人寿保险是一种合同行为，而人寿保险的非正式制度指商业人寿保险和国家强制实施的各种形式的社会保障制度之外，蕴含通过群体合作对个体因生、老、病、死、残等损害发生造成的损失进行分摊的社会经济制度。人寿保险制度的作用在于它能够通过降低交易费用来促使寿险交易顺利进行（或促进人们在寿险交易过程中的竞争与合作）及扩大人寿保险市场的规模与范围。

一、新中国人寿保险制度变迁的演进特征

按制度变迁的主体不同，制度变迁可划分为诱致性制度变迁和强制性制度变迁②。诱致性的制度变迁一般体现为是一种从下而上、从局部到整体的制度变迁过程，因此具有较好的一致性，实施过程中的摩擦也较小，能够在较短的时间内实现制度的均衡，其变迁的过程相对是较高效的。强制性制度变迁往往违背一致性原则，容易产生较大的内部摩擦，各制度之间的安排短期

① 薛梅. 中国寿险业的制度经济分析［D］. 成都：西南财经大学，2007：27.

② 由个人或一群人，在响应获利机会时自发倡导、组织和实行的制度变迁是诱致性制度变迁，而由国家和法律引入来实行的制度变迁是强制性制度变迁（林毅夫，1989）。

内不容易达到新的均衡，往往其制度变迁的相对效率不高，但政府的权威通常可以保证制度安排较好的进行。一种制度的形成与变迁，尽管普遍受到外部甚至国际环境的影响，但是在根本上主要还是依赖于制度生长的特定社会环境和经济环境。新中国保险制度变迁的方式也是强制性制度变迁和诱致性制度变迁共同交织进行的，只不过在各自不同的发展阶段，发挥主导作用的主体可能会不同，其制度变迁的方式也不尽相同。

（一）新中国寿险制度变迁具有强制性制度变迁的特点

自新中国成立以来、我国保险制度的变迁与国家意志有着很强的关联。从保险制度的初立，到国内保险业的停办，再到国内保险业的恢复，都不是市场主体的自发选择，而是国家政策使然。当前，在保险业的重大经营问题上，政府的力量仍十分强大。如在保险资金运用范围、保险公司经营范围、保险产品的费率市场化等领域，政府力量仍占据主导地位。人寿保险作为保险的其中一种，其制度变迁也带有强制性制度变迁的特点。

从理论上讲，政府在寿险制度变迁中的角色定位是可以统一的，监管的终极目标是保护被保险人的利益，发展的最终目标也是做大做强保险行业、更好地实现被保险人的利益，二者之间并没有本质区别。而且，自上而下的强制性制度变迁有利于使保险政策得以贯彻落实，在实践中具有一定的优势。但是，以强制性的制度变迁引领市场发展也存在一定的问题。一是难以解决“监管套戥”和“监管俘获”的问题①。如果引领行业发展的政策与保护被保险人的利益之间存在冲突。监管者如何把握好二者的平衡，将是一个难题。由于“监管套戥”和“监管俘获”现象的存在，监管者可能损害消费者的利益，但保护的可能是落后的保险生产力。由于我国寿险市场的集中度非常高，大公司的话语权要远远强于小公司，它们的诉求更容易影响监管政策，有可能对中小寿险公司形成不公平竞争，损害消费者的权益。二是难以解决市场资源配置的效率问题。从短期来看，以政府主导的强制性制度变迁效率较高，效果明显。但从长期来看，由于信息不对称的存在和寿险经营者的逆选择，

① 魏华林，李金辉. 人寿保险需求研究［M］. 北京：中国财政经济出版社，2009：349-350.

监管政策可能会失效，其代价就是牺牲市场机制的作用而造成社会经济资源的浪费。

（二）新中国寿险制度的诱致性制度变迁主要发生在微观经营层面

Davis 和 North（1979）指出，制度变迁的诱致性因素在于主体期望获取最大的潜在利润[①]。潜在利润是在既有的制度安排中无法获取的利润。制度变迁的主体为了获取潜在利润，有动力推动既有制度的再安排，从而引发制度的变迁。变迁后的新制度使显露于现存的制度安排结构外的利润内部化。在制度变迁的过程当中，变迁主体可能是个人、团体，也可能是国家。

人寿保险制度变迁的诱致性制度变迁主要发生在微观经营层面，具体而言，主要体现在寿险主体在管理创新和经营技术创新方面。随着我国市场经济步伐的加快，寿险公司的数量不断增加，寿险市场的经营竞争加剧，诱致性制度变迁在更多领域越来越频繁地出现。从寿险发展阶段来看，早期经营寿险的主体单一，产权以国有为主，寿险制度发展带有明显的强制性制度变迁的特点，但是随着寿险的深入发展，特别是自改革开放以来，寿险市场的主体不断增多，组织形式更加多元化，寿险公司有较大的动力开展产品和服务创新，以满足消费者的寿险需求，从而在日趋激烈的竞争中占据一席之地。寿险微观经营主体的变革推动了人寿保险制度的诱致性变迁。

（三）新中国寿险制度变迁是强制性和诱致性制度变迁交融的结果

首先，中国保险制度的变迁本身就是诱致与渐进的结合。中国经济体制改革与金融保险市场培育等并非“休克”式的改革，保险制度变迁不能超越改革的整体框架；保险制度的设计者和制度的践行者由于有限理性、知识存量和知识结构的制约，制度设计和实施中只能平衡“机会与成本”“收益与风险”，通过“边学边干”“学与用”“探索与效果”的渐进过程达到制度变迁的目的[②]，所以中国保险制度的变迁是诱致与渐进的结合。而作为中国保险制度组成部分的中国人寿保险制度，其变迁不可避免也是诱致与渐进的结合。

---

① 道格拉斯·C. 诺斯. 经济史中的结构与变迁［M］. 陈郁，等译. 上海：上海三联书店，1994：17.

② 卓志，周宇梅. 改革开放三十年中国保险制度的变迁与创新：基于制度经济学的视角和分析［J］. 保险研究 2008（7）：5-6.

其次，中国保险制度变迁既有增量与局部性制度变迁又有试错性制度变迁。我国经济改革的常用模式是由点到面，先局部试点，成功后全面推广。由于对舍弃新制度可能产生的预期收益、成本、产权结构等方面变化的相关信息的不完全认知，所以通常会选择一条风险最小化的稳妥变迁方式，即先将某一创新制度和机制在某一单位或地区实施，如果其符合预期，再将这一创新制度推广，以取得制度供给的规模收益，并实现效用最大化。当创新制度引致的收益变化、成本变化和产权变化与预期不吻合甚至相左时，将从制度供给集合中删掉该制度，以减少制度增量的风险。试错后，若无法选择理论上最优的制度安排，则采用理论上次优但更实用的制度安排。我国保险制度变迁中的保险资金运用规定、保险公司偿付能力管理规定、机动车辆费率市场化改革等，就是增量制度变迁、局部性制度变迁和试错性制度变迁的体现。保险制度是保险市场与保险政府监管通过“次优选择”相互磨合的整合过程。同理，寿险营销制度改革、寿险产品结构调整、寿险资金运用等就是增量制度变迁、局部性制度变迁和试错性制度变迁的体现。中国寿险制度变迁也是寿险市场与寿险监管通过“次优选择”相互磨合的整合过程，是强制性和诱致性制度变迁交融的结果。

二、新中国人寿保险制度变迁的政策推演

1949 年新中国成立后，立即成立了国有保险公司——中国人民保险公司。中国人保开展了职工团体人身保险、渔工团体人身保险、个人寿险、简易人身保险、火车飞机轮船的强制意外伤害保险等业务。1979 年恢复国内保险业后，1982 年 3 月的全国保险工作会议决定：有条件的地区开办 1 年期职工团体人身保险，并在上海试办简易人身保险、集体职工和个体户的养老年金保险。由于人寿保险包括生存保险，因此养老保险的发展也是人寿保险发展的组成部分。1984 年 4 月，劳动人事部、中国人保联合发出《关于城镇集体企业建立养老保险的原则和管理问题》，指出养老保险业务在养老保险法案正式颁布前，由中国人保经营。随后中国人保颁布《个人养老金保险试行办法》。

1985年，养老保险保费收入为4.41亿元，占国内保费业务的16.9%。1989年中国人保上海分公司首创新险种——“三资”企业职工养老保险。1989年人身保险有50多个险种，保费达46亿元，占保费收入32.3%，投保人数已达1.82亿人次。1990年人身保险险种达到70多个，保费收入59.76亿元，占保费收入40.1%，投保的人数达到2.19亿人次[①]。

1993年《关于建立社会主义市场经济体制若干问题的决定》中第26条提出：要提倡社会互助，发展商业保险业，作为社会保障的补充。该决定明确了商业保险对于社会保障的补充地位。1995年《国务院关于深化企业职工养老保险制度改革的通知》再次重申，国家鼓励建立企业补充养老保险和个人储蓄性养老保险，由企业和个人自主选择经办机构。同年12月，劳动部发布《关于建立企业补充养老保险制度的意见》，对企业补充养老保险制度的实施做出了明确规定。1995年我国第一部保险法律《保险法》颁布实施。该法采用了保险业法、保险合同法合二为一的立法体例，将调整保险合同当事人之间的横向法律关系与调整保险监督管理机构与保险市场主体之间监督管理的纵向法律关系有机地结合在一起，成为一部完整、系统的保险法律。《保险法》的颁布和实施，明确了商业保险的重要地位，对商业保险公司的产权作了新的界定，同时更注重提供一个有效率的博弈规则，规范市场竞争秩序，防范和化解系统风险，促进保险业健康发展，维护保险消费者利益。与寿险制度最为密切相关的是，1995年颁布的《保险法》第九十一条指出“同一保险人不得同时兼营财产保险业务和人身保险业务”。根据《保险法》的要求，从1996年起保险公司陆续实现了产寿分营。人寿保险经营迈入专业化精细化时代。寿险制度的变迁开始逐渐显现其独有的特征。

《保险法》颁布之后，保险监督管理部门相继制定并下发了《保险代理人管理办法（试行）》《保险经纪人管理办法（试行）》等一系列配套规章制度，作为《保险法》的具体实施细则。

1998年11月，国务院决定成立中国保险监督管理委员会，强化保险监

① 中国保险年鉴编辑委员会. 中国保险年鉴（1981—1997）[J]. 中国保险年鉴社，1998.

管。保监会的成立在寿险的制度设计上促进了向市场化的更深进程的转化。可以说，保监会的制度建设，引领与指导着近20年的寿险制度变迁。

在以上指导思想和具体监管内容的指引下，寿险制度中监管制度的设计体现为：保监会在人身保险的精算制度方面做了许多基础性工作，颁布了《中国人寿保险业经验生命表（1990—1993）》，制定了相应的精算规定和准备金评估报告制度。2004年保监会颁布了《保险公司管理规定》，提出“市场行为监管和偿付能力监管并重”的监管模式。在市场准入方面，对保险公司及其分支机构的设立全部实行审批制度。在市场行为方面，监管重点逐步转向保护投保人和被保险人利益。具体体现在对传统产品监管上要求投保单必须由投保人签名，必须向投保人告知保单的现金价值和退保费用扣除情况，不得夸大保险责任，隐瞒责任免除等制度要求。寿险新型产品推出后，保监会于2001年出台《人身保险新型产品信息披露管理暂行规定》，规范寿险公司信息披露行为。在条款费率方面，实行备案管理和事前审批相结合的制度。

1992年友邦保险公司进入寿险市场带来了寿险代理人的创新。1998年受国际寿险市场银行保险发展的影响，平安保险公司开始探索销售渠道上的创新，即在银行柜面上代理销售寿险产品的兼业代理形式。随即大批寿险公司开始效仿，大大提升了寿险公司的保费收入规模。寿险渠道创新又推动了寿险的制度创新。

2000年，保监会开始对保险公司如何完善治理结构进行了初步的探索。2005保监会正式出台《关于完善保险公司治理的指导意见》，对新设寿险公司和专业养老保险公司建议其引入独立董事制度；对社会资本进入保险行业持欢迎态度，为防止寿险公司沦为股东圈钱的工具，特引入风险提示制度。2006年，保监会发布了《关于规范保险公司治理结构的指导意见》，主要内容包括强化股东义务、加强董事会建设、发挥监事会作用、规范管理层运作、加强关联交易和信息披露管理、治理结构监督等。绝大多数寿险公司均按规定建立了董事会、股东大会和管理层，加强了内控制度建设。我国寿险业1992年开始对外开放，1993年开始允许外资参股。这些新资本的加入为市场注入了新的资金和活力，也有利于寿险公司实现股权多元化，推动了寿险公司产权制度的优化。

2001 年 11 月，中国加入 WTO，寿险公司的体制改革也因加入 WTO 而开始加快。2002 年 12 月，中国人寿保险公司的股改方案获国务院批准。2007 年，中国人寿、中国平安、中国太保登陆 A 股市场。2011 年，新华保险以 A+H 股方式同步上市。

在寿险产品定价方面，保监会于 2005 年 12 月正式公布我国保险业第二套经验生命表——《中国人寿保险业经验生命表（2000—2003）》，于 2006 年 1 月 1 日起生效。2016 年，中国保监会网站发布保险业第三套经验生命表——《中国人身保险业 2010—2013 经验生命表》，该表不仅能够反映当前中国人均寿命状况，而且为人寿保险产品的定价，尤其是长期寿险产品的定价提供了基础参考。第三套生命表样本数据量位居世界第一，数据质量高，这也是中国首次编制出真正意义上的养老表，为养老保险发展夯实了技术基础。

2002 年 10 月《保险法》修改案获得通过，新条款将“保险公司的资金不得用于设立证券经营机构和向企业投资”改为“保险公司的资金不得用于设立证券经营机构，不得用于设立保险公司以外的企业”。此后，寿险公司的资金运用范围及比例得到了较大程度的拓展。

2004 年《保险资金运用风险控制指引》出台，2005 年《关于保险机构投资者股票投资交易有关问题的通知》《保险机构投资者股票投资登记结算业务指南》《保险公司股票资产托管指引》和《关于保险资金股票投资有关问题的通知》相继出台，构成保险机构投资股票的基本制度和政策框架。这些制度主要是为了解决寿险保费高速增长的同时，受货币市场和资本市场的限制，市场上缺乏合适的投资渠道问题。尤其是寿险负债作为长期负债，市场上缺乏与之对应的长期资产，寿险资产与负债不匹配，寿险资金的运用渠道有待进一步拓宽。

保监会在 2004 年颁布了《人身保险产品审批和备案管理办法》，该办法对人寿保险产品的审批、备案范围、材料、程序、精算责任人和法律责任人指定等方面做出了规定，起到了把控寿险产品质量，加强寿险产品风险和合规控制，保护寿险消费者权益的作用。

2004 年保监会正式启动了《保险法》第二次修改工作，向保险业、专家学者和社会各界人士广泛征求修改意见。新《保险法》于 2009 年 2 月 28 日第十一届全国人民代表大会常务委员会第七次会议审议通过，并于 2009 年 10 月 1 日起施行。新《保险法》重点修改了保险合同部分内容，对保险行业具有极大的规范意义，产生了重要的影响。新《保险法》将人身保险合同部分提至财产保险合同部分之前，也彰显了人身保险的重要性。

2011 年 8 月，保监会发布《中国保险业发展“十二五”规划纲要》，明确了我国保险业“十二五”期间（2011—2015 年）的发展方向、重点任务和政策措施。2012 年 4 月，我国启动“偿二代”的建设工作。2015 年 5 月，保监会发布了《中国第二代偿付能力监管制度体系整体框架》，标志着“偿二代”的顶层设计基本完成。2016 年 1 月，保监会颁布了《关于正式实施中国风险导向的偿付能力体系有关事项的通知》，标志着“偿二代”的正式实施。“偿二代”的实施与日趋复杂的风险环境相适应，有利于推进寿险公司构建以全面风险管理为核心的经营管理的闭环，切实提升风险管理能力，为保险公司在市场化改革的浪潮中坚守住风险底线提供有力的保障。

国务院 2006 年发布《关于加快保险业发展的若干意见》（“旧国十条”），成为保险业改革发展的里程碑事件，对保险业的发展起到了巨大的推动和促进作用。2014 年国务院再次发布《关于加快保险业发展的若干意见》（“新国十条”）第二条第四款提出，“把商业保险建成社会保障体系的重要支柱。商业保险要逐步成为个人和家庭商业保险计划的主要承担者、企业发起的养老健康保障计划的重要提供者、社会保险市场化运作的积极参与者”。寿险公司要积极拓展养老保险、健康保险业务领域，承担起自身的使命和责任，真正实现从社会保障的“补充”到“支柱”，从“配角”到“主角”的重大转变。

2018 年 5 月，保监会发布《中国保监会关于规范人身保险公司产品开发设计行为的通知》，对人身保险公司的产品设计开发行为做出原则性规定，明确鼓励险企开发定期寿险、终身寿险、长期年金产品以及健康保险、特定人群专属保障保险产品等，同时明确限制险企发展快速返还的两全险、年金险，以附加险形式存在的万能险、投连险，以及纯理财型的护理险，并要求其在10月1日前完成自查和整改。

新中国人寿保险制度变迁的政策推演（见表7-1）见证了寿险从复业以来的风雨历程，也是中国寿险业又好又快发展的重要推动力，相关法律、法规的出台构筑了人寿保险法规制度的基本内容，确保了寿险业的依法经营与发展，促进了寿险监管沿着依法约束和依法行政的方向迈进。寿险监管的市场化、法制化为寿险企业提供了宽松的竞争环境，保证了寿险业稳定持续的增长。

表7-1　1995—2015年影响新中国人寿保险发展的制度政策推演表

时间	出台方	政策内容	出台背景及原因	作用对象	影响
1995	全国人民代表大会	出台第一部《保险法》	保险业发展需要法律法规	寿险业/保险行业协会/保险监管机构	我国保险业将快步进入依法监管，依法经营的新阶段
2002	全国人民代表大会	第一次修改《保险法》，更加注重对被保险人利益的保护，突出强调了诚信原则，充分体现了遵守国际准则和对国际惯例的认同，对保险监管机构的性能和监管方式进行了重新定位	中国加入WTO，国有公司实行股份制改革，在未来五年内要求实现对外开放	寿险业/保险行业协会/保险监管机构	寿险业加快对外开放步伐
2004	保监会	保险业参加了企业年金制度的建立，行业成立专业性养老保险公司	专业化经营以及养老产业的发展	寿险业/人身保险公司	保险业集团化趋势凸显，规范经营和理性竞争逐步成为行业共识。养老保险公司的成立促进了寿险业向专业化方向发展

表7-1(续)

时间	出台方	政策内容	出台背景及原因	作用对象	影响
2007	保监会	下发《保险公司养老保险业务管理办法》对养老保险业务经营做出全面系统的规范；明确提出了养老年金的概念；要求加强保险公司和投资风险的披露	我国商业养老保险覆盖人群逐步扩大，业务规模迅速增长。养老保险发展面临难得的历史机遇	寿险业	第一部专门规范养老保险业务的部门规章，对于促进养老保险专业化发展、推动产品创新、规范市场行为、保护被保险人权益、改善外部环境具有重要的意义
2008	保监会和银监会	联合发布《关于加强银保深层合作和跨行监管合作备忘录》，允许银行与保险公司相互持股，银行系保险公司进入市场。同时保险公司积极开展农村小额人身保险试点，	随着银行纷纷上市，资本金得以充实，加之外部经营及竞争环境的变化，传统银行业务转型以及多元化综合经营的压力和需求逐渐增强	寿险业/银行业	保险业改革发展向纵深推进，发展速度明显加快，发展质量逐步提高，尤其是寿险业盈利能力进一步增强
2009	财政部	保险行业实行《企业会计准则解释第2号》，银行系保险公司进入市场，加强寿险第二集团竞争力	2006年新会计准则发布后，基本上实现了我国财务报告准则与国际趋同，然而对于同时在内地、香港上市的公司披露的年报仍存在较大差异	寿险业	该项政策的实施对寿险行业的保费收入、准备金及净利润产生重大影响，对寿险公司的市场份额和经营策略带来了挑战，对其公司内部控制和人员专业素质提出了更高的要求

表7-1(续)

时间	出台方	政策内容	出台背景及原因	作用对象	影响
2009	全国人民代表大会	第二次修改《保险法》。新《保险法》对如实告知、免责说明等内容有重大修改。个人代理人制度改革、客户回访制度、建立严进宽出的理念、促进信息共享成为实现目标的必备手段	保险业经营主体大量增加，保险业务总量大幅度增加。但存在较为严重的索赔难现象	寿险业/保险监管机构/寿险公司/	给寿险公司控制承保风险带来了重大挑战，寿险公司必须通过调整和改进承保管理，包括销售管理和核保管理来降低公司未来的赔付风险。同时缓解了投保人索赔难的现象
2010	保监会	1月23日，保监会印发《关于进一步加强投资连结保险销售管理的通知》，进一步规范了投资连结保险销售渠道和销售人员的资格，建立了客户风险承受能力识别机制，强化了保险公司合规责任	投资连结险产品作为新型产品出现，销售额不断增加，但消费者对该产品的运作仍较为模糊，为更好地维护消费者的合法权益出台了该法规	寿险业/保险监管机构	加强账户资金运用管理，强化信息披露，确保安全稳健、公开透明
2010	全国人民代表大会	出台《中华人民共和国社会保险法》进一步明确了社会保险广覆盖、保基本的定位，将在很大程度上扩大参保覆盖面	为了规范社会保险关系，维护公民参加社会保险和享受社会保险待遇的合法权益，使公民共享发展成果，促进社会和谐稳定，根据宪法制定了该法	全体公民	《中华人民共和国社会保险法》的出台对我国寿险业的发展带来了挑战和冲击。寿险行业必须通过创新产品、服务、改变市场结构赢得更多的市场份额
2013	保监会	出台《养老保障管理业务管理暂行办法》对养老保险公司开展养老保障管理的业务规范、风险控制、监督管理内容做了具体规定	为加强新形势下的风险防范工作，更好地保护养老保障管理业务活动当事人的合法权益，配合行政审批制度改革，进而出台此办法	寿险业/保险监管机构	规范了养老保险公司养老保障管理业务经营行为，保护当事人的合法权益，促进保险业积极参与多层次养老保障体系建设

表7-1(续)

时间	出台方	政策内容	出台背景及原因	作用对象	影响
2014	国务院	出台《关于加快发展现代保险服务业的若干意见》要求充分建立多层次社会保障体系；完善保险经济补偿机制；加强和改进保险监管，防范化解风险；加强基础建设，优化保险业发展环境；完善现代保险服务业发展的支持政策	在国务院2006年发布《关于保险业改革发展的若干意见》（即“国十条”）八年之后，再次以顶层设计的形式，全面勾画保险业未来转型升级新蓝图	保险业/金融机构/监管机构	拓展寿险业的业务功能，充分发挥了寿险资金长期投资的独特优势，促进保险市场与货币市场、资本市场协调发展，加大了保险业支持企业“走出去”的力度
2015	保监会	《人身保险公司保险条款和保险费率管理办法》	加强对人身保险公司产品费率的监管	寿险公司	保护投保人、被保险人和受益人的合法权益，维护保险市场竞争秩序，鼓励保险公司创新。寿险公司将面临更规范的产品经营
2016	保监会	《中国保监会关于强化人身保险产品监管工作的通知》	做好新形势下人身保险产品监管工作，充分发挥市场配置资源的作用	寿险公司	增强人身保险产品核心竞争力，防范人身保险产品风险，推进人身保险供给侧结构性改革
2018	财政部、税务总局、人力资源和社会保障部、银保监会、证监会	关于开展个人税收递延型商业养老保险试点的通知	为贯彻落实党的十九大精神，推进多层次养老保险体系建设，对养老保险第三支柱进行有益探索	寿险业/保险公司/监管机构	“税延养老”舒缓养老财政压力，弥补养老资金缺口；个人税收压力减轻；促进寿险行业的快速发展

第三节 中国人寿保险制度变迁的演进历程

一、新中国成立前人寿保险业的制度变迁（1949 年以前）

19 世纪，随着西方资本主义的入侵，外商人寿保险公司进入中国，我国的人寿保险制度才逐渐发展起来。1846 年，英国人在上海设立了永福和大东方两家人寿保险公司的分支机构，标志着现代人寿保险制度正式传入中国。西方列强用各种特权垄断了我国早期保险业务，从中获得了丰厚利润，这也进一步刺激了中国民族保险业的发展。1865 年 5 月，上海义和公司保险行成立，这是中国第一家民族保险机构①，打破了外资保险公司独占中国市场的局面。直到 1907 年 8 月，我国第一家民族寿险公司——华安人寿保险公司才在上海成立，标志着我国民族寿险业的起步。

民国时期人寿保险业的发展大致可以分为三个阶段：

第一阶段民国前期（1912—1927 年）是人寿保险业的缓慢发展时期；第二阶段民国中期（1928—1936 年）是人寿保险业的快速发展时期；第三阶段民国后期（1937—1949 年）是人寿保险业发展的低落时期。

（一）民国前期人寿保险业发展缓慢

如前所述，人寿保险制度是舶来品，在较长的时期内人寿保险业一直被外商垄断，主要是英、美保险公司，其次是日、法、荷等国的保险机构。国民的寿险意识普遍很弱。

随着 1900 年华人经验死亡表的问世，外商寿险机构扩大经营范围，将中国人列为投保对象。清政府也开始推行“新政”，寿险业务获得了一定的发展，继而促进了第一家民族寿险公司——华安人寿保险公司的诞生。

---

① 关于我国第一家民族保险公司何时创设，是何名称，历来学界多有争议，这里仅采取了其中一种说法。

受民国前期军阀混战的影响，全国人寿保险业发展情况地区差异较大。上海聚集了大量的寿险公司，因处于公共租界和法租界的庇护中，寿险业务保持继续发展的趋势。而全国其他大多数地区受战争冲击，发展受困，投保人数少，保费收入少。

在民国前期这十多年间，中国寿险市场被外国人寿保险公司牢牢把控，多数民族寿险公司昙花一现，民族寿险业发展缓慢。

（二）民国中期人寿保险业的快速发展

民国中期，民族人寿保险业获得了快速发展，保费收入和投保人数稳步上升。其原因在于：①银行业的发展带动了寿险业的发展。人寿保险公司的发展获得了银行资本的扶持。例如金城银行创办了太平保险，内设了人寿保险部。②保险法律的完善。1929 年国民政府颁布了《中华民国保险法》。③同业协会的成立与宣传。中华人寿保险协进社成立于 1932 年，吸纳了民族寿险公司和外商寿险公司作为会员。通过交流和宣传，推进了人寿保险业的发展。④简易人寿保险的兴起。简易人寿保险有保费低、投保方便的特点，符合当时的中国国情，对人寿保险业的发展做出了贡献。

1927—1936 年，虽然民族人寿保险机构数量在不断增加，但其经营业绩仍远不及外商保险公司。1936 年，整个民族寿险的有效保险金额不及友邦人寿一家公司。

（三）民国后期人寿保险业的低落发展

民国后期抗战爆发，人寿保险业务接近停滞状态。尽管保险公司推出了一些新的险种，例如团体寿险，政府也颁布了《战时保险业管理办法》以保护寿险业务的发展，但在极其凶险的战争背景下，寿险业被迫陷入了发展困境，难以维持经营。抗战胜利后的内战又使得寿险业雪上加霜。整个民国后期，人寿保险业始终处于衰退状态[①]。

① 朱华雄，等. 民国时期（1912—1949 年）人寿保险思想概述［J］. 经济学动态，2013（5）：145-150.

二、新中国成立至复业前人寿保险业的制度变迁（1949—1981年）

新中国成立以后，政府在接收官僚资本的基础上，建立了中国人民保险公司，这是新中国成立后的第一家保险公司。中国人保是经营各种保险业务（包括人身保险业务与财产保险业务）的国营企业，公司资本为600亿元（旧人民币），以全部财产对其业务及债务负责。新中国成立初期除了国有保险公司外，还保留有私营华商公司和外资保险公司两种类型的私人产权。此后，政府开始着手进行产权整合。一方面，通过相关政策限制，外资保险公司业务迅速萎缩，1952年年底全面退出中国保险市场；另一方面，对私营华商保险公司通过公私合营进行改造，1956年新的太平保险公司成立，是我国保险业完成国有化的标志。至此，国内保险公司成为完全的国营企业，保险业仅存垄断性国有产权。随着改革开放的推进，保险国家产权垄断局面被打破，产险寿险分业经营，寿险业实现多种产权并存。中国人寿保险产权制度变迁阶段性表现如表7-2所示。

表7-2 中国人寿保险产权制度变迁阶段性表现

时间	制度表现	制度特点
1949—1957	建立统一的国家保险，强制实施人寿保险业务，导致私营保险不断萎缩，国家产权不断扩展	国家产权基本独家垄断
1958—1979	国家财政能够替代人寿保险作用，国内保险业务停办，仅保留部分涉外业务	国家产权完全垄断
1980—1985	国家将保险公司职能下放给一个保险专营机构	人保独家垄断人寿保险
1986—1991	相继成立保险公司，人保垄断被打破	很大程度上是国有产权
1992—1996	外资保险公司进入中国市场，国内股份制保险公司也纷纷成立，保险公司数目激增	垄断产权进一步削弱
1997—2002	保险法要求产寿分业经营，寿险公司陆续成立	人寿保险经营专业化，垄断产权进一步弱化
2003至今	外资公司的进入及对外开放程度的不断深入，导致保险产权制度发生重大变革	寿险业多种产权并存

1959年国内保险业务停办，中国人保将积累的4亿元准备金扣除继续办理国外保险业务的准备金5 000万元后，其余全部上缴给了国家财政①。保险业的国有产权规模显著缩小，但仍保持着垄断地位。中国人保虽对外保留中国人民保险公司的名称，但实则为中国人民银行国外业务管理局下设的保险处，负责办理进出口保险业务，已然从国营企业转变为政府的职能部门。

与商业人寿保险的日渐式微相对应的是，社会保障制度逐步建立。从某种角度说，社会保障制度的设计实现了人寿保险的部分保障职能而替代了此时商业人寿保险存在的必要。

这一阶段计划经济的特点是不断强调国有化程度，不断强化国家大一统的制度安排，对职工生老病死的统一保障。因此，计划经济时期留给人寿保险的发展空间并不大。

三、复业后人寿保险业的制度变迁（1982年复业至今）

1979年2月召开的中国人民银行全国分行行长会议决定恢复国内保险业务（即“复业”）。1980年是国内保险业务恢复的第一年。中国人保在全国范围内300多个大中城市设立各级机构810多个，专职保险干部发展到3 423人，当年共收保险费4.6亿元②。国内保险业最早恢复的是财产保险业务，自1982年开始恢复办理人身保险业务。最早开办的险种有简易人身保险、旅客意外伤害保险、团体人身意外伤害保险等。1984年中国人保从人民银行中分设出来，成为直属于国务院的副部级经济实体。各省、自治区、直辖市的分公司升格为厅局级机构，保险公司从业人员的行政地位及行政级别也相应提高，制度上的创新给了经营主体动力上的激励。这是1982年以后我国寿险业制度变迁的开端。

人寿保险制度的发展与变迁始终离不开经济体制的建立与完善。经济体制的建立与完善，给商业保险特别是人身保险的开展提供了市场空间，这是1982年在我国开始人身险业务的制度背景。在经济体制确立并持续运行的大背景下，

---

① 中国保险学会. 中国保险史［M］. 北京：中国金融出版社，1998：371.

② 中国保险年鉴编辑委员会. 中国保险年鉴（1981）［J］. 中国保险年鉴社，1982：98.

市场化的寿险制度建设与推进，使寿险公司目前已经不依赖于一项制度创新来产生业务来源，寿险公司正在以积累的制度创新成果及对旧有制度进行多方面整合而再度焕发出经营活力。与此同时，由于不同的寿险公司前期积累方式及积累的成果不同，同业竞争中各家寿险公司也显现出不同的核心竞争力。寿险公司与实体经济、金融体系越来越成为高度相关并且高度同步的一体化经济。

（一）制度变迁中的新中国寿险业发展的四个历史阶段

自 1982 年中国人保恢复经营人寿保险业务，并于 1996 年分拆其寿险业务以来，我国寿险业务经历了风雨兼程的 36 年。在这近 40 年的发展过程中，中国寿险业从封闭到局部开放，再到全面对外开放，在各个层面进行了一系列全方位的改革创新，显示出了寿险市场巨大的增长潜力。中国寿险业的市场体系建设经历了一个市场主体数量增加、实力增强、营销渠道日益创新，市场结构不断优化的过程。

1. 第一阶段（1982—1992 年）：缓慢恢复期

1979 年，我国恢复保险业。1981 年，中国人保开始修订人身保险条款。人身保险业务则从 1982 年开始开办。此时全国只有中国人保独家经营寿险业务。1982 年中国人保开始试办简易人身保险、团体人身保险、人身意外伤害保险和旅客意外伤害保险等险种。1983 年开始试办城镇集体经济组织职工养老保险。1986 年，中国交通银行开业后不久，在其上海分行开展了人寿保险业务，打破了中国人保一家垄断经营的局面。1988 年中国平安保险公司成立，1991 年中国太平洋保险公司成立，形成寿险经营的三足鼎立之势。

这一时期，人民的生活水平有所提高，但对风险与保险的认识不足，精算科学尚未引进，寿险经营管理效率低下。这一阶段的寿险业务规模较小，大多数是团体保险业务，产品以简易人身保险和养老金保险为主。

2. 第二阶段（1992—1999 年）：快速发展期

自 1992 年友邦保险上海分公司成立以来，中国寿险市场引入了一种新的寿险公司营销模式——寿险代理人营销制度。寿险代理人营销制度对寿险业的发展产生了深远的影响，各家保险公司纷纷效仿。1995 年我国《保险法》颁布实施，为我国寿险业的发展提供了法律准绳和依据，也为我国保险市场的发展创造了良好的法律环境。按照《保险法》的要求，产寿要分业经营。

1996 年 7 月，中国人保率先重组为中国人民保险（集团）公司，拉开了我国产寿险分业经营的序幕。中国人民保险（集团）下设中保财产保险有限公司、中保人寿保险有限公司和中保再保险有限公司。其中原中国人保的寿险业务由中保人寿保险有限公司承接。在个人营销模式的引进和产、寿险分业经营的推动下，我国寿险业开始呈爆发式发展，寿险原保费收入开始跳跃性增长。1997 年财产险保费收入 480.73 亿元，1997 年人身险保费收入 600.24 亿元，比 1996 年增加 276 亿元，同比增长 85%，寿险保费收入从总量上首次超过产险保费收入[①]。我国人寿保险业进入了快速发展期。1996 年，泰康人寿保险股份有限公司和新华人寿保险股份有限公司先后成立，寿险经营主体逐渐增多。

随着人们保险意识的提升，寿险经营主体的增加，寿险产品也随之更为多元和丰富。传统人寿保险产品有一些创新，市场上涌现大量个人寿险产品，包括少儿保险产品。但是寿险产品整体同质化比较严重，产品竞争也以价格竞争为主。这一时期寿险产品整体预定利率较高，整个人身保险业面临较高的利差损风险。

3. 第三阶段（1999—2008 年）：创新增长期

从 1996 年 5 月起到 1999 年 6 月，我国央行连续 7 次下调居民储蓄存款利率，从 10.98%下调到 2.25%。始于 1996 年的利差损风波给稚嫩的中国寿险业上了一堂生动的风险管理课。此后亚洲金融危机的爆发，更是加深了人们对于金融风险的认知程度。在国家层面的主导下，金融风险管控全面升级，银监会、证监会、保监会相继成立，分业监管格局形成。

为保证人寿保险的稳健经营，保监会于 1999 年 6 月发布《关于调整寿险保单预定利息率的紧急通知》，要求寿险产品预定利率一律调整至 2.5%。这一规定虽然解决了利差损问题，但也给快速发展中的寿险业降了温，使传统寿险产品吸引力减弱。1999 年的寿险保费收入增长仅为 17%，是 20 世纪 90 年代保费增长最低的一年。为了克服发展困境，寻求新的增长空间，寿险公司积极参与寿险产品创新。1999 年 10 月平安人寿首次推出了投资理财型寿险产品——“平安世纪理财保险”，2000 年 4 月中国人寿推出分红保险，同

① 中国保险年鉴编辑委员会. 中国保险年鉴（1998）[J]. 中国保险年鉴社，1999：1.

年 8 月太平洋寿险的万能险产品问世。从此，我国寿险产品类型一分为二，即以寿险、年金和两全为代表的传统寿险产品和以分红、投连、万能为代表的创新型寿险产品。寿险产品的创新为寿险业的发展提供了新的动力，满足了消费者更多样化的寿险需求，寿险原保费收入大幅度上升。

借助于 2006—2008 年资本市场的火爆，新型寿险产品尤其是投连寿险和万能寿险发展达到顶峰。2008 年，投连寿险和万能寿险占比最高达到 20%。随后行业推进结构调整，但监管机构对于传统预定利率管制没有放开，从而带动了分红险继续发展，一支独大。分红险比重逐步提升，在 2011 年市场份额超过 80%；与之相对应的是，传统寿险占比持续走低，占比已经低于 10%。由于市场环境和会计政策的变化，到 2015 年人身保险费率政策市场化改革“三步走”基本收官，推进人身险产品结构稳步改善，改变了分红险一险独大的局面，普通寿险原保费收入回暖明显，占整个寿险原保费比重的 50.81%，分红险占比为 48.43%，同比减少 1.5%，投连寿险和万能寿险总占比为 0.75%[①]，见图 7-1。

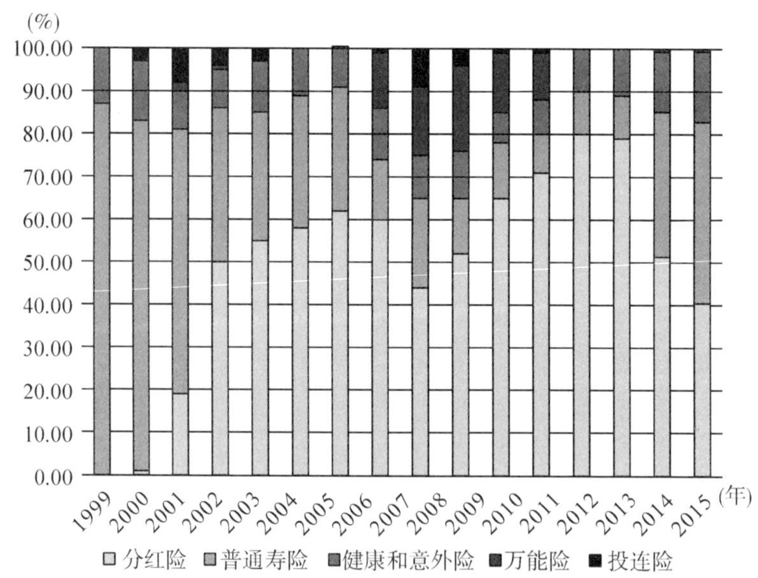

图 7-1　1999—2015 年我国寿险产品发展概况

数据来源：根据 2000—2016 年《中国保险统计年鉴》整理。

---

① 数据来源：根据相关年份《中国保险年鉴》和《中国保险报》整理得出。

这一阶段人寿保险发展的主要特征是新型人寿保险产品的引入与发展。新型寿险产品有效解决了困扰寿险业发展的利差损问题，分红寿险、投连寿险与万能寿险产品兼具保障功能和储蓄投资功能，其利率风险可由客户承担，或保险公司与客户共担。与传统人身保险产品相比，投连寿险和万能寿险等新型寿险产品设计更加的透明，主要体现在费用收取、投资账户运作等方面。但在人们的寿险保障需求尚未得到充分满足的中国寿险市场，过分发展新型寿险产品反而忽视了其核心的保障功能，也给寿险业未来的发展带来了一定的隐患。

4. 第四阶段（2008 年至今）：调整转型期

新型寿险产品的热销引发了寿险营销方式的变革。由于新型寿险产品储蓄投资的特性与银行储蓄业务的高度契合，银行保险悄然兴起。平安人寿在 2000 年推出“千禧红”产品，开创了我国银行代理寿险业务的先河。但银行保险快速发展是在 2010 年后，保险公司纷纷与银行开展合作，利用银行网点销售寿险产品，银行保险业务逐渐超过团险直销业务成为人身险业务的主要保费收入来源。同时，得益于相关法律法规的规定，银行销售人身保险产品的范围拓宽，保险公司可以在银行理财专柜和理财中心销售投连寿险、万能寿险等新型寿险产品，推动了银保业务的发展。

这一阶段人寿保险发展的主要特点是：寿险产品以新型寿险产品为主，2012 年，分红寿险占据主导地位，占 90%左右的市场份额。新型寿险产品多为中短存续期产品。在 2013 年以后，中短存续期产品呈爆发式增长，资产驱动负债，险企迎来保费收入“盛宴”。中短存续期产品侧重储蓄和投资，保险期限相对较短，保障程度相对较低，主要定位于中高收入阶层。但产品同质化现象严重，各家公司主要以收益率吸引客户。寿险营销渠道以银行保险为主，但也加剧了银行保险的恶性竞争。从外部监管来看，保监会从 2013 年开始进行费率市场化改革。2014 年改革成效初步显现，各个公司纷纷推出高现价、高回报的保险产品。最后，随着万能寿险和投连寿险的发展，保监会定义的中短存续期产品为主的时代到来了。

2008 年全球金融危机爆发，资本市场低迷，实体经济不振，我国股市也持续走低，这给稚嫩的创新型寿险产品带来了不小的冲击，尤其是主要依赖资本市场表现的投连寿险遭受重创。2012—2013 年是整个行业投资回报率最低的年份。与此同时，银行保险渠道销售的分红寿险出现销售误导行为，屡陷退保风潮，严重影响了寿险的稳定发展，寿险业务转而进入调整转型期，继而回归“保险业姓保”。

近几年，以保障为主的普通寿险业务迎来主要增长点，新型寿险业务增长放缓。数据显示，2017 年普通寿险业务增长幅度最大，同比增长 23.77%，分红寿险业务同比增长 22.14%，投连寿险业务同比增长 1.49%，万能寿险业务同比增长 4.75%①。2017 年人寿保险市场的变化源于 2013 年启动的保险费率市场化改革，这场改革为普通寿险的发展奠定了基础。此外，2016 年至今，保监会为强化“保险业姓保”，出台了一系列文件，是引发这一变化的直接原因。尤其是 2017 年 10 月 1 日实施的《关于规范人身保险公司产品开发设计行为的通知》(保监人身险〔2017〕134 号)。“134 号文”对快速返还、附加万能账户类产品进行了限制，寿险产品供给结构逐渐回归保障本质。近几年，强调保障功能的定期寿险回归市场，颇受消费者欢迎。

（二）制度变迁中的新中国寿险业发展情况

1. 寿险业务发展情况

（1）寿险业务原保费收入情况

随着保险业的发展，保险主体日益多元化，原保费收入的增长势头迅猛。如表 7-3 所示，1982 年，中国人保恢复办理人身保险业务，当年的原保费收入只有 0.02 亿元，而到了 1997 年，我国的寿险原保费已经增长到了 600.24 亿元。

表 7-3　1982—2010 年部分年份我国寿险业务原保费收入　单位：亿元

年份	1982	1997	1999	2005	2007	2010
寿险原保费收入	0.02	600.24	768.3	3 244.28	4 463.75	9 679.51

数据来源：根据《中国保险报》整理得出。

① 数据来源：中国财富研究院. 2018 年中国人身保险产品研究报告（消费者版）[R]. 2018.

1992 年美国友邦保险公司带来了寿险代理人制度。这一制度的出现，促使寿险市场规模迅速扩大。产寿的分业经营极大地提高了寿险经营效率。在寿险代理人制度和产、寿险分业经营的双重驱动下，我国的人寿保险取得了快速的发展，原保费增长迅速（见图 7-2）。

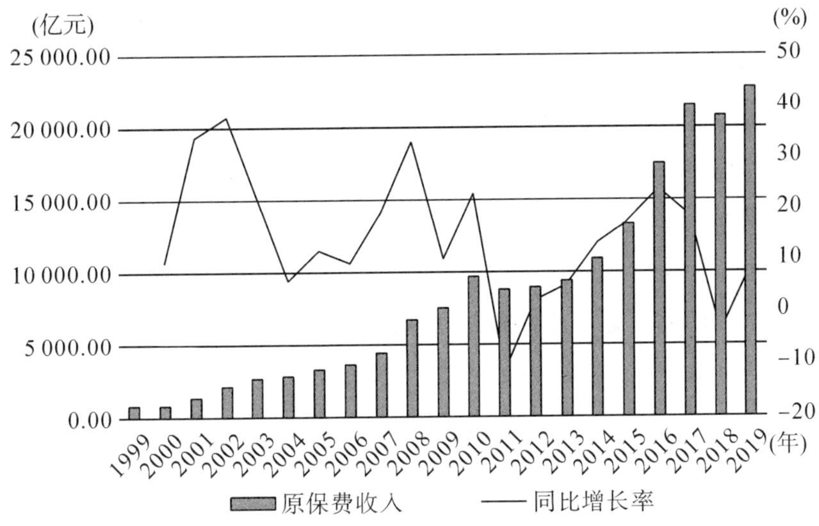

图 7-2　1999—2019 年我国寿险业务原保费收入和增幅对比图

数据来源：根据中国保险行业协会（http://www.iachina.cn/col/col41/index.html.）和银保监会网站数据整理。

由图 7-2 所知，2000 年我国的寿险原保费收入为 851.17 亿元，2001 年上升至 1 287.58 亿元，2002 年寿险原保费收入更是一度达到 2 073.68 亿元，比 2001 年同比增长 37.9%。从寿险产品结构来看，2001 年新型寿险产品的原保费收入占总体寿险原保费收入的 29.48%，而 2002 年增长为 53.86%，占据了寿险产品的半壁江山。2007 年，寿险原保费收入达到 4 463.75 亿元，比 2006 年同比增长 19.51%。2008 年，寿险原保费收入为 6 658.37 亿元，同比增长 32.96%，至此，寿险业的原保费收入上了一个新的台阶。

2008 年，投连寿险和万能寿险受公司产品结构调整的影响，销量下降，从而影响了 2009 年的寿险原保费收入的增长速度；2009 年，各家寿险公司利用银保渠道，将营销重点放在分红保险产品上，这大幅度增加了 2010 年原保费收入，达到 9 679.51 亿元，同比增长 22.96%；但相比于 2010 年，2011 年寿险原保费收入却下降了近千亿元，同比下降了 11.31%。

2012 年，原保费由 2011 年的 8 695.59 亿元增长到 8 908.06 亿元，同比增长速度急剧降低，进入了一个瓶颈期；2015—2017 年，原保费增长速度提高，2017 年全年寿险原保费收入已经达到 21 455.57 亿元，增长 23.01%。2019 年寿险业务实现原保费收入 22 754 亿元，同比增长 9.80%，占人身险的比重由 76.06%略微上升至 76.80%①。

（2）寿险业务给付情况

寿险业务原保费收入的增加也伴随着寿险业务给付的增加。寿险业务给付可以体现寿险的保障功能的发挥。从统计数据来看，我国寿险业务给付从 1999 年的 192.3 亿元上升至 2005 年的 308.4 亿元。从这个阶段来看，我国寿险业务给付额是缓慢增长的，并没有太大的波动。但是在 2005 年，给付金额出现了负增长，同比较 2004 年下降 0.62 个百分点。到 2006 年我国寿险业务给付金额为 465.4 亿元，2008 年为 1 314.98 亿元，三年时间里寿险给付金额都是不断增加的，其中 2007 年的寿险给付与 2006 年的 465.4 亿元相比上升了 56.28 个百分点。

2010 年寿险给付金额有所下降，并出现负增长的情况，同比较 2009 年的 1 268.74 亿元下降 14.41 个百分点。自 2010 年起，我国寿险业务的给付金额都在不断增加且呈现出加速上升的趋势。这种现象一方面是因为我国寿险投保人数量的增加，另一方面也是因为寿险公司给付效率的提高，并且与政府的有效监督相关。2010—2016 年寿险给付金额从 1 268.74 亿元上升到 4 602.95 亿元，其中 2013 年的给付金额增长率是最高的，同比较 2012 年的 2 253.12 亿元上升了 32.2 个百分点，2017 年寿险业务给付金额已达到

① 数据来源：根据中国保险行业协会（http://www.iachina.cn/col/col41/index.html.）和银保监会网站相关数据整理得出。

4 574.89 亿元。随着保险业务结构的调整，2019 年寿险业务赔付支出 3 743 亿元（见图 7-3）。

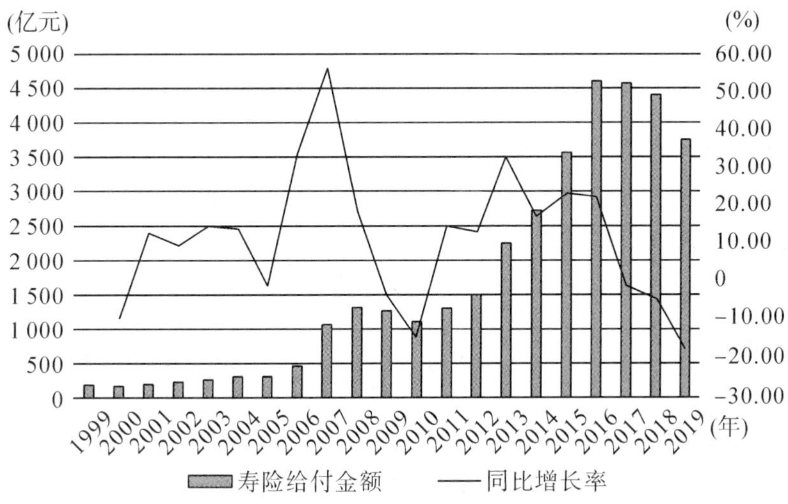

图 7-3 1999—2019 年我国寿险业务给付和增幅对比图

数据来源：根据中国保险行业协会和银保监会网站数据整理。

寿险业务的原保费收入和给付金额呈现相同的上涨趋势，同时原保费收入和给付的差值也在不断增大。如图 7-4 所示，原保费收入和给付的差值从 1999 年的 576.03 亿元上升到 2010 年的 8 570.52 亿元，并在 2010 年达到一个峰值。从 2010 年起，有一个为期三年的小幅下降，这三年里，差值降到 7 172.008 亿元。2013 年以后差值一直在大幅度上升，此时由于保险业务的发展，寿险保费也在不断增加，2019 年年底，其差值达到 19 011 亿元。从统计意义上理解，差值增大在一定程度上也反映了寿险新业务增长较快。

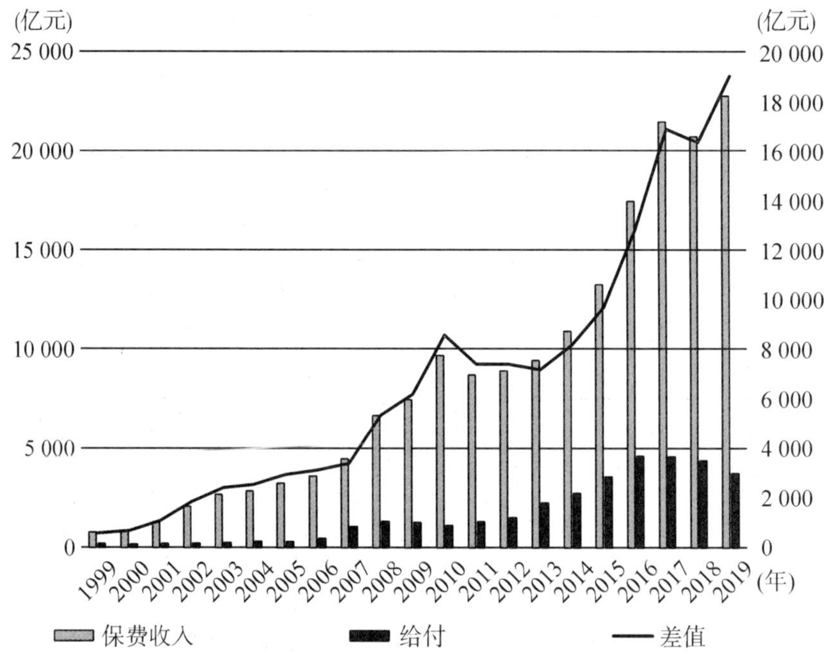

图 7-4　1999—2019 年我国寿险业务原保费收入与给付差值示意图

数据来源：根据中国保险行业协会和中国银保监会网站相关数据整理。

（3）寿险退保情况

寿险业务多为长期业务，降低寿险业务退保率，提高保单持续率是寿险经营稳定的基础，因此寿险公司应重视对退保率的分析与风险管控。如图 7-5 所示，以 2011 年为分水岭，2006—2011 年，寿险公司的退保率总体呈现下降的趋势。2011 年以后，退保率呈上升之势。外资寿险公司的退保率曲线更陡峭一些。2011 年以后退保率呈不断上升的趋势，是由于金融危机造成前两年新型寿险产品投资收益表现较差，引发退保高潮。在 2004 年和 2007 年出现了两个退保率高点。2004 年出现退保率高的主要原因在于前两年销售的分红险分红水平低于投保人预期，引发分红险退保增多。2007 年高退保率的出现，在于股市行情火爆，投保人为筹钱购买股票而引起退保高潮。

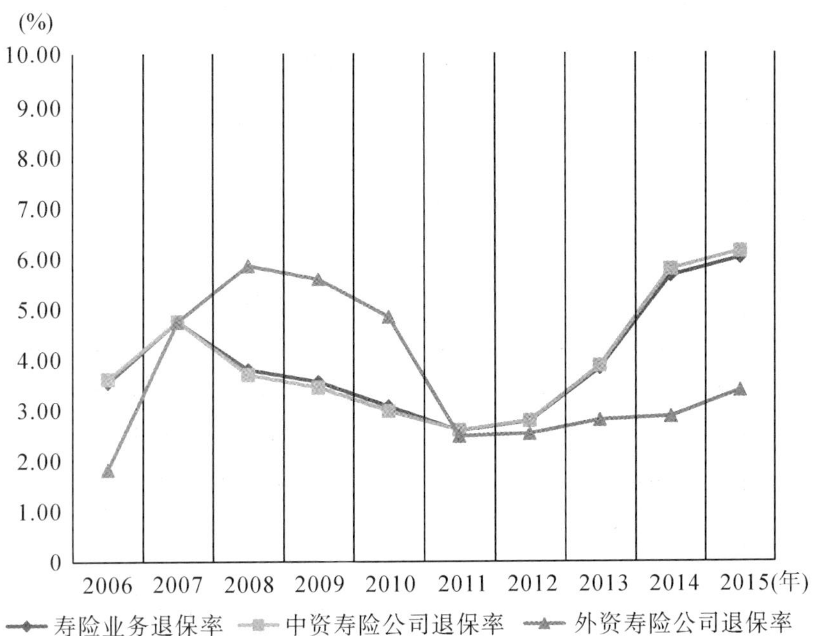

图 7-5 2006—2015 年我国寿险公司退保率对比图

数据来源：根据 2007—2016 年《中国保险年鉴》整理。

2008 年外资寿险公司退保率达到 5.83%，超过 5%的警戒线。与此同时，外资寿险公司在 2008—2010 年连续 3 年退保率高于中资寿险公司。这是因为外资寿险公司在中国市场采取了发展新型寿险产品的策略，与中资保险公司的退保原因有异曲同工之处。

2011 年之后，寿险业务退保率有上升趋势，其原因值得寿险公司关注，应做好退保风险管理。

（4）中国寿险业寿险深度和寿险密度

① 寿险深度。保险深度是指一个国家或地区保费收入与国内生产总值（GDP）之比，反映了该国家或地区保险业在整个国民经济中的地位。保险深度取决于一国或地区经济总体发展水平和保险业的发展速度。寿险深度即是指寿险保费与国内生产总值（GDP）之比，寿险深度反映了寿险业发展水平。通常经济越发达的国家或地区，其寿险深度越高。从 1999—2016 年我国寿险

深度示意图（见图 7-6）中可以看出，近年来我国寿险业务发展迅速，寿险深度从 1999 年的 0. 85%上升为 2016 年的 2. 34%。总的来说，我国的寿险深度在曲折中稳步上升，反映出我国寿险业务在国民经济中的重要地位。我国寿险保费收入总量位居世界前列，且我国寿险保费收入占人身保险保费收入的比重较高，是人身保险公司的主要收入来源。

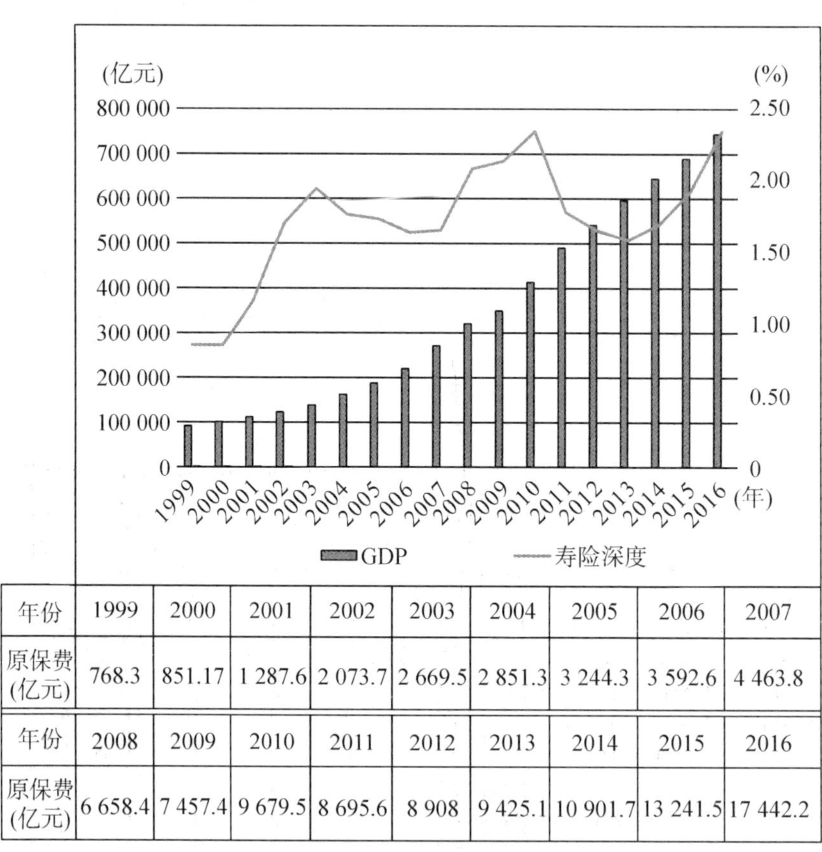

年份	1999	2000	2001	2002	2003	2004	2005	2006	2007
原保费(亿元)	768.3	851.17	1 287.6	2 073.7	2 669.5	2 851.3	3 244.3	3 592.6	4 463.8
年份	2008	2009	2010	2011	2012	2013	2014	2015	2016
原保费(亿元)	6 658.4	7 457.4	9 679.5	8 695.6	8 908	9 425.1	10 901.7	13 241.5	17 442.2

图 7-6　1999—2016 年我国寿险深度示意图

数据来源：根据相关年份《中国统计年鉴》和中国保险行业协会数据统计整理得出。

② 寿险密度。保险密度是指一个国家或地区的人均保费。它标志着该地区居民保险意识的强弱。寿险密度是指一个国家或地区的人均寿险保费。决定寿险密度的因素很多，主要源于人均收入和消费者的保险意识，其中人均

收入反映了居民的支付能力以及经济发展的整体水平，保险意识是保险制度或机制的客观存在对人们的刺激作用大小的反映。

从图 7-7 中可以看出，除 2011 年的寿险密度进入一个转折点（约为 645 元）外，我国的寿险密度基本上是稳步上升的，从 1999 年的 61 元/人到 2016 年的 1 261 元/人，寿险密度的飞速上升不仅见证了我国寿险业务的稳步快速发展，同时也体现我国人民寿险意识的提升，人民生活水平的提高，经济的发展。2011 年寿险密度主要受寿险保费收入增速下滑的影响。其原因之一是银保新规的作用显现，银保渠道的寿险保费收入下降；原因之二是负利率环境下大量理财产品和信托产品的发行降低了寿险产品的吸引力。

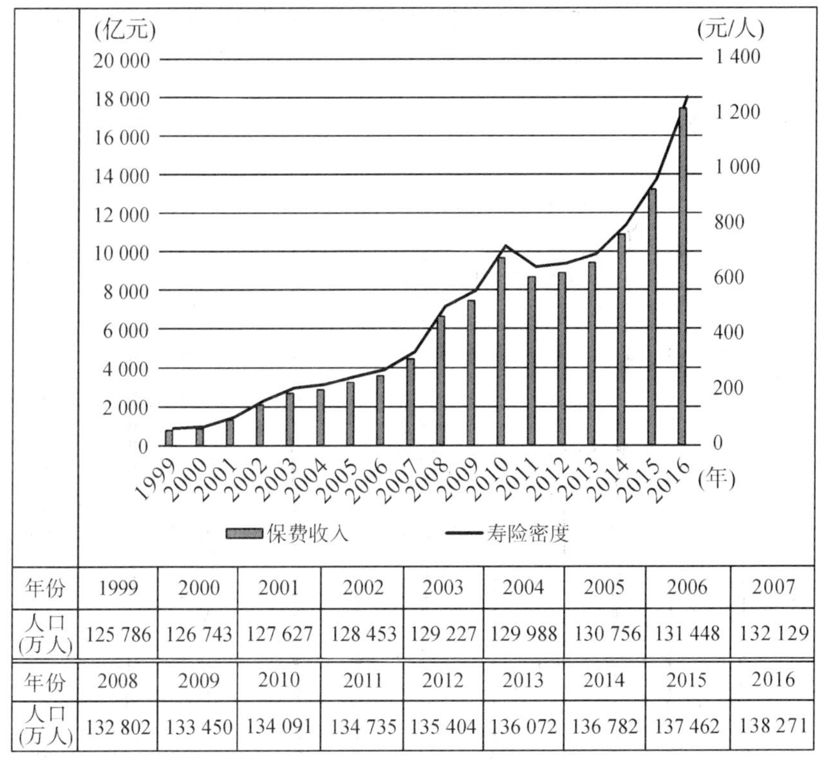

年份	1999	2000	2001	2002	2003	2004	2005	2006	2007
人口(万人)	125 786	126 743	127 627	128 453	129 227	129 988	130 756	131 448	132 129
年份	2008	2009	2010	2011	2012	2013	2014	2015	2016
人口(万人)	132 802	133 450	134 091	134 735	135 404	136 072	136 782	137 462	138 271

图 7-7　1999—2016 年我国寿险密度示意图

数据来源：根据相关年份《中国统计年鉴》和中国保险行业协会数据统计整理得出。

（5）中国寿险业区域发展情况

与中国经济增速、人口结构呈现出明显的区域差异相同，中国寿险业发展也呈现出明显的地区差异，呈现出不平衡发展的特征。借鉴国家统计局的地域划分标准（按照经济作为主要的参考指标），将中国分为东、西、中三部分进行比较。表 7-4 呈现了 2002—2017 年中国东、中、西部寿险保费收入及市场份额，图 7-8 为 2002—2017 年中国东、中、西部寿险保费市场份额比较示意图，可以清楚地看到我国寿险保费市场份额在东、中、西部的变动趋势和发展现状。由表 7-4 可知，2017 年东部地区寿险收入为 12 762.23 亿元，占全国寿险市场总保费的 61.90 %；中部地区寿险收入为 4 019.91 亿元，占全

表 7-4　2002—2017 年中国东、中、西部寿险保费收入及市场份额一览表

年份	东部		中部		西部	
	寿险保费收入（亿元）	市场份额（%）	寿险保费收入（亿元）	市场份额（%）	寿险保费收入（亿元）	市场份额（%）
2002	1 458.91	64.14	484.62	21.30	331.19	14.56
2003	1 946.40	63.80	673.68	22.08	430.71	14.12
2004	1 991.60	61.79	759.59	23.57	471.91	14.64
2005	2 320.54	63.14	814.92	22.17	539.76	14.69
2006	2 521.23	61.47	931.17	22.70	649.11	15.83
2007	3 164.27	62.18	1 125.34	22.12	798.74	15.70
2008	4 311.97	58.09	1 843.68	24.84	1 267.17	17.07
2009	4 837.75	58.22	2 046.59	24.63	1 424.46	17.15
2010	5 806.16	59.47	2 353.33	24.11	1 603.21	16.42
2011	5 495.57	56.56	2 479.80	25.52	1 740.48	17.92
2012	5 207.51	61.90	1 735.14	20.62	1 469.91	17.48
2013	5 469.62	61.76	1 800.94	20.33	1 585.24	17.91
2014	6 573.84	63.47	2 037.35	19.67	1 744.73	16.86
2015	7 811.37	64.47	2 177.91	17.97	2 125.23	17.56
2016	10 445.61	63.39	3 195.42	19.39	2 836.13	17.22
2017	12 762.23	63.17	4 019.91	19.89	3 421.86	16.94

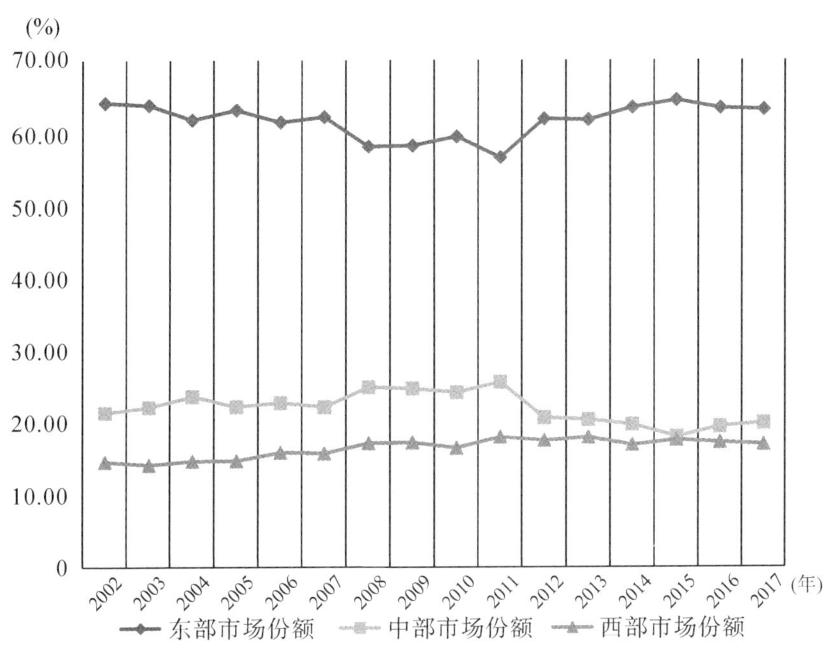

图 7-8　2002—2017 年中国东、中、西部寿险保费市场份额比较示意图

数据来源：根据保监会统计数据整理。

国寿险市场总保费的 19.89%；西部地区寿险收入为 3 421.86 亿元，占全国寿险市场总保费的 16.94%。由图 7-8 的变化趋势可以看到 2002—2017 年，东部地区的寿险市场份额平均为 61.69%，占据了较大的市场份额，呈现出较为平稳的增长趋势；中部地区及西部地区平均市场份额分别为 21.93% 与 16.38%；尤其是西部地区近几年发展势头良好，市场份额保持稳定持续增长。值得注意的是，中部地区寿险市场份额自 2011 年以来呈现出明显的下降趋势，而西部地区则呈现出明显的上升趋势，这与当地的经济结构转型、经济增长速度以及人口结构（年龄、城镇化等）变动有很大关系。

2. 我国寿险产品发展历程

我国寿险业恢复经营以来，其产品始终是反映寿险行业发展的一个重要因素，1982—1999 年是 17 年，从 2000—2017 年又是 17 年。前面的 17 年（1982—1999 年）中，寿险产品强调保障，保险期限相对较长，风险保障也比较适度，以期缴保费为主，但整个寿险行业经验不足，积累了较为严重的利差损。后面的17年（2000—2017年）中，寿险产品强调的是储蓄投资，保险期限短，风险保障低，而且以趸交保费为主。但从2016年开始，寿险产品渐渐回归保障本质。表7-5简要描述了我国寿险产品的发展历程。

表7-5　我国寿险产品发展历程

时间	寿险产品	产品特点	渠道	期限
1949—1982	1. 简易人身险（两全保险）	1. 产品责任简单 2. 重视保险保障	团体	一年期
1983—1992	1. 简易人身两全险 2. 团体养老年金保险 3. 团体人身保险 4. 意外伤害保险	1. 产品类型比较单一 2. 产品定价风险大 3. 新中国成立后老产品升级换代	团体	一年期
1993—1999	1. 两全保险：中保人寿的简易人身险、鸿运保险 2. 终身保险：中保人寿的88型终身保险 3. 养老年金保险：中保人寿的鸿寿养老保险 4. 利差返还型保险 5. 定期寿险：中保人寿个人购房贷款定期人寿保险 6. 重大疾病保险：中保人寿的康宁重疾保险	1. 以传统个人寿险为主，主要功能是死亡和养老保障 2. 产品开发大量模仿抄袭 3. 产品预定利率较高 4. 产品保障全面，产品种类日益丰富	保险代理人、团体为主，银行保险（银保）开始出现	个险期交
2000—2008	1. 平安推出世纪理财投连险：平安世纪理财保险 2. 平安人寿推出“千禧红”理财分红险 3. 太保推出太平盛世两全万能险	1. 新型产品推出后迅速成为市场主流 2. 传统险被分红型寿险产品替代	保险代理人、银保为主，团险比重下降	个险期交为主，银保趸交为主

表7-5(续)

时间	寿险产品	产品特点	渠道	期限
2009—2013	分红理财型产品	1. 分红险一支独大 2. 产品创新力不强 3. 保障性产品逐步升温	保险代理人、银保为主	个险期交、银保期交
2014—2016	中短存续期产品	高现价、高回报	保险代理人、网络销售	缴费灵活
2016 至今	保障型寿险产品	定寿产品增多	网络销售	长期

从寿险业务结构来看，2017 年普通寿险业务规模保费占比 47.2%，较 2016 年上升 11.1 个百分点；万能险占比 19.95%，下降 16.9 个百分点；分红险占比 31.05%，上升 7.3 个百分点[①]。

3. 寿险市场经营主体的变迁与发展

1949 年新中国成立后，中国人民保险公司于 1949 年 10 月 20 日成立，从而揭开了新中国保险事业发展的序幕。早期的寿险业务主要围绕一些意外险和团体保险展开。1958—1978 年，国内保险业务停办 20 年。1979 年，中国人保恢复国内业务，仍然独家垄断经营寿险业务。1988 年以来，随着中国平安、中国太平洋、新华人寿保险、泰康人寿等相继成立，寿险市场经营主体日益增多。1992 年，第一家从中国人民银行获得寿险经营牌照的外资保险公司 AIG 在上海设立美国友邦保险有限公司上海分公司。1996 年，中国保险业开始进入产、寿险分业经营的阶段。太平洋安泰、安联大众、金盛人寿、信诚人寿、中保联康等合资寿险公司先后成立。至此，中国寿险市场上经营主体数量和结构都得到了极大的改善，寿险市场竞争也日趋激烈。

2001 年年底，中国加入 WTO，国有保险公司股份制改革，太平人寿在国内复业，保险业开放力度进一步加大。在新形势下，为加快保险业发展，我

① 保监会通报 2017 年保险市场运行情况［N］. 中国保险报，2018-01-22.

国寿险业采用了扩大对外开放、深化体制改革、防范经营风险、强化保险监管等方式（见图 7-9）。

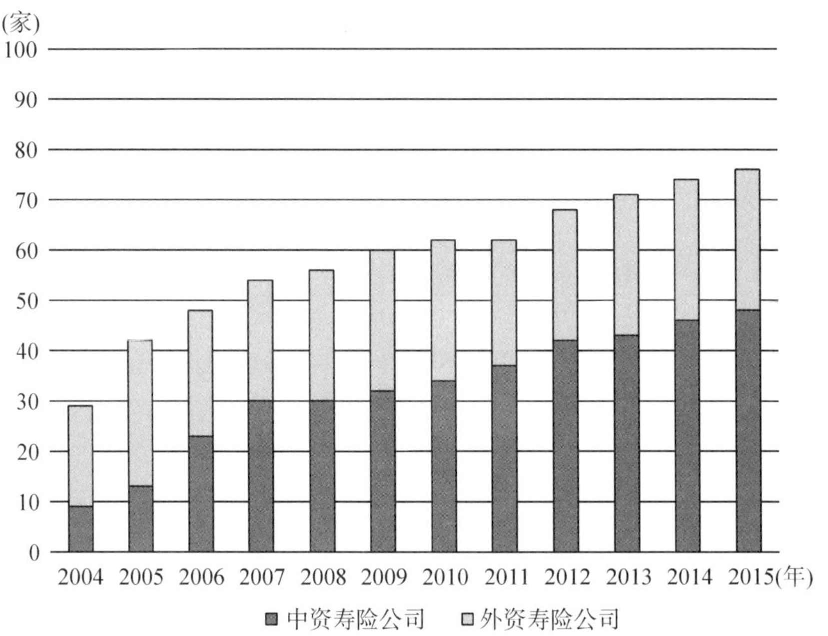

图 7-9　2004—2015 年我国寿险市场主体情况

数据来源：根据 2005—2016 年《中国保险年鉴》数据整理。

如图 7-9 所示，截至 2015 年年末，我国寿险公司 76 家，其中中资寿险公司 48 家、外资寿险公司 28 家。截至 2019 年年底，我国人身险公司共有 91 家，其中中资人身险公司有 63 家，共计实现原保费收入 26 823.77 亿元，同比增速为 11.14%，低于人身险市场总体增速，相应的市场份额也由 2018 年的 91.90% 下降到 90.53%；外资人身险公司 28 家，共计实现原保费收入 2 804.65 亿元，同比增速为 31.89%，同比增速显著高于中资人身险公司。其中信美人寿相互保险社于 2017 年 5 月 5 日正式获得中国保监会开业批复，是国内首家成立开业的相互人寿保险组织（见表 7-6）。

表 7-6　2019 年我国人身保险公司保费规模与市场份额

资本结构	序号	公司名称	原保险保费收入（亿元）	同比增长（%）	市场份额（%）
中资	1	国寿股份	5 683. 81	6	19. 18
	2	平安人寿	4 939. 13	10. 52	16. 67
	3	太保人寿	2 123. 64	5. 47	7. 17
	4	华夏人寿	1 827. 95	15. 49	6. 17
	5	太平人寿	1 404. 59	13. 62	4. 74
	6	新华人寿	1 381. 31	12. 96	4. 66
	7	泰康人寿	1 308. 38	11. 49	4. 42
	8	人保寿险	981. 35	4. 71	3. 31
	9	前海人寿	765. 39	54. 46	2. 58
	10	中邮人寿	675. 41	17. 14	2. 28
	11	天安人寿	520. 9	-11. 07	1. 76
	12	富德生命人寿	513. 13	-28. 46	1. 73
	13	阳光人寿	481. 18	26. 60	1. 62
	14	百年人寿	456. 41	18. 35	1. 54
	15	国华人寿	375. 8	8. 85	1. 27
	16	君康人寿	362. 11	22. 52	1. 22
	17	建信人寿	291. 93	17. 21	0. 99
	18	平安养老	236. 13	11. 85	0. 80
	19	农银人寿	232. 29	31. 70	0. 78
	20	人保健康	224. 2	51. 51	0. 76
	21	信泰人寿	209. 57	183. 58	0. 71
	22	合众人寿	167. 75	10. 83	0. 57
	23	利安人寿	131. 37	18. 39	0. 44
	24	弘康人寿	126. 82	55. 83	0. 43
	25	上海人寿	126. 23	96. 98	0. 43
	26	民生人寿	123. 33	7. 08	0. 42

表7-6(续)

资本结构	序号	公司名称	原保险保费收入（亿元）	同比增长（%）	市场份额（%）
中资	27	光大永明	117.38	13.47	0.40
	28	招商仁和	100.68	386.91	0.34
	29	英大人寿	96.95	79.35	0.33
	30	泰康养老	90.19	31.60	0.30
	31	幸福人寿	82.47	-10.03	0.28
	32	长城人寿	80.89	30.70	0.27
	33	中融人寿	80.59	58.70	0.27
	34	渤海人寿	61.26	28.59	0.21
	35	横琴人寿	59.55	141.85	0.20
	36	安邦人寿	50.57	-74.20	0.17
	37	太平养老	50.22	3.27	0.17
	38	东吴人寿	35.8	88.98	0.12
	39	昆仑健康	33.8	76.39	0.11
	40	珠江人寿	33.35	-20.90	0.11
	41	中华人寿	20.23	51.37	0.07
	42	信美人寿	20.11	273.31	0.07
	43	吉祥人寿	20.1	-28.05	0.07
	44	复星联合健康	18.1	248.00	0.06
	45	国联人寿	16.52	-9.38	0.06
	46	北京人寿	12.7	565.20	0.04
	47	华贵人寿	10.91	68.75	0.04
	48	和泰人寿	10.61	60.80	0.04
	49	三峡人寿	9.17	8 204.82	0.03
	50	国宝人寿	9.16	614.84	0.03
	51	爱心人寿	7.72	154.30	0.03
	52	宝富人寿	6.1	302.83	0.02
	53	国寿存续	6.09	-74.98	0.02
	54	海保人寿	4.84	492.33	0.02
	55	太保安联健康	3.55	34.65	0.01

表7-6(续)

资本结构	序号	公司名称	原保险保费收入（亿元）	同比增长（%）	市场份额（%）
	56	和谐健康	2.4	-34.52	0.01
	57	安邦养老	1.33	-63.27	0.00
	58	瑞华健康	0.23	3 971.40	0.00
	59	华汇人寿	0.12	-39.12	0.00
	60	国寿养老	0		
	61	长江养老	0		
	62	新华养老	0		
	63	人保养老	0		
		小计	26 823.77	11.14	90.53
外资	64	工银安盛	527.1	56.50	1.78
	65	恒大人寿	420.23	29.81	1.42
	66	友邦	331.34	26.78	1.12
	67	中信保诚	213.44	38.73	0.72
	68	招商信诺	180.04	19.53	0.61
	69	中意人寿	146.46	4.53	0.49
	70	中美联泰	143.75	23.91	0.49
	71	交银康联	112.81	40.70	0.38
	72	中宏人寿	99.63	23.05	0.34
	73	中英人寿	93.92	17.99	0.32
	74	华泰人寿	61.82	16.22	0.21
	75	平安健康	61.47	65.98	0.21
	76	中德安联	57.32	15.88	0.19
	77	中荷人寿	54.34	15.77	0.18
	78	中银三星	53.05	85.08	0.18
	79	同方全球人寿	50.52	37.24	0.17
	80	复星保德信	40.65	222.60	0.14
	81	恒安标准	38.71	18.06	0.13
	82	北大方正人寿	28.64	37.03	0.10
	83	陆家嘴国泰	26.81	15.39	0.09

表7-6(续)

资本结构	序号	公司名称	原保险保费收入（亿元）	同比增长（%）	市场份额（%）
外资	84	汇丰人寿	18.24	28.05	0.06
	85	长生人寿	14.84	-35.93	0.05
	86	德华安顾	8.82	46.88	0.03
	87	中韩人寿	7.49	32.60	0.03
	88	瑞泰人寿	6.67	18.96	0.02
	89	君龙人寿	5.65	-7.58	0.02
	90	新光海航	0.88	-4.60	0.00
	91	中法人寿	0	-56.37	0.00
		小计	2 804.65	31.89	9.47

资料来源：根据西南财经大学、中国保险会计研究中心有关资料统计。

4. 我国寿险业务营销渠道变迁

1982 年自我国正式恢复办理人身保险业务以来，寿险业务最初主要采用的是直销方式。销售渠道比较单一，主要以团体直销和兼业代理为主。1992 年以前，团体直销在渠道的占比几乎达到 100%。1992 年，这一营销渠道在友邦保险引入个人代理人制度后发生了根本性变化。

（1）个人营销制度的引入与发展

1992 年美国友邦保险入驻上海，引入了寿险个人代理人制度，随后国内保险公司纷纷效仿，从而激发了寿险营销制度的变革，带动了个人寿险产品的销售和服务的创新，极大地提高了国民的寿险意识，进而推动了人寿保险业务的持续快速发展。然而，寿险个人代理人营销制度中的短期行为和机会主义行为，也使其饱受诟病。

不可否认的是，寿险个人代理人制度是我国人寿保险业营销制度的一大创新。销售渠道的创新带动人寿保险产品从过去的团体寿险产品为主转向个人寿险产品为主。寿险公司开始重视个人寿险产品的开发与创新，成为推动寿险行业快速发展的重要因素。到 2000 年，个人代理的渠道占比一度接近 74%，团体直销则下降到 25%左右。表 7-7 阐述了我国寿险营销渠道的三个发展阶段。

表 7-7　我国寿险营销渠道的三个发展阶段

阶段	时间	主要渠道模式	特点
第一阶段	1982—1991	直销制与兼业代理制	多渠道、广代理，通过大力发展行业代理和农村代办来拓展寿险业务，使寿险获得了初步发展
第二阶段	1992—2000	保险个人代理制	从 1992 年友邦保险引入个人代理制开始，其在我国获得了飞速发展，成为寿险公司的主要销售模式
第三阶段	2001 至今	以个人代理制为主，多元化销售渠道模式发展	在以个人代理制为主的基础上，专业代理公司、经纪公司、银邮保险、电话保险、网络保险等销售渠道逐渐出现

（2）银行代理保险业务的启动与发展

随着银行保险在欧洲的兴起与发展，我国寿险业也开始启动银行保险。2000 年平安人寿推出了首款银行保险产品，标志着银保业务的正式启动。2006 年寿险业银行保险业务实现寿险保费收入 1 175. 5 亿元，同比增加 29. 9%，占整个人身保险保费收入的比例上升至 32. 7%。随着银行保险的发展，银行业与保险业的合作范围不断扩大，合作层次不断加深。2009 年交通银行投资入股中保康联人寿保险有限公司，这标志着交通银行成为全国首家入股保险业的商业银行。此后农银人寿、工银安盛人寿、建信人寿等银行系寿险公司纷纷成立，迈上了银保合作的新征程。

2000 年以前，寿险销售渠道以团体直销和个人营销为主。平安人寿在 2000 年率先在北京、上海推出银行渠道专有产品“千禧红”，银行保险业务开始进入国内寿险市场，其业务规模在 2003 年快速超越团体直销渠道（见图 7-10）。

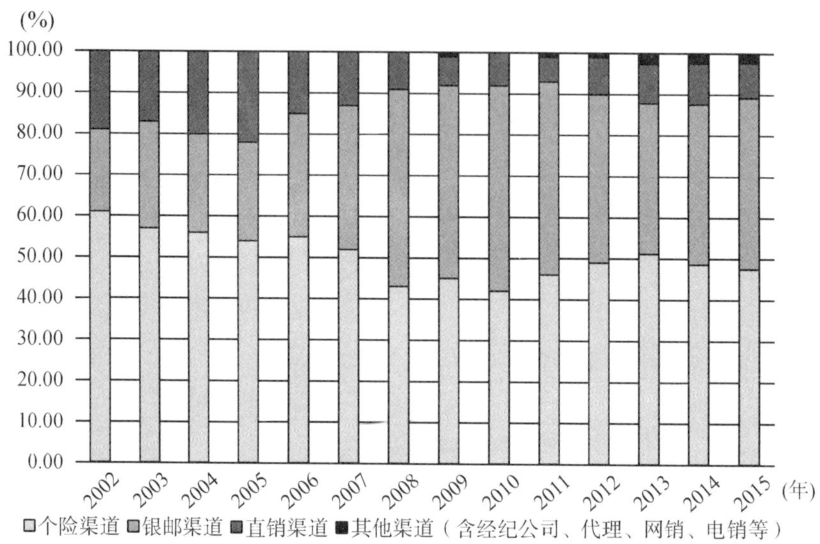

图 7-10　2002—2015 年我国寿险营销渠道发展概况

数据来源：根据 2003—2016 年《中国保险年鉴》有关数据整理。

如图 7-10 所示，2006—2010 年，银保渠道在整个寿险业的业务占比迅速增加，在 2008 年超过个人寿险营销渠道，成为原保费收入贡献最多的销售渠道。银保渠道在 2005—2008 年从占比 29. 8%上升到 50%左右，并一直维持此比例持续到 2010 年。银保渠道已然成为保险公司“保规模”的必争之地。2011 年以后，我国寿险业、银保业务都进入发展放缓的阶段。到 2012 年年底，从总体上看银保渠道虽依然维持着寿险公司主要营销渠道的地位，但是其市场表现并不乐观。于是各个保险公司纷纷把目光瞄准电话营销、网络营销、交叉销售等新型销售渠道。

（3）电话营销和网络营销

近几年，我国的保险电话营销发展迅速，2016 年，全国寿险电销实现原保费 165 亿元，较 2015 年增长 16%。其中，自建机构实现原保费收入 125 亿元，较 2015 年增长 15%，合作机构实现原保费收入 40 亿元，较 2015 年增长 21%。从各保险公司来看，与上年同期相比，63%的公司实现正增长（见图 7-11）。

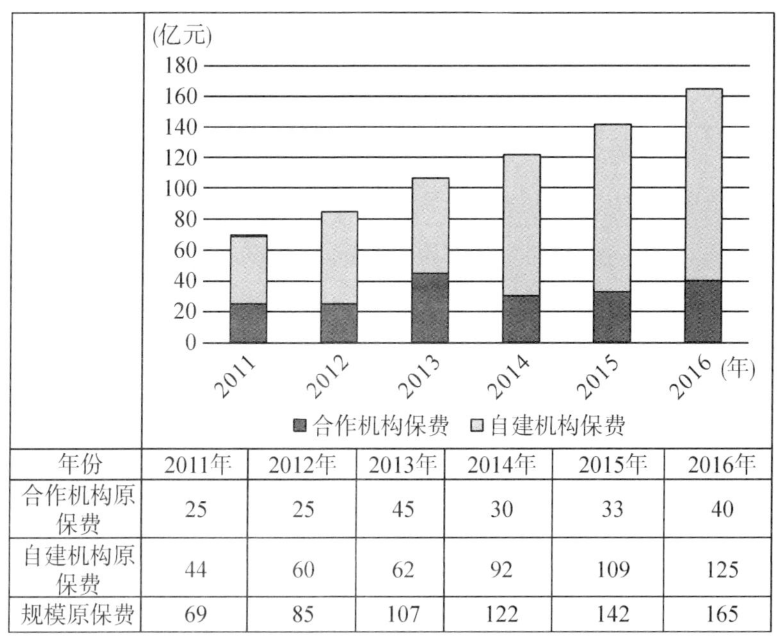

年份	2011年	2012年	2013年	2014年	2015年	2016年
合作机构原保费	25	25	45	30	33	40
自建机构原保费	44	60	62	92	109	125
规模原保费	69	85	107	122	142	165

图 7-11　2011—2016 年我国电销规模保费变化情况

数据来源：中保协《2016 年寿险电话营销行业发展形势分析报告》。

针对网络销售来看，几乎所有的寿险公司都可以通过自己的网站展示、销售各种寿险产品，很多大型寿险公司实现了从寿险购买到寿险理赔的全程网络化。但鉴于寿险产品的长期性和复杂性，网络销售更适合意外和医疗等短期保险产品。

2017 年中国寿险总体保费规模达到了 2.6 万亿元，其中 50%的保费收入是由营销员实现的，为最大的保险销售渠道。41%的保费收入则由保险兼业代理机构实现，保险经纪公司和保险代理公司贡献了约 1%的保费收入①。截至 2017 年年底，保险代理人数达 806.94 万人，较年初增加 149.66 万人，较年初增长 22.77%。

可以说，营销渠道的变革对新中国人寿保险制度的变迁产生了重要的影

① 北大汇丰风险管理与保险中心、保险行销集团保险咨讯研究发展中心联合发布《2018 中国保险中介市场生态白皮书［R］. 2018：18.

响。友邦保险公司在金融领域开辟个人营销的方式来推销寿险产品，创新了寿险营销制度，使寿险公司实现了寿险保费增长最大化。同时这一时期的改革开放也为寿险制度变迁创造了良好的外部环境。改革也使消费者积累了货币财富，同时也让广大的国民认识到生活中客观存在的风险，即生老病死的风险，并且越来越感受到自己正在或即将承受这些风险。产品的创新、目标群体的锁定、营销制度的激励，极大地刺激了寿险业务，使其保费额短时间内迅速超过财产保险保费额。此后，银行保险渠道的开辟维持了寿险的快速发展。随着寿险保费规模的上升，寿险公司在经济生活中的重要性日益显现，对社会保障体系所起到的补充作用日益明显。当前，互联网经济势头正猛，保险科技方兴未艾，人寿保险的制度将迎来怎样的变迁，让我们拭目以待！

第四节　本章小结

首先，本章介绍了人寿保险的内涵，包括人寿保险的概念、特征及其主要险种构成。其次，归纳总结了中国人寿保险制度变迁的演进特征和政策推演，本书认为新中国寿险制度变迁具有典型的强制性制度变迁特点，新中国寿险制度变迁的诱致性制度变迁主要发生在微观经营层面，新中国寿险制度变迁是强制性和诱致性制度变迁交融的结果。最后，回顾了中国人寿保险制度变迁的演进历程，展示了中国人寿保险制度变迁下寿险业发展取得的成绩及存在的问题。

经济体制改革引发了寿险需求与供给的变化、寿险营销渠道的变化、寿险产权结构的变化，推动了寿险制度的变迁与发展。经济体制改革促进了资源配置方式的转变，市场经济体制的确定则明确了市场作为资源配置的主要地位，个人与家庭成为人身风险的主要承担者，人寿保险作为转移人身风险的重要工具，使寿险需求不断提高。同时，市场多元化格局的形成以及对外开放程度的不断深入导致我国寿险产权制度发生重大变革，单一的垄断性国有产权逐渐退出历史舞台，多种产权并存的竞争格局逐渐形成，进而由寿险产品、价格与服务等衍生出的竞争市场将进一步推进寿险供给优化。政府作为寿险制度强制性变迁的主要推力，引领了改革开放以来寿险制度的变迁。银保监会的成立，表明中国金融监管进入新时代。新的监管机构将站在全局的高度，结合中国寿险业特点，进一步推进寿险制度的健全、完善与改革，激发制度的活力，创新寿险组织体系，为中国寿险业的发展提供良好的政策与制度环境。

从寿险市场来看，2017 年全球寿险保费仅增长了 0. 5%，总保费收入为 26 570 亿美元。相比 2016 年的 1. 4%的增幅，增长放缓了 0. 9 个百分点，其主要原因是发达市场保费减少。2017 年中国寿险市场增长了 21%，远高于 14%的 10 年年均增速，从而驱动了新兴市场的强劲增长。目前，中国是仅次于美国的全球第二大寿险市场，占新兴市场寿险保费收入的一半以上，占全球保费总收入的 11%。从贡献率来看，2017 年对全球寿险市场贡献最大的是中国，贡献率为 2. 1%。2017 年全球寿险保费能有 0. 5%的微弱增长，主要来自中国的贡献。2019 年，全球实际保费增速略低于 3%。寿险业的增长率放缓至 2. 2%，但高于前 10 年 1. 5%的平均增速。瑞再保险论坛预计未来新兴市场的寿险保费仍将保持正增长，并在新冠疫情引发大幅下挫之后强劲反弹，中国的表现尤其突出。采用数字分销渠道、进一步开放寿险业及风险意识增强等因素将支持寿险保费额回升。

在我国中高收入群体增加、人口老龄化和城镇化进程不断加深的背景下，寿险行业拥有广阔的发展前景，现代寿险服务业大有可为。在充分看到我国寿险行业发展成绩和发展潜力的同时，必须客观地认识到，对比国外寿险市场，我国寿险行业的发展仍然比较粗放，寿险市场中存在着诸如国内居民保险意识不强、寿险产品同质化较为严重、寿险深度和寿险密度与发达国家相比还有较大差距等一系列问题。随着中国寿险业市场化推进，市场主体组织结构的多元化，以及人口、科技、文化、经济等因素的不断催化，中国寿险制度对中国寿险业增长起着愈发重要的促进作用，且这种促进作用在未来有着不断加强的趋势。未来，政府、企业要进一步明确寿险制度变迁在寿险发展中的地位，抓住寿险制度的红利，促进寿险业发展。

本章参考文献

[1] 道格拉斯·C. 诺斯. 经济史中的结构与变迁 [M]. 陈郁，等译. 上海：上海三联书店，上海人民出版社，1994.

[2] 康芒斯. 制度经济学（上） [M]. 于树生，译. 北京：商务印书馆，2011.

[3] 陈文辉. 中国寿险业的发展与监管 [M]. 北京：中国金融出版社，2002.

[4] 陈文辉. 我国寿险产品竞争力的现状及对策 [J]. 保险研究，2012 (7).

[5] 陈蛟. 我国寿险产品结构影响因素及优化分析 [D]. 成都：西南财经大学，2014.

[6] 陈元. 我国寿险销售渠道优化升级研究 [D]. 成都：西南财经大学，2013.

[7] 崔万田，周晔馨. 正式制度与非正式制度的关系探析 [J]. 教学与研究，2006 (8).

[8] 丛树海. 社会保障经济理论 [M]. 北京：生活·读书·新知三联书店，1996.

[9] 邓正兵，张珂. 论民国时期的人寿保险业 [J]. 人文论坛，2011 (3).

[10] 高国栋. 制度变革对中国城市化进程的影响 [D]. 北京：中共中央党校，2002.

[11] 顾涛，等. 农村医疗保险制度相关问题分析及政策建议 [J]. 中国卫生经济，1998 (4).

［12］黄卫红. 我国社会保障制度问题初探［J］. 现代农业科技，2005（4）.

［13］林义. 社会保险制度分析引论［M］. 成都：西南财经大学出版社，1997.

［14］刘冬姣. 人身保险［M］. 北京：中国金融出版社，2001.

［15］刘璐. 中国寿险业效率研究［M］. 北京：人民出版社，2010.

［16］刘子兰. 中国农村养老社会保险制度反思与重构［J］. 管理世界，2003（8）.

［17］刘坤. 寿险业经营发展新趋势［N］. 中国保险报，2016-12-06（008）.

［18］李志刚. 基于适应性效率的中国保险制度变迁研究［D］. 长春：吉林大学，2011.

［19］李若建. 就业结构变迁对中国城市化地区差异的影响分析［J］. 中山大学学报（社会科学版），2006（5）.

［20］潘芹. 我国寿险产品结构优化研究［D］. 成都：西南财经大学，2010.

［21］孙蓉，兰虹. 保险学原理［M］. 成都：西南财经大学出版社，2015.

［22］孙蓉，王凯. 保险法概论［M］. 成都：西南财经大学出版社，2014.

［23］田晓. 基于宏微观层面的我国寿险需求研究［D］. 济南：山东财经大学，2016.

［24］韦生琼. 人身保险［M］. 成都：西南财经大学出版社，1997.

［25］魏巧琴. 新编人身保险学［M］. 上海：同济大学出版社，2015.

［26］魏华林，李金辉. 人寿保险需求研究［M］. 北京：中国财政经济出版社，2009.

［27］魏华林，何士宏. 台湾寿险产品的开发对内地寿险业的启示［J］. 保险研究，2000（11）.

［28］吴振姬. 我国寿险公司业务结构转型研究：以中国人寿保险公司为

例［D］．北京：中国地质大学，2016.

［29］薛梅．中国寿险业的制度经济分析［D］．成都：西南财经大学，2008.

［30］杨斌．我国寿险产品的发展研究［D］．成都：西南财经大学，2010.

［31］卓志．我国人寿保险需求的实证分析［J］．保险研究，2001（5）.

［32］卓志，刘芳．初论我国寿险公司业务与资本的匹配［J］．财经科学，2004（4）.

［33］卓志，周宇梅．改革开放三十年中国保险制度的变迁与创新：基于制度经济学的视角和分析［J］．保险研究，2008（7）.

［34］卓志，朱衡．宏观经济、保险制度变迁与保险业增长［J］．保险研究，2017（4）.

［35］周华林，郭金龙．中国寿险产品供给及其影响因素分析［J］．保险研究，2012（11）.

［36］朱华雄，等．民国时期（1912—1949）人寿保险思想概述［J］．经济学动态，2013（5）.

［37］郑振．我国寿险营销渠道的整合探讨［D］．成都：西南财经大学，2008.

［38］甄志宏．正式制度与非正式制度的冲突与融合［D］．长春：吉林大学，2004.

［39］中国保险学会．中国保险史［M］．北京：中国金融出版社，1998.

［40］中国保险年鉴编辑委员会．中国保险年鉴（1999—2016）［J］．中国保险年鉴社，2017.

第八章 新中国健康保险制度变迁

健康保险在社会生活中的作用日趋重要。新中国健康保险的制度变迁史，明显带着中国整体经济转型、政府职能转变以及市场化改革等宏观因素的烙印。人口老龄化、疾病谱变化和医疗费用上涨等因素，以及2020年新冠病毒等公共卫生事件，进一步强化了公众的保险意识，促进了我国商业健康保险市场的发展。未来我国健康保险制度必然会顺应各种正式制度和非正式制度的变化而调整，在大健康、大数据的背景下呈现多元化和个性化的特征。

第一节　健康保险的内涵

一、健康保险的概念

健康是指身体上、精神上和社会适应上的完好状态，而不仅仅是没有疾病和虚弱①。从世界卫生组织的这个定义可以看出，健康是一个多元的广泛的概念，包括生理、心理和社会适应性三个方面②。

广义而言，健康保险是指以“人的健康”作为保险标的的保险业务③。我国的健康保险属于人身保险中的一个分支，一般特指商业健康保险。2006年，我国出台的《健康保险管理办法》④ 第二条规定，“健康保险是指保险公司通过疾病保险、医疗保险、失能收入损失保险和护理保险等方式对因健康原因导致的损失给付保险金的保险”。以上定义用列举的方式明确了我国健康保险包括四大险种，用以应对因健康原因导致的损失；2019 年银保监会通过新的《健康保险管理办法》⑤，把保障范围扩展到因健康原因或者医疗行为的发生导致的损失，险种也在原来的基础上新增了“医疗意外保险”。

---

① WORLD HEALTH ORGANIZATION, 1948. World Health Organization Constitution [Z]. 1948-07-07. 原文为“Health is a state of complete physical, mental and social well-being and not merely the absence of disease or infirmity.”

② 世界卫生组织曾于 1990 年提议“健康是指在躯体健康、心理健康、社会适应良好和道德健康四个方面皆健全”，从而把三个维度扩展到四个维度，但该提案并未获得通过。

③ 迄今对于什么是健康保险尚无定论。美国保险监督官协会（National Association of Insurance Commissioners, NAIC）将健康保险定义为“针对因疾病或意外事故引起的人身伤害或死亡，或二者兼有所带来的损失而进行补偿的保险”。日本《保险业法》将健康保险定义为：“约定对意外和疾病给付一定金额的保险金，并对由此产生的该当事人受到的损害予以补偿，收取保费的保险。”

④ 中国保险监督管理委员会. 健康保险管理办法 [Z]. 2006-06-12.

⑤ 中国银行保险监督管理委员会. 健康保险管理办法 [Z]. 2019-11-12.“本办法所称健康保险，是指由保险公司对被保险人因健康原因或者医疗行为的发生给付保险金的保险，主要包括医疗保险、疾病保险、失能收入损失保险、护理保险以及医疗意外保险等。”

二、健康保险的基本特征

（一）风险难以准确评估与预测

健康保险的保险标的是人的身体，以被保险人因疾病（包括生育）或意外伤害而受到的损害（包括医疗费用、收入损失、失能、死亡等）作为保险事故。可见，健康保险所保障的风险主要是指来自疾病和意外事故、作用于人的身体、影响人的健康的一种风险。这种风险涉及的面广，风险损害程度与多种因素密切相关，由于医学技术、信息水平、甚至个人偏好等方面的局限，很难对该风险进行准确的评估与预测。

（二）保障期限较短

由于健康保险保障的风险具有很大的不确定性，难以评估和预测，因此保险公司在经营健康保险的过程中，必然会面临定价、核保、承保和理赔等全部过程的挑战。影响健康保险费率的因素很多，包括发病率、疾病持续时间、残疾发生率、死亡率、续保率、附加费用率、利率等。而医疗行业的特殊性，也决定了医疗成本快速上涨、医疗服务提供方道德风险严重等问题会给保险公司带来诸多挑战。为了有效控制风险、保证经营的稳定性，保险公司倾向于把健康保险设计为短期险种，尤以一年期为多。

（三）补偿方式多样

健康保险的补偿方式一般有三种：一是定额给付，即保险公司向被保险人支付的保险金额固定，该金额仅与双方在合同成立时的约定有关，而与实际医疗费用支出额无关；二是限额补偿，即保单列明补偿的最高金额，保险公司在补偿时以被保险人实际发生的医疗费用支出为基数进行补偿，最高不得超过双方约定的最高限额；三是实物给付，即保险公司向被保险人提供相应的服务以替代货币化的补偿，常见于长期护理保险。

（四）道德风险突出

道德风险问题是保险市场普遍面临的问题，特别是在健康保险市场尤为突出。其中的原因是现代商业健康保险一般有三方参与：被保险人、保险人和医疗服务提供方，而其他形式的保险一般仅需考量被保险人和保险人的相互作用。商业健康保险市场上，医疗服务提供方与被保险人和保险人之间的相互作用更为复杂，由此产生的道德风险也愈加复杂且很难控制。主要表现为被保险人的过度消费问题和医疗机构的过度供给问题。

（五）经营风险复杂

从经营的角度来看，商业健康保险的经营风险远远超过其他人身保险，明显具有更高的复杂性，其原因主要在于：导致伤病的风险因素复杂多样；医疗服务成本受到多种客观和主观因素的影响；核保和理赔需要专业医学知识；信息在保险人和被保险人之间存在严重的不对称，导致逆向选择和道德风险问题尤其突出；对于提供医疗服务的第三方医疗机构，保险公司缺乏有效手段进行风险管控。

第二节　新中国健康保险制度变迁的演进特征

制度经济学家们坚信，有效率的制度安排是经济增长的源泉。制度的创新与变迁促进了经济持续增长，而制度创新的动力往往来自将潜在的外部利润内部化的需求。也就意味着，当创新的预期收益大于预期成本时，原来的制度结构就会发生变迁，并且会在持续变迁过程中实现经济增长①。

新中国成立后，健康保险制度随着整体经济转型、政府职能转变以及市场化改革等不断地发展与变迁。其过程基本与我国保险制度变迁一致，同时表现出一定的独特性，是强制性制度变迁和诱致性制度变迁共同作用的结果。

---

① 诺斯等人对制度变迁进行了历史的考察，从实证的角度肯定了这个结论。他们的理论观点集中在三部著作之中，即：兰斯·戴维斯，道格拉斯·C. 诺斯. 制度变迁和美国经济增长［M］. 张志华，译. 上海：上海人民出版社，1993；道格拉斯·C. 诺斯，罗伯特·托马斯. 西方世界的兴起：新经济史［M］. 厉以平，等译. 北京，华夏出版社，1989；道格拉斯·C. 诺斯. 经济史中的结构与变迁［M］. 陈郁，等译. 上海：上海三联书店，1994.

一、新中国健康保险制度变迁具有强制性制度变迁的特征

按照主体的不同，制度变迁可以分为强制性制度变迁和诱致性制度变迁。其中强制性制度变迁的主体是政府，通过法律、法规、命令等手段，实现自上而下的、激进的新制度产生、替代或改变旧制度的过程。强制性制度变迁的优点是推动力度大、制度出台的时间短。我国现有政治治理模式下，保险制度变迁很大程度上要由中央政府作为制度供给方，由该权力中心决定“制度安排的基本框架并遵循自上而下的制度变迁原则”①，其本质是供给主导型制度变迁模式，由国务院、保险监管机构、其他国家部委主导。

从人力资本的角度来看，健康是一种重要的人力资本。健康人力资本是其他人力资本的基础，不仅仅健康的身体是其他人力资本的载体和前提，在健康人力资本上的投入亦可以产出其他人力资本。较好的健康状况意味着人力资本有更长的生命周期、更长的工作时间和更少的医疗费用。在微观层面，健康人力资本与个人和家庭收入密切相关；在宏观层面，健康人力资本与国家经济发展明显正相关，健康投资可以提高生产效率、促进经济增长。因此我国政府有动力对健康资本投入，推动商业健康保险制度的变迁。

从健康权利的角度来看，健康权是一项独立的人权。世界卫生组织规定，“享受可能获得的最高健康标准是每个人的基本权利之一，不因种族、宗教政治信仰、经济及社会条件而有所区别”②。一个国家的公民享有健康权利，其所在的政府有维护公民健康权的义务。这也为我国政府推动商业健康保险制度变迁提供了理论依据。

---

① 杨瑞龙. 论制度供给［J］. 经济研究，1993（8）：45-52.

② WORLD HEALTH ORGANIZATION, 1948. World Health Organization Constitution［Z］. 1948-07-07. 原文为“The enjoyment of the highest attainable standard of health is one of the fundamental rights of every human being without distinction of race, religion, political belief, economic or social condition”.

二、新中国健康保险制度变迁始终伴随着诱致性制度变迁

诱致性制度变迁的主体是一个人（或者一群人），通过自发倡导、组织和实施，实现自下而上的、渐进的制度更替过程，是一种需求性制度变迁。

在我国，商业健康保险是健康保障体系的重要组成部分，前者的制度变迁必然要适应国民健康保障体系的发展变化。新中国成立后，经历了初期的国家福利型健康保障体系，经济体制转轨过程中的改革调整，到新医改背景下的多层次医疗保障体系。在劳保医疗、公费医疗、合作医疗制度下，商业健康保险根本没有生存空间。后来集体经济解体，福利性健康保障体系随之消失，商业健康保险逐渐伴随人身保险市场的发展而发展，但是整体发展速度相对而言非常缓慢。到了 20 世纪末，职工基本医疗保险在全国范围内推行，商业健康保险在国民健康保障体系中成为一部分群体的社会医疗保险补充品和另外一部分人群（非正式就业群体）的社会医疗保险替代品。到了 21 世纪初，农村居民和城镇居民先后被纳入社会医疗保险的保障范围，商业健康保险的定位也就彻底成为社会医疗保险的补充品。定位的变化必然带来产品设计、市场策略、战略规划等各方面的调整变化。

可见健康保障制度的变迁给商业健康保险设定了新的框架，并带来了利益关系的调整。在这个过程中，公司、个人等相关主体出于自身利益最大化的需求，会产生制度变迁的动机，并在各级政府和监管部门的帮助、推动下，形成足够的变迁力量，不断调整并重构各个主体的利益以及主体间的利益关系，使得商业健康保险制度在新的框架下逐渐优化。所以，我国的商业健康保险制度既有强制性制度变迁的突发性，表现出明显的阶段性特征，又有诱致性制度变迁的渐进性，表现出明显的路径依赖。

第三节　新中国健康保险制度变迁的政策推演

一、与经营主体相关的政策

新中国商业健康保险的经营主体经历了从单一主体到多元主体的转变，现在处于进一步丰富的进程中。

（一）单一主体阶段

改革开放以后，伴随着我国人身保险业务的逐步恢复和发展，商业健康保险业务随之开始发展。中国人民保险公司 1982 年恢复国内保险业务以后，经营的人身险主要是简单人身保险、养老金保险和团体人身意外伤害保险；经上海市人民政府批准，中国人保上海分公司经营办理了“上海市合作社职工健康保险”，并经 1982 年试点后于 1983 年 1 月起施行。这是我国恢复保险业务以后的第一个健康保险业务。后来，中国人保各地的分支机构根据自身的情况因地制宜，推出了多种健康保险产品。1985 年，国务院实施了《保险企业管理暂行条例》①，平安保险、太平洋保险等保险机构相继成立，使得我国人身保险市场的垄断格局被打破。在此期间，各保险公司不断推出健康保险产品，大多都是医疗保险产品，尽管产品类型较为单一，却为健康保险市场的发展奠定了基础。

这一时期，传统的医保制度才刚刚开始改革，社会医疗的保障体系尚未建立，政策定位模糊，保险市场处于产、寿险混业经营阶段，并且以财产保险经营为主，市场上经营健康保险的主体较少，甚至健康保险产品也仅仅被作为附加保单产品进行经营，尚未受到重视。

（二）多元主体阶段

随着经济体制的深入改革和发展，国家于 1994 年启动了城镇职工的“统

① 国务院. 保险企业管理暂行条例［Z］. 1985-03-03.

账结合”的医疗保险制度改革的试点工作，出台政策积极鼓励企业和个人在参加基本医疗保险的基础上，再投保商业保险，从而提高保障水平。

在这一时期，商业健康险方面的经营主体持续增加。泰康人寿、新华人寿等新的保险公司陆续成立，逐步形成多元化的保险市场格局。1992 年，美国友邦保险入驻上海，不仅开创了个人代理人销售人身保险产品的先例，而且其寿险个人营销制度被国内保险公司竞相采纳和借鉴，使得个人寿险产品和服务得以创新，从而引发了寿险营销制度的改革，促进了个人健康险的发展。1995 年，《保险法》[①] 明确规定健康保险是人身保险的主要业务之一，仅由寿险公司进行经营，确定了财产和人身保险两大业务的分业经营原则。

伴随着健康险的不断发展，健康险与寿险特征的差异性逐渐凸显，引起了保险公司的重视。1996 年，平安寿险率先建立了医疗保险部，随后泰康人寿、太平洋人寿、新华人寿等保险公司也相继建立了健康保险部或医疗保险部，单独管理健康保险，为健康险的专业化发展奠定了基础。在政策的大力支持下，保险公司主动参与社保补充医疗保险，发挥了保险社会管理功能，为商业健康保险更好地发展积累了大量的经验。

1998 年，中国保险监督管理委员会成立，正式开始构建保险监管的组织和法规体系。此时中国保险市场得到较大发展，出现了以国有保险公司为主、中外保险公司并存、多家保险公司同时竞争的寡头垄断市场竞争的新格局。

（三）多元主体+专业主体阶段

党的十六大召开以后，全面建设小康社会和构建社会主义和谐社会成为我国主要的奋斗目标，社会保障由起初国企改革的一项配套措施转变为实现社会公平正义的关键举措之一，健全和完善社会保障制度成为构建和谐社会的重要基石，在经济发展中占据主要地位。

在这一时期，由于国家决策部门高度重视健康险的发展，在保险监管机构的积极引导及推动下，商业健康保险经营主体呈现多元化发展的趋势，专

① 全国人民代表大会常务委员会. 中华人民共和国保险法（中华人民共和国主席令［8 届第 51 号］）［Z］. 1995-06-30.

业化经营得到广泛认同。

2003 年 1 月 1 日起施行的《保险法》①规定，产寿险公司能共同经营意外伤害保险和健康保险等短期人身保险业务，这对产险公司无疑是重大利好消息，与此同时也对寿险公司提出了更高的要求。经过这次经营调整后，产险公司也可以经营短期健康险产品，对促进保险市场化进程，加速健康保险发展具有重要意义。伴随着中国加入 WTO 后保险市场的保护期缩短，更多的合资寿险公司进入中国市场，这些具有国际背景的公司加剧了健康保险市场竞争的激烈程度。

2003 年年底，保监会出台《关于加快健康保险发展的指导意见》②，其多项条文鼓励保险公司加速健康险专业化经营。瑞福德健康、平安健康、人保健康、昆仑健康四家专业健康保险公司于 2005 年先后成立，意味着我国健康险专业化经营得到了进一步完善和发展。

2006 年 8 月，保监会正式颁布《健康保险管理办法》，作为健康保险首部专门化监管规章，首次统一了保险公司经营健康险业务的监管标准。

2014 年太保安联健康保险股份有限公司成立；2017 年复兴联合健康保险股份有限公司正式成立；2018 年瑞华健康保险股份有限公司也相继成立。至今，我国专业健康保险公司已经有七家。

随着经营主体的不断丰富，健康险产品品种也快速增加，健康险覆盖人群逐渐增加，保费总规模加速增长，并且平均增幅超过其他人身险业务。根据中国银行保险监督管理委员会 2020 年 1 月公布的数据，2019 年我国健康险业务原保险保费收入 7 066 亿元，同比增长 29. 70%（同期寿险业务增长仅为 9. 8%）。

2019 年 12 月修订后的《健康保险管理办法》正式实施，其中第八条明

① 全国人民代表大会常务委员会. 中华人民共和国保险法（2002 年修正）（中华人民共和国主席令［九届第 78 号］）［Z］. 2002-10-28：第九十二条.

② 中国保险监督管理委员会. 关于加快健康保险发展的指导意见（保监发〔2002〕130 号）［Z］. 2002-12-26.

确了养老保险公司具有经营短期健康保险业务的资格①，我国健康保险经营主体多元化得到进一步发展。

二、与税收优惠相关的政策

税收优惠制度是指国家通过财政减让和宏观支持促使商业健康保险发展的制度，是国家扶持健康保险的重要措施。从全球范围来看，国家为商业健康保险提供税收优惠是大势所趋，我国也在这个领域做了一些尝试。

（一）2012—2014 年，政策思路初显

2012 年以来，《国务院关于印发“十二五”期间深化医药卫生体制改革规划暨实施方案的通知》②《国务院办公厅关于加快发展商业健康保险的若干意见》③ 等多项重要政策文件都提出要落实健康险税收优惠政策（见表 8-1）。

表 8-1　2012—2014 年国务院出台相关税优健康险的文件

序号	时间	文件	对税优健康险的表述
1	2012 年 3 月	《国务院关于印发“十二五”期间深化医药卫生体制改革规划暨实施方案的通知》（国发〔2012〕11 号）	鼓励企业、个人参加商业健康保险及多种形式的补充保险，落实税收等相关优惠政策
2	2013 年 9 月	《国务院关于促进健康服务业发展的若干意见》（国发〔2013〕40 号）④	借鉴国外经验并结合我国国情，健全完善健康保险有关税收政策

① 《健康保险管理办法》（2019 年 12 月）第八条“依法成立的健康保险公司、人寿保险公司、养老保险公司，经银保监会批准，可以经营健康保险业务。前款规定以外的保险公司，经银保监会批准，可以经营短期健康保险业务。”

② 国务院. 国务院关于印发“十二五”期间深化医药卫生体制改革规划暨实施方案的通知（国发〔2012〕11 号）[Z]. 2012-03-14.

③ 国务院办公厅. 关于加快发展商业健康保险的若干意见（国办发〔2014〕50 号）[Z]. 2014-10-27.

④ 国务院. 国务院关于促进健康服务业发展的若干意见（国发〔2013〕40 号）[Z]. 2013-09-28.

表8-1(续)

序号	时间	文件	对税优健康险的表述
3	2014年8月	《国务院关于加快发展现代保险服务业的若干意见》(国发〔2014〕29号)[①]	完善健康保险有关税收规定
4	2014年10月	《国务院办公厅关于加快发展商业健康保险的若干意见》(国办发〔2014〕50号)	借鉴国外经验并结合我国国情,完善健康保险有关税收政策

数据来源:笔者根据国家相关政策资料整理。

(二)2015年,管理细则相继推出

2015年5月6日,国务院常务会议研究决定对商业健康保险消费者给予个人所得税优惠试点,运用更多资源以更好地保障民生。之后,财政部、国家税务总局、保监会等部委下发《关于开展商业健康保险个人所得税政策试点工作的通知》[②]《关于实施商业健康保险个人所得税政策试点的通知》[③] 等专项文件,确定了个人税优健康险的受益人群、优惠标准、试点地区、示范条款等事宜。

2015年8月,保监会下发《个人税收优惠型健康保险业务管理暂行办法》,明确保险公司开展个人税优健康保险的经营资质、产品管理、业务管理、财务管理、系统管理、信息披露等方面的要求(见表8-2)。

① 国务院. 国务院关于加快发展现代保险服务业的若干意见(国发〔2014〕29号)[Z]. 2014-08-10.

② 财政部,国家税务总局,保监会. 关于开展商业健康保险个人所得税政策试点工作的通知(财税〔2015〕56号)[Z]. 2015-05-08.

③ 财政部,国家税务总局,保监会. 关于实施商业健康保险个人所得税政策试点的通知(财税〔2015〕126号)[Z]. 2015-11-27.

表 8-2 财政部、国家税务总局、保监会有关落实个人税优健康险的文件

序号	时间	文件	主要内容
1	2015 年 5 月	《关于开展商业健康保险个人所得税政策试点工作的通知》（财税〔2015〕56 号）	确定税优健康保险的受益人群和优惠标准，明确开展试点
2	2015 年 8 月	《个人税收优惠型健康保险业务管理暂行办法》（保监发〔2015〕82 号）①	明确保险公司经营资质、产品管理、业务管理、财务管理、系统管理、信息披露等方面的要求
3	2015 年 11 月	《关于实施商业健康保险个人所得税政策试点的通知》（财税〔2015〕126 号）	确定税优健康保险的试点地区、示范条款、最低保险责任、个人所得税税前扣除征管等事宜
4	2015 年 12 月	《关于实施商业健康保险个人所得税政策试点有关征管问题的公告》（〔2015〕93 号）②	明确了商业健康保险个人所得税政策试点有关征管问题

数据来源：笔者根据国家相关政策资料整理。

（三）2016 年至今，试点实施和推广

2016 年 1 月，保监会办公厅下发《关于开展个人税收优惠型健康保险业务有关事项的通知》③《关于商业健康保险信息平台正式上线的通知》④，明确了开展个人税优健康保险业务的有关事项，对产品报批、税优识别码、业务宣传、业务监管、商业健康保险信息平台上线内容、与健康险平台对接上线流程以及沟通机制等方面提出要求，正式启动个人税优健康险试点工作。之后，保监会先后公布了五批获得个人税优健康险资质的保险公司名单，共有 26 家保险公司获得经营资格。获得经营资质的保险公司积极开发专属产品，

① 中国保险监督管理委员会. 个人税收优惠型健康保险业务管理暂行办法（保监发〔2015〕82 号）［Z］. 2015-08-10.

② 国家税务总局. 关于实施商业健康保险个人所得税政策试点有关征管问题的公告（国家税务总局公告〔2015〕93 号）［Z］. 2015-12-25.

③ 中国保监会办公厅. 关于开展个人税收优惠型健康保险业务有关事项的通知（保监厅发〔2016〕1 号）［Z］. 2016-01-04.

④ 中国保监会办公厅. 关于商业健康保险信息平台正式上线的通知（保监厅发〔2016〕2 号）［Z］. 2016-01-05.

推进个人健康险税优政策试点的实施[①]。2017 年 4 月，财政部、国家税务总局、保监会三部委联合下发《关于将商业健康保险个人所得税试点政策推广到全国范围实施的通知》[②]，通知指出商业健康保险个人所得税优惠政策在 2017 年 7 月 1 日开始，从 31 个试点城市推广至全国范围实施。国家税务总局随即颁布《推广实施商业健康保险个人所得税政策有关征管问题的公告》[③]，就有关问题给出了更为明确的细则。

商业健康保险个人所得税试点政策进一步推广，有利于增强个人的健康风险意识和责任意识，推动更广大的群众通过积极购买商业健康保险提高医疗保障水平，减轻医疗负担，同时也有利于保险业在更大范围内为加快构建多层次的医疗保障体系和构建和谐社会做出更大的贡献。

三、与健康管理相关的政策

健康管理就是指对个人及人群的健康危险因素进行全面管理的过程，一般分为健康数据采集、健康评估、制订干预计划、计划执行、效果评估等阶段。健康管理能够有效减少发病率，特别是慢性病的死亡率，从而大幅度降低医疗费用。我国健康保险逐渐出现了与健康管理相融合的发展趋势。

《国务院关于促进健康服务业发展的若干意见》（2013）[④] 鼓励商业健康保险积极开发长期护理商业险以及与健康管理、养老等服务相关的产品。《国务院关于加快发展现代保险服务业的若干意见》[⑤] 和《国务院办公厅关于加快发展商业健康保险的若干意见》（2014）[⑥] 都明确提出支持商业保险机构参与

---

① 冯鹏程. 我国个人税优健康险试点实施及完善政策的探讨［J］. 中国医疗保险，2017（6）：62-67.

② 财政部，税务总局，保监会. 关于将商业健康保险个人所得税试点政策推广到全国范围实施的通知（财税〔2017〕39 号）［Z］. 2017-04-28.

③ 国家税务总局. 关于推广实施商业健康保险个人所得税政策有关征管问题的公告（国家税务总局公告〔2017〕17 号）［Z］. 2017-05-19.

④ 国务院. 国务院关于促进健康服务业发展的若干意见（国发〔2013〕40 号）. 2013-09-28.

⑤ 国务院. 国务院关于加快发展现代保险服务业的若干意见（国发〔2014〕29 号）［Z］. 2014-08-13.

⑥ 国务院办公厅. 关于加快发展商业健康保险的若干意见（国办发〔2014〕50 号）［Z］. 2014-10-27.

健康管理服务。中共中央、国务院《“健康中国2030”规划纲要》(2016)[①]支持健康保险公司开发与健康管理服务结合的健康保险产品，加强与护理、体检、医疗等机构合作，发展“健康管理+保险”的新型组织形式。同年的《中国保险业发展“十三五”规划纲要》[②]提出探寻管理式医疗，减少医疗费用开支，尽早实现商业保险与医疗服务、医疗救助、基本医疗保险和公共卫生等信息共享，精简报销手续；《“十三五”深化医药卫生体制改革规划》(2016)[③]指出逐渐形成医疗卫生机构与医保经办机构间数据共享的机制，推动基本医疗保险、大病保险、商业健康保险和疾病应急救助多层次的医疗保障体系的有效衔接，全面提供“一站式”服务。

第四节　新中国健康保险制度变迁的演进历程

我国健康保险的发展始终受到国内宏观经济环境、国家政策、监管制度以及社会基本医疗保障制度等因素的影响。自1982年健康保险业务正式恢复以来，我国健康保险经历了三十多年的曲折发展，表现出较为显著的阶段性特征。

依据保费发展规模、发展速度、经营主体数量等量化指标，可以将我国健康保险自1982年以来的发展分为三个阶段：第一阶段（1982—1997年），我国健康保险处于起步阶段；第二阶段（1998—2008年），我国健康保险增档提速并进入较快发展阶段；第三阶段（2009年至今），利好政策频出，商业健康保险对社会基本医疗保障制度的补充作用凸显，我国健康保险步入快速发展的阶段。

---

① 中共中央，国务院.“健康中国2030”规划纲要［Z］. 2016-10-25.

② 中国保险监督管理委员会. 中国保险业发展“十三五”规划纲要（保监发〔2016〕74号）［Z］. 2016-08-23.

③ 国务院. 国务院关于印发“十三五”深化医药卫生体制改革规划的通知（国发〔2016〕78号）［Z］. 2016-12-27.

一、初步发展阶段（1982—1997 年）

1982—1997 年，我国健康保险处于初级发展阶段。此时，我国的健康保险业务发展相对缓慢，具体表现为：健康保险保费基数小，发展速度慢；健康保险经营主体数量少且增长缓慢，竞争力不强；国家政策支持不够，保险监管不规范，没有充分发挥商业健康保险的补充作用。

首先，就保险业务、产品来看。1982 年，我国开始恢复办理人身保险业务，为健康保险的发展带来契机。当年，中国人保上海分公司开办“上海市合作社职工医疗保险”。接着中国人保在总部开设了健康保险部，开发健康保险产品，提供健康保险业务①。中国人保上海分公司于 1988 年开办了母婴安康保险、合资企业中国职工健康保险。在中国太平洋保险公司和中国平安保险公司相继成立后，健康保险业务有所拓展。如太平洋保险公司开办了大学生平安附加住院医疗保险。平安保险公司于 1996 年在我国商业保险公司中首先成立医疗保险部（后来改为健康保险部），接着推出了住院费用型险种，如个人住院安心保险（88 型）、个人住院安心保险（99 型），商业医疗保险品牌影响力大增②。从总体来看，这一时期的健康保险，保障范围较小，保险责任单一，健康保险主要是以医疗保险的形式出现，不能够满足人们的需求。

其次，就我国健康保险总保费收入来看。1982—1990 年我国保险市场上只有唯一一家全国性的保险公司（原中国人民保险公司）垄断经营，导致健康保险的发展停滞不前。进入 20 世纪 90 年代后，平安保险公司和太平洋保险公司先后成立，打破了仅由一家保险公司垄断保险市场的局面。健康保险在三家全国性保险公司的竞争下有所发展，但健康保险保费规模仍然很小。1997 年我国总的健康保险保费为 14.76 亿元，人身险保费收入为 600.24 亿元，健康保险保费收入在人身险保费收入中仅占 2.46%。

再次，从健康保险经营主体的竞争力看。1982—1990 年的垄断市场阶段，

① 陈滔. 健康保险［M］. 北京：中国财政经济出版社，2011：9.

② 张晓. 商业健康保险［M］. 北京：中国劳动社会保障出版社，2004：1.

市场唯一的产品供给方——中国人民保险公司，受垄断地位保护，没有竞争对手。虽然1991年后，太平洋保险和平安保险先后成立，改变了我国健康保险市场由中国人保一家独大的局面，使这一时期健康保险的竞争有所增强，但仍未实现充分竞争，健康保险的市场竞争依然不激烈①。

1995年10月，我国第一部保险基本法《保险法》开始实施，其中规定财产保险和人身保险分业经营，财产保险公司不能兼营人身保险业务，给我国的健康保险市场带来了重大变化。1996年，我国又建立了两家全国性可经营健康保险业务的保险公司：新华人寿保险股份有限公司和泰康人寿保险股份有限公司。截至1997年年底，我国共有5家全国性保险公司、2家区域性保险公司以及2家外资和中外合资的保险公司经营人身保险业务，为我国健康保险市场竞争格局的出现奠定了一定基础。由图8-1可知，虽然我国健康保险市场上已经存在多家保险公司，但市场竞争仍不充分，健康保险市场上仍有很强的垄断势力，七成以上的业务就被中国人保一家占有。

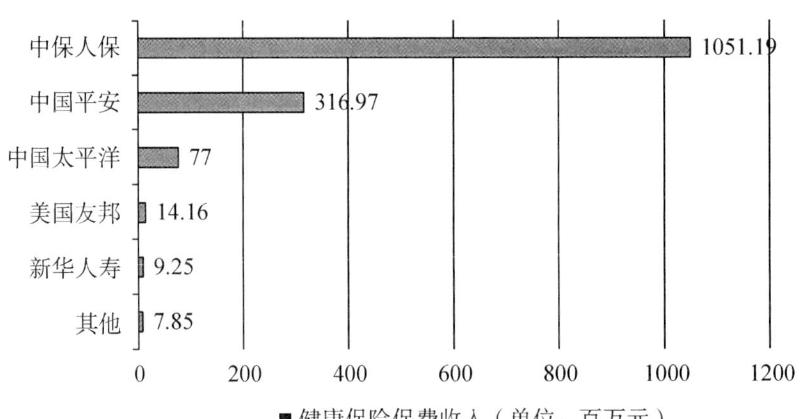

图8-1　1997年中国健康保险市场份额

数据来源：笔者根据中国保监会网站资料和《中国保险年鉴》整理。

① 虽然这一时期还有新疆兵团保险、天安保险等保险公司，但是这些保险公司经营范围小，保费收入低，不足以与三家全国性的保险公司抗衡。

最后，从国家政策、保险法律法规和监管制度上来看。1982—1997 年，我国保险业由中国人民银行进行监管。1983 年，原中国人保正式升格为国务院直属局级经济实体；次年正式从中国人民银行中分设出来，但业务上依然从属于中国人民银行的领导和管理。国务院于 1985 年出台《保险企业管理暂行条例》①，条例明确了中国人民银行是国家保险管理机关的地位，并对中国人民银行管理保险业的职责范围进行了界定。同时它也对人身保险的相关方面做了规定。作为我国第一部对保险企业管理的法律文件，客观上也成为健康保险发展的有利因素。1995 年 10 月 1 日起《保险法》正式实施。作为我国第一部保险业的根本大法，它标志着我国保险业进入法制化建设的时期，同时也对健康保险的发展产生了重大影响。例如，《保险法》中明确规定产寿险分业经营，该规定对我国健康保险市场的影响一直持续至 2003 年。

除了保险相关的法律法规对我国健康保险的发展有影响外，我国社会医疗保障制度的变化也是影响健康保险发展的重要因素。我国于 20 世纪 50 年代初确立了劳保医疗和公费医疗制度，在 50 年代末肯定了农村合作医疗制度的作用并逐步推广开来。以上三种制度以我国改革开放前的计划经济和集体经济为基础，构成了我国在改革开放前的社会医疗保障制度。而随着我国改革开放的推进，这种社会医疗保障制度建立的经济基础遭到冲击，这种保障制度本身也愈发不适应社会的发展。但是 1982—1997 年，国家并没有明确制定新的社会医疗保障制度和政策，也没有明确定位社会基本医疗保险和商业健康保险的作用，导致商业保险公司在开发健康保险产品时方向不明确，发展健康保险业务的积极性受挫，这在一定程度上制约了健康保险的发展。

二、较快发展阶段（1998—2008 年）

1998—2008 年，这是我国健康保险发展的第二阶段。在这一时期，我国健康保险高速发展，保费规模迅猛增加，在人身保险保费中的占比稳中有升；

① 国务院. 保险企业管理暂行条例［Z］. 1985-03-03.

经营健康保险的主体快速增多，形成了全面竞争的市场新格局。其中，专业健康保险公司在健康保险市场中初露头角；全新的基本医疗社会保障制度已逐渐成形，商业健康保险逐渐明确了对基本医疗保险的补充作用；健康保险相关法律法规不断完善，保监会成为保险业监管主体，健康保险市场更加健康有序；国家对健康保险政策的倾斜力度逐渐加大，健康保险发展前景广阔。

首先从保费规模等相关指标来看，我国健康保险在这一阶段发展速度较为迅猛。如图 8-2 所示，1998 年我国的健康保险保费收入仅为 24.71 亿元。而到了 2008 年，我国的健康保险保费收入已经增长到 585.46 亿元，十年间增长了 22.69 倍，年均复合增长率达到 37.23%。健康保险保费收入在人身保险中的比重也从 1998 年的 3.56%上升到 2008 年的 7.86%。

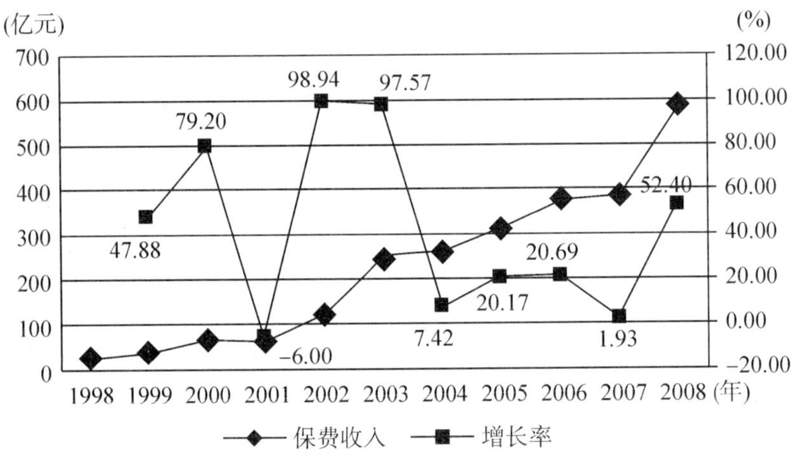

图 8-2 1998—2008 年全国健康保险保费收入

数据来源：笔者根据中国保险监督管理委员会网站数据整理。

总体来看，尽管我国健康保险保费年均增长率保持在较高的水平，但是健康保险保费收入在人身保险中的占比相对较低，未来仍然有较大的发展空间。此外，这个阶段我国健康保险保费收入增长率年度波动范围较大，部分原因可能是健康保险的外在发展环境变化较大。

1998—2008 年，我国健康保险的经营主体数量有了很大的增长，健康保险市场多元竞争的格局已经形成。从表 8-3 可知，我国在 1998 年经营健康保险业务的保险公司仅有9家，而2008年则达到93家。2001年12月，我国正式成为WTO成员，加入WTO给我国健康保险的发展带来了竞争和活力。加入WTO后，我国经营健康保险业务的保险公司迅速增加。2003年1月1日，于2002年修订的《保险法》[①] 正式施行。《保险法》规定，在保险监督管理机构核定下经营财产保险的保险公司，也可以兼营短期健康保险业务，财产保险公司加入健康保险市场导致健康保险经营主体数量迅速增加。2005年3月，中国人民健康保险公司成立，这是我国第一家专业健康保险公司。随后，我国其他专业健康保险公司也相继成立，如平安健康保险公司、昆仑健康保险公司、瑞福德健康保险公司（后改名和谐健康保险股份有限公司），等等。截至2008年年末，我国经营健康保险业务的保险公司已达93家，其中产险公司39家，人身险公司54家。

表8-3 1998—2008年经营健康保险公司数量 单位：家

年度	财产保险公司数量	人身保险公司数量	总计
1998	0	9	9
1999	0	10	10
2000	0	12	12
2001	0	17	17
2002	0	22	22
2003	0	29	29
2004	12	33	45
2005	28	42	70
2006	29	46	75
2007	34	52	86
2008	39	54	93

数据来源：笔者根据中国保险监督管理委员会网站数据整理。

---

① 全国人民代表大会常务委员会. 中华人民共和国保险法（2002年修正）（中华人民共和国主席令［九届第78号］）[Z]. 2002-10-28.

1998—2008 年，国家出台了很多的政策、保险法律法规以及在监管等制度建设方面的措施，有力地推动了健康保险的发展。1998 年 11 月，中国保监会成立，根据法律、法规统一管理监督全国保险市场，保护保险业的合法、稳健运营。保监会的成立有利于推动健康保险业的健康规范发展。2001 年 12 月，中国加入 WTO，在遭受一定的冲击之后，竞争性增强反而使健康保险迎来了新一轮的发展，无论是保费规模还是经营主体的数量都获得了较大的发展。2002 年，保监会印发《关于加快健康保险发展的指导意见》（以下简称《意见》），其中指出应树立专业化的经营管理理念，遵循健康保险的特点和发展规律，进行专业化经营。《意见》提出专业化经营，为健康保险的发展指明了方向，也对专业健康保险公司的成立起到了推动作用。

中国加入 WTO 后，根据承诺修改了《保险法》，于 2003 年 1 月 1 日起实施。新《保险法》明确产险公司能够经营短期健康保险业务，吸引了大量新的经营主体进入健康保险市场，带来了竞争并注入了更多的活力，有利于开发更多的健康保险产品以满足人们需要。在这个阶段，健康保险市场出现了中国人民健康保险公司这样的专业保险公司，凸显了专业化经营的趋势。

被称为保险业“国十条”的《国务院关于保险业改革发展的若干意见》，于 2006 年 6 月由国务院颁发。“国十条”提出要统筹健康保险，完善多层次社会保障体系并大力发展健康保险，并特别提出健康保险要发挥在完善多层次社会保障体系中的积极作用。该文件的颁布明确了我国健康保险的定位，促使了保险公司不断开发和创新健康保险产品以提供多层次的医疗保障。

2006 年 6 月，《健康保险管理办法》通过了保监会审议并于 9 月开始实施。作为我国首部对商业健康保险做出规范的部门规章，其内容涵盖经营健康保险资质要求、产品管理、经营管理等，这对我国健康保险的规范发展有着重要意义。

当然，除了国家政策和保险法律法规对健康保险有影响之外，我国社会基本医疗保障制度的建设也对健康保险的发展有重要影响。1998 年 12 月，国务院颁布《国务院关于建立城镇职工基本医疗保险制度的决定》（以下称《决定》），提出在全国推行城镇职工基本医疗保险制度。随着该制度在全国范围内逐步建立以及它的偿付标准的确立，基本医疗保险水平以外的保障需求就得由商业健康保险公司来供给。由此，城镇职工基本医疗保险制度的建立激励了保险公司开发相应补充保险的热情，使得健康保险保费和经营主体都实现了快速增长。1998—2001 年，健康保险保费收入从 24. 71 亿元增长到 61. 55 亿元，经营主体数量从 9 个增长到 17 个[①]。2003 年，国内新型农村合作医疗制度开始试点[②]，2007 年，城镇居民基本医疗保险制度开始全面推行。城乡医疗救助体系也于 2003—2005 年逐渐建立。我国社会基本医疗保障制度的不断完善为健康保险提供了新的发展契机，商业保险公司不断开发和创新健康保险产品，旨在满足除社会基本医疗保险之外日益增长的保险需求。

三、快速发展阶段（2009 年至今）

自从 2009 年新医改以来，我国健康保险的发展进入了第三阶段。这一时期最大的特点是，国家密集出台相关政策以推动商业健康保险的发展，商业健康保险获得了巨大的政策支持，对基本医疗保险的补充作用得以不断放大，保费规模持续增加，健康保险保费在人身险保费中占比显著提高；经营健康保险业务的保险公司不断增加，健康保险市场更具活力；健康保险走向规范化、专业化并发展迅速。

从健康保险保费收入相关量化指标上来看，这一时期的健康保险发展迅速。如图 8-3 所示，首先从保费规模上看，2009 年我国的健康保险保费收入为 573. 98 亿元，2017 年则为 4 389. 46 亿元，年均复合增长率达到 28. 96%，8 年增长了七倍多。尽管此阶段 28. 96% 的年均增长率小于第二阶段的 37. 23%，但是第二阶段 1998 年健康保险保费收入仅为 24. 71 亿元，基数很

① 根据中国保险监督管理委员会网站数据整理。

② 2002 年 10 月，《中共中央、国务院关于进一步加强农村卫生工作的决定》明确提出各级政府要积极引导农民建立以大病统筹为主的新型农村合作医疗制度。

小，而2009年健康保险保费收入已经达到573.98亿元，基数较大，能达到28.96%的年均增长率更为难能可贵。在这一阶段，尤其值得注意的是，我国健康保险保费收入在人身保险保费收入中占比大体上保持了增长的态势。2009年健康保险保费在人身保险保费中占比为6.95%，而在2017年则占到了16.41%，甚至在2016年达到了18.18%的峰值。

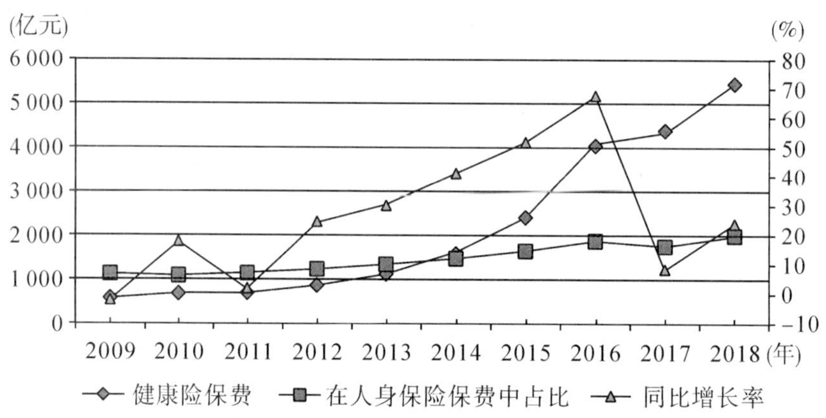

图 8-3　2009—2018 年我国健康保险保费收入情况①

数据来源：笔者根据国家统计局统计数据整理。

在我国健康保险发展的第二阶段，健康保险市场已经形成多元竞争的格局。在第三阶段，国家出台了很多利好政策，为保险公司经营健康保险营造了良好的外部政策环境。众多保险公司纷纷加入健康保险市场，经营健康保险业务的保险公司不断增多。如图8-4所示，2009年我国经营健康保险业务的财产保险公司有40家，人身保险公司有57家，总计97家。2018年则增长到财产保险公司有69家，人身保险公司有86家，总计156家，为我国健康保险市场注入了更大的活力。

① 注：1. 图8-3中“人身保险保费”采用的寿险公司保费；2. 人寿保险公司包括中华联合保险控股有限公司寿险业务；3. 健康保险保费=财产保险公司健康保险保费+寿险公司健康保险保费。

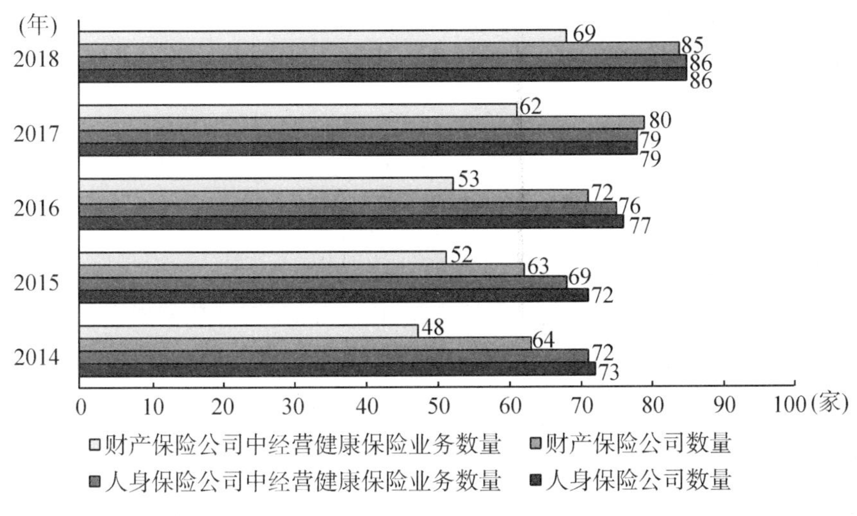

图 8-4　2014—2018 年经营健康保险业务保险公司数量

数据来源：笔者根据中国保险年鉴统计数据整理。

健康保险第三发展阶段的最大特点就是政府政策倾斜力度大，国家颁布了多项政策以支持推进商业健康保险的发展。2009 年 3 月，中共中央、国务院印发《关于深化医药卫生体制改革的意见》①，指出要加快建成和完善全面覆盖城乡居民、以基本医疗保障为主体、以其他多种形式补充医疗保险和商业健康保险为辅的多层次医疗保障体系。并提出社会医疗保障体系的特点是“广覆盖、保基本、可持续”，鼓励商业保险机构开发适应不同需要的健康保险产品，大力支持企业和个人参加补充医疗保险等商业保险。该意见对社会基本医疗保障体系保障范围进行了基本界定，同时对商业健康保险补充保险的作用予以充分肯定，这为健康保险的发展指明了方向。文件本身也表明了政府对健康保险的支持，这是健康保险市场繁荣的重要保障。

从 2012 年 3 月开始，国家层面出台了一系列意见，如《“十二五”期间深化医药卫生体制改革规划暨实施方案》(2012)（以下简称《实施方案》）、《关于促进健康服务业发展的若干意见》(2013)、《关于促进健康服务业发展

① 中共中央，国务院. 关于深化医药卫生体制改革的意见（中发〔2009〕6 号）[Z]. 2009-03-17.

的若干意见》(2013)(以下简称《若干意见》)、《关于加快发展商业健康保险的若干意见》(2014)、保险业新“国十条”(《关于加快发展现代保险服务业的若干意见》)(2014)、《“健康中国2030”规划纲要》(2016)、《“十三五”深化医药卫生体制改革规划》(2016)、《关于支持社会力量提供多层次多样化医疗服务的意见》(2017)等。《实施方案》提出要积极发展商业健康保险,鼓励商业保险机构开发基本医疗保险之外的健康保险产品,引导商业保险机构提供长期护理保险、特殊大病保险等险种,以满足多样化的健康需要。《若干意见》指出要积极发展健康保险,支持发展与基本医疗保险相链接的商业健康保险,积极发展长期护理商业险和与健康管理、养老等服务相关联的商业健康保险产品。这份文件标志着政府“开始将商业健康保险作为一项政策要求单独提出”①。保险业新“国十条”指出,保险公司需加快发展多样化健康保险服务,鼓励保险公司开发和创新各类医疗保险、失能收入损失保险和疾病保险等商业健康保险产品,同时做好与基本医疗保险相链接的工作,发展商业性长期护理保险,完善健康保险税收政策。

2014年11月,国务院印发《关于加快发展商业健康保险的若干意见》,充分肯定了商业健康保险的作用,提出到2020年基本建立市场体系完备、经营诚信规范、产品形态丰富的现代商业健康保险服务业的发展目标。2016年10月出台的《“健康中国2030”规划纲要》(以下称《纲要》),指出要落实税收等优惠政策,支持个人、企业参加商业健康保险,开发与丰富健康保险产品。《纲要》的印发与实施,标志着“发展商业健康保险已经上升为国家战略”。两个月后,《“十三五”深化医药卫生体制改革规划》颁布,提出要推进商业健康保险的发展,增加健康保险产品,大力开发消费型健康保险,促推各类健康保险发展,加强健康保险的保障属性,支持企业和居民参加商业健康保险,从而满足基本医保之外的健康需求。2017年5月,国务院办公厅发布《关于支持社会力量提供多层次多样化医疗服务的意见》,文件提出发展健康保险产品,大力开发与基本医疗保险有序衔接的商业健康保险;增强多

① 宋占军,胡祁.我国商业健康保险的发展现状及展望[J].中国医疗保险,2017(4):62-65.

方位支持引导，积极开发消费型健康保险；建立商业健康保险的保险公司和医疗机构信息对接机制。

综上所述，自2009年以来国家密集出台相关政策以支持商业健康保险的发展，这也是健康保险保费近年来取得重大发展的最主要的原因。在这一阶段，商业健康保险对于社会基本医疗保险的补充作用以及在构建多层次医疗保障中的作用是其得到国家大力倡导的根本原因，也是其取得快速发展的根本原因。

第五节 本章小结

自1982年中国恢复商业健康保险以来，健康保险在我国已经开展了30多年，健康保险在人们生活中扮演着越来越重要的角色。

本章第一节从健康的定义出发，明确了本章所讨论的健康保险的定义及内涵，指出健康保险具有不同于其他人身保险的多项特征，如健康风险难以准确评估与预测、保障期限较短、补偿方式多样、道德风险突出、经营风险复杂等。本章所讨论的健康保险特指“商业健康保险”。

本章第二节分析了新中国成立以来健康保险制度变迁的演进特征。发现我国健康保险制度随着整体经济转型、政府职能转变以及市场化改革等不断地发展与变迁，其过程具有强制性制度变迁的特征，并始终伴随着诱致性制度变迁。既有强制性制度变迁的突发性，表现出明显的阶段性特征；又有诱致性制度变迁的渐进性，表现出明显的路径依赖。

本章第三节梳理了新中国健康保险制度变迁的政策推演，从经营主体来看，我国出台了一系列政策引导健康保险经营主体从单一主体阶段演进到多元主体阶段，最后发展到多元主体与专业主体并存阶段；2012年以来，我国开始采用税收优惠制度扶持健康保险发展，个人税收优惠型健康保险产品已经从最初的政策支持阶段发展到在全国范围内推广；健康管理理念被广泛运用，有效地提高了健康资源使用效率；健康保险市场有了更加丰富的产品和新型的组织形式。

本章第四节推演新中国健康保险制度变迁的演进历程，并将其分为三个阶段，即 1982—1997 年的初步发展阶段、1998—2008 年的较快发展阶段、2009 年至今的快速发展阶段。每个阶段在健康保险的保费规模、发展速度、从业主体数量等方面呈现出明显的阶段性差异。从整体来看，我国健康保险已处于良性发展通道，在保障项目、服务领域、与医疗机构的合作等方面均得到全面发展。

新中国健康保险制度的变迁史，明显带着中国整体经济转型、政府职能转变以及市场化改革等因素的烙印。人口老龄化、疾病谱变化和医疗费用上涨等因素也导致商业健康保险的需求大大增加，2020 年新型冠状病毒肺炎等公共卫生事件则进一步强化了大众的保险意识，这些都大大刺激了我国商业健康保险市场的发展。未来我国健康保险制度必然还会顺应各种正式制度和非正式制度的变化而调整，在大健康、大数据的背景下呈现多元化和个性化的特征。

本章参考文献

[1] WORLD HEALTH ORGANIZATION, 1948. World Health Organization Constitution [Z]. 1948-07-07.

[2] 道格拉斯·C. 诺斯. 经济史中的结构与变迁 [M]. 陈郁，等译. 上海：上海三联书店，1994.

[3] 道格拉斯·C. 诺斯，罗伯特·托马斯. 西方世界的兴起：新经济史 [M]. 厉以平，等译. 北京：华夏出版社，1989.

[4] 兰斯·戴维斯，道格拉斯·C. 诺斯. 制度变迁和美国经济增长 [M]. 张志华，译. 上海：上海人民出版社，1993.

［5］财政部，国家税务总局，保监会. 关于开展商业健康保险个人所得税政策试点工作的通知（财税〔2015〕56 号）［Z］. 2015-05-08.

［6］财政部，国家税务总局，保监会. 关于实施商业健康保险个人所得税政策试点的通知（财税〔2015〕126 号）［Z］. 2015-11-27.

［7］财政部，税务总局，保监会. 关于将商业健康保险个人所得税试点政策推广到全国范围实施的通知（财税〔2017〕39 号）［Z］. 2017-04-28.

［8］陈滔. 健康保险［M］. 北京：中国财政经济出版社，2011：9.

［9］冯鹏程. 我国个人税优健康险试点实施及完善政策的探讨［J］. 中国医疗保险，2017（6）：62-67.

［10］国家税务总局. 关于实施商业健康保险个人所得税政策试点有关征管问题的公告（国家税务总局公告〔2015〕93 号）［Z］. 2015-12-25.

［11］国家税务总局. 关于推广实施商业健康保险个人所得税政策有关征管问题的公告（国家税务总局公告〔2017〕17 号）［Z］. 2017-07-24.

［12］国务院. 保险企业管理暂行条例［Z］. 1985-03-03.

［13］国务院. 国务院关于促进健康服务业发展的若干意见（国发〔2013〕40 号）［Z］. 2013-09-28.

［14］国务院. 国务院关于促进健康服务业发展的若干意见（国发〔2013〕40 号）［Z］. 2013-09-28.

［15］国务院. 国务院关于加快发展现代保险服务业的若干意见（国发〔2014〕29 号）［Z］. 2014.

［16］国务院. 国务院关于加快发展现代保险服务业的若干意见（国发〔2014〕29 号）［Z］. 2014-08-10.

［17］国务院. 国务院关于印发"十二五"期间深化医药卫生体制改革规划暨实施方案的通知（国发〔2012〕11 号）［Z］. 2012-03-14.

［18］国务院. 国务院关于印发"十三五"深化医药卫生体制改革规划的通知（国发〔2016〕78 号［Z］. 2016-12-27.

［19］国家税务总局. 国家税务总局公告〔2017〕17 号）［Z］. 2017-05-19.

[20] 国务院."十二五"期间深化医药卫生体制改革规划暨实施方案（国发〔2012〕11号）[Z]. 2012-03-14.

[21] 国务院办公厅. 关于加快发展商业健康保险的若干意见（国办发〔2014〕50号）[Z]. 2014-10-27.

[22] 全国人民代表大会常务委员会. 中华人民共和国保险法（中华人民共和国主席令［8届第51号］）[Z]. 1995-06-30.

[23] 全国人民代表大会常务委员会. 中华人民共和国保险法（2002年修正）(中华人民共和国主席令［九届第78号］）[Z]. 2002-10-28.

[24] 宋占军，胡祁. 我国商业健康保险的发展现状及展望 [J]. 中国医疗保险，2017（4）：62-65.

[25] 杨瑞龙. 论制度供给 [J]. 经济研究，1993（8）：45-52.

[26] 中国保监会办公厅. 关于开展个人税收优惠型健康保险业务有关事项的通知（保监厅发〔2016〕1号）[Z]. 2016-01-04.

[27] 中国保监会办公厅. 关于商业健康保险信息平台正式上线的通知（保监厅发〔2016〕2号）[Z]. 2016-01-05.

[28] 中国保险监督管理委员会. 个人税收优惠型健康保险业务管理暂行办法（保监发〔2015〕82号）[Z]. 2015-08-10.

[29] 中国保险监督管理委员会. 关于加快健康保险发展的指导意见（保监发〔2002〕130号）[Z]. 2002-12-26.

[30] 中国保险监督管理委员会. 健康保险管理办法（征求意见稿）[Z]. 2017-11-15.

[31] 中国保险监督管理委员会. 健康保险管理办法 [Z]. 2006-06-12.

[32] 中国保险监督管理委员会. 中国保险业发展"十三五"规划纲要（保监发〔2016〕74号）[Z]. 2016-08-23.

[33] 张晓. 商业健康保险 [M]. 北京：中国劳动社会保障出版社，2004.

[34] 中共中央、国务院."健康中国2030"规划纲要 [Z]. 2016-10-25.

[35] 中共中央、国务院. 关于深化医药卫生体制改革的意见（中发〔2009〕6号）[Z]. 2009-03-17.

第九章 新中国意外伤害保险制度变迁

隶属于人身保险的意外伤害保险，是最能体现保险风险管理职能特征的一大险种。意外在人们的日常生活中常见，由此造成的伤害也较易于被人们切身体验，从而使意外伤害保险更易于为人们接受。意外伤害保险的开展，能让人们清晰明了地了解保险的本质以及体现损失补偿基本职能。

第一节　意外伤害保险的内涵

一、意外伤害保险的概念

意外伤害保险是指约定在保险合同有效期内，当被保险人因遭遇非本意的、外来的、突发的意外事故，并以此作为直接原因或近因，致使其身体残疾或死亡时，保险人向其给付残疾保险金或者向被保险人给付死亡保险金的保险。

对于“非本意的”“外来的”“突然的”这三个概念需要进行详细界定。下面对其逐一分析。

“非本意的”。“非本意”是指偶然的、不能预见、不可预料的事故。它的形态一般有三种：①事故发生与否具有偶然性；②事故发生的结果具有偶然性；③导致事故发生的原因与事故造成的结果均具有偶然性。比如，工厂工人在操作机器的过程中，不幸触电致残。这一意外事故虽然是由该工人的个人行为所致，但是这并非其主观意愿，而是具有非本意性，该行为属于非故意行为。又如，在公共汽车将要启动时，一乘客不顾售票员的一再劝说而强行扒车，以致坠地造成重伤。这种结果就不是不可预料的，而是可以事先防止的、扰乱社会公共秩序的行为，就不能称为“非本意的”。再如，某人意欲自杀而主动服用大量安眠药而死亡，这就是故意行为造成的，它的结果可以预料，因此也不属于“非本意的”。

“外来的”。“外来的”是指伤害是由被保险人自身以外的原因所造成的。比如，在交通事故中被车撞伤，行走时被楼上的人随手扔下来的东西砸伤等，都是由外来的原因引起的伤害。又如举重物时，由于用力过猛，造成关节挫伤，也属于外来原因引起的伤害。但如果是因脑溢血摔倒后受伤，则应当属于健康保险的范畴，而不属于伤害保险的范畴。

“突然的”。此处的“突然”是指事故的发生是被保险人来不及预防的，即事故发生的原因与结果之间有直接的关系。这一点强调的是在事故的原因和伤害的结果之间有着直接的因果关系，而不是经年累月形成的。像交通事故、天空坠落物体引起的伤亡，都是突然发生、瞬息造成的伤害。吸入剧毒气体立即使身体遭受损伤，也可作为伤害事故，但如果是长期在有有毒气体的车间里工作，逐渐形成了职业病，就不属于伤害保险的范畴。

以上三点加在一起，才能构成意外伤害，换句话说，三个因素缺一不可。例如，由于晕眩症而引起的摔伤，单从第一个因素"非本意的"来看，可以说它不是故意的，它的结果也是不可预料的，但它不符合"外来的""突然的"要求，因此不属于意外伤害。有些伤害虽然符合上述所有的三个条件，但不一定在承保的范围。例如，通常来说，由战争和军事行动等所致的伤害都是被作为保险合同的除外责任来进行认定的。

二、意外伤害保险的基本特征：与人寿保险比较

和人寿保险相同的是，意外伤害保险也采取定额保险的形式，即在投保时，由投保人和保险人约定一定数额，作为保险金额，当保险事故发生时，由保险人依照保险金额承担给付责任；在保险合同主体方面，二者的投保人与被保险人可以是同一人，亦可以不是同一人，两者都可以指定受益人。

意外伤害保险与人寿保险的区别主要表现为：首先，就可保风险而言，人寿保险的保险标的是人的寿命，或生或死，因此保险金的给付更多取决于人的新陈代谢自然规律，其风险与人的年龄大小密切相关。而意外伤害保险承保的则是由于外来的、剧烈的、突然的事故对人体造成的伤害或死亡，人们面临风险的程度与其年龄大小关系不大，相反，其所从事的职业与其所处的生活环境则能更大程度地影响其面临的风险。其次，就费率制定而言，人寿保险在厘定费率时考虑人的生死概率，从而选择不同的生命表进行计算。而意外伤害保险费率的厘定，鉴于没有直接可参考的专业数据库，也没有长期、全面的数据追踪，很大程度上无规律可循，因而往往需要对过去各种意外伤害事件发生概率的经验进行总结，从而得出相关费率，即意外伤害保险

采用的往往是一种经验费率，而且，职业危险常常是其在费率制定过程中需要重点考虑的，因为不同的职业发生意外伤害事故的概率不同，因而费率的大小也会不同。最后，就责任准备金提取来看，人寿保险一般均属长期性业务，保险人采取均衡保费的征缴方式。这种模式下，保险人收取保险费被视为两个部分：一部分作为当年进行死亡给付的危险保费，另一部分通过专门积存、作为未来进行死亡或期满给付的储蓄保费。其中，储蓄保费连同其按复利方式所生利息共同构成了人寿保险的责任准备金，从而保证将来保险人保险责任的履行。而意外伤害保险多为短期保险，保险期限一般不超过 1 年，其责任准备金的提取是从当年自留保险费中提取未到期责任准备金。

此外，意外伤害保险还具有季节性、短期性以及灵活性较强的特点。就季节性来看，春秋季节，相对而言是人们外出旅游较为集中的季节，人们对旅游人身意外伤害保险的需求较大；而炎热的夏季，游泳池人身意外伤害保险需求必然更加集中，台风天轮船事故导致的人身意外伤害也相对较多；寒冬腊月，导致跌倒摔伤的人身意外伤害相对较多。至于意外伤害保险的灵活性，在实际业务中体现明显，很多意外伤害保险的保单在订立过程中，往往是经保险双方当事人共同约定一个保险限额作为保险金额，并签订协议，保险责任范围也显得相对灵活。就其期限来看，意外伤害保险虽然也存在保险期限为 1 年甚至 1 年以上的险种，但多数意外伤害保险的期限仍属于短期险种，如乘坐火车、轮船、飞机等各种运输工具的旅客，在其途程中参加的旅客意外伤害保险，其保险期限仅限一次旅程。

总之，与人寿保险相比，意外伤害保险的特征主要包括：①意外伤害保险所承担的保险责任仅限于意外伤害责任，而不承担包含疾病等在内的其他事故导致的保险金给付责任；②费率厘定往往采用经验费率，并且往往与人的年龄大小无关，而与被保险人的职业和所处环境有关；③由于保险期限短，通常最长不超过 1 年，因此往往从当年自留保险费中提取未到期责任准备金。

结合上述分析，意外伤害保险的基本特征可以概括为以下三点：

（一）意外伤害保险原则上属于定额给付型保险

意外伤害保险是承保在保险合同有效期内，被保险人因意外伤害导致其人身遭受残疾或死亡风险的保险，其保险标的是被保险人的身体，而这是无法用金钱衡量的。所以人身意外伤害保险的保险金额与保险金的给付与人寿保险类似，都采取定额保险的形式，即投保的时候，投保双方在保险合同中共同约定一定数额作为保险金额，并约定当约定保险事故发生时，保险人按照合同约定数额向被保险人或受益人承担给付保险金的责任。但是在某些情况下，意外伤害保险合同也可以约定非定额给付。例如在 Theobald vs. Railway Passenger's Assurance 一案中，采取的就是定额给付和补偿方式结合的方式，因为条款规定：①如果被保险人遭受意外伤害死亡，保险人赔付受益人 1 000 英镑保险金；②如果被保险人未死亡，则保险人在 1 000 英镑的限额内赔偿被保险人住院治疗所花费的各种费用。条款①即体现定额给付性，条款②则体现补偿性质，包括承担因意外伤害发生所引发的医疗、手术费等[①]。

（二）保险费率厘定主要取决于被保险人的职业及其环境

在意外险中保险费率的厘定往往与被保险人的年龄、性别关系不大，而主要受被保险人的职业及其所处生活环境等因素的影响。因为在通常情况下，无论被保险人的性别、年龄，在同样的环境中，发生在他们身上的意外伤害的可能性大致是相同的；但是，被保险人所从事的职业、工种及所进行的活动往往是意外伤害风险发生的关键，因为不同的职业、工种或所进行的活动往往伴随着不同的风险，并且存在较大差异。因此，在保证其他条件一致下，被保险人从事的职业、工种及所进行的活动的高风险，往往对应高费率，也就对应了高保费。国际上对于意外伤害保险费率的厘定也做出了类似的规定：《纽约州保险法》的第 164 条规定了被保险人因更换职业导致更高风险后，保险人免于承担更高风险责任[②]，这也反映了被保险人的职业是意外伤害保险费率厘定的关键，是保险人控制风险的关键因素。

（三）意外伤害保险属于短期险种

意外伤害保险属于短期险种。因为，相较于人寿保险而言，意外伤害保

---

① RAOUL COLINVAUX. The law of Insurance [M]. 5th ed, Sweet & Maxwell, 1984: 372.

② 陈俊郎. 保险法规 [M]. 台北：三民书局，1992：232.

险的保险期限往往不超过一年，通常一年期居多，几个月甚至更短只有几天的也不在少数，如旅客意外伤害保险、出差人员平安险等。

三、意外伤害保险的分类及主要险种

（一）意外伤害保险的分类

依据不同的分类标准，意外伤害保险的种类不同：

1. 按实施方式的不同，意外伤害保险可以分为自愿型和强制型

自愿型意外伤害保险是指投保人和保险人以自愿、协商一致的原则为基础订立保险合同，不受其他任何人的强制约束。强制型意外伤害保险则是指合同的签订受国家机关颁布的法律、行政法规、地方性法规等强制约束。例如，我国于1951年颁布并于1992年修改的《铁路旅客意外伤害强制保险条例》第一条规定：凡持票搭乘国营或专用铁路火车之旅客，均应依照本条例之规定，向中国人民保险公司投保铁路旅客意外伤害保险，其手续由铁路局办理。该旅客意外险即是强制型意外伤害保险，保险费体现在车票中，当发生铁路保险事故造成旅客人身伤害时，保险公司须承担给付保险金的责任。

2. 按承保的危险不同，意外伤害保险可以分为普通和特定意外伤害保险

普通意外伤害保险即一般意外伤害保险，承保个人日常生活中可能遭受的风险，例如，生活中的摔伤、撞伤、烫伤，等等；特定意外伤害保险则对于时间、地点以及导致意外事故的原因都做出了约束，是约定以特定时间、地点及特定原因下发生的意外事故为承保危险的意外伤害保险，如煤矿井下的职工意外伤害保险。

3. 按是否具有储蓄性，可以分为储蓄型意外伤害保险和非储蓄型意外伤害保险

储蓄型意外伤害保险保证本金的退还，即投保人交纳的保险费相当于一笔储金（也即本金），往往针对的是长期意外伤害保险。该类保险下，保险人以储金的利息作为保险费，承诺当被保险人在保险期内未发生保险事故，保险人在合同到期时向被保险人退还全部保险费的保险，如中国平安人寿保险

股份有限公司 2019 年推出的“安心百分百”返本型长期意外伤害保险。但事实上，由于意外伤害保险多为短期险种，保险人缴纳的保险费只为获得短期的保险保障，而不具有长期保费返还的可能。因此，大多数意外伤害保险属于非储蓄型意外伤害保险，即投保人交纳保险费，当被保险人发生事故时，保险人赔付保险金；但是未发生保险事故时，保险人也不会进行保费的退还。

4. 按保险期限不同，可将意外伤害保险分为极短期、一年期和长期意外伤害保险

极短期意外伤害保险往往是指期限不满一年，保险期限往往只有几天、几小时甚至更短，如各种旅客意外伤害保险、游泳池人身意外伤害保险，等等；长期意外伤害保险的保险期限不止一年，并且该类险种也往往属于满期返本型险种。事实上，更多的意外伤害保险是属于一年期的，如，太平洋财产保险推出的“护身符·意外险”、平安财产保险承保的“驾乘意外险”等都属于一年期的意外伤害保险险种。

（二）意外伤害保险的主要险种

1. 团体意外伤害保险

从其承保的对象上来看，团体意外伤害保险强调以单位或组织作为承保的对象，而非个人。也就是说，该险种是将团体作为被保险人，提供团体保险保障的保险，保险人往往只需签订一张保险单即可。例如，永诚财产保险推出的团体人身意外伤害保险，就是在保单中规定了凡满足年龄在 16 岁到 65 岁之间的，并且身体健康、能正常工作或正常劳动的自然人，均可以作为被保险人。而且，团体人身保险往往对参保的人数做出了规定，通常视单位投保人数至少占在职人员的 75% 以上，且投保人数不低于 8 人。团体意外伤害保险往往在合同中约定，只要被保险人因遭受保险合同约定范围内的意外伤害而导致了死亡或残疾的，保险人就需按合同约定的保险金额承担赔付全部或部分保险金的责任。

2. 旅行意外伤害保险

旅行意外伤害保险是按合同约定，保险人承担被保险人在旅途中因遭受合同约定的意外事故，从而产生的保险金的赔付的保险。例如，飞机失事、

船舶碰撞等意外伤害事故的发生导致了旅客的身体伤害的，保险人负责向旅途中受难的被保险人或者家属赔付保险金。按照旅行地域的不同，又可以将旅行意外伤害保险分为国内及海外旅行意外伤害保险两类。其中，前者如“神州逍遥行”境内旅行意外伤害自助式组合型保险产品，承保的范围涵盖的是被保险人在境内旅行期间因遭受意外事故，导致的死亡或残疾，以及相关医疗等费用；海外旅行意外伤害保险则如中国人民财产保险推出的“四海逍遥行”境外旅行意外伤害自助式组合型保险，则承担被保险人在境外的旅行期间因遭受意外事故而导致的身故、残疾及其引发的意外伤害医疗费用，同时也包含了境外发生的紧急救援等相关费用。

3. 交通意外伤害保险

该险种是指以被保险人在搭乘公共汽车、火车、飞机等交通工具，并定期或定时按照一定的路线行驶或飞行途中遭受的意外伤害为承保条件的保险。例如，中国人民财产保险设计、推广的营运交通工具乘客意外伤害保险，该保险单上记载的是在 3 岁到 70 岁之间，且身体健康、能正常工作或正常劳动的，持有效旅客票乘坐包括飞机、火车（包括地铁、电车）、汽车（包括电车、路面电车）、船舶在内等合法运营交通工具的乘客，该险种均能承保。并且对被保险人在交通工具内因发生交通事故而死亡或残疾的，根据保险合同的约定赔付全部或部分保险金。

就实施形式而言，人身意外伤害保险的实施既可以采取自愿的形式作为一个单独的险种进行投保，也可以采取强制的形式，还可以作为一个附加险和其他寿险一起进行投保。

第二节　新中国意外伤害保险制度变迁的演进逻辑及演进特征

一、意外伤害保险的起源和发展

（一）意外伤害保险在国际上的起源和发展

自人类社会产生以来，人们就面临着各种大大小小的风险，包括台风、暴雨、地震、雷击等自然灾害以及日常生产和生活中的各种意外事故，此外，人们在生命进程中也面临着疾病风险。

随着社会的发展和科技的进步，风险也在不断变化和发展着，人们一方面可以采取措施减少和避免某些意外伤害的发生及其带来的伤害，但另一方面又面临一些前所未有的意外伤害，其可能的伤害也是人类无法回避的。由于意外伤害风险威胁着人们的安全，所以人们总是力图避之，但实践证明，意外伤害风险并不能完全避免，而遭受了此类风险的人和家庭往往需要获得经济上的帮助。因此，远在古代时期，人们曾自发结成互助形式的组织，以对遭受此类风险的个人或家庭实施经济救助。

近代意外伤害保险起源于 15 世纪，承保海上贩运奴隶过程的风险，以作为对海上保险的补充，之后船长、船员也享受保险，直到 16 世纪，意外伤害保险才开始承保旅客。

事实上，意外伤害的真正发展距今仅一百多年。在 19 世纪 40 年代发明了火车之后，欧洲发生了几起大的铁路事故，其导致的系列重大伤亡引起了人们的普遍恐慌，人身意外伤害保险也因此而产生，故通常认为，人身意外伤害保险是铁路时代的产物。但是，由于以旅客为对象的保险市场过于狭小，保险公司迅速将业务扩展到其他意外风险领域。在 1885 年之后，保险业开始适用残疾给付原则，当时成立的疾病意外保险协会将该原则扩展到各类疾病，稍后，英国百年保险股份有限公司也照此原则办理。

1900 年，美国纽约州的优良意外保险公司把建立在年金基础上的意外伤害和疾病保险引入英国，并很快普及开来，尤其受到个体经营者的追捧。后来，英国财产相互保险公司和十字军骑士股份有限公司成功地推广了周缴保费形式的意外伤害保险，并且由保险公司派代理人到保户家里收取保险费。

20世纪初，欧美等一些国家的人寿保险公司开始向各类团体提供包括意外、死亡、伤残和医疗保险在内的团体保险保障。1911年，蒙哥马利·伍德公司在伦敦保证和意外保险公司为其雇员购买了一份丧失收入保险单，这也是第一份雇员工作能力丧失收入保险单。随着经济的繁荣和发展，团体意外保险在美国被迅速推广开来。

当前，意外伤害保险已经成为世界上最为普遍的独立保险产品，涉及社会生产生活的各个方面。

（二）意外伤害保险在中国的起源和发展

与新中国同岁的中国人保于1950年在国内开始了意外伤害保险业务，包括轮船、公路、铁路、飞机等旅客伤害的强制保险。1951年4月24日，国务院财政经济委员会规定，轮船、铁路、飞机旅客必须向中国人保投保意外伤害保险。另外，每位旅客的保险金额为新人民币1 500万元，保险费分别按基本价格的2%计算，包含在票价里，旅客在买票时就已被强制缴纳，其后就没有必要再投保了。在购买此类保险之后，旅客在被运送过程中因意外伤害而产生医疗救助费用的，保险公司应就其所承担限额范围进行补偿；当旅行者因意外伤害而死亡或残疾时，保险公司则负责在合同规定保额范围内支付保险金。这个时期，地方政府命令办理地方旅客伤害保险。其他意外伤害保险包括船员团体保险、渔工团体人身保险、电梯乘客意外伤害保险、汽车司机人身伤害保险等。旅客伤害保险和团体生命保险的业务量很大。另外，某些意外伤害保险还附加了医疗费用保险①。

之后的几年时间里，新中国经历了“大跃进”“三年困难时期”等，经济发展受到严重挫折之后，人民的生活受到严重影响，中国人保于1959年停办了包括意外伤害保险在内的各项国内财产保险和人身保险业务。直到1979年

① 翁小丹. 人身意外伤害和健康保险［M］. 北京：中国财政经济出版社，2007：10-11.

年末，经国务院批准，中国人保才恢复了国内财产保险业务，1982 年恢复了人身保险业务，我国的人身保险业务也进入了新的阶段。意外伤害保险也随之发展了起来[①]。

1995 年 10 月 1 日颁布的《保险法》第九十一条规定，“同一保险人不得同时兼营财产保险业务和人身保险业务”，意外伤害保险只能由人寿保险公司经营。2002 年《保险法》修订后，对意外伤害保险的经营权进行了变更，第九十五条第四款规定，“保险人不得兼营人身保险业务和财产保险业务。但是，经营财产保险业务的保险公司经国务院保险监督管理机构批准，可以经营短期健康保险业务和意外伤害保险业务”，即经批准财产保险公司可以经营短期意外伤害保险业务。随后，2009 年和 2015 年《保险法》的修订一直延续这一规定，即经批准后，人身险公司可以经营一切意外伤害保险业务，但财产保险公司只能经营短期意外伤害保险业务[②]。

2011 年 4 月，天津市人力资源和社会保障局、财政局、卫生局发布了《天津市基本医疗保险意外伤害附加保险暂行规定》，率先在一个省级范围内建立起全民意外伤害保险制度，并将其定性为政府主导、委托保险公司经营管理的补充医疗保险制度[③]，引起了全国对开展全民意外伤害保险的讨论。尤其是“7・23”甬温线特别重大铁路交通事故发生之后，这种讨论更是上升到了更高的高度。但至今，受制于种种因素，全民意外伤害保险这一制度仍未形成[④]。

除一般的商业性意外伤害保险外，一些领域的强制性或政策鼓励性的意外伤害保险也较为多见。例如，铁路旅客意外伤害强制保险，由 1951 年实施、1992 年修订的《铁路旅客意外伤害强制保险条例》予以确认，规定“凡持票搭乘国营或专用铁路火车之旅客，均应依照本条例之规定，向中国人民保险公司投保铁路旅客意外伤害保险，其手续由铁路局办理，不另签发保险

① 翁小丹. 人身意外伤害和健康保险［M］. 北京：中国财政经济出版社，2007：11.

② 根据各版本《中华人民共和国保险法》整理。

③ 龚贻生. 对天津全民意外伤害保险制度的思考［J］. 中国医疗保险，2011（12）：31-32.

④ 宋占军. 构建覆盖全民的意外伤害保险体系［J］. 经济研究参考，2011（66）：29-30.

凭证”。截至2012年年底，该条例已经实施了61年。在这半个多世纪里，关于铁路强制保险的去向、合法性以及保险额度等的争议和讨论不断。截至2012年11月9日，国务院第628号令正式废除《铁路旅客伤害强制保险条例》，同时删除《铁路交通事故紧急救援和调查处理条例》中的第三十三条。该法令自2013年1月1日起正式实施，乘客乘坐列车事故造成的损害赔偿额不再以15万元为上限，乘客也不再被强制征收车票价格的2%作为“人身伤害强制保险费”。铁路旅客意外伤害保险暂不考虑是否有违《保险法》和相关法规，铁路旅客意外伤害强制保险，事实上构成了我国一种独特的意外伤害保险产品，即强制意外伤害保险①。2011年4月22日修改后的《中华人民共和国煤炭法》《中华人民共和国建筑法》分别将原来要求建筑施工企业、煤矿企业为职工强制投保的意外伤害保险修改为鼓励建筑施工企业、煤矿企业为职工投保意外伤害保险②，等等。

在此之前，不管是商业性质还是政策性质，人身意外伤害保险对承保年龄一直有着比较严格的限制，65岁以上的老年人口一般无法购买。考虑到我国老龄化形势较为严重，我国开始就老年人群体的意外伤害多发问题开展意外伤害保险工作，并于2016年5月6日，全国老龄委、民政部、财政部、保监会四部门联合印制了《关于开展老年人意外伤害保险工作的指导意见》。对于我国来说，开展老年人意外伤害保险工作，一是应对我国人口老龄化带来的包括养老、医疗等的社会风险，二是实现我国养老服务业和现代保险服务业融合发展目标的客观需求，对于推进我国老龄事业发展、增加老年人的福利并增进其获得感，具有十分重要的现实意义。

近年来，我国意外伤害保险市场快速发展，保险市场上的经营主体不断增多，逐渐形成了市场有序竞争的良好态势；销售渠道和形式也呈现出多样性；各保险公司针对意外伤害的意外伤害保险产品业务量实现了稳步增长，并在所有业务中表现出了效益领先的特征；与此同时，意外伤害保险的险种

① 根据2012年版《铁路旅客意外伤害强制保险条例》整理。

② 朱铭来，宋占军.探索建立全民意外伤害保险制度：天津的经验和启示［J］.中国医疗保险，2011（11）：65-66.

增多，其服务范围也在不断地扩大。目前国内开办的意外伤害保险主要有：团体人身意外伤害保险附加意外伤害医疗保险、学生团体平安保险、航空旅客人身意外伤害保险、出境人员人身意外伤害保险、旅游意外保险、旅客意外伤害保险、机动车驾乘人员意外伤害保险等险种（见图 9-1）。

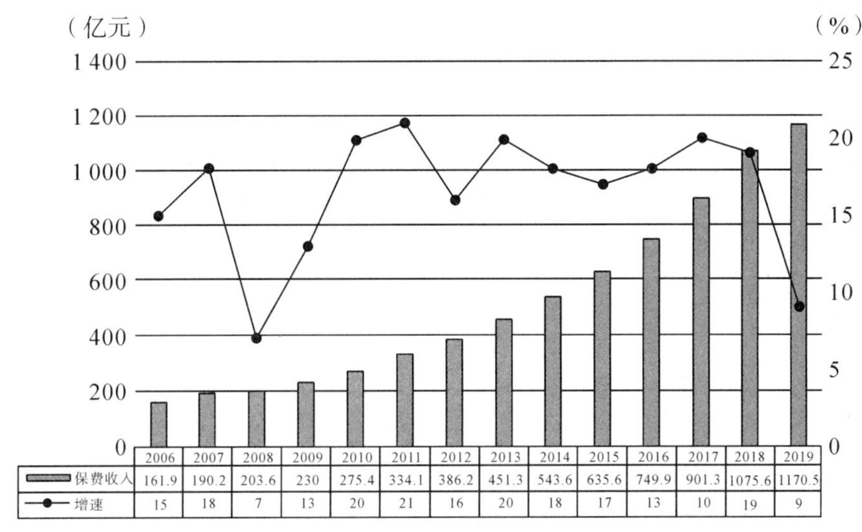

	2006	2007	2008	2009	2010	2011	2012	2013	2014	2015	2016	2017	2018	2019
保费收入	161.9	190.2	203.6	230	275.4	334.1	386.2	451.3	543.6	635.6	749.9	901.3	1075.6	1170.5
增速	15	18	7	13	20	21	16	20	18	17	13	10	19	9

图 9-1　2006—2019 年我国商业意外伤害保险保费收入及增速情况

数据来源：根据中国银保监会官方网站相关数据整理。

截至 2019 年年底，我国意外伤害险共实现保费收入 1 170.5 亿元，共有 162 家保险公司经营意外伤害保险业务。意外伤害保险保费收入情况如图 9-1 所示，近年来意外伤害保险的发展速度非常快，保费收入已经从 2006 年的 161.9 亿元，增长到 2019 年的 1 170.5 亿元，年均增速高达 20%以上。

二、新中国意外伤害保险政策变动和制度变迁的演进逻辑

人身意外伤害保险是一个比较简单易操作的险种，经营门槛较低，制度一直较为稳健，新中国成立至今，尚未出现较为显著的制度变迁的情况。从人身意外伤害保险的发展历程来看，所谓的制度变迁仅仅存在于经营权和产

品设计的层面。从演进逻辑的角度来说，核心思想在于遵从保险风险管理和损失补偿的本质，同时体现了国家对特定群体的风险防护意识的苏醒。

从商业意外伤害保险经营权的角度来看，从定性其为寿险产品的唯标的论，过渡到兼顾其具有损失补偿性的全面观，实践中经营意外伤害保险业务由局限于人身险公司过渡到人身险公司和产险公司都可以经营。1995 年，我国第一部《保险法》出台，对人身意外伤害保险并没有着墨太多，仅在第九十一条的第二款规定“人身保险业务，包括人寿保险、健康保险、意外伤害保险等保险业务”，连意外伤害保险的定义都没有给出，但限制了意外伤害保险的经营权。这一规定说明，此时国内对意外伤害保险的看法还停留在因为其“保险标的是人的身体”而将其完全纳入人身险领域，产险公司是被限制经营的。2002 年第一次修订《保险法》，明确产险公司也可以经营短期意外伤害保险业务。这说明，国内对意外伤害保险的认识已经上升了一个层次，此时考虑到对意外伤害保险的赔偿，并不适用寿险产品的“给付”形式，而更偏向于产险公司的“损失补偿”形式。至今，产险公司仍然不能经营长期意外伤害保险业务，主要是因为长期意外伤害保险业务在经营管理上基本和寿险类似，而按照现行《保险法》的规定，我国实行的是分业经营，一家公司不能同时经营产险和寿险业务。这一制度变迁的核心意义在于，我国逐渐认识到了意外伤害保险的本质是当意外事故发生后根据保险责任进行适当的赔偿。和健康险一样，由于保险标的是人的寿命和身体，但理赔时又和产保险的损失补偿原则一致，因此其兼具寿险和财产险的特性，不能简单地将其划归产险或寿险。

从强制性或政策性意外伤害险角度来看，国家逐渐认识到特定群体的意外风险太高而不适合商业保险参与，需要国家出面设立强制性或政策性意外伤害保险，这表明国家层面对意外事故的认识出现了从无到有的演化。如前所述，1951 年 4 月 24 日，政务院财经委颁布《铁路旅客意外伤害强制保险条例》（以下简称《条例》），于同年 6 月 24 日正式实施，2012 年 11 月 9 日，国务院第 628 号令正式废除了该《条例》，标志着铁路强制保险的终结，同时也意味着国家对意外伤害险的认识提升到一个全新的层面，即损失赔偿额度的高低应当取决于风险的大小，并且险种的运作也应当交由商业保险公司进行。2011 年 4 月 22 日修改后的《煤炭法》第三十七条规定，要求煤矿企业依法为职工参加工伤保险缴纳工伤保险费；并且也鼓励企业为井下作业的职工办理意外伤害保险，为其支付意外伤害保险保险费。此外，现行的《建筑法》第四十八条中也做出规定，要求建筑施工企业依法为职工参加工伤保险缴纳工伤保险费；并鼓励建筑施工企业为其从事危险作业的职工办理意外伤害保险，与支付相应的保险费。2016 年 5 月 6 日国家老龄委、民政部、财政部、保监会 4 个部门联合发布的《关于开展老年人意外伤害保险工作的指导意见》，规定开展老年人意外伤害保险工作，并逐步实现由政府、社会、个人三方共同进行保费的负担，进而形成三方合力，帮助政府、社会、家庭和个人更好地应对风险。而这不仅有助于商业保险补充作用的发挥，也有助于社会保障压力的缓解和老年人及其家庭风险抵抗力的提高，进而实现促进社会安定和谐的目的。

上述法规提到的意外伤害保险都属于强制性或政策性险种，体现了国家对特定群体居民意外风险防范方面的意识形态的重视。从商业的角度来看，这些特定群体风险较为集中，并且风险水平较高，承保风险会很高，若按照一般的商业意外伤害险来经营，可能由于价格等原因基本上没有居民会选择购买。但从国家的角度来说，这些特定群体的风险防范做不好，不利于社会和谐，也不利于居民福利水平的提高，因此，非常有必要动用国家的手段对这些类似的风险进行防范。结果就是，出现强制性或政策性意外伤害险。经营模式上，依然采用商业保险公司的运作方式，但保费部分由企业或政府承担，保险公司作为经营方，基本以不盈利的方式开展经营活动。类似意外伤害保险制度的形成，是国家意识形态层面的重视，在尊重市场发展规律的基础上，注重对特定弱势群体居民的风险防范。

三、新中国意外伤害保险制度变迁的演进特征

国家理论与产权理论是理解制度结构的两个主要基石。而又因为国家界定产权，国家理论是根本性基石，当然，最终也是国家要对造成经济增长、停滞和衰退的产权结构效率负责[①]。那么意外伤害保险的制度变迁首先也取决于国家在其中的特定地位和作用。参照邓敏的分析，也同样可以把意外伤害保险的制度变迁划分为两个阶段，分别是恢复国内保险业务之前的以国家垄断产权为特征的意外伤害保险制度安排以及恢复国内保险业务之后以国家在产权边界上逐步退让为特征的意外伤害保险制度变迁[②]。

（一）以国家垄断产权为特征的意外伤害保险制度安排

新中国成立后，我国组建了中国人民保险公司，其在国内外开展保险业务，并于1950年正式经营意外伤害保险产品。在计划经济背景下，国家开始在保险行业进行产权整合，1956年太平保险的国有化进程完成之后，除了保险垄断产权之外，其他产权形式销声匿迹。这时，国家的效用水平主要取决于国家经济的恢复程度与发展情况，包括保险制度在内的所有制度安排也都必须服务于这一目标。而当时非国有成分仍然在我国经济中占比很高，国有经济实力依旧薄弱，因此，为了保证我国经济的稳定运行，就必须建立起对风险损失的补偿机制。因此，具有产权扩张冲动的国家就必然会采取措施来强化保险垄断制度安排，也就是说，此时的意外伤害保险制度安排以强制性为主，同时兼具一定的政策性。比如此阶段的《铁路旅客意外伤害强制保险条例》规定，铁路意外伤害保险是强制性险种，其他如地方性旅客意外伤害保险、船员团体保险、渔工团体人身保险、电梯乘客意外伤害保险、针对汽车司机的人身意外伤害险等都具有一定的强制性。这种强制性意外伤害保险产品的推出，最主要的原因在于国家垄断产权意识的主导地位，在市场经济背景下不允许存在其他类型的产权性质。需要说明的是，国家垄断型意外伤

---

① 道格拉斯·C. 诺斯. 经济史中的结构与变迁［M］. 陈郁，等译. 上海：上海三联书店，1991：20.

② 邓敏. 中国保险业的历史与未来：一个制度变迁视角［J］. 金融研究，2000，240（6）：97-107.

害保险制度安排必须有其存在的经济基础，是不能纯粹由国家的主观意志决定的。而又由于几乎没有经济主体所承受的意外风险不是由国家做保障的，因此作为保险产生的技术基础——大数法则在一定程度上得到了自发的运用，损失概率与预期的偏差也因此较小，同时保险保障基金占国民收入的比重相对更加容易确定。但需要指出的是，国家垄断意外伤害保险制度安排的"唯我独尊"之势，也会在一定程度上导致对公众保险意识的抑制，这当然对未来商业化模式运作的意外伤害保险制造了障碍。

（二）以国家在产权边界上逐步退让为特征的意外伤害保险制度变迁

就制度角度而言，工业化进程的维持很少是建立在国家垄断产权的基础之上的。其根本原因就在于如果国家垄断产权，效率会被拉低：以国家效用函数代替企业效用函数会使国家支付极高的信息成本，从而导致资源配置的低效性；而企业效用函数被替代这一情形本身也意味着低效率问题将普遍凸显出来。在这种情况下，1978 年国家做出了改革开放的决定，并且为促进经济快速增长，我国政府决定恢复国内保险业务。随着社会经济的发展，我国最初的国家垄断性意外伤害保险制度安排从隐性变为显性，又从最初的强制性变成了之后的自愿性。而国家垄断性意外伤害保险这一制度变迁的原因除了支持经济快速增长以外，还有原始制度运行的成本问题，也正是由于隐性垄断性保险安排的成本与收益之差超过了制度变迁本身必须消耗的成本，才有了之后制度由隐性到显性的转变。随着我国意外伤害保险制度的变迁，人们逐渐失去了往日国家保险的保障，也因此对商业保险产生了较为强烈的需求。如 2012 年 11 月 9 日，国务院第 628 号令正式废止《铁路旅客意外伤害强制保险条例》，同时删除了《铁路交通事故应急救援和调查处理条例》第三十三条，标志着施行了半个多世纪的铁路强制意外伤害保险正式废止，居民购买铁路意外伤害保险从强制性向自愿性转化，意外伤害保险的赔付标准也随之上升，最高额度也突破了最初的 15 万元。其他的包括地方性旅客意外伤害保险、船员团体保险、渔工团体人身保险、电梯乘客意外伤害保险等在内的强制性意外伤害保险也逐渐从强制性险种中消失。需要说明的是，国家垄断保险制度安排不断退让直至退出的过程也是国家重新构建保险上层结构的过程，具体表现为意外伤害保险制度逐渐从强制性向商业性的转变，国家开始考虑运用市场化手段达到提高化解意外风险效率的目的。在国家对意外伤害保险的垄断性制度安排的框架下，作为上层结构的制度规范（或游戏规则）则存在于整个意外伤害保险制度安排的全过程。

从本质上来说，意外伤害保险的上述制度变迁，是一种诱致性制度变迁，是随着市场和国家对意外伤害保险的认识逐渐加深的一种自发行为，目的是使保险更好地服务于社会。

第三节　新中国意外伤害保险制度变迁的演进历程

一、意外伤害保险的制度变迁（1949—1958 年，从开业到停业）

新中国成立初期，我国实施计划经济体制，市场经济的功能并不能得到有效发挥，带有明显市场经济烙印的保险业在新中国成立至 1958 年这一段时间里一般实施"定向供应"的策略，即在最开始经营人身意外伤害保险，一般是以强制性险种推开。据史料记载，1950 年中国人保开始办理意外伤害保险业务，但此时的意外伤害保险不是目前的形式，其在铁路、轮船、飞机、公路等领域，强制要求旅客必须办理人身意外伤害保险业务。

1951 年 4 月 24 日，颁布的诸如《铁路旅客意外伤害强制保险条例》等规章制度，强制要求包含乘坐铁路、轮船、飞机等在内的乘客都必须向中国人保投保意外伤害保险，其中第五条规定"旅客之保险金额，不论席座等次、全票、半票、免票，一律规定为每人人民币一千五百万元"①。可知当时的保额非常低下，基本起不到保障作用，但能够起到一定的托底作用。该条例中

① 系指旧人民币，折合新人民币 1 500 元。

的第六条还规定“旅客之保险费，包括于票价之内，一律按基本票价百分之二收费，由路局核算代收汇缴保险公司”，可知当时保费的收取不分票种，一律按票价的2%收取，也不符合保险的基本经营规则。保险是经营风险的特殊行业，在具体经营时，保费的收取和保额的确定均应以风险的概率大小作为依据，这种一律按照票价的2%作为保费的规定，没有考虑到不同路线、不同时长的铁路旅行风险的不同，显然不符合保险的经营规则。除铁路旅客意外伤害保险外，其他的如轮船、飞机、公路等领域的旅客，也参照这一规定，要求实施强制意外伤害保险制度。

在这一时期，一些地方政府还发布命令要求办理地方性旅客意外伤害保险。其他的保险还有：船员团体保险、渔工团体人身保险、电梯乘客意外伤害保险、汽车司机人身意外伤害保险，等等。其中旅客意外伤害保险和团体人身保险业务量较大，一些意外伤害保险还可以附加医疗保险。

在此阶段，意外伤害保险一般都是强制性的，商业性险种基本不存在。意外伤害保险的这一制度，也符合我国当时的国情。当时我国实行的是计划经济体制，几乎所有的制度安排都是有计划的。考虑到不同种类的特定群体由于交通面临风险较为独特等原因，容易发生意外，而且这一风险是客观存在的，因此国家从制度的层次强制这些人群必须购买意外伤害保险，以规避可能发生的风险。而且考虑到虽然不同的人购买意外伤害保险的价格不同，但每个公民的生命是平等的，因此保额相同。

直到1958年，意外伤害保险的这一制度基本没有变化。1959年，遵照中央指示，考虑到我国是计划经济体制，但保险只存在于市场经济体制下，因此要求中国人保停办包括意外伤害保险在内的各项国内财产保险和人身保险业务，包括强制性的意外伤害保险也已停办。

二、意外伤害保险的制度变迁（1982年复业至今）

1978年是我国经济发展的转折年，党的十一届三中全会的召开，确立了我国的改革开放政策，并将以经济建设为中心的社会主义现代化建设作为我国的工作重点。在1979年2月召开的全国分行行长会议上，中国人民银行提出要恢复国内保险业务。1979年4月，国务院批准的《中国人民银行分行行长会议纪要》，也做出了“逐步恢复国内保险业务”的重大决策。随后，中国人民银行颁布《关于恢复国内保险业务和加强保险机构的通知》，并为恢复国内保险业务和设置保险机构做出了具体的工作部署。

恢复国内保险业务的具体工作部署主要体现在1979年5月至6月，保险条款、费率和单证格式的设定。我国先后推出了企业财产保险、货物运输保险和家庭财产保险三个险种。7月至8月，又先后派出了几批干部奔赴广东、福建、浙江、上海、江苏、江西等地，着手保险业务的恢复和保险机构的筹建。9月至11月，包括上海、重庆和江西等国内部分地区开始率先经营国内保险业务。1979年11月的全国保险工作会议对1980年恢复国内保险业务的有关工作做出了具体的部署，会后有关恢复国内保险业务的工作迅速在全国展开。1982年，经国务院批准，中国人民保险公司才开始恢复办理有关人身险业务，此时的险种主要以团体人身险为主，具体包括团体人身保险、团体人身意外伤害保险、简易人身保险和公路旅客意外伤害保险等。

我国恢复国内保险业务，首先是从财产险开始，最后才是人身保险，并且主要险种有较多的意外伤害保险，其主要原因在于，当时国内对保险的印象还停留在“损失补偿”的层面上。大多数人认为保险产品是一种先收钱、后赔钱的经济行为，对保险具有的储蓄功能不甚理解。此后，随着人们对保险的认识愈加深刻，也推动了意外伤害保险的发展。

第一个层面，经营意外伤害保险的主体由只有人身险公司扩展为财产险公司也可以经营短期意外伤害保险业务。1995年《保险法》规定，只有人身保险公司才能经营意外险。到了2002年，修订的《保险法》允许经过批准的财产险公司经营短期意外险业务，这一规定延续至今。这说明，我国对意外伤害保险的认识，从最开始的人的身体和寿命受意外的影响遭到损伤，因此绝对属于人身险的范畴，过渡到因为意外伤害保险中的医疗给付等和财产险的经营规则一致而允许财产险公司经营。这一改变表明我国对保险的认识尤其是对意外伤害险的认识提升了一个高度，并开始正视意外伤害险的所有功能作用。

第二个层面，承保范围的扩大，原本属于不可保的风险逐步被纳入人身意外伤害保险的可保风险中。保险的经营都要遵循大数法则，可保风险需要同时满足五个基本条件：一是非投机性，即风险的发生应当是只有损失机会而无获利可能的纯粹风险；二是偶然性，即风险极有可能发生，但又是不可预知的；三是意外性，即风险的发生既非被保险人及其关系人的故意行为，又不是被保险人及其关系人不采取合理的防范措施所引起的；四是普遍性，即风险的发生有导致大量标的都遭受损害的可能性；五是严重性，即承保的风险应该是较为严重的，甚至有发生重大损害的可能性。此外，风险的损失必须是可以用货币计量的。一开始的意外伤害保险严格遵从上述要件，不满足上述条件的意外伤害风险，完全被限制在意外伤害险之外，如 60 岁以上人口风险具有集聚性一般属于不可保范畴。但随着人们对风险的认识逐渐加深，意外伤害保险的可保风险得以扩大。如在 2016 年 5 月发布的《关于开展老年人意外伤害保险工作的指导意见》中，就从年龄角度扩大了意外伤害保险的承保责任。这一改变说明，人们逐渐认识到，可保风险与不可保风险之间并没有绝对的限制，当技术达到一定水平，这两者之间是可以转化的。这同时也说明，我国意外伤害保险的经营技术得到了显著的提升。

第三个层面，国家对意外伤害保险的认识得到加强，政府主导的意外伤害保险从强制性逐渐向政策性过渡，在遵守市场经济规律的同时，重视国家意志的体现。在新中国成立之初，考虑到特定群体面临的意外风险较为集中，强制性地要求铁路、轮船、公路、飞机等旅客必须购买意外伤害保险。这些规定一度被广泛质疑，有些条款甚至违背了《保险法》。随着国家对意外伤害保险的认识的加强，这些不符合保险经营理念的规定悄然发生着变化。虽然依然由国家主导某些险种的开发和推广，但已不再是过去的不顾市场经济的内在规律的想当然开发。如 2011 年广泛开始讨论的“全民意外伤害保险”，就不再由政府强制性推广，而是理性地将全民意外伤害保险制度交给市场去做，政府只需要加以引导和规范，并对合理的项目予以大力支持。虽然目前全民意外伤害保险尚未在全国得到推广，但在某些地区（如天津）已经开展，其操作方法正是政府主导，市场操作。另外如老年人身意外伤害险制度，同样也是政策性意外伤害保险的做法，政府不但引导和支持，甚至还垫付一部分的保险费，交给商业保险公司运作。这些转变表明，在不影响国家意志体现的情况下，国家充分尊重保险市场经济运行规律。

第四节　本章小结

意外伤害保险是一个比较简单的险种，从新中国成立至今，为了服务国家经济社会建设，也经历了一定的制度变迁过程，但整体上变化幅度并不剧烈。通过简单的梳理可以发现，意外伤害保险在中国的变化，首先，和整个保险业一致，也经历了从开业到停业再到复业的历程；其次，随着人们对保险认识的加强，意外伤害保险的可保范围得以扩大；再次，随着人们对意外伤害保险的作用的认识逐渐加深，意外伤害保险的经营主体也得以扩展；最后，经营意外伤害保险逐渐开始凸显国家意志，并且国家也逐步尊重保险市场运行规律，人身意外伤害保险也从强制性向政策性乃至市场化转变。

本章首先是对意外伤害保险内涵做了概括，开展意外伤害保险业务，尤其强调对“意外”的定义，要求必须同时具备“非本意的”“外来的”和“突然的”三个特征。随后基于意外伤害保险的相关政策变动重点分析了新中国成立以来意外伤害保险制度变迁的演进逻辑和演进特征。从制度变迁演进逻辑和商业意外伤害险经营权的角度来看，从定性其为寿险产品的唯标的论，过渡到兼顾其具有损失补偿性的全面观，实践中经营意外伤害险业务由局限于人身险公司过渡到人身险公司和产险公司都可以经营；从强制性或政策性意外伤害险角度来看，国家逐渐认识到特定群体的意外风险太高而不适合商业保险参与，需要国家出面设立强制性或政策性意外伤害保险，这表明国家层面对意外事故的认识出现了从无到有的演化；从制度变迁特征的角度来说，分别是恢复国内保险业务之前的以国家垄断产权为特征的意外伤害保险制度安排以及以国家在产权边界上逐步退让为特征的意外伤害保险制度变迁。本章最后将新中国意外伤害保险的演进历程根据业务开展情况划分为两个阶段，分别是1958年之前计划经济背景下意外伤害保险的发展阶段，1982年恢复国内意外伤害保险业务以后的发展阶段。

本章参考文献

［1］AXEL EKKERNKAMP. 德国社会意外伤害保险及其医疗机构［C］. 北京：第七届北京国际康复论坛，2012.

［2］曹雪芹. 浅谈政策性老年人意外伤害保险［J］. 现代经济信息，2016（18）：328.

［3］邓家练. 浅析开展老年人意外伤害保险的意义及对策［J］. 劳动保障世界，2018（14）：16.

［4］方东平，等. 建筑业意外伤害保险需求研究［J］. 保险研究，2003（1）：51-53.

［5］冯华楠. 运动员意外伤害保险的功效研究［J］. 沈阳工程学院学报（社会科学版），2014（4）：470-472.

［6］傅鸿翔. 全民意外伤害保险在制度层面值得商榷［J］. 中国医疗保险，2011（12）：30-31.

［7］龚贻生. 对天津全民意外伤害保险制度的思考［J］. 中国医疗保险，2011（12）：31-32.

［8］李学娟. 建筑业职工意外伤害保险制度推行的难点及对策［J］. 建筑安全，2004（7）：42-44.

［9］刘红文. 阿克苏地区城乡居民人身意外伤害保险政策调整［N］. 阿克

苏日报（汉），2018-05-07（B08）.

[10] 刘强. 对建筑施工企业职工意外伤害保险的思考［J］. 保险研究，2003（1）：7-9.

[11] 马丽萍. 解读《关于开展老年人意外伤害保险工作的指导意见》［J］. 中国社会工作，2016（14）：7-8.

[12] 马玲. 从投保人的角度谈意外伤害保险的重要性［J］. 中国市场，2007（Z1）：75-76.

[13] 莫骄，宋占军. 意外伤害保险需求的影响因素分析［J］. 中国物价，2014（4）：71-74.

[14] 牛少杰，沈沉. 对意外伤害保险产品的调查分析［J］. 中小企业管理与科技（下旬刊），2014（7）：210.

[15] 四部门联合开展老年人意外伤害保险工作［N］. 中国保险报，2016-05-06（04）.

[16] 宋硕. 人身意外伤害保险的险种适用及争议条款的判定［N］. 人民法院报，2012-03-29（7）.

[17] 宋占军. 城镇职工意外伤害保险制度的归纳与思考［N］. 中国保险报，2010-12-07（02）.

[18] 宋占军. 构建覆盖全民的意外伤害保险体系［J］. 经济研究参考，2011（66）：29-30.

[19] 宋占军. 试论全民意外伤害保险制度的构建［J］. 上海保险，2012（3）：9-11.

[20] 唐和平，朱金伟. 浅议意外伤害保险的完善［J］. 金融与经济，1991（3）：47.

[21] 田杰芳，魏庆朝. 建筑业人身意外伤害保险探讨［J］. 中国安全科学学报，2004，14（1）：34-38.

[22] 王健康. 新形势下完善我国老年人意外伤害保险体系的政策建议［C］. 2017.

[23] 王天祥. 解读建筑业意外伤害保险制度［J］. 建设科技，2004

(002): 46-47.

[24] 翁小丹. 人身意外伤害和健康保险 [M]. 北京: 中国财政经济出版社, 2007.

[25] 吴雁萍. 意外伤害保险需求研究 [J]. 林业劳动安全, 2004 (2): 13-16.

[26] 向俊红, 李宣. 关于建立全民意外伤害保险保障制度的探索研究 [J]. 金融经济, 2014 (16): 114-116.

[27] 肖亮升, 梁海珍. 尽快启动老年人意外伤害保险 [N]. 人民政协报, 2016-01-30 (02).

[28] 谢然浩. 年内全面推行建筑意外伤害保险制度 [N]. 经济日报, 2003-05-30 (06).

[29] 杨明明. 论人身意外伤害保险 [J]. 品牌 (下半月), 2015 (8): 114.

[30] 游春. 构建农村留守儿童意外伤害保险机制的研究 [J]. 金融发展研究, 2010 (9): 65-69.

[31] 张平合. 工伤保险和人身意外伤害保险并行的法律问题 [J]. 中小企业管理与科技 (中旬刊), 2010 (9): 84.

[32] 张腾龙. 论意外伤害保险等人身保险中损失补偿原则的适用: 基于司法案例的分析 [J]. 湖北科技学院学报, 2014 (7): 29-30.

[33] 张燕. 从英国保险判例看人身意外伤害保险中“意外伤害”的认定 [J]. 上海保险, 1999 (9): 22-24.

[34] 中国人寿广东省分公司. 运用老年人意外伤害保险构建广东老年人风险保障体系 [J]. 大社会, 2018 (3): 38-39.

[35] 朱铭来, 宋占军. 探索建立全民意外伤害保险制度: 天津的经验和启示 [J]. 中国医疗保险, 2011 (11): 65-66.

第十章
新中国农业保险制度变迁

农业保险制度是为分散和转移农业生产中的自然风险和经济风险而建立的一种特殊的经济补偿制度。中华人民共和国成立以来，农业保险制度的发展与变迁历经波折，农业保险制度的演变历程也反映了中国市场经济体制改革的艰难。

第一节 农业保险的内涵

一、农业保险的概念

农业保险有广义和狭义之分。广义的农业保险是指涉农保险，包括农村种养两业保险、农村财产保险和农村人身保险。根据2012年颁布的《农业保险条例》，狭义的农业保险是指保险机构根据农业保险合同，对被保险人在种植业、林业、畜牧业和渔业生产中因保险标的遭受约定的自然灾害、意外事故、疫病、疾病等保险事故所造成的财产损失，承担赔偿保险金责任的保险活动。本章主要讨论狭义的农业保险。

农业产业是农业保险的主要对象，随着社会经济的不断发展，农业产业的内涵和外延也处于不断变化之中，因此农业保险的内涵和外延也在不同时期、不同国家呈现出差异性，农业保险的概念也处于发展变化之中。

鉴于农业保险的高风险性和农户有限的支付能力，对于农业保险而言，不可能脱离政府支持而走完全商业化运行模式的路子。早在20世纪30年代，西方国家政府就开始介入农业保险市场，中国则是在2002年首次确立国家建立政策性农业保险制度的目标①。

二、农业保险的特点

农业保险属于财产保险的范畴，但由于其保险标的的及其所面临风险的复杂性，使其具有区别于其他财产保险的显著特点：

① 2002年12月28日，修订后的《中华人民共和国农业法》（以下简称《农业法》）第四十六条规定：国家逐步建立和完善政策性农业保险制度。这是“政策性农业保险”这一词汇第一次以立法的形式表述，标志着政策性农业保险制度在中国的首次确立。

（一）农业保险标的的特殊性增大了保险难度

一般财产保险的保险标的为非生命体，与之不同的是，农业保险的保险标的多为有生命的动植物，因此产生了其他财产保险中未有的新问题。从保险期限来看，财产保险的保险期限大多为一年，而受制于农作物或动物的生长周期，农业保险的保险期限是以农作物或动物的生长周期来确定的。根据物种的生长差异，保险期限需进行更为细致的划分。从定损难度来看，财产保险损失往往是一次性损失，与一般财产不同的是，农作物或牲畜在遭受到损失后，还具备一定的自我生长或恢复能力，这无疑加大了农业保险的定损难度，尤其是农作物保险，往往需要多次现场查勘，才能最终确定损失程度。从保险标的价值来看，一般财产保险的标的是无生命物，保险价值稳定且容易确定，在实务操作中，大多是事先确定一个定额作为保险价值。农业保险标的的价值确定则更为复杂，在保险期内，农业保险的标的往往处于生长期，保险价值处于动态变化之中，在生长期的保险标的往往无法确定其最终价值，此阶段处于价值的孕育过程，并不具备独立的价值形态，只有到成熟期或收获期，标的的最终价值才能够确定。这一动态过程导致农业保险标的的价值确定难度增大。在实务中，与一般财产保险事先约定保险金额不同，农业保险的保险金额或赔偿金额一般都是在事故发生之后，根据损失情况进行计算确定的。

（二）农业自然风险具有系统性特征

农业自然灾害的叠加性、相关性和辐射性导致农业自然风险具有系统性特征。农业自然灾害往往具有叠加性，各种气象灾害、生物灾害往往叠加产生，如暴雨经常会引发洪涝灾害等，严重影响农业生产。农业自然灾害还具有高度的时空相关性。我国疆域辽阔，地理地貌千差万别，各地的主要自然灾害也不尽相同，呈现出明显的区域性特征，使得农业风险单位在灾害事故及损失中表现出高度的时空相关性。同时，农业自然灾害还表现出辐射面广、影响面大的特征。农业自然风险造成的经济损失往往难以度量且损失概率较高，加之随机性较大，保险机构面临巨大的偿付压力，潜在损失难以控制。

(三) 农业保险中存在着较为严重的道德风险和逆向选择

农业保险标的是具有生命的动物或植物，其饲养和生长过程离不开人的参与。我国农村地区气候多变，地理地貌复杂，个别区域农户居住分散，交通不便，信息闭塞，保险人往往难以获得保险标的的完整信息，信息不对称问题较为严重。相较于其他险种，农业保险的道德风险和逆向选择问题更为普遍且严重。

由农业保险的特点可以看出，若以纯商业性方式经营农业保险，保险机构将面临巨大的经营难度和风险，可行性极低。囿于农业在我国国民经济和社会发展中处于基础性地位，加之农业保险在开展过程中面临着诸多困境与挑战，政府应在政策层面予以支持和帮助，政策性农业保险便应运而生。

第二节　新中国农业保险制度变迁的演进特征及演进逻辑

一、新中国农业保险制度变迁的演进特征

(一) 政府主导下的强制性农业保险制度变迁

根据诺斯的制度变迁理论①，制度变迁可以分为诱致性和强制性两类。其中，诱致性制度变迁强调自发性，即个人或群体自发地组织和实施的，对当前制度安排进行的更替或创新，以此追寻更大的获利机会。与之相对的是，强制性制度变迁，则体现出法令的强制性，即由政府通过法律法规的形式，

① 美国经济学家道格拉斯·C. 诺斯在研究中重新发现了制度因素的重要作用。诺斯的制度变迁理论由三个部分构成：一是描述体制中激励个人和团体的产权理论；二是界定实施产权的国家理论；三是影响人们对客观存在变化的不同反应的意识形态理论。诺斯所讲的制度变迁和制度创新都是指这一意义上的制度。他的新经济史论和制度变迁理论使其在经济学界声名鹊起，成为新制度经济学的代表人物之一，并因此获得了1993年度诺贝尔经济学奖。

强制引入和实施[①]。从上述定义中不难发现，两种制度变迁模式的主体存在差异，诱致性制度变迁的主体是个人或群体，而强制性制度变迁则是在政府的推动下引入并实现的。

新中国农业保险制度变迁体现出政府主导的强制性制度变迁。国家是农业保险制度的变迁主体，缘于政府在资源配置中的优势地位，所以政府决定了农业保险制度供给的形式、方向、战略等。在依照既定的目标和约束条件下，政府在国家法律的框架下，对农业保险制度进行创新。这种强制性变迁在推进时间、推进速度和减少制度变迁成本方面，体现出巨大优势。新中国成立后，农业保险历经初期迅猛发展、中期停滞、改革开放后持续发展、市场规模萎缩和政策性农业保险蓬勃发展五个阶段，几经起落都与政府干预密切相关，都是政府直接或间接干预的结果。

新中国农业保险制度变迁是与农业的发展、农业政策的变化和国家整体社会经济的变化紧密相关的。新中国成立之初，农村经济发展百废待兴，1950年中国人民保险公司将开办农业保险提上议事日程，借鉴苏联模式和经验，在北京、山东等地试办农业保险。其目的是促进农业生产复苏、巩固土地改革成果。1958年，社会主义改造基本完成，国家公有产权代替了农村私有产权，人民公社兴起，当时社会各界普遍认为农业保险已经没有存在的必要，因此农业保险于1958年12月全面停办，直至1981年。党的十一届三中全会后，人民公社体制废除，家庭联产承包责任制确立，农业农村经济制度逐步完善。1982年，国务院批准中国人民银行《关于国内保险业务恢复情况和今后发展意见的报告》。自此，在停办24年之后，新中国农业保险翻开了新篇章，农业保险快速平稳发展至1993年。随着农村经济体制改革的不断推进，人民预期的农业保险高速发展的局面并没有到来，商业化的经营原则导致对农业保险经营主体几乎没有任何政策支持和财政补贴，政府职能缺位使得农业保险市场日益萎缩。2004年，在政府的推动下新一轮农业保险试点全方位

---

① 林毅夫. 关于制度变迁的经济学理论：诱致性变迁与强制性变迁［M］//罗纳德·H. 科斯等. 财产权利与制度变迁：产权学派与新制度学派译文集. 上海：格致出版社，2014：269.

推进，当年中央“一号文件”中明确提出“加快建立政策性农业保险制度……”，自此中国农业保险发展进入黄金时期。2012 年《农业保险条例》出台，我国第一次从立法的层面建立统一的农业保险制度框架。2016 年，对《农业保险条例》进行修正，使得中国农业保险制度更加完善。可以看出，新中国农业保险的制度变迁历程，是依赖政府一系列政策目标和政令而实现的，属于强制性制度变迁。随着中国农业保险制度的不断发展与改革，集权性特征在具有准公共物品性质的农业保险资源配置过程中体现得更为突出，农业保险在现代农业经济发展中的支柱地位更加稳固。由此可以推断，在未来，仍将是政府主导下的强制性农业保险制度变迁发挥作用。

（二）强制性农业保险制度安排的路径依赖

中国农业保险制度的演进历程，体现出典型的强制性制度安排特征。农业保险制度建立之初，国家是其主要的经营主体，这一惯性一直维持至 20 世纪 90 年代初。随着社会主义市场经济体制的逐步建设完善，农业保险的市场机制在政府支持下不断发育。由此可见，中国农业保险制度的演进依赖于政府的制度安排。

根据诺斯的路径依赖理论①，制度在变迁的过程中对原有的制度具有惯性般的“路径依赖”，并且在“路径依赖”的影响下，制度变迁既可能步入良性循环轨道进而改进优化，也可能步入恶性循环轨道导致长期低效的制度。规模效应、学习效应和适应性预期是路径依赖发生的源动力，制度向量形成的联系网络对于政府潜在利润的获得带来了极大的递增效应，此种递增效应将导致制度一旦进入运行，就会沿着一定的路径演进，从而决定了一种制度的长

① 道格拉斯·C. 诺斯在《经济史中的结构与变迁》一书中，用“路径依赖”理论成功地阐释了经济制度的演进。诺斯认为，“路径依赖”类似于物理学中的惯性，事物一旦进入某一路径，就可能对这种路径产生依赖。这是因为，经济生活与物理世界一样，存在着报酬递增和自我强化的机制。这种机制使人们一旦选择走上某一路径，就会在以后的发展中不断得到自我强化。研究“路径依赖”的目的是从制度的角度解释为什么所有的国家并没有走同样的发展道路，为什么有的国家长期陷入不发达，总是走不出经济落后、制度低效的“怪圈”等问题。诺斯考察了西方近代经济史以后，认为一个国家在经济发展的历程中，制度变迁存在着“路径依赖”（Path Dependence）现象。

期运行轨迹。农业保险中，长期存在着道德风险和逆向选择、正外部性和不完全竞争市场等，导致交易成本较高。广泛存在的系统性风险又使得农业保险市场具有不确定性，这就决定了以政府为主导的强制性制度安排的路径依赖。

初始路径选择是制度变迁的路径依赖的决定性因素之一。国家经营是新中国农业保险制度初建时的主要特征，国家对农业保险具有垄断性，这就决定了中国农业保险制度以后的改革只能依赖于政府的政策支持力度和政策目标。由此，新中国农业保险制度的演进从一开始就拥有了强制性制度变迁的特征，进而随着这种制度安排带来的经济福利和国民经济绩效的提高而步入良性循环轨道并不断改进优化。

新中国农业保险制度最初是在 1950 年建立起来的，由国营的中国人民保险公司负责经营与管理。随后，1958—1982 年，农业保险历经长达 24 年的停办，1982 年全面恢复农业保险业务后，仍然实行国家经营的模式。尽管 1992 年变革为商业经营农业保险模式，随着农业保险规模的再次萎缩，政府作用再次凸显：至 2003 年后形成政府监督管理的政策性农业保险制度，这种制度变迁的路径依赖始终没有离开政府。政府在中国农业保险制度演进中扮演着重要角色，1992—2003 年政府职能缺位导致的农业保险市场规模萎缩就是实例。中国农业保险制度变迁形成了对政府强制性制度安排的刚性依赖。

新中国农业保险制度迄今已历经 70 年的变革历程，其制度演进的路径选择和对政府制度安排的路径依赖而备受关注。新中国农业保险制度伴随着国家社会发展、经济体制改革而不断优化，尤其是近年来，农业保险制度变迁的路径选择正确，采取了行之有效的措施，以及循序渐进的步骤，使得制度变迁的收益持续递增。中国政府通过安排和设计农业保险制度，使得农业风险保障体系更加完善，在分散和转移农业风险、稳定农户收入、支持农业产业和农业经济发展、保障粮食安全、促进国民经济发展等方面体现出巨大优势。当然，新中国农业保险制度演进在形成对于政府强制性制度安排的路径依赖时，政府财政支出也在不断增加。正是由于政府自 2007 年以来一直对农业保险进行大量的财政补贴，才更加强化了农业保险制度依赖于政府支持的制度安排，政府也因其强大的财政实力，实现了促进农业保险制度完善，农业经济持续发展的政策目标。

（三）政策性农业保险制度中的激励机制

从世界农业保险实践经验来看，单一的、诱致性的农业保险制度变迁难以成功。因此从全球范围来看，各国农业保险制度变迁基本上都遵循政府主导的强制性制度变迁模式，新中国农业保险制度的变迁亦遵循这一基本逻辑，即农业保险的发展需要政府的政策、财政支持（尤其是保费补贴政策）。因此，保费补贴政策也成为中国政策性农业保险制度体系中重要的激励机制。

早在中央财政对农业保险进行保费补贴试点工作之前，一些社会经济较为发达、地方财政实力较为雄厚的省份早在 20 世纪 90 年代，就开始了财政保费补贴试点工作。如 1990 年，上海市开始试点地方性农业保险财政补贴，补贴作物为地方特色农产品，到 2006 年，上海已经对当地 9 大类特色农产品给予保费补贴。其中，对生猪、奶牛、家禽和水稻四类保费补贴比例达到 35%；对淡水养殖业、林木、经济作物（水果）、设施蔬菜、小麦等险种的补贴比例达到 30%。直辖市和区级财政承担保费补贴的 50%①。但是，由于当时并未在全国层面建立统一的保费补贴制度，中央财政补贴制度仍在萌发阶段，地方对于财政保费补贴的积极性并不大，试点也仅仅集中于财政实力较为雄厚的省份，全国范围内的农业保险发展仍然滞后（见表 10-1）。

表 10-1　2007—2017 年农业保险各级保费补贴情况

年份	总保费（亿元）	中央财政保费补贴（亿元）	省级财政保费补贴（亿元）	地方财政保费补贴（亿元）	各级财政保费补贴总和（亿元）	农户缴纳保费（亿元）	财政保费补贴在总保费中的比重（%）
2007	51.84	7.57	8.21	3.77	19.55	32.25	38
2008	110.69	38.99	23.38	17.38	79.75	30.95	72
2009	133.79	49.46	30.22	21.65	101.33	32.47	76
2010	135.7	50.21	33.93	16.28	100.42	35.28	74

① 数据来源：“中国农业保险试点模式研究”课题组．上海农业保险调研报告［J］．当代农村财经，2006（9）：5-7.

表10-1(续)

年份	总保费（亿元）	中央财政保费补贴（亿元）	省级财政保费补贴（亿元）	地方财政保费补贴（亿元）	各级财政保费补贴总和（亿元）	农户缴纳保费（亿元）	财政保费补贴在总保费中的比重（%）
2011	173.8	66.04	43.45	22.59	132.09	41.71	76
2012	240.8	91.5	57.79	33.71	183.01	57.79	76
2013	306.6	119.57	73.58	39.86	233.02	73.58	76
2014	325.7	130.28	78.17	45.6	254.05	71.65	78
2015	374.72	146.14	89.93	52.46	288.53	86.19	77
2016	417.7	158.3	—	—	321.63	96.07	77
2017	477.7	182.53	114.68	65.48	392.69	95.54	82

资料来源：陈文辉. 中国农业保险市场年报 2016［M］. 天津：南开大学出版社，2016：19；陈晓安. 中国农业保险财政补贴的绩效及其政策优化［D］. 成都：西南财经大学，2012：105；南开大学农业保险研究中心. 中国农业保险市场年报（2017）［M］. 天津：南开大学出版社，2018：20-21. 因通过龙头企业等渠道支持的保费规模暂不掌握（占比很少），表中的农户缴纳保费=总保费收入-各级政府补贴总和（这个计算方式是农业保险保费收入计算的惯用方式，和财务会计意义上保险保费收入的计算有所不同）。

随着我国社会经济持续向好发展，财政实力不断增强，对农业风险管理日益重视，在不断探索和借鉴国际经验的基础上，我国农业保险制度发展实现了重大突破。2004—2019 年，历年的中央“一号文件”、《农业保险条例》、保险业新“国十条”等文件和法规构筑了农业保险保费补贴政策的顶层设计；财政部下发一系列文件，将顶层设计逐步细化落实，设计了农业保险保费补贴的具体实施办法；保监会也相继下发文件，规范保险机构的经营行为，夯实农业保险支农惠农基础；各省（区、市）根据《农业保险条例》，统筹安排符合地方特点、特色的农业保险经营模式，推行配套政策，并在国家政策框架内，积极开展实践探索，使得农业保险财政补贴体现更加完善和丰富。2007—2017 年，保费补贴金额不断增加，补贴比例稳步提升，推动了政策性农业保险制度的发展与创新①。

① 奉唐文. 中国农业保险保费补贴的效率及测度研究［D］. 成都：西南财经大学，2018：49.

二、新中国农业保险制度变迁的演进逻辑：国家效用最大化

新中国农业保险制度演进的核心目标是国家效用的最大化，在实现这一目标的过程中，政府以福利为取向，强制性主导了农业保险制度的形成、转变和改革。国家效用最大化这一目标决定了新中国农业保险制度变迁的路径和方向，构成了新中国农业保险制度演进的基本逻辑。

与其他保险行业制度变迁不同，农业是国家的基础产业，农业保险具有风险防范、促进农业经济乃至整个社会经济发展的特殊性，这一特性决定了新中国的农业保险制度演进不能基于保险公司自身效用最大化的方向，国家效用最大化才是根本性因素的情况。农业保险具有准公共物品属性，对生产者（农民）而言，投保农业保险所获取的个人利益低于其所获的利益总量；对保险公司而言，承保农业保险所获取的个人利益低于他们的供给成本。供给和需求的双重正外部性决定了农业保险制度的变迁，最终体现的将是国家效用的最大化。

农业在国家产业结构中处于核心地位，是国家社会经济发展的基石。农业保险能够稳定农业生产、防范和转移农业风险，对农业经济发展乃至整个社会经济发展都具有特殊性。农业的特性决定了农业保险制度演进的方向：国家效用最大化。如前所述，在农业保险制度变迁的过程中，作为理性“经济人”的国家及其统治代理人，并不是完全依照制度均衡与否和需求的大小来决定是否进行制度创新，而是在有限理性的条件下追求自身利益和效用的最大化，农业保险制度的供给与变迁取决于对国家效用函数中成本和收益的比较分析。

在国家追求自身效用最大化的时候，付出成本的同时，也得到了收益，两者之间的比较决定了效用的取得与否以及效用的大小，因此，在这里引入简单效用函数，分析新中国农业保险制度演进逻辑，国家效用函数为：

$$U = I(x, y) - C(x, y) \tag{10.1}$$

式中，U 代表国家效用值；I 为收益变量，即农业保险的收益，包括提高农民收入、促进经济发展等；C 为成本变量，即国家对农业保险的投入；x 代表国家做出的制度安排，包括：政府经营农业保险的制度安排、商业化经营农业保险的制度安排和政府监管下保险公司经营政策性农业保险的制度安排；y 代表农业保险制度的演进背景，即新中国农业经济和社会经济的发展状况，国家总体的政策导向等。因此，国家效用值 U 随着 I 的增大而增大，随 C 的增大而减小，国家效用函数可以进一步简化为：

$$U = L(x, y) \tag{10.2}$$

在新中国农业保险制度演进过程中，x 是政府可以根据实际情况进行调整的主观变量，而 y 则是既定的客观变量。新中国农业保险制度安排所追求的就是效用的最大化，即：

$$\max U = L(x, y) \tag{10.3}$$

1950 年中国人民保险公司开始承保畜牧和农作物保险，此时是由政府单独经营农业保险。从上述效用函数中分析，此时制度安排 x 就是政府对农业保险的绝对垄断，尽管此时政府不提供保费补贴，但是这种国家经营农业保险的模式，实质上是政府对农业保险的投入与产出的全权负责。在前文的论述中可以看出，这种模式下，仅仅开办交易成本较小的农业保险，且保障水平较低。与之相对的是，政府需要承担全部运营成本，农业风险亦高度集中，政府面临着过高的损失赔偿，投入成本巨大，收益波动较大。此外，由于当时国民经济百废待兴，大力发展重工业是国家经济发展的主要思路，农业保险的查勘定损、精算技术、风险管理等水平不高，供给较为缺乏；加之当时温饱问题还未解决，农民普遍对保险缺乏了解，风险管理意识淡薄，因此农业保险的有效需求不足。此时边际收益、边际成本和边际效用为：

$$\frac{\partial I}{\partial x} < 0 \tag{10.4}$$

$$\frac{\partial C}{\partial x} > 0 \tag{10.5}$$

$$\frac{\partial U}{\partial x}=\frac{\partial I}{\partial x}-\frac{\partial I}{\partial x}<0 \tag{10.6}$$

由式（10.4）、式（10.5）、式（10.6）可以看出，此阶段的国家效用值 U 较低，且边际效用递减，这一状态一直持续到1958年，农业保险全面停办。

进入1982年，停办24年的农业保险业务恢复后，农业保险依然由中国人民保险公司垄断经营，与上一阶段不同的是，此时，农业保险经营不以盈利为目的，政府相继出台多项政策支持农业保险发展，经营农业保险的成本依然较高，且由政府完全负担。随着农业制度和经济制度的改革与完善，家庭联产承包责任制的全面建立，"农工商经济联合体""专业户""重点户"等农业主体在农村地区纷纷涌现，农业保险的有效需求不断增加。此时边际收益和边际成本为：

$$\frac{\partial I}{\partial x}>0 \tag{10.7}$$

$$\frac{\partial C}{\partial x}>0 \tag{10.8}$$

此阶段，边际效用 $\frac{\partial U}{\partial x}$ 的正负无法确定，但是相较于上一阶段，国家效用值 U 有所提高。

1992年，随着市场经济体制的建立，政府以农业保险商业化经营为原则，对农业保险参与主体几乎没有政策支持和财政补贴，政府在其中并未承担其相应的职责，而是让农业保险自由发展，自主探索。较高的供给价格，较低的有效需求，产生"供需双冷"的情况，农业保险市场规模出现萎缩，此时边际收益、边际成本和边际效用为：

$$\frac{\partial I}{\partial x}<0 \tag{10.9}$$

$$\frac{\partial C}{\partial x}>0 \tag{10.10}$$

$$\frac{\partial U}{\partial x}=\frac{\partial I}{\partial x}-\frac{\partial I}{\partial x}<0 \tag{10.11}$$

由式（10.9）、式（10.10）、式（10.11）可以看出，完全市场化的运作模式导致农业保险市场的“供需双冷”，此阶段的国家效用值 U 不断下降，制度安排成为制约农业保险发展的因素，农业保险市场萎缩明显。

至2003年，保监会[①]开始着手研究现代化农业保险的理论创新，并于2004年开始试点政策性农业保险。此阶段的制度安排是商业保险机构经营农业保险，政府对农业保险经营行为进行监督管理，此时产权形式是私有产权，而非国有产权，政府的职能体现于监督管理。在实践中，政府还负责制定相关的政策，对保险机构采取税收优惠、政策支持，对农户采取保费补贴等优惠措施，从供给和需求两个方面激励农业保险发展。由于政府对保险机构经营农业保险的支持力度不断加大，机构存在较大的盈利空间，充分调动了保险机构经营农业保险的积极性，与以往相比，农业保险制度的绩效有了大幅提升。由于有政府给予的保费补贴，农户的投保负担下降，加之农业风险的不断加大，农户对投保农业保险的有效需求不断提升；虽然政府对补贴等优惠措施以及监督付出了成本，但是农业保险由保险公司经营，专业的经营管理模式使经营成本不断下降，此时边际收益、边际成本和边际效用为：

$$\frac{\partial I}{\partial x} > 0 \tag{10.12}$$

$$\frac{\partial C}{\partial x} < 0 \tag{10.13}$$

$$\frac{\partial U}{\partial x} = \frac{\partial I}{\partial x} - \frac{\partial I}{\partial x} > 0 \tag{10.14}$$

由式（10.12）、式（10.13）、式（10.14）可以看出，此时的国家效用 U 值达到最大化，政策性农业保险制度激励农业保险市场发展壮大，是农业保

---

① 中国保险监督管理委员会成立于1998年11月18日，是国务院直属事业单位。根据国务院授权履行行政管理职能，依照法律、法规统一监督管理全国保险市场，维护保险业的合法、稳健运行。2018年3月，根据第十三届全国人民代表大会第一次会议批准的国务院机构改革方案，将中国保险监督管理委员会的职责整合，组建中国银行保险监督管理委员会；将中国保险监督管理委员会审慎监管基本制度的职责划入中国人民银行；不再保留中国保险监督管理委员会。

险发展最为理想的状态。

通过以上分析可见，正是政府在不断追求国家效用的最大化，才导致了新中国农业保险制度演进沿着政府经营农业保险、商业化经营农业保险和政府监管下保险公司经营政策性农业保险的路径演进。国家效用最大化构成了新中国农业保险制度演进的基本逻辑。

第三节　计划经济时期农业保险的制度变迁（1949—1981 年）

一、农业保险制度的建立及开展情况

（一）农业保险制度的建立

1797 年英国梅克伦堡雹灾保险协会开始承保农作物雹灾保险是现代农业保险的开端。自此以后，世界各国纷纷相继开办农业保险。囿于各国社会体制和经济制度的差异，其农业保险起步时间有所不同。新中国的农业保险制度是在 1950 年正式建立的，其标志是中国人民保险公司开办牲畜和农作物保险。

19 世纪初期到 1949 年前，近现代农业保险制度初步形成，这是一种自发性、诱致性的制度变迁，也符合当时我国社会经济的发展规律，为新中国农业保险制度的建立提供了参考。1949 年 9 月，第一次全国保险工作会议召开，决定组建中国人民保险公司。1950 年，中国人民保险公司开始承保以牲畜和农作物为保险标的的风险业务，先后在北京郊区、山东商河和重庆北碚试办牲畜保险，在山东、江苏、河南等省份试办棉花保险。虽然未以法律的形式

正式确立农业保险制度，但是通过国营的中国人民保险公司[①]开办农业保险，使农业保险事业在20世纪50年代初得到积极发展，证明新中国农业保险制度已具雏形。

（二）农业保险制度建立之初的开展情况

在中国人民银行总行组织筹备下，1949年成立了全部为政府所有的中国人民保险公司，并相继在全国成立了分支机构。为生产服务是人民保险事业的基本方针，“保护国家财产，保障生产安全，促进物资交流，安定人民生活，组织社会游资，壮大国家资金”是保险工作的五大任务[②]。农业保险试办时期，先后开展牲畜、棉花、水稻、油菜等保险，其中棉花保险只承保收获量的50%，且只承保产量，不承保质量。保费和损失可以以实物或现金方式进行支（偿）付，如投保一头牛，一年的保费为5~7.5千克小米[③]。

1950年中国开始试办农业保险，主要在北京郊区、山东商河、重庆北碚试办牲畜保险，当年共承保牲畜100多万头。到1951年年底，全国共有600多家保险公司分支机构开展牲畜保险业务。1952年，中国人民保险公司开始在一些地区试点农作物保险，先后在北京市和西安市等36个市试办棉花保险，承保棉田超过30万公顷（1公顷=10 000平方米）。同时，河南、河北还试办小麦保险，南方个别省区还试办水稻、油菜籽保险。牲畜保险方面，全国绝大多数省份都开展了牲畜保险业务。但是，在牲畜保险的实践过程中，由于计划要求“承保全国牲畜总量的25%”[④]，为完成任务，突击承保，出现了强迫命令和业务混乱的现象。由于当时我国农民人口量巨大，通过农业保

---

① 1949年10月20日，经中国人民银行报政务院财经委员会批准成立中国人民保险公司。1996年7月23日，中国人民保险公司改组为中国人民保险（集团）公司，下设中保财产保险有限公司、中保人寿保险有限公司、中保再保险公司。1998年10月7日，国务院发文，撤销中保集团，三家子公司分别更名为中国人民保险公司、中国人寿保险公司、中国再保险公司。1999年1月18日，中保财产保险有限公司继承人保品牌，更名为中国人民保险公司。2003年7月19日，经国务院批准，中国人民保险公司重组后更名为中国人保控股公司。目前为亚洲最大的财产保险公司，世界500强企业。

② 中国保险学会．中国保险史［M］．北京：中国金融出版社，1998：262.

③ 黄英君．机制设计与发展创新：破解中国农业保险困局［J］．保险研究，2011（12）：131.

④ 中国保险学会．中国保险史［M］．北京：中国金融出版社，1998：265.

险承保，可以快速聚集大量资金，而没有考虑到土地改革完成后，农民经济实力较弱，保费负担能力较弱这一实际情况，因此，全面开展牲畜保险没有取得预期效果。农民对保险这一新兴事物不了解，简单地认为投保农业保险就是缴“保险税”[①]。到 1953 年，中国人民保险公司已经承保牲畜 1 440 万头。毫无疑问，1950—1953 年，是新中国历史上规模最大的农业保险实验，在短短三年中，农业保险保费收入和赔付率大起大落：1951 年，全国农业保险保费收入达 1 824 亿元（人民币旧币），赔付率为 7.6%；1952 年，保费收入达 3 270 亿元，赔付率突增至 44.9%；1953 年，情况迅速恶化，保费收入暴跌至 404 亿元，而赔付率却高达 438.9%，保险赔款 1 773 亿元，略低于 1951 年全年保费收入[②]。此后，中央指示在农村实行机构精简，集中力量搞好农业生产，给农民以休养生息的机会，农业保险暂时被停办。

1954 年，为配合“农业合作化”，中国人民保险公司决定重点恢复办理农村保险业务。1955 年按照“积极准备、稳步发展”的精神恢复农业保险办理，至 1955 年年底，全国共有 13 个地区开办大牲畜农业保险业务，其中东北地区大牲畜保费收入占总保费收入的 98%以上[③]。1956 年，中国人民保险公司又提出，“保险工作的主要任务是适应‘农业合作化’需要，把工作重点转向农村保险”[④]。1956—1957 年，农业保险业务在整顿与调整中展开。

1958 年前一直由中国人民保险公司单独经营农业保险，其基本特征为：国营保险机构在全国范围内垄断经营保险业务，并开展各项农业保险试办工作；主要试办交易成本较小的牲畜保险和对国民经济恢复起重要作用的棉花保险；对于保费政府不进行补贴。这期间，中国农业保险取得了一定的成绩，

超过百万的受灾农民获得了农业保险赔偿金，稳定了农民收入，对其农业生产的恢复与发展产生了促进作用，同时减轻了国家的经济救助和信贷负

---

① 中国保险学会．中国保险史［M］．北京：中国金融出版社，1998：266.

② 中国保险学会．中国保险史［M］．北京：中国金融出版社，1998：315-317.

③ 中国保险学会．中国保险史［M］．北京：中国金融出版社，1998：262-265.

④ 石小军．中国保险七十年（1）前十年：短缺经济下的国家保险发展［EB/OL］．http://www.sohu.com/a/243736586_260616，2018-09-10.

担。从总体上看，政府的推动是新中国农业保险事业发展的原动力。尽管农户可以自愿参与农业保险，但在政府的强行推动下，实质上农业保险成了强制保险，客观上扩大了农业保险的覆盖范围，国家垄断经营的模式，也降低了农业保险的委托代理成本。但是，以行政方法强制投保是工作方法上的缺陷，也成为日后整顿和调整工作中的重点。然而，此阶段农业保险发展的初始选择，毫无疑问奠定了日后中国农业保险制度演进的正确路径。

二、农业保险制度建立的动因

（一）新中国成立初期的农业危机

中华人民共和国成立初期，刚历经多年战乱，国家满目疮痍，社会、经济、文化等百废待兴，士、农、工、商等各个行业亟待发展。千疮百孔之下，人民的生计面临着极大的困难。多年的战争，导致农村、农业生产力遭到严重破坏。据统计，1949 年，全国耕畜面积比抗日战争全面爆发前减少 16%，主要农机具减少 30%，河堤年久失修，全国水涝、水旱灾情极为严重。广大农民受到西方列强的压迫和残酷的剥削，已经缺乏扩大再生产的能力。由此，全国农业生产水平连年下降，1949 年，全国农业生产总值仅为 428.1 亿元，相较于抗日战争前，产值减少超过两成。粮食产量仅为 1.081 亿吨，减产 22.2%，亩产仅为 68.5 千克；棉花产量减少至 889 万担，减产 48%；生猪存栏量为 5 775 万头，减少 26.5%。人口多，耕地少，亩产量低，是当时粮食生产的主要问题，人民群众面临着食不果腹的问题①。

以当时我国华东地区为例，华东平原土壤条件较好，气候温和，降雨量适中，具有的良好农业生产自然条件，自古以来就是我国粮食的主产地。但是，在 1949 年前，由于战争的原因，农业产量日益萎缩。抗日战争全面爆发前，华北地区粮食年产量 3 500 万吨，棉花 300 万担；1949 年，全区粮食产量萎缩近 40%，仅为 2 268 万吨，棉花产量降幅更是超过五成，仅为 126 万

---

① 农业部政策研究室. 中国农业经济概要［M］. 北京：农业出版社，1982：28-31.

吨，而其他工业原料作物、林业和畜牧业的产量下降情况更为严重①。

1949年后，农业生产水平较低，提高缓慢，农业生产条件落后。当时全国绝大多数地区的农业生产依靠手工作业，农业收成好坏取决于天气等自然因素。农业生产条件的改进与国家对农业投资数量直接相关。据统计，1952年，国家对农业投资5.83亿元，占整个基本建设投资比重13.3%，远低于对重工业投资②。农产品价格方面，物价飞涨是不可忽视的民生问题。全国各地物价都在猛涨，在南方的大城市，如上海，涨势更为迅猛。图10-1即为1949年5月至1950年3月每50千克粳米的批发价格（旧币）。不仅农产品价格飞涨，其他商品物价也在上涨，如1949年6月到1950年2月，棉纱价格上涨约19倍；白报纸价格上涨约28倍；纸烟价格上涨约38倍；化工原料二硝基价格上涨68倍；无烟煤价格上涨约7倍③。新中国成立初期，农村经济发展面临百废待兴的局面。促进农业生产恢复，为国民经济恢复和向重工业倾斜的发展战略的实施开辟道路，是农业保险制度安排的主要目的，也是农业保险制度建立的最主要原因。

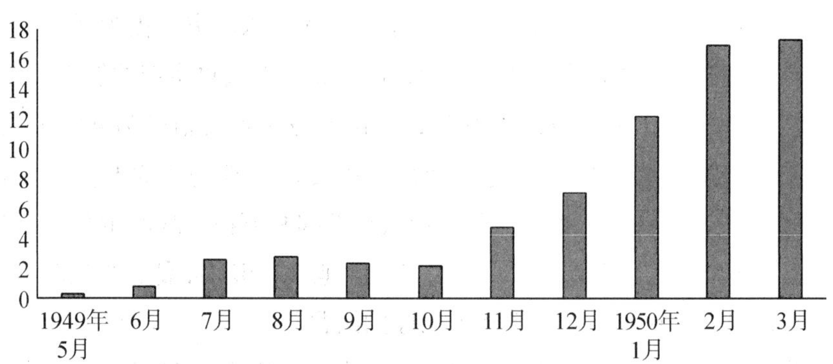

图10-1　1949年5月—1950年3月每50千克粳米的批发价格统计图

数据来源：李德彬. 中华人民共和国经济史简编（1949—1985）［M］. 长沙：湖南人民出版社，1987：52.

① 吴申元，郑韫瑜. 中国保险史话［M］. 北京：经济管理出版社，1993：154.

② 农业部政策研究室. 中国农业经济概要［M］. 北京：农业出版社，1982：102-108.

③ 中国科学院上海经济研究所，上海社会科学院经济研究所. 上海解放前后物价资料汇编（1921—1957年）［M］. 上海：上海人民出版社，1958：357.

（二）全国灾情严重

中国幅员辽阔，地大物博，地理环境复杂，自然灾害时有发生。1949 年是中华人民共和国成立的年份，中国历史翻开新的篇章，人民革命取得伟大胜利，同时也是灾情最为严重的一年。全国许多地方都相继发生了旱、冻、虫、风、雹、水、疫等严重的自然灾害，其中最为严重的自然灾害是水灾。1949 年入夏之后，全国多地降雨不断，江河泛滥，长期战争破坏了各种水利设施，造成大范围的严重水涝灾害。据统计，1949 年，全国有 16 个省（区、市）、498 个市（县）遭受水涝灾害，受灾面积 852 万公顷，约 4 555 万人受灾，粮食减产超过 570 万吨①；集中连片受灾区域共 186 万公顷，灾害导致的重灾民约 700 万人②，其中华东地区的安徽北部、江苏北部和山东等地的水涝灾害较为严重，受灾面积达到 350 万公顷，灾民 1 642 万人③；华北地区河北和平原省④受灾面积达 315 万公顷，灾民 1 143 万人；中部地区的河南、湖北、江西三省受灾严重，受灾面积 151 万公顷，灾民 875 万人；尽管西部地区受灾相对较轻，但是陕西省受灾面积竟也达到了 4 万公顷⑤；东北三省黑龙江、吉林和辽宁省则发生了较为严重的旱灾⑥。

1949 年较为广泛的水涝灾害和东北地区的旱灾直接导致 1950 年春季田地出现大面积灾荒，减产严重。如何帮助灾民度过灾荒，成为新中国党和政府迫切需要解决的重要问题之一，“关系到几百万人的生死问题，是新民主主义政权在灾区巩固存在的问题，是开展明年大生产运动，建设新中国的关键问

---

① 中华人民共和国内务部农村福利司. 建国以来灾情和救灾工作史料［M］. 北京：法律出版社，1958：1.

② 董志凯. 1949 — 1952 年中国经济分析［M］. 北京：中国社会科学出版社，1996：297.

③ 孙思诚. 与空前严重的灾荒奋战中的华东人民［J］. 人民日报，1950-02-06（005）.

④ 注：平原省，1949 年 8 月，华北人民政府通令成立平原省，省会新乡市。中华人民共和国成立后，设立平原省，由中央直接领导。1952 年 11 月，平原省撤销，将新乡、安阳、濮阳三专区划归河南省；菏泽、聊城、湖西三专区划归山东省。

⑤ 内务部研究室. 救灾工作及其问题［N］. 解放日报，1950-01-18（001）.

⑥ 中华人民共和国内务部农村福利司. 建国以来灾情和救灾工作史料［M］. 北京：法律出版社，1958：1.

题之一"①。新中国成立初期，全国尚未完全解放，人民解放军仍在浴血奋战，缺乏更多的人力投入救灾工作。战争使经济遭到严重破坏，人民政府没有更多的粮食救济灾民，"单靠救济是不能解决问题的，而主要的要靠领导和组织灾民努力自救"②。严重的自然灾害，使得农业生产损失巨大，因此迫切需要建立农业保险制度，以弥补自然灾害所造成的损失。新中国成立初期，严重的自然灾害和水利设施的缺乏，成为促进新中国农业保险制度建立的动因之一。

（三）传统思想和近现代农业保险制度的影响

制度有历史的规定性，因为这一原因，对历史背景敏感是必要的（Lee J. Alston，1996）。中国有着漫长的农业经济发展史和深厚的农耕文化传统，农业保险的思想萌芽源远流长。据《逸周书卷三：文传解》记载，在夏朝后期，就有"天有四秧（殃），水旱饥荒，其至无时，何以备之?"③ 之言，说明当时，人们已经意识到自然灾害的发生是"其至无时"的，需要储粮备荒。荀子提出："节用裕民，而善藏其余……岁虽凶败水旱，使百姓无冻馁之患。"④ "知其贫富，勿使冻馁，则民亲矣。"⑤ 综合这些论述，将社会剩余产品（主要是农产品）积攒起来，遇灾荒年景使黎民不饥不寒，这些论述成为我国"保险"思想的萌芽。

在漫长的古代社会，农业生产占据主导地位，由于生产技术落后，农业生产依赖于自然条件，水旱灾害难以避免，赈灾救济问题成为历代统治者必须认真对待的问题。在历代思想家、政治家的倡导和朝廷官员的主持下，各

---

① 赵连军. 毛泽东与新中国成立初期的抗灾救灾［EB/OL］. 中国共产党新闻网，（2013-12-30）［2018-09-10］. http://dangshi.people.com.cn/BIG5/n/2013/1230/c85037-23973229.html.

② 刘奎. 领导和组织灾民自救：建国初期灾害救济的措施［EB/OL］. 中国共产党新闻网，［2018-09-10］. http://cpc.people.com.cn/GB/85037/85041/7427596.html.

③ 引自：佚名. 逸周书卷三：文传解［EB/OL］. 古诗文网，［2018-09-10］. https://so.gushiwen.org/guwen/bookv_5117.aspx.

④ 引自：荀况. 荀子：富国，［EB/OL］. 古诗文网，［2018-09-10］. https://www.gushiwen.org/gushiwen_da873079a6.aspx.

⑤ 引自：晏子. 晏子春秋内篇向上［EB/OL］. 古诗文网，［2018-09-10］. https://www.gushiwen.org/GuShiWen_d74d44f10e.aspx.

种仓储制度应运而生。从西周到战国时期，已经形成一整套完整的仓储制度，魏有“御廪”；韩有“敖仓”；汉代设有备荒赈济的“平常仓”。这些都是官府设立的仓储制度，民间仓储则以隋代的“义仓”为代表。无论是官府设立的仓储还是民间仓储，仓存实物，以备灾荒赈济之用，是古代保险思想的萌芽。俗语中“养儿防老，积谷防饥”“一家有难，万家来帮”“居家依邻，外出靠右”等则体现了互助制度和习俗。

时至 20 世纪 20 年代，受西方资本主义的影响，中国在一些地区开始尝试农业保险试验。当时试验的险种十分有限，最具代表性的是在湖北和安徽试验的养猪保险以及重庆乌江耕牛保险、北碚家畜保险。中华人民共和国成立前，国民政府尝试建立国家层面的农业保险公司，即中国农业保险公司。1939 年国民政府的经济部建立了农本局，农本局在重庆成立了家畜保险经理部，随后更名为“中国农业保险股份有限公司”，主要经营盐运保险和茧纱保险等业务，并试办耕牛和养猪保险。尽管这些农业保险试验以失败告终，仍然对新中国农业保险制度的形成产生了影响。

传统思想和近现代农业保险制度对新中国农业保险制度初建产生了一定的影响，“高筑墙，广积粮，备战备荒”的思想千年流传，成为新中国农业保险制度建立的动因之一。

三、农业保险发展停滞阶段

1958 年 1 月，第六次全国保险工作会议召开，决定重点试办农作物保险，同时办理牲畜保险，尤其扩大养猪保险的办理。随着社会主义改造的基本完成，国家实现了对农业保险的垄断。国民经济快速恢复，“一五计划”全面完成，使得思想上的冒进主义和工业化冲动开始抬头。当时的社会各界都认为，保险的实质是资金在全民所有制的各类企业之间转移，类似于财政转移支付，只会增加管理成本。加之当时农业“大跃进”引发“浮夸风”，上报的农作物产量存在数据虚假，难以确定实际承保数量和损失数量，因此仅仅在试办 10 个月后，农作物保险就搁浅了。当年年底，全国财贸会议在西安召开，会上认为，我国农村已经完成合作化改造，人民公社是各类风险管理的主要机构，应承担起风险防范、损失分担的职能，保险已经没有存在的必要，因此决定全面停办保险业务。自此，包括农业保险在内的农村保险处于长期停滞状态，直至 1981 年。

这一时期，在中国农村，农民生活在实物经济中，几乎不需要货币。国家统一组织各地的农业生产活动，并承担农业风险，因此农民自身没有参加农业保险的动力和意愿。再加上国家已经全面停办农业保险业务，农业风险完全由国家拨付资金给予支持，农业保险发展处于停滞阶段。

第四节　计划经济向市场经济过渡时期农业保险的制度变迁（1982—1992 年）

一、农业保险制度发展的背景及目标

（一）农业保险制度发展的背景

1982—1992 年，是中国农业保险发展最为迅速，也是规模最大的一个时期。党的十一届三中全会后，农村劳动力得到了极大的释放。在农村计划经济时代“三级所有，队为基础”下的风险管理体制与社会生产体制是合二为一的。人民公社的解体，使计划经济条件下这种风险管理体制随着集体经济力量的严重削弱而基本瓦解。但是新的风险管理体制并没有建立起来，由此导致农民所面临的人身风险、财产风险以及信用风险的保障严重不足，而农业生产风险不能有效分散，极大地束缚了农业发展，影响着农民收入的稳定。同时，中国开始建立和普遍实行家庭联产承包责任制，农业制度、农业经济制度逐步完善，“农工商经济联合体”“专业户”“重点户”等农业主体在农村地区纷纷涌现，由于他们有农业风险分散的需求，因此出现了开办农业保险

的强烈呼声。

1982 年 2 月，国务院批转中国人民银行《关于国内保险业恢复情况和今后发展意见的报告》中指出：“为了适应农村经济发展的新形势，保险工作如何为八亿农民服务，是必须予以重视的一个课题。要在调查研究的基础上，按照落实农村经济政策的需要，从各地的实际情况出发，积极创造条件，抓紧做好准备，逐步试办农村财产保险、畜牧保险等业务。”停办 24 年之久的农业保险开始逐步恢复，中国农村保障体系逐渐由国家救济转向农业保险。同年，中国人民保险公司全面恢复试办农业保险业务。1984 年，中央再次指示“农业保险要不断摸索经验，因地制宜地逐步扩大试办范围”。1985 年，中共中央、国务院在《关于进一步活跃农村经济的十项政策》中指出：“应积极兴办农村保险事业。”1986 年，中共中央在《关于 1986 年的工作部署》中再次提出：“应积极发展农村各项保险事业。”[①] 政策层面的系列指导文件为农业保险的迅速恢复和发展奠定了基础。

（二）农业保险制度发展的目标

党的十一届三中全会召开后，政府制定了《国民经济和社会发展第六个五年计划（1981—1985）》，其中对农业生产提出明确要求：到 1985 年，农业总产值达 2 660 亿元，比 1980 年的 2 187 亿元增长 21. 7%，平均每年增长 4%；支援农业支出 387 亿元，平均每年 77 亿元，占财政总支出的 6. 3%；用于农业、林业、水利、气象的投资为 141. 3 亿元[②]。这一时期，人民公社体制废除，满足“农工商经济联合体”“专业户”“重点户”等农业主体的保险需求，适应农村经济发展新形势，服务八亿农民，促进农业保险发展是农业保险制度构建并完善的主要目标。

1982—1986 年，农业保险由中国人民保险公司代表政府垄断经营。中国人民保险公司依照“积极试办、稳步发展”的方针，以“组织补偿、稳定经济、发展生产”为经营目的，贯彻“收支平衡，以丰补歉，略有结余，以备

① 中国保险学会. 中国保险史［M］. 北京：中国金融出版社，1998：457-459.

② 注：计划均为按 1980 年不变价格计算。参见：《中华人民共和国国民经济和社会发展第六个五年计划（1981—1985）》。

大灾之年”的经营原则，决定首先试办农村牲畜保险，随后将保险产品的范围逐步拓宽，区域涉及除西藏自治区以外的各省（区、市）[①]。1986 年，新疆生产建设兵团成立了兵团农牧业保险公司，也在兵团范围内开展了农业保险。

二、农业保险制度发展取得的成效

党的十一届三中全会召开后，家庭联产承包责任制取代了人民公社制，广大农民的生产积极性被充分调动，计划经济条件下人民公社对农业风险的分散管理作用消失，农户必须直接面对农业风险，并进行风险管理。1982 年，根据国务院和中国人民银行的要求，中国人民保险公司从畜禽保险开始积极恢复办理农业保险业务。为鼓励保险机构积极试办各类农业保险，政府对保险机构经营农业保险的业务免征营业税。在这一背景下，中国人民保险公司试办了多项种植业和养殖业保险。

自 1982 年全面恢复农业保险业务到 1986 年，中国农业保险快速发展，社会经济效益显著，保险标的、试点范围、保险规模不断扩大。种植业方面，已经承保水稻、小麦、玉米等主要粮食作物，棉花、油料、水果、烟叶等经济作物，以及森林保险和其他作物等 5 大项 16 个种类。养殖业方面，承保耕牛、奶牛等大牲畜，猪、羊等小牲畜，鸡、鸭、鹅等家畜、水产养殖以及其他种类等 5 大项 12 个种类，开办险种超过 100 个。试点的范围遍及 29 个省（区、市）的农村乡镇。这期间，中国人民保险公司农业保险保费收入快速提高，从 1982 年的 23 万元，提高至 1986 年的 7 800 万元[②]，农业保险规模不断扩大。1986 年，新疆生产建设兵团根据当年中央一号文件（积极开展农村保险）和中央八号文件（积极实行农牧业保险制度，动员小农场参加保险）的精神，经中国人民银行批准组织成立新疆生产建设兵团农牧业公司（后改制更名为：“中华联合保险公司”）。该公司是我国第二家具有独立法人资格的

① 中国保险学会. 中国保险史［M］. 北京：中国金融出版社，1998：457.
② 中国保险学会. 中国保险史［M］. 北京：中国金融出版社，1998：460-462.

国有保险公司，专门经营新疆建设兵团范围内的农牧业保险，标志着中国农业保险组织形式开始走向多元化发展。这四年，农业保险全面恢复，虽然农业保险业务迅猛增长，由于赔付率较高，亦存在亏损情况，这在一定程度上束缚了农业保险的发展。

1987 年为扭转农业保险亏损的局面，促进农业保险健康发展，中国政府发布一系列促进农业保险发展的指导文件。1987—1992 年，是中国农业保险快速发展时期，其间政策性文件包括：1985 年《中共中央、国务院关于进一步活跃农村经济的十项政策》，提出“积极兴办农村保险事业”；1986 年《中共中央、国务院关于一九八六年农村工作的部署》，强调“积极发展农村各项保险事业”；1987 年中央五号文件，提出“发展农村社会保障事业，有条件的可试办合作保险”；1991 年《中共中央关于进一步加强农业和农村工作的决定》，明确要求“积极发展农村保险事业，扩大险种范围，鼓励农民和集体投保。在各级政府的支持下，建立多层次、相互联系的农村专项保险基金，逐步建立农村灾害补偿制度”。

尽管中国的农业保险在一定程度上受到商业保险公司体制的约束，但是在农村商品经济发展和农村改革政策的激励下，中国人民保险公司成立专门的农业保险部，该部门负责统筹管理国内农业保险业务，为农业保险发展增添活力。除此之外，各地方政府还积极开展了“农业保险先进县”的评比活动，使农业保险得到了地方政府的有力支持。进一步地，一些地区的省级分公司还与当地财政、民政、税务、气象、农业等部门合作，协同试办农业保险，进行了大量的、多元化的农业保险经营模式、协作机制的试点工作。其中最为典型的案例就是“三南”模式，即人民保险公司云南分公司代办农业保险、中国人保湖南分公司和湖南省政府联合共保以及河南农村统筹保险互助会的经营模式。这十年中，农业保险蓬勃发展，1992 年保费收入增长至 8.17 亿元，是 1982 年的 3 551 倍，全国农业保险承保面积达到可保面积的约 5%①；农业保险保额 8 118 亿元，其中养殖业保额 746 亿元，种植业保险

① 中国保险学会. 中国保险史［M］. 北京：中国金融出版社，1998：320.

7 372 亿元[①]。中国人民保险公司还在实践中总结出“收支平衡，略有结余，以备大灾之年”的经营原则[②]，探索出“单独立账，结余留在当地保险公司，作为当地两业保险基金，实行以丰补歉，遇有大灾之年，不足赔偿时向上级公司拆借”的“同舟共济”经营模式[③]。这一时期，农业保险不以营利为目的，社会成效显著，有效保障了农村经济发展和农村社会安定。

这个阶段的农业保险几度起伏[④]，但中央政府的政策精神使中国农业保险制度逐步完善，农业保险重新兴起。在试办过程中，涌现出了多种农业保险试办模式，极大地丰富了农业保险的理论与实践经验。总结起来，主要有七种形式[⑤]：①保险机构通过代办员或代办处经营农业保险，政府予以相应支持；②保险机构与涉农部门合作，开办农业保险；③建立农业保险合作社[⑥]；④地方政府办保险，保险公司代理；⑤保险公司与地方政府共保；⑥民政部门经办；⑦地方经济单位自办。

第五节　市场经济体制确立初期农业保险的制度变迁（1993—2003 年）

一、农业保险制度变迁的背景

1992 年 10 月，在建设社会主义市场经济体制成为中国经济体制改革的目

① 国家统计局. 中国统计年鉴（1993）[EB/OL].［2018-09-10］. http://data.stats.gov.cn.

② 农业部政策研究室. 中国农业经济概要［M］. 北京：农业出版社，1982：28-31.

③ 蒋家俊，等. 中华人民共和国经济史［M］. 西安：陕西人民出版社，1989：221.

④ 龙文军. 谁来拯救农业保险：农业保险行为主体互动研究［M］. 北京：中国农业出版社，2004：76-80.

⑤ 中国保险学会. 中国保险史［M］. 北京：中国金融出版社，1998：322-323.

⑥ 注：1987 年初，保险公司在山西省太原市北郊区、湖北省南漳县巡检区、江苏省苏州市城郊区试办合作保险。

标的基础上，1993 年 11 月，党的十四届三中全会通过《关于建立社会主义市场经济体制若干问题的决定》（以下简称“《决定》”），《决定》明确了建立现代企业制度是中国国有企业的改革方向。1994 年之后，国家开始实施新的财会制度，中央财政对中国人民保险公司实施以上缴利税为目的的新财务核算机制，一切与经济利益挂钩，中国人民保险公司开始向商业化保险公司转轨。1996 年 8 月《国务院关于农村金融体制改革的决定》提出：“在总结试点经验的基础上，逐步在农业比重大的县建立农村保险合作社，主要经营种养业保险。在发展农村合作保险的基础上，创造条件成立国家和地方农业保险公司，主要为农村保险合作社办理分保和再保险业务。国家农业保险公司在中国人民保险公司原有农业保险机构的基础上组建。为避免农业保险机构因承保种养业保险造成亏损，国家将在政策上给予适当的扶持。”

这一阶段的背景是市场经济逐渐渗透到社会的各个角落。从 1994 年开始，中国人民保险公司开始由计划经济条件下的国有兼商业性和政策性职能的保险公司向市场体制下的商业性保险转轨。1995 年，中国人民保险公司的财产保险和人寿保险业务分离，以及随之而来的不断推进和深入改革，使中国人民保险公司的政府色彩逐渐淡化，以追求利润最大化为目标的股份制保险公司形象逐渐确立，也使得农业保险这种赔付率较高的险种被迅速冷落。对于中华联合保险公司亦是如此，在其吸引外资的时候，宣称“公司经营的农业保险，与新疆生产建设兵团成立了一个农业风险基金，一旦出现了风险只按相应的比例予以赔付，同时农业保险在整个公司业务中的份额不断缩小，不会成为未来公司发展、利润的制约因素”①。由此可见利润最大化前提下的保险公司困境。通过表 10-2 和图 10-2 不难看出，1982—1992 年，我国农业保险市场规模持续壮大，农业保险保额逐年增长，从 1982 年的 5.1 亿元增长至 1992 年的 8 118 亿元，但是，1992 年以后，保额逐年减少，1998 年农业保险保额萎缩至 789 亿元，不足 1992 年顶峰时期的 1/10。

---

① 黄英君. 中国农业保险制度的变迁与创新 [J]. 保险研究，2009 (2)：52-58.

表 10-2　1982—2002 年中国农业保险情况表　　单位：万元

年份	农业保险保额	养殖业保险	种植业保险
1982	5 136	1 245	3 891
1983	42 771	5 108	37 663
1984	175 533	13 672	161 861
1985	1 058 514	66 188	990 326
1986	2 221 046	196 344	2 024 702
1987	2 646 015	180 068	2 465 947
1988	3 938 527	142 644	3 795 883
1989	9 656 471	159 230	9 497 241
1990	4 080 296	493 550	3 586 746
1991	4 654 823	579 019	4 075 804
1992	8 118 769	746 832	7 371 937
1993	5 901 256	914 407	4 986 849
1994	6 141 950	263 191	3 719 790
1995	5 008 399	—	—
1996	—	—	—
1997	—	—	—
1998	780 000	—	—
1999	7 490 000	—	—
2000	6 080 000	—	—
2001	6 850 000	—	—
2002	2 700 000	—	—

数据来源：1982 年和 1983 年数据来自《中国保险年鉴（1981—1987）》，其他数据来源于历年《中国统计年鉴》。

1999—2002 年，农业保险保额呈现逐步增长的态势，但始终没有恢复到 1992 年的盛况。同时，1997 年后，农业保险保费收入也出现波动，赔付率居高不下，1997—2003 年，赔付率均在 80%上下，个别年份甚至接近 100%。

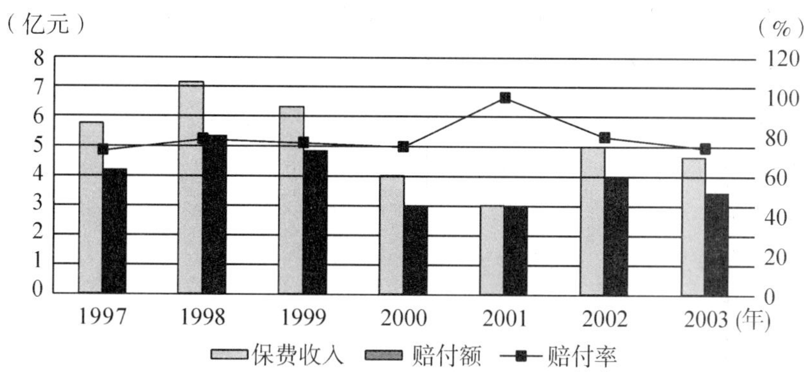

图 10-2　1997—2003 年中国农业保险保费收入与赔付率统计

数据来源：根据 1998—2004 年《中国统计年鉴》整理计算。

二、农业保险出现萎缩的原因：政府职能缺位

在这个时期，政府职能缺位是农业保险市场萎缩的重要原因。政府以农业保险商业化经营为原则，对农业保险参与主体几乎没有政策支持和财政补贴，政府在其中并未承担其相应的职责，而是让农业保险自由发展，自主探索。据统计，1994 年和 1995 年，中国人民保险公司农业保险保费收入分别为 5. 04 亿元和 4. 96 亿元①。尽管 1996 年起免征农业保险营业税，使农业保险保费收入略有回升，1997 年和 1998 年保费收入分别为 5. 76 亿元和 7. 15 亿元，但始终没有恢复到 1992 年的历史峰值。随后 1998—2003 年，保费收入不断减少。与之相对应的是赔付率的持续上升，2001 年农业保险赔付率高达 100%，始终高于保险界公认的 70%的临界点。险种数目也不断减少，由最多时的 60 多个险种，下降到 2003 年的不足 30 个②。

在这一阶段，我国农业保险出现了市场非均衡状况，主要体现在供给和需求的“双冷”特征。供给方面，农业保险具有非竞争性、非排他性的准公

① 黄英君. 机制设计与发展创新：破解中国农业保险困局［M］. 北京：商务印书馆，2011：72-73.

② 张跃华. 需求、福利与制度选择：中国农业保险的理论与实证研究［M］. 北京：中国农业出版社，2007：39.

共物品的特征，这一特性就决定了农业保险的经营需要政府和保险机构共同参与，以实现有效供给；需求方面，农业风险较大，与之相对应的是农业保险的保费往往较高，若无政府给予保费补贴，农民面临较大的支付压力，因此也没有参与农业保险的意愿，导致有效需求不足。农业保险市场上供给与需求的不足，导致保险公司不得不大规模削减农业保险业务，使得农业保险市场陷入日益萎缩的恶性循环之中。如图 10-3 所示。

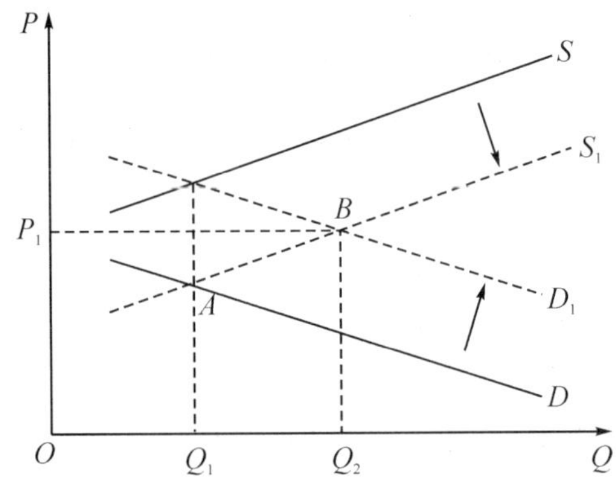

图 10-3　自愿投保条件下农业保险的供给和需求示意图①

在自愿投保的条件下（即农业保险按市场规律进行商业化经营，保险公司自负盈亏，国家对供求双方不提供任何财政或政策性扶持），农民对农业保险的需求曲线为 D，商业保险公司对农业保险的供给曲线为 S。由于农业保险具有高风险、高赔付的特性，保险公司供给农业保险的供给曲线位置较高。而农民的收入水平低，支付能力很有限，所以，农民对农业保险的需求曲线的位置较低，结果是较高的供给曲线和较低的需求曲线不能相交。如果政府对商业保险公司给予经营费用补贴、减免相关税赋，则供给曲线向右下方平行移至 S_1，此时，供给曲线和需求曲线相交于 A 点，均衡成交量为 OQ_1；如果政府对农民提供保费补贴，则需求曲线向右上方移动至 D_1，并与 S_1 相交于 B，此时市场均衡成交量为 OQ_2。显然，在政府对农业保险的供求双方提供政

① 费友海. 我国农业保险发展困境的深层根源：基于福利经济学角度的分析［J］. 金融研究，2005（3）：133-144.

策性扶持的情况下，农业保险的有效供给和有效需求都同时增加了。

国内外的发展实践也证明了，农业保险完全按市场化、商业化运作经营是不会成功的，而无一不陷入困境；国外绝大多数国家都对农业提供财政支持，对农业保险实行政府支持或主导的专业农业保险公司经营、合作社经营、相互保险公司经营模式。实行上述运作模式的根源还在于农业保险是一种介于公共物品和私人物品之间的准公共物品，对农业保险的运作，必须遵循其准公共物品的属性。

以美国为例，1938—1980 年，美国农业保险制度是由政府单独经营的农业保险制度，在此阶段，农业保险面临着较高的赔付率和较低的投保率。在历经 42 年的发展后，随着 20 世纪 80 年代美国政府经济政策方向的调整，作为国家权力中心的政府孕育建立新的农业保险制度模式，农业保险制度发生变迁。1980—1996 年，美国政府允许私营保险公司经营农业保险，在此阶段，农业保险的各项指标都表明美国农业保险市场稳定发展，指标表现良好，但是美国联邦作物保险计划的较高的费用支出且居高不下的损失率与农业保险项目无法取代灾害救援项目，这也说明其农业保险制度仍需改革。1996 年后，美国农业保险开始实行政府监管下私营保险公司经营农险的阶段，在此后，美国政府采取诸如立法改革、依法监管农业保险、建立 RMA① 等方式，运用制度经济学理论，推动农业保险制度不断完善与发展。

在此阶段，我国农业保险虽然潜在市场巨大，但呈现出“三高一低”的问题，即高赔付率、高风险、高费用、低收益，使得商业保险公司敬而远之、不愿经营农业保险，中国农业保险发展举步维艰、停滞不前，处于日益萎缩的困境之中。而政府职能缺位，对农业保险市场失灵状态缺乏有效的校正和制度建设，是导致 1992—2003 年中国农业保险十年萎缩的根源。

---

① RMA 即风险管理局（Risk Management Agency）。根据 1996 年的《联邦农业完善与改革法案》，美国政府创立风险管理局，其主要职责是代表联邦政府监督并管理农业保险，同时美国各州政府也承担部分农业保险的监管职责。

第六节　政策性农业保险制度的确立与变迁（2004年至今）

一、政策性农业保险制度确立的背景

政府缺位是1993—2003年农业保险十年停滞不前的重要原因，因此在新一轮的改革试点中，政府职责在农业保险发展中的地位和作用逐步凸现，农业保险制度的政策性开始显现。政策性农业保险制度发展的背景主要有以下方面：

（一）农业保险市场失灵引发制度变迁

在上一阶段，政府职责缺失导致中国农业保险陷入十年低迷期，这使得主观上亟须发展建立政策性农业保险制度。1993—2003年，中国农业保险保费收入连年下降，赔付率却居高不下。从福利经济学的角度分析，农业保险是一种准公共物品，它具有外部性，且具有正外部性。农业是国民经济的基础产业，农业生产稳定，不仅仅使农民受益，更能使整个社会都从中受益；农业生产波动，受损失的也不只是农民，会波及全社会的每个成员。农民缴纳保费投保农业保险，可以保障生产生活和收入稳定。同时农业保险还发挥着促进农业再生产和稳定国民经济的作用，使全体社会成员享受农业稳定、农产品价格稳定的好处。因此，农业保险是具有正外部性的准公共物品，它的正外部性体现在农民对农业保险的“消费”（或需求）与保险公司对农业保险的“生产”（或供给）两方面①。供给和需求双方的正外部性，导致农业保险的购买者和供给者成本—利益失衡，从而缩小了农业保险的供给和需求规模，使其小于社会最佳规模，造成市场失灵。供给和需求的双重正外部性，导致农业保险“需求不足，供给有限”。在此背景下，新一轮的农业保险制度改革亟须政府职责归位，引导农业保险制度改革与完善，因此必须纠正市场失灵，在这一背景下，农业保险制度变迁具有了主观需求。

---

① 费友海. 中国农业保险制度演化研究［M］. 成都：西南财经大学出版社，2012：49-50.

（二）社会主义市场经济体制进入完善期

进入21世纪，对中国来说，不仅是时间意义上的世纪更替，也是改革发展新阶段的开始。中国的社会主义市场经济体制建设进入完善期[①]。从经济体制改革的进程来看，中国社会主义市场经济体制初步建立，完善社会主义市场经济体制是这一阶段的基本任务，新一轮的改革深化拉开了大幕。农业和农村发展进入新阶段，农民人均纯收入增速放缓，粮食主产区农民收入增幅低于全国平均水平，城乡居民收入差距不断扩大，成为农业农村发展中的主要问题，为提高农民收入，中国政府制定了一揽子促进农业农村增收的政策，而政策性农业保险制度就是其中之一。

在金融体制改革中，金融法律法规建设取得了突破性进展。1995年6月30日，第八届全国人民代表大会常务委员会第十四次会议通过了《保险法》，这是新中国的第一个保险基本法。采用了国际上一些国家和地区集保险业法和保险合同法为一体的立法体例，是一部较为完整、系统的保险法律。2002年，根据中国加入世界贸易组织的承诺，2002年10月28日第九届全国人民代表大会常务委员会第三十次会议《关于修改〈中华人民共和国保险法〉的决定》，《保险法》做了首次修改，并于2003年1月1日起实施。《保险法》的颁布实施，为政策性农业保险制度构建及变迁提供了法律基础。2009年、2014年、2015年《保险法》先后进行了三次修订，再次推动了政策性农业保险制度的建立与完善。

中国社会主义市场经济体制改革进入新阶段，在体制改革、重视“三农问题”、法律法规建设取得突破性进展的背景下，中国农业保险制度变迁具有了客观需求。

（三）国际环境发生深刻变化

在市场经济条件下，与其他产业不同，农业面临着自然风险和市场风险的双重威胁，无论哪一种风险，都有可能对农业发展产生负面影响。进入21世纪，经济全球化和市场化程度加深，国际环境发生深刻变化，面对冲击，

---

① 刘树成，吴太昌．中国经济体制改革30年研究［M］．北京：经济管理出版社，2008：399.

农业风险变得更为复杂，所产生的负面影响更加明显。2001 年，中国加入 WTO，并做出四个方面的承诺，即降低关税、减少和消除费关税壁垒、农业方面的承诺和服务业的开放。

按照国际惯例，国家对农业的支持和保护主要有三种方法，包括：农产品进口关税、农产品出口补贴和国内支农惠农政策。2001 年，我国加入 WTO 之后，传统的农业支持和保护政策受到了极大的限制。首先，世界贸易组织要求成员国降低关税壁垒。加入 WTO 之后，我国需要大幅度降低农产品进口关税，进一步开放农产品国际市场，农产品关税需削减 72%。其次，取消农产品出口补贴。中国政府向世界贸易组织所有成员国承诺：不迟于加入之日，我国对出口农产品不再维持或给予任何出口补贴。上述两项政策，极大地削弱了对出口农产品和国内农产品的保护力度，我国农产品在国际市场竞争中不再具有价格优势。最后，基于《农业协定》①，传统的农业支持政策被划分为“黄箱政策”②、“蓝箱政策”③ 和“绿箱政策”三大类。其中，“绿箱政策”是对世界贸易规则没有扭曲作用、对生产没有或影响较小的农业支持政策，这类政策可以继续实施或免除削减。加入 WTO 后，“绿箱政策”是各国首选的农业支持措施，而农业保险就是“绿箱政策”的重要组成部分。减少对农业的直接补贴，增加对农业保险的财政支持是各国的通行做法，亦符合 WTO“绿箱”规则，这引起了决策部门的注意。在加入 WTO 这一背景下，客观上亟须改革和完善农业保险制度，为农村经济的稳定发展保驾护航。

正是基于国内和国际环境发生的深刻变化，2002 年我国对《农业法》进行了修订，其中第四十六条明确提出“国家逐步建立和完善政策性农业保险

① 1986—1993 年长达八年的关贸总协定乌拉圭回合谈判达成了有关农产品贸易的协议，即《农业协议》，提出了关于国际农产品贸易的纪律规则，首次将农产品贸易全面纳入世界多边贸易体制的管理之下。该协议于 1995 年 1 月 1 日起生效。《农业协议》仍是目前 WTO 适用的主要农业规则，而且今后的农业多边贸易谈判也是在这一协议的基础上进行。

② “黄箱政策”：根据《农业协议》将那些对生产和贸易产生扭曲作用的政策称为“黄箱政策”措施，要求成员方必须进行削减。“黄箱政策”措施主要包括：价格补贴，营销贷款，面积补贴，牲畜数量补贴，种子、肥料、灌溉等投入补贴，以及部分有补贴的贷款项目。

③ “蓝箱政策”：根据《农业协议》，一些与生产限制计划相联系的直接支付的“黄箱政策措施”支持，被称为“蓝箱政策”的特殊措施，可得到免除减让。

制度。鼓励和扶持农民和农业生产经营组织建立为农业生产经营活动服务的互助合作保险组织，鼓励商业性保险公司开展农业保险业务”。2003年，保监会基于对国内外各种农业保险制度的调研和比较分析，出台了《建立农业保险制度的初步方案》，确立建立多层次体系、多渠道支持、多主体经营的符合中国国情的农业保险制度。中国农业保险进入新的发展阶段。2004年，中央一号文件提出“加快建立政策性农业保险制度，选择部分产品和部分地区率先试点，有条件的地方可对参加种养业保险的农户给予一定的保费补贴”。同年，保监会在黑龙江、吉林、上海、新疆、内蒙古、湖南、安徽、四川、浙江9个省（区、市）正式启动政策性农业保险的试点工作。

二、现阶段农业保险制度发展的立法举措：《农业保险条例》

（一）农业保险立法进程

从我国农业保险立法实况来看，加入WTO前的相关立法对农业保险语焉不详。1985年国务院颁布的《保险企业管理暂行条例》只在第五条对农业保险做了“国家鼓励保险企业发展农村业务，为农民提供保险服务。保险企业应支持农民在自愿的基础上集股设立农村互助保险合作社”[①] 的模糊规定。1993年《农业法》第三十一条第一次对农业保险做出了明确规定：“国家鼓励和扶持对农业的保险事业的发展。农业保险实行自愿原则。”不过，该规定显得过于简单。1995年《保险法》颁布实施，但仍未对农业保险做出具体规范，仅在第一百四十九条对农业保险做了“国家支持发展为农业生产服务的保险事业，农业保险由法律、行政法规另行规定”的适用除外和授权立法规定。遗憾的是，专门的农业保险法律、行政法规和部门规章的制定迟迟未见动静。

---

① 1985年3月3日，国务院发布《保险企业管理暂行条例》（国发〔1985〕3号），该条例于当年4月1日正式实施。随后《中国金融》刊发短评《认真贯彻执行〈保险企业管理暂行条例〉的通知》一文。2010年，中国人民银行和保监会联合发布公告：关于贯彻执行《保险企业管理暂行条例》的通知（〔1985〕银发字第84号）废止。资料来源：《中华人民共和国国务院公报》1985年第9期，228-231页；《中国金融》1985年第5期，36页；中国人民银行、中国保险监督管理委员会公告，〔2010〕第12号。

直至2001年，我国加入WTO后，农业保险的立法进程快速推进。为抓住加入WTO给我国农业带来的机遇，应对面临的挑战，维护我国农村社会稳定发展，推动社会经济可持续发展，提高我国农村产业的国际竞争力和风险抵抗能力，保障国家粮食安全，2002年，全国人民代表大会对《农业法》进行了审议修订，在第四十六条明确提出“国家逐步建立和完善政策性农业保险制度”。另外，2004—2020年，历年中央一号文件中均涉及对政策性农业保险及其立法的具体要求（2011年除外，见表10-3）。

表10-3　2004—2020年中央一号文件中关于农业保险的论述概览

时间	相关表述
2004年	加快建立政策性农业保险制度，选择部分产品和部分地区率先试点，有条件的地方可对参加种养业保险的农户给予一定的保费补贴
2005年	扩大农业政策性保险的试点范围，鼓励商业性保险机构开展农业保险业务
2006年	稳步推进农业政策性保险试点工作，加快发展多种形式、多种渠道的农业保险
2007年	积极发展农业保险，按照政府引导、政策支持、市场运作、农民自愿的原则，建立完善的农业保险体系。扩大农业政策性保险试点范围，各级财政对农户参加农业保险给予保费补贴，完善农业巨灾风险转移分摊机制，探索建立中央、地方财政支持的农业再保险体系
2008年	完善政策性农业保险经营机制和发展模式。建立健全农业再保险体系，逐步形成农业巨灾风险转移分担机制
2009年	加快发展政策性农业保险，扩大试点范围、增加险种，加大中央财政对中、西部地区保费补贴力度，加快建立农业再保险体系和财政支持的巨灾风险分散机制，鼓励在农村发展互助合作保险和商业保险业务。探索建立农村信贷与农业保险相结合的银保互动机制
2010年	积极扩大农业保险保费补贴的品种和区域覆盖范围，加大中央财政对中西部地区保费补贴力度。鼓励各地对特色农业、农房等保险进行保费补贴。发展农村小额保险。健全农业再保险体系，建立财政支持的巨灾风险分散机制
2012年	扩大农业保险险种和覆盖面，开展设施农业保费补贴试点，扩大森林保险保费补贴试点范围，扶持发展渔业互助保险，鼓励地方开展优势农产品生产保险。健全农业再保险体系，逐步建立中央财政支持下的农业大灾风险转移分散机制

表10-3(续)

时间	相关表述
2013 年	健全政策性农业保险制度，完善农业保险保费补贴政策，加大对中西部地区、生产大县农业保险保费补贴力度，适当提高部分险种的保费补贴比例。开展农作物制种、渔业、农机、农房保险和重点国有林区森林保险保费补贴试点。推进建立财政支持的农业保险大灾风险分散机制
2014 年	提高对主要粮食作物保险的保费补贴比例，逐步减少或取消产粮大县县级保费补贴，不断提高稻谷、小麦、玉米三大粮食品种保险的覆盖面和风险保障水平。鼓励保险机构开展特色优势农产品保险，有条件的地方提供保费补贴，中央财政通过以奖代补等方式予以支持。扩大畜产品及森林保险范围和覆盖区域。鼓励开展多种形式的互助合作保险。规范农业保险大灾风险准备金管理，加快建立财政支持的农业保险大灾风险分散机制
2015 年	积极开展农产品价格保险试点
2016 年	完善农业保险制度。扩大农业保险覆盖面、增加保险品种、提高风险保障水平。积极开发适应新型农业经营主体需求的保险品种。探索开展重要农产品目标价格保险，以及收入保险、天气指数保险试点。支持地方发展特色优势农产品保险、渔业保险、设施农业保险。完善森林保险制度。探索建立农业补贴、涉农信贷、农产品期货和农业保险联动机制。积极探索农业保险保单质押贷款和农户信用保证保险。稳步扩大“保险+期货”试点。鼓励和支持保险资金开展支农融资业务创新试点。进一步完善农业保险大灾风险分散机制
2017 年	持续推进农业保险扩面、增品、提标，开发满足新型农业经营主体需求的保险产品，采取以奖代补方式支持地方开展特色农产品保险。鼓励地方多渠道筹集资金，支持扩大农产品价格指数保险试点。探索建立农产品收入保险制度
2018 年	探索开展稻谷、小麦、玉米三大粮食作物完全成本保险和收入保险试点，加快建立多层次农业保险体系
2019 年	按照扩面增品提标的要求，完善农业保险政策。推进稻谷、小麦、玉米完全成本保险和收入保险试点。扩大农业大灾保险试点和“保险+期货”试点。探索对地方优势特色农产品保险实施以奖代补试点
2020 年	抓好农业保险保费补贴政策落实，督促保险机构及时足额理赔。优化“保险+期货”试点模式，继续推进农产品期货期权品种上市

2003 年，保监会出台《建立农业保险制度的初步方案》，政策性农业保险制度建设得到了各界的广泛关注。随着新一轮农业保险试点逐步推进，2006 年，国务院颁布《国务院关于保险业改革发展的若干意见》（简称“国十条”），其中明确提出“推动农业保险立法”，农业保险立法被提上议事日

程。2007 年，国务院、保监会等部门开展农业保险立法调研工作。

国务院要求保监会组织立法调研。2008 年，经多方考察、调研和征求专家意见，保监会与农业部、财政部共同起草了《政策性农业保险条例（草案）》，并提交国务院法制办，法制办向中国人民银行、农业部、发展与改革委员会等相关部委征求意见。2011 年相关部门对《农业保险条例》逐条进行了评审。2012 年 10 月 24 日，《农业保险条例》在国务院第 222 次常务会议通过，11 月 12 日中华人民共和国国务院令第 629 号正式公布，2013 年 3 月 1 日起正式实施。至此，我国第一次从立法层面建立了统一的农业保险制度框架。2016 年，国务院又对《农业保险条例》进行修正，使得中国农业保险制度更加完善。

（二）《农业保险条例》的意义、内容及特点

1.《农业保险条例》的意义

《农业保险条例》是中国政府颁布的第一部关于农业保险的法规，是数十年农业保险实践和研究的总结，也是各部门通力合作、协调发展的重要成果。《农业保险条例》的颁布，是新中国农业保险特别是政策性农业保险发展历史上的里程碑。

2.《农业保险条例》的内容

2016 年新修正的《农业保险条例》共有五章三十三条，内容包括总则、农业保险合同、农业保险经营规则、法律责任和附则。

第一章，总则。首先，总则明确了立法依据和立法目的：以《保险法》《农业法》等法律为立法依据；以规范农业保险活动、保护农业保险活动当事人合法权益、提高农业生产抗风险能力①和促进农业保险事业健康发展为立法目的所制定的条例。其次，对农业保险进行了界定，并明确了农业保险实行政府引导、市场运作、自主自愿和协同推进的原则。最后，准确定位各级

① 何文炯等（2013）、张长利（2012）等多位学者都对此表述提出异议，认为“提高农业生产抗风险能力”这一表述似乎与农业保险主要作为风险转移与分散机制的实质不符。2016 年修正的《农业保险条例》中，“提高农业生产抗风险能力”的表述仍在其中，因此本书引用《农业保险条例》的表述，但是农业保险是否具有提高农业生产抗风险能力值得商榷。

政府、各部门、金融机构的角色及其行为，包括明确监管机构、建立信息共享平台、采取财政补贴措施、构建巨灾风险防范机制等。

第二章，农业保险合同。《农业保险条例》第二章中针对损失核定的方式、信息公开、支付赔偿金的期限、投保形式等问题都有明确的规范。考虑到农业生产者的社会心理和农村社会的习惯，在此章中规定了保险机构不得主张保险标的残值权利，有利于鼓励和吸引农业生产者积极投保。关于保险标的危险程度变化不得增加保费或解除合同的规定，有助于防范合同当事人的逆向选择风险①。

第三章，农业保险经营规则。第三章中首先明确了保险机构经营农业保险的六个基本条件②，同时须经国务院保险监管机构批准后，方能开展农业保险业务。其次，对经营原则、保费厘定、保险条款拟定、准备金评估和偿付能力等方面也予以规定。最后，明确规定保险经营机构禁止的行为，包括伪造保单、虚假理赔、挪用保险金等骗取农业保险保费补贴的行为。

第四章，法律责任。本章主要明确出现违法行为后，行为人应负的法律责任，包括罚款、取消农业保险经营资格、追究刑事责任等。

第五章，附则。基于我国具体国情，第三十二条的规定将调整范围进一步扩展至有政策支持的涉农保险关系，具有中国特色，体现了国家对“三农”及涉农保险问题的重视。

3.《农业保险条例》的特点

《农业保险条例》是我国《农业法》和《保险法》的配套法规，对农业保险的地位、作用做了阐述，特别是对政策性农业保险制度中的若干重要法律法规做出了明确界定。这些规定是在总结我国农业保险制度演化的基础上，结合国外有关农业保险立法的有益经验而形成的。概括起来，《农业保险条

① 张长利. 农业保险法比较研究：兼评《农业保险条例》[J]. 贵州财经大学学报，2013（6）：86-96.

② 六个基本条件包括：有完善的基层服务网；有专门的农业保险经营部门并配备相应的专业人员；有完善的农业保险内控制度；有稳健的农业再保险和大灾风险安排以及风险应对预案；偿付能力符合国务院保险监督管理机构的规定；国务院保险监督管理机构规定的其他条件。

例》主要有七个方面的特点[①]。

第一，界定了农业保险的内涵和外延。《农业保险条例》第二条，“本条例所称农业保险，是指保险机构根据农业保险合同，对被保险人在种植业、林业、畜牧业和渔业生产中因保险标的遭受约定的自然灾害、意外事故、疫病、疾病等保险事故所造成的财产损失，承担赔偿保险金责任的保险活动。”此条界定了农业保险的内涵，随后在第三十二条中，提出“涉农保险是指农业保险以外、为农民在农业生产生活中提供保险保障的保险，包括农房、农机具、渔船等财产保险，涉及农民的生命和身体等方面的短期意外伤害保险”。将农业保险的外延扩展至“涉农保险”[②]。

第二，区别了政策性农业保险与商业性农业保险。《农业保险条例》第三条，“国家支持发展多种形式的农业保险，健全政策性农业保险制度”。“多种形式”的保险就包括政策性农业保险和商业性农业保险。

第三，在宏观层面选择了分散决策的公司合作经营模式。我国农业保险的经营模式可以概括为“政府支持、市场运作”，政府在保费补贴、税收优惠以及政策倾斜等方面予以支持。各地方政府可以根据其农业保险和农业发展水平及特色，安排其农业保险发展、经营模式。进一步地，农业保险的具体开办实施，则由保险机构负责[③]。

第四，明确了中国农业保险的市场组织结构。《农业保险条例》第二条规定，经营农业保险的保险机构“是指保险公司以及依法设立的农业互助保险等保险组织”。由此，互助农业保险组织成为我国农业保险机构的重要组织形式之一。

---

① 庹国柱.《农业保险条例》不同于《保险法》的七个特点（一）[J]. 中国保险，2013（5）：14-18；庹国柱.《农业保险条例》不同于《保险法》的七个特点（二）[J]. 中国保险，2013（6）：8-12.

② 涉农保险一词，是在2006年中国保监会制定《农业保险统计制度》时创造出来的分类名词术语。在分类中，是与种植业保险、养殖业保险并列的第三类农业保险。罗列的具体标的和险种也就是《农业保险条例》中提到的农房、农机、渔船等，但是没有提到“农民人身短期意外伤害保险”。

③《农业保险条例》第三条：“农业保险实行政府引导、市场运作、自主自愿和协同推进的原则。省、自治区、直辖市人民政府可以确定适合本地区实际的农业保险经营模式。”这一条，明确指出了我国农业保险的经营模式。

第五，划定了政府在农业保险制度中的行为边界。在《农业保险条例》第二章准确定位了政府角色，包括监管职责、信息共享、保费补贴、巨灾风险防范等问题。

第六，区分出了不同于商业保险的合同特征。在《农业保险条例》第三章，说明农业保险合同的特殊性。包括特殊的投保主体、承保和理赔要公示、受损标的的特殊处理方式、特殊的定损方式、合同条款的特殊性等。

第七，有别于一般商业保险的经营规则。在《农业保险条例》第四章，明确了农业保险的经营规则，包括特别审批、独立核算、保费规则、财务管理要求、代理付费等问题。

总之，《农业保险条例》借鉴国外立法经验，发挥制度后发优势，总结农业保险实践经验，本着先易后难、求同存异、急事先定的思路，对农业保险的性质、要素、经营主体、保障范围、政府的作用、保险合同的特殊规定以及农业保险的特殊经营规则六方面进行了一定程度地明确[①]，成为农业保险事业的“正能量”，对农业保险发展具有重要意义。

三、新时代农业保险制度的发展

（一）政策性农业保险发展现状

农业保险的制度设计，与农业保险生产力水平和生产方式密切相关。中国的农业保险制度建设一直遵循政府引导、市场运作、自主自愿和协同推进的基本原则。自 2004 年政策性农业保险试点以来，在政府主体的推动下，我国农业保险开始进入快速发展阶段，且势头强劲。

第一，农业保险覆盖面不断扩大，保障水平不断提高。2019 年，我国实现农业保险保费收入 672.29 亿元，同比增长 17.54%。我国农业保险业务规模已仅次于美国，居全球第二，亚洲第一。其中，养殖业保险和森林保险业务规模居全球第一。2017 年，我国共计承保农作物 1.4 亿公顷，承保面积是

① 杨华柏，张靖. 谈我国农业保险条例的几个特征［N］中国保险报，2013-03-01（004）.

2007 年的 10 倍，其中已覆盖农作物播种面积的 84.1%，接近发达国家水平。2007—2017 年，参保农户从 0.498 1 亿户次增长至 2.13 亿户次，增长 3.27 倍。农业保险覆盖范围持续扩大，保障水平也稳步提升。2017 年，农业保险提供了 2.79 万亿元的风险保障金额，同比增长 29.2%。风险保障占农业生产总值的 24.32%，是保费收入的 58 倍，中央财政补贴资金杠杆率达 153%①（见表 10-4）。

表 10-4　2017 年主要农作物农业保险覆盖率和保障水平

<table>
<tr><td rowspan="2">承保主要农作物面积（亿公顷）</td><td colspan="3">主要农作物覆盖面积（公顷）</td><td rowspan="2">保险金额（亿元）</td><td rowspan="2">赔款支出（亿元）</td><td rowspan="2">受益农户户次（万）</td><td rowspan="2">受益农户比（%）</td></tr>
<tr><td>玉米</td><td>小麦</td><td>水稻</td></tr>
<tr><td>0.701 9</td><td>2 460.77</td><td>1 582.36</td><td>2 316.42</td><td>4 199</td><td>152.21</td><td>3 888.14</td><td>27</td></tr>
</table>

数据来源：南开大学农业保险研究中心. 中国农业保险市场年报（2017）［M］. 天津：南开大学出版社，2018：1.

第二，农业保险险种不断增多，保险责任不断扩大。2007 年，政策性农业保险试点初期，仅承保小麦、玉米、水稻、棉花、油料作物和能繁母猪 6 个保险品种，且均为中央财政补贴品种。到 2017 年，农业保险品种增加至 211 个，地方特色保险品种达 196 个，基本覆盖农林牧渔各个领域，其中中央财政补贴品种在原有 6 个险种的基础上，增加马铃薯、糖料作物、天然橡胶、奶牛、育肥猪、森林、青稞、牦牛和藏系羊 9 个品种。各地也根据其地方农业产业规划和农户需求，积极发展地方特色优势农产品保险，包含苹果、烟叶、甲鱼等多类农产品。如，江苏地方品种有 59 个、浙江 51 个、北京 45 个、湖南 41 个、新疆 40 个。保险责任涵盖农业生产面临主要自然灾害、疾（疫）病和意外事故。除此之外，发达国家不承保的地震、政府扑杀等风险，我国均予以承保②。

第三，经营主体不断增加，经营模式多样化。在政策引导鼓励下，保险

① 南开大学农业保险研究中心. 中国农业保险市场年报（2017）［M］. 天津：南开大学出版社，2018：2-5.

② 数据来源：根据《中国保险年鉴（2017）》和地方版各省（区、市）财产保险业务统计表整理。

机构参与农业保险的积极性不断提高。2018 年，农业保险经营主体增加到 34 家，其中包含 32 家中资保险公司、1 家合资保险公司、1 家外资保险公司①。随着新兴主体的加入，农业保险市场集中度不断降低，出现了经营模式多元化的局面。在我国政策性农业保险实践中，共有五种主要的经营模式：①以上海安信、吉林安华、安徽国元为代表的政府主导的农业保险专业公司经营模式。②以阳光保险为代表的互助型农业保险机构。③以江苏省为代表的政府主导的商业保险公司经营模式。④以浙江省为代表的政府推动商业保险公司经营农险。⑤以四川省为代表的政府委托商业保险机构代办、超赔共保模式。上述五种模式，均是在全国和地方农业保险开办经验的基础上，总结出符合地方发展模式的，具有地方特色的农业保险经营模式。多种经营模式并存，为我国政策性农业保险向纵深发展奠定了较好的实践基础。同时，2012 年成立的中国农业保险再保险共同体（农共体）运行情况良好，为农业保险提供 20 亿元以上的再保险风险保障，承保能力达到 3 600 亿元②。

第四，产品服务创新不断涌现。近年来，在“提标、扩面、增品”的思路引导下，高保障类产品、指数类产品层出不穷，基本满足了农户各个层面的风险管理需求。保险机构亦在经营模式、保险功能拓展等方面积极创新、试点。新产品、新服务等不断涌现（见表 10-5）。进一步地，大灾风险保障制度也在不断改进，例如我国成立了中国农业保险再保险共同体，共担风险。这些都是农业保险服务的创新，使得农业保险制度逐步完善。

表 10-5　农业保险产品服务创新概览

创新类型	试点地区	简介
高保障产品创新	黑龙江	开发多档次的农险产品，分为 4 个档次，农户可自由选择
	湖南、安徽	针对新型农业经营主体的“基本保险+附加保险”试点，将水稻保额提高至 800 元

① 数据来源：根据《中国保险年鉴（2019）》中，各财产保险公司业务统计表整理。

② 南开大学农业保险研究中心. 中国农业保险市场年报（2017）［M］. 天津：南开大学出版社，2018：20.

表10-5(续)

创新类型	试点地区	简介
指数类产品创新	山东等31个省（区、市）	价格保险，包含生猪、蔬菜、粮食作物和地方特色农产品4大类50个品种，2016年保费突破10亿元
	黑龙江、河南、陕西等	收入保险，包含水稻、小麦、玉米、苹果等
	湖北、浙江等20个省	天气指数保险，开展68个天气指数保险产品，涉及三大粮食作物及花卉等农产品；另有部分地区试点巨灾天气指数保险
经营模式创新	黑龙江等	互助保险或“互保协会+商业保险”，开展渔业、渔船和农机互助保险
	江苏、河北阜平、西藏等	政府与保险公司“联办共保”；保险公司为政府代办试点
农业保险功能扩展试点创新	大连、四川、河北、浙江诸暨、内蒙古、陕西等	保险+期货；保险+信贷；保险+无害化处理；“险资直贷”试点；肉牛、肉羊保险+互联网金融；扶贫保险

资料来源：根据各地保险业“新国十条”实施意见及相关资料整理。

第五，农业保险保费补贴机制逐步完善。保费补贴机制的完善，具体体现在四个方面：①保费补贴险种不断增加，除中央财政保费补贴险种外，地方财政亦对地方特色农产品进行保费补贴①。②补贴试点地域不断扩大。2007年，种植业保费补贴试点省份仅有6个，能繁母猪保险试点省份有22个和新疆生产建设兵团②，到2012年，中央财政补贴险种的补贴区域就已经扩大至全国。③补贴金额不断增加。2018年各级财政保费补贴比例合计占农业保险

① 2007年保费补贴试点初期，仅有玉米、水稻、大豆、小麦、棉花和能繁母猪被纳入补贴范围。2012年起，中央财政补贴品种为15个，并在以后几年中固定下来，不再新增，其余险种可由地方财政予以补贴。这15个品种是：玉米、水稻、大豆、小麦、棉花、油料作物、马铃薯、糖料作物、天然橡胶、奶牛、育肥猪、森林、青稞、牦牛和藏系羊。2017年，补贴品种扩大至15个，且均为中央财政补贴品种。

② 2007年种植业保险保费补贴试点省份是：内蒙古、吉林、江苏、湖南、新疆和四川。2007年能繁母猪保险保费补贴试点省份是：中部地区10个省份和西部地区12个省份。东部地区9个省份虽然开展了能繁母猪保险，但是在当年并未获得中央财政补贴。

保费收入的比重超过 75%①。④税收优惠力度不断增加。目前，我国免征农业保险业务增值税，所得税纳税基础按照实际收入的 90%计算，同时大灾风险准备金可以在税前免除，免征农业保险业务监督管理费用②。进一步地，中央和地方政府均对农业保险予以支持和政策倾斜。

第六，赔付水平不断提高。2019 年，农业保险简单赔付率为 83%，较 2007 年上升约 20 个百分点（见表 10-6）。在特大灾害中，农业保险发挥了“稳定器”的突出作用，如 2015 年，辽宁省特大旱灾，农业保险共计支付赔款 14.3 亿元，简单赔付率 133.3%。2016 年度，农业保险赔款支出超过农作物直接经济损失的 10%，是国家农业灾害救助资金的 10 倍，首次出现总赔款超过财政补贴总金额的情况。

表 10-6　2007 年和 2009 年我国农业保险赔付水平概览

	2007 年	2019 年
简单赔付率（%）	63	83
支付赔款（亿元）	32.83	560.2
受益农户（万户次）	451.21	19 100
其他	—	2016—2019 年累计为 9 840 户次建档立卡农户和不稳定脱贫农户支付赔款 230.38 亿元

资料来源：笔者根据《保险年鉴（2008）》《农业保险高质量发展如何把握“关键词”》等相关资料整理。

第七，农业保险基础设施建设不断完善。目前，我国农业保险已经实现全国各省份的全覆盖，承保品种达到 211 种（见表 10-7）。农业保险经办机构从最初的 6 家增长至 34 家，绝大多数省份有 3 家以上农业保险经办机构。全国已经有农业保险基层服务网点 2.2 万个，保险协保员 40 余万人，保险服务乡镇覆盖率超过九成、村级覆盖率达到 48%。农业保险大灾风险管理机制

① 2018 年农业保险总保费收入 572.6 亿元，其中中央财政补贴 223.54 亿元，占补贴业务总保费收入（享有财政补贴的农业保险业务，下同）39.04%；省级财政补贴 134.34 亿元，占比 23.46%；地市县财政补贴 73.96 亿元，占比 12.91%。各级财政补贴合计占农险保费收入的 75.41%。

② 中华人民共和国财政部，关于延续支持农村金融发展有关税收政策的通知［EB/OL］. http://ln.mof.gov.cn/lanmudaohang/zhengcefagui/201706/t20170616_2624981.html.

初步形成，农险大灾风险准备金余额达到90亿元，农业保险再保险共同体承保能力达到3 600亿元[①]。“十三五”期间，农业保险在改善民生、稳定农户收入、防范和化解农村社会经济中的风险领域扮演着举足轻重的角色；尤其在服务“三农”、助推脱贫攻坚、实施乡村振兴战略等方面，对农村人群提供兜底保障和强有力的支撑，在农村金融领域居于重要的地位。

表10-7　2017年我国农业保险分险种保费收入　　单位：亿元

种植业保险				养殖业保险				森林保险
玉米	水稻	小麦	其他	育肥猪	奶牛	能繁母猪	其他	
84.58	71.95	45.92	108.75	63.11	22.06	14.73	32.25	34.37

数据来源：南开大学农业保险研究中心. 中国农业保险市场年报（2017）[M]. 天津：南开大学出版社，2018：4.

（二）农业保险制度存在的主要不足

尽管近年来，我国农业保险发展势头良好，成果显著，但我国的农业保险制度仍存在以下问题：

第一，保障程度远不能满足新型农业经营主体的需求。2016年，三大口粮作物玉米、小麦、水稻的亩均保险金额为369元，不到全部生产成本的40%。如湖南省早稻、晚稻每亩保额360元，而其亩均生产成本却在1 000元左右；湖北水稻每亩保额仅为200元，甚至未达到其亩均物化成本483元的一半[②]。与之形成对比的是，2015年美国农业保险的保障水平和保障广度（规模覆盖率）分别为56%和93%，我国仅为7.75%和56.04%，仍存在较大提升空间（见图10-4）。

① 南开大学农业保险研究中心. 中国农业保险市场年报（2017）[M]. 天津：南开大学出版社，2018：10-11.

② 陈文辉. 中国农业保险市场年报（2016）[M]. 天津：南开大学出版社，2017：25.

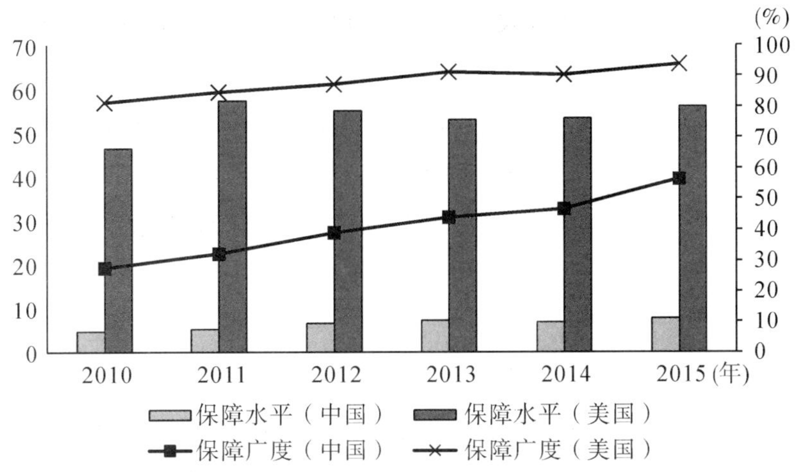

图 10-4　中国和美国农业保险保障水平、保障广度比较①

第二，保险的覆盖面还有待进一步扩大。农业保险在我国地区分布不均衡：海南、浙江、安徽、上海、内蒙古、辽宁等地的农业保险的覆盖率接近100%；而西藏、广西、青海等省份的农业保险覆盖率还不足30%。各地区农业保险品种覆盖率也存在较大差异：中央财政补贴的品种往往覆盖率较高；没有财政补贴的地方优势品种覆盖率较低，如湖北水产养殖保险覆盖率不到0.5%、新疆130多万公顷林果和4 000多万只羊几乎没有保险②。

第三，产品和服务质量还有待提升。产品种类单一、同质化现象严重，是目前我国农业保险产品所面临的主要问题，农户急需的高保障产品和地方特色农业保险产品较少。服务不注重质量和内控管理，公示走过场、勘损不及时、理赔不到位，不落实“五公开、三到位”的要求。保险公司对设立农村基层服务网点投入不足，基层服务力量严重不足，保险服务“最后一公里”不畅通。如，2014年，保监会和财政部在检查中发现，某公司营销服务部仅有农险专职人员5人，却要负责该县11.12万农户19.4万公顷耕地的保险服

① 中国农业保险保障水平研究课题组. 中国农业保险保障水平研究报告［M］. 北京：中国金融出版社，2017：110-112.

② 根据保监会财产保险监管部王祺，在“清华大学2017年暑期保险研究班”中讲授《中国农业保险的改革与发展》内容整理。

务，相当于每人负责 2.22 万农户和 3.88 万公顷耕地的承保理赔服务，这是极为不合理的现象①。

第四，大灾风险分散机制还不健全。目前，保险机构主要通过再保险和提取大灾风险准备金来转移分散风险，风险仍集中在企业层面。缺少国家层面的制度支撑，在一定程度上影响了“扩面提标”，一旦出现区域性或大面积巨灾，可能会影响农业保险体系的稳定运行。

（三）农业保险高质量发展阶段

2019 年，财政部、农业农村部、银保监会、林草局联合印发《关于加快农业保险高质量发展的指导意见》（以下简称“《指导意见》”），提出“推动农业保险高质量发展，更好地满足‘三农’领域日益增长的风险保障需求”，引导农业保险高质量发展以保障农业产业转型稳步推进、实现乡村振兴。然而何为“高质量”，《指导意见》中明确提出“到 2022 年，基本建成功能完善、运行规范、基础完备的农业保险体系。同时设定了稻谷、小麦、玉米三大主粮作物农业保险覆盖率达到 70%，收入保险成为主要险种，农业保险深度达到 1%，农业保险密度达到 500 元/人”的发展目标。

目前，我国农业保险发展处于初级阶段向高质量发展阶段的过渡时期，相关制度安排仍无法完全满足和适应全面深化改革及经济社会发展需求（孙蓉 等，2019），结合我国农业保险的发展与未来农业保险服务农业现代化的现实需求，农业保险高质量发展应体现在以下四个方面：

1. 社会效益明显

我国是受农业灾害影响较为严重的国家，客观存在的农业灾害及其损失，对国民经济发展、百姓生计影响巨大，甚至会威胁到国家粮食安全和经济安全，因而需要有效的农业风险管理来予以应对。而农业保险以其农业风险分散和经济损失补偿的基本职能成为农业灾害管理的重要工具。《指导意见》中也指出，高质量农业保险应“保护农民利益、支持农业发展……更好地满足

---

① 根据保监会财产保险监管部王祺，在“清华大学 2017 年暑期保险研究班”中讲授《中国农业保险的改革与发展》内容整理。

‘三农’领域日益增长的风险保障需求”。因此，高质量农业保险的内涵并非简单的农业保险供给主体供给的产品丰富、实现的利润大、经营效率高、政府财政补贴的绩效高，更非上述问题的简单加总，而是能带动农业科技创新，促进传统农业向现代化农业转型，成为农业高质量发展保障机制的重要抓手，在国民经济和社会发展中有较高的贡献度，有明显的社会效益，能够切实解决国家粮食安全和民生问题，使农业保险成为真正的“惠民保、便民保”。

2. 市场运行高效

市场运行高效，是农业保险高质量发展的重要标志。高效的市场运行机制，能够在价格形成、供求平衡、风险管理、激励约束等多方面形成合力，降低信息成本，产生激励相容，推动农业保险高质量发展。具体而言，农业保险市场高效运行，应包括以下四个方面：

（1）以风险和成本为基础的有约束的价格机制。我国农业保险价格形成机制经历了“统一→分散化→有条件的分散化”的过程。《指导意见》中提出，发布农业保险纯风险损失费率……建立费率拟订的动态调整机制，实施地区差异化保险定价。高质量农业保险的价格形成机制，应克服以往主观化、简单化、统一化的定价模式，在真实反映农业生产风险现状的条件下，基于市场需求和区域风险差异化，建立科学的价格拟订方法和动态调整模式，形成以风险区划和成本收益为基础的有约束的价格机制。

（2）以市场为导向满足多元化需求的供给机制。随着我国经济增长进入“新常态”，社会经济发展进入高质量增长阶段，社会经济环境的变化以及农业风险的复杂性，使人们意识到风险管理的重要性，其保险意识（包括农业保险需求）也在不断增强。加之收入水平的提高和各级政府保费补贴力度的加大，提高了农业保险的有效需求。进一步地，近年来生产大户、村镇农业生产企业等新型农业主体的涌现，使得农业保险不仅仅呈现出需求量的增加，还呈现出多元化、多样化和复杂化的需求趋势。完善的市场供求机制，不仅仅是需求的增加，还应有供给的调整以适应新变化。此时，高质量的农业保险供给应以市场需求为导向，提供覆盖面广、保障功能全面、保障水平较高的农业保险产品，使农业保险能够满足区域农业风险管理需求。以市场需求为导向，实现农业保险供需均衡，是发展高质量农业保险的出发点和落脚点，同时也符合当前我国全面深化结构改革的思路和目标。具体到农业保险险种时，《指导意见》中明确提出“在覆盖直接物化成本的基础上，扩大大灾保险试点……推动成本保险和收入保险试点”。

（3）政府的监管和引导推动扶持职能更加明确。一般商业保险中，政府职能和作用体现在维护市场秩序，构建稳定和谐的保险经营环境，加强法律法规和监管等顶层设计。在农业保险实践中，政府参与程度更深，除了上述职能和作用外，政府需要为农业保险参与者提供更多的支持，以激励其积极参与农业保险；扮演“守夜人”的角色，统筹协调农业农村、灾害预报、林业草原等多部门，为农业灾害风险提供监测与预警。在特殊情况下，政府还扮演了需求者的角色，如为建档立卡农户购买农业保险等。在政府广泛深入参与农业保险活动的过程中，体现出不同于商业保险的引导、推动和扶持职能。明确政府职能，是高质量农业保险的重要标志之一，因此在《指导意见》的基本原则中明确提出“政府引导。更好发挥政府引导和推动作用，通过加大政策扶持力度，强化业务监管，规范市场秩序，为农业保险发展营造良好环境”。

（4）多主体参与的多层次广覆盖风险分散机制。目前我国已在保险公司层面基本建成大灾风险准备金制度，而各级政府参与的多层次的大灾风险分散制度还尚未建立。完善的农业保险产品体系可以有效地转移和分散各类农业风险，降低农业风险对农业产业和经济发展的冲击，但是农业大灾风险是无法完全消除或避免的，大灾风险发生后，无论是农业生产者还是保险公司都面临着巨大的压力，当损失超出市场承受能力时，就需要政府扮演“守护人”的角色，为大灾风险损失提供兜底保障。因此，高质量的农业保险应具有多主体参与、多层次的、覆盖广的风险分散机制。即农业风险分散机制应该是中央政府、地方政府和原保险（再保险）机构共同参与的，由原保险、再保险和大灾风险准备金共同构成的多层次、广覆盖的机制。在这一风险分散机制中，多方共同参与实现风险共担，原保险机构和再保险机构的市场定位清晰，中央政府和地方政府的责任与义务明确。

3. 风险保障全面

农业保险风险保障能力不足与农民较高的、多元化的风险保障需求之间的矛盾是当前农业保险高质量发展的主要困境。具体表现为，具有针对性、特色性的农业保险险种较少；保障水平较低；保障风险多为产量风险、价格风险或收入风险，农业生产经营过程中的全流程风险保障缺乏。因此，需通过扩大覆盖面、提高保障水平、拓宽服务领域等，逐步实现对农业生产、经营的全流程风险保障。在《指导意见》中明确提出“实现愿保尽保、鼓励地方因地制宜开展优势特色农产品保险，逐步提高其在农业保险中的比重”“建立农业保险保障水平动态调整机制，逐步提高保障水平”“拓宽服务领域……开展环境污染责任保险、农产品质量保险……将农业保险纳入农业灾害事故防范救助体系”等。

4. 服务设施完备

农业保险的基础服务设施完备，对参保农户、保险机构和政府均有较多益处。对农户而言，完备的基础设施能为参保农户提供更优质的服务，吸引更多的农户参与到农业保险之中。而保险机构能够在承保、理赔等多个环节降低经营成本，克服道德风险和逆向选择。信息的及时共享，能够让保险监管机构及其他政府部门全面掌握涉农数据以及农业保险相关信息，有利于资源整合及高效配置。在《指导意见》中就提出“不断提升农业保险信息化水平。逐步整合财政、农业农村、保险监督管理、林业草原等部门以及保险机构的涉农数据和信息，动态掌握参保农民和农业生产经营组织相关情况”“支持保险机构建立健全基层服务体系，切实改善保险服务……”等。

自 1978 年我国全面恢复农业保险业务以来，我国农业保险历经四十余年发展，几经沉浮。2012 年《农业保险条例》颁布实施以来，农业保险发展进入黄金期。2019 年随着《关于加快农业保险高质量发展的指导意见》的出台，我国农业保险将从幼稚阶段逐步走向成熟，从粗放型的重“量”发展转向集约型的“质量结合”发展。“高质量”是一个综合性的词汇，它不仅仅要求农业保险在某一指标层面达到要求，更要求农业保险在产品设计、补贴效率、可持续经营、推动农业现代化、满足农业风险保障需求、顶层制度设计完善等微观和宏观层面均达到较高的水平。实现农业保险高质量，将是未来一段时期我国农业保险发展的主要目标。

第七节　本章小结

通过对新中国农业保险制度变迁的总结回顾不难发现，新中国农业保险制度的不断变迁，体现的是政府主导的强制性变迁模式，政府始终以国家效用最大化为目标，推动农业保险制度不断变迁。尽管历经 24 年停办，也经历了市场化改革初期的低迷与徘徊，但如今在政策性农业保险制度框架下，我国农业保险市场快速发展，2017 年已经成为世界第二大农业保险市场。同时，农业保险在提高农业抗灾减灾能力、促进农民增收、维护国家粮食安全等方面已发挥了重要的作用。

目前，我国农业保险正逐步进入高质量发展阶段，各级政府在政策指导、财政补贴、法律监管等方面发挥着引导和推动的作用。农业保险制度在产权和组织形式、市场机制设计、监管制度、法律制度等方面取得了一定的成效，并总结出一系列农业保险制度设计的经验，如：政府强制主导与市场自发辅助相结合、农业保险的一般性与中国特色相结合、激励约束与成本收益相平衡、农业保险规律性与创新发展兼顾，等等。

一、未来中国农业保险制度的发展目标

结合农业保险发展的实践，未来中国农业保险制度的发展，主要有以下几个发展目标：

第一，促进农业保险转向纵深发展，以助力农业高质量发展。以“种养”两业为核心，持续推动农业保险“提标、扩面、增品”，扩大农业保险覆盖

面。保险责任和保障程度不断加深，覆盖农业生产中发生频率较高的、损失较大的灾害风险。参保对象逐步涵盖从事农业生产、加工、运输等全产业链的各类型主体。农业保险向纵深发展，将为我国农业高质量发展提供更有效率的保险保障与支撑。

第二，推动农业保险区域均衡发展，契合地方农业经济水平。逐步提高保险标准，建立包含物化成本、完全成本和基本收益的多层次农业保险体系。通过市场资源配置机制，推动农业保险产品、服务创新，提高市场化程度，完善监督管理机制，逐步形成良性的市场竞争格局，满足各类农业经营主体的多元化风险保障需求，促进地方特色农产品保险体系不断完善，保险险种进一步丰富。

第三，延伸农业保险风险保障职能，满足支农惠农相关要求。农业保险发展需要坚持“普惠+特惠”原则，既强调农业保险的金融属性，与农业产业及全产业链深度融合；又重视特惠性需求，在“三农”领域发挥更大的效用。农业保险的服务领域需逐步从农业生产环节延伸至生产、加工、运输、销售等上下游各个环节。风险保障功能从单一的经济补偿拓展至防灾减损、调节农业生产、社会治理、提供增信担保、助推绿色农业等综合功能。进一步完善农业保险制度框架和顶层机制设计，加强各个参与部门信息联动，发挥职能和政策互补优势，实现农业保险体系高效、精密运转。

第四，农业保险制度的发展与农业现代化进程中的风险管理需求不适应，是目前我国农业保险制度的主要矛盾。目前，我国农业保险发展进入从幼稚期到成熟期的过渡阶段，稳中求进是未来农业保险发展的主要态势。农业保险制度的构建及进一步完善应以农民为核心，合理界定各参与主体的利益，充分调动各主体的主观能动性和参与积极性，实现农业保险资源的优化配置。

二、推动中国特色农业保险制度持续创新发展

纵观新中国成立以来中国农业保险制度的变迁历程，不难发现，每一次制度创新和变迁，都是多重因素、多方主体共同推动的结果，各因素相互影

响、相互作用，其本身也是制度变迁的重要组成部分。尽管我国农业保险制度发展与变迁的历程较短，但仍有许多宝贵经验值得延续，这也为农业保险制度持续创新，实现高质量发展提供了可借鉴的经验：

第一，从中国传统历史文化和基本国情出发，将农业保险的普遍性与中国特色相结合。我国农业保险制度的变迁与发展受到中国传统文化、历史传承以及意识形态等诸多因素的影响，具有明显的路径依赖的特征。在中国特色社会主义经济体制建设的大背景下，我国农业保险制度的发展与创新亦需要中国道路、中国经验和中国特征。因此，农业保险制度的变迁应体现中国特色，注重农业保险的普遍性与中国特色相结合，在“古为今用、洋为中用”中实现农业保险制度的创新发展。

第二，从农业保险制度发展的主要矛盾出发，将农业保险的特殊性与经济规律相融合。经济发展在均衡和非均衡的对立统一下，实现帕累托最优。农业保险制度亦是如此，在主体利益的驱动下不断创新与完善。将农业保险诸多的特性与社会主义市场经济发展的客观规律相融合，遵循“均衡—非均衡”这一路径持续推进，将是未来中国农业保险制度创新的主要方向，也是推动农业保险高质量发展的动力源泉。

第三，从农业保险制度变迁的客观规律出发，将农业保险的规律性与功能实践相统一。我国的农业保险制度在均衡和非均衡的矛盾下实现对立统一，是农业保险制度变迁的客观规律。未来，农业保险制度的创新与完善，在农业保险高质量发展中应主动把握客观规律，促进农业保险在服务“三农”、保障粮食安全、推动乡村振兴、参与社会治理等诸多现代化功能实践方面发挥主观能动性，以全面深化农业保险制度改革。

新中国成立以来，中国农业保险制度的变迁与发展的成果是显著的，尤其是近十年以来，农业保险发展进入黄金期。同时，我们应理解制度变迁是一个漫长的过程，制度变迁存在着路径依赖和时滞。人们在经验借鉴的基础上，能够缩短制度变迁的时间，但是时滞却难以完全消除。我们需要对制度变迁的时滞有清晰的、明确的认识，精准把握中国农业保险制度变迁的内在特征和规律，才有助于构架适用于中国社会经济发展的、具有可持续性的农业保险制度，以实现农业保险高质量、跨越式发展。

新中国成立以来，农业保险的发展历经波折，在经历改革的阵痛后，如今已经步入发展的快车道。农业保险制度波澜壮阔的改革历程和变迁轨迹，既是我国改革开放、农业和农村现代化发展的必然产物，也是农村社会翻天覆地变化的真实写照，更是服务“三农”和农村社会治理现代化的有力证明。当前，中国特色社会主义进入新时代，社会的主要矛盾已经转化为人民日益增长的美好生活需要和不平衡不充分的发展之间的矛盾；农业保险制度的发展与农业现代化进程中的风险管理需求不适应，是目前农业保险制度的主要矛盾。把握社会主要矛盾、农业保险发展中的主要矛盾和经济发展的基本规律，构建符合中国国情的农业保险制度，将有助于实现农业保险的可持续、高质量发展，使农业保险更好地为社会主义新农村建设服务。

本章参考文献

［1］ AHSAN S M, KURIAN A A G A J. Toward a Theory of Agricultural Insurance ［J］. American Journal of Agricultural Economics, 1982, 64 (3): 520-529.

［2］ DICK W J A, WANG W. Government Interventions in Agricultural Insurance ［J］. Agriculture & Agricultural ence Procedia, 2010, 1: 4-12.

［3］ MIRANDA M, VEDENOV D V. Innovations in Agricultural and Natural Disaster Insurance ［J］. American Journal of Agricultural Economics, 2001, 83.

［4］ NELSON C H, LOEHMAN E T. Further Toward a Theory of Agricultural Insurance ［J］. American Journal of Agricultural Economics, 1987, 69 (3): 523.

［5］ VANDEVEER M L. Demand for Area Crop Insurance Among Litchi Producers in Northern Vietnam ［J］. Agricultural Economics, 2015, 26 (2): 173-184.

[6] 道格拉斯·C. 诺斯. 制度、制度变迁与经济绩效 [M]. 杭行，译. 上海：格致出版社，2014.

[7] 道格拉斯·C. 诺斯. 经济史上的结构和变革 [M]. 北京：商务印书馆，2016.

[8] 罗纳德·H. 科斯，等. 财产权利与制度变迁：产权学派与新制度学派译文集 [M]. 上海：格致出版社，2014：260.

[9] 青木昌彦. 比较制度分析 [M]. 周黎安，译. 上海：上海远东出版社，2016.

[10] 丁少群，姚淑琼. 政策性农业保险在我国的发展研究：基于风险管理视角的制度分析 [M]. 成都：西南财经大学出版社，2012.

[11] 费友海. 中国农业保险制度演化研究 [M]. 成都：西南财经大学出版社，2012.

[12] 黄英君. 机制设计与发展创新：破解中国农业保险困局 [M]. 北京：商务印书馆，2011.

[13] 蒋家俊，等. 中华人民共和国经济史 [M]. 西安：陕西人民出版社，1989.

[14] 刘树成，吴太昌主. 中国经济体制改革 30 年研究 [M]. 北京：经济管理出版社，2008：399.

[15] 龙文军. 谁来拯救农业保险：农业保险行为主体互动研究 [M]. 北京：中国农业出版社，2004.

[16] 孙蓉，兰虹. 保险学原理 [M]. 3 版. 成都：西南财经大学出版社，2010.

[17] 孙蓉，李江. 政策性农业保险体系构建与制度创新研究 [M]. 成都：四川出版集团，2011.

[18] 庹国柱，李军. 农业保险 [M]. 北京：中国人民大学出版社，2005.

[19] 吴申元，郑韫瑜. 中国保险史话 [M]. 北京：经济管理出版社，1993.

[20] 张跃华. 需求、福利与制度选择：中国农业保险的理论与实证研究［M］. 北京：中国农业出版社，2007.

[21] 中国保险学会. 中国保险史［M］. 北京：中国金融出版社，1998.

[22] 费友海，我国农业保险发展困境的深层根源：基于福利经济学角度的分析［J］. 金融研究，2005（3）：133-144.

[23] 冯文丽. 改革开放以来我国农业保险发展历程与展望［J］. 中国金融，2008（13）：50-52.

[24] 黄英君. 中国农业保险制度的变迁与创新［J］. 保险研究，2009（2）：52-58.

[25] 孙蓉，黄英君. 我国农业保险的发展：回顾、现状与展望［J］. 生态经济，2007（2）：26-31，36.

[26] 孙蓉，杨馥. 改革开放三十年：中国保险业的变迁与发展［J］. 保险研究，2008（12）：7-15.

[27] 庹国柱，张峭. 论我国农业保险的政策目标［J］. 保险研究，2018（7）：7-15.

[28] 庹国柱，朱俊生. 完善我国农业保险制度需要解决的几个重要问题［J］. 保险研究，2014（2）：44-53.

[29] 徐婷婷，荣幸. 改革开放四十年：中国农业保险制度的变迁与创新：历史进程、成就及经验［J］. 农业经济问题，2018（12）：38-50.

[30] 卓志，周宇梅. 改革开放三十年中国保险制度的变迁与创新：基于制度经济学的视角和分析［J］. 保险研究，2008（7）：3-8.

第十一章
新中国保险法律和监管制度变迁

新中国成立后，中国保险业经历了特征鲜明的不同发展阶段。从计划经济下作为财政补偿的辅助手段，到全部停办国内保险业务20年，最终保险业伴随着改革开放以及社会主义市场经济体制的建立完善，焕发出蓬勃生机和活力。

历经改革开放后40余年的高速发展，我国保险业从独家经营走向相对充分的市场竞争，从相关法律制度几近空白到建成相对完备的保险法律制度体系。今天中国保险市场已经成为世界规模第二大保险市场，保险业在国民经济社会发展中发挥了越来越重要的安全网和稳定器功能，并将持续成为全球保险市场发展的关键驱动力。

保险业的发展离不开国家改革开放这一巨大历史变迁进程的宏大背景。市场经济中众多微观参与主体创造出保险商品的各种需求，并不断拓展需求的广度和深度；保险市场的供给者正是在不断吸收借鉴国际保险市场发展经验的同时，本土化持续因应市场的需求，开发有效供给并丰富营销渠道。在市场供求日益复杂的情况下，政府及授权的监管主体为市场健康发展提供了日臻完备成熟的制度保障。本章通过细致梳理和研究新中国保险法律和监管制度的变迁，希望可以帮助我们重新认识和理解新中国保险业生动的历史发展进程，为我国保险事业未来的发展提供借鉴和思考。

第一节　保险法和监管制度的内涵

一、保险法的概念、调整对象和性质

保险法是以保险关系为调整对象的法律规范的总称[①]。法律关系是法律规范在对人们行为进行调整过程中形成的权利与义务关系，是法律规范在现实生活中的表现形式。只有当人们按照法律规范的规定结成具体的权利与义务关系时，方才构成法律关系。

保险关系是法律关系的一种，也是保险法的具体调整对象。其构成包含以下四种社会关系：①保险业务开展中当事人间的关系。它主要是保险人与投保人、被保险人以及受益人之间因保险合同而形成的关系。保险人作为保险业务开展的主体，在为投保人和被保险人一方提供相关服务的过程中，形成一定的法律行为关系。保险合同是保险人与投保人和被保险人双方权利与义务关系的纽带。用保险合同的形式将双方的权利与义务关系确定下来，这种关系属于合同性质的法律关系。这种法律关系是保险活动中居于基础地位的关系。②保险当事人与保险中介人之间的关系。即在保险人与各种类别的保险代理人、保险经纪公司和保险公估机构间形成的保险业务经营关系，以及保险代理人、保险经纪人、保险公估人与投保人或被保险人之间因其从事保险代理，或保险经纪，或保险公估行为而产生的关系。③保险同业之间的关系。目前，我国保险市场上的保险企业主要为股份有限公司，此外还有相互保险公司和专业自保公司等组织形式，初步形成不同规模、不同组织形式、不同层次、不同出资主体并存的保险市场主体格局。这些保险企业，不论其规模大小，实力强弱，在法律面前均处于平等地位。④国家对保险业实施监督管理而形成的管理与被管理的关系。具体而言，这种关系就是代表国家对

① 孙蓉，等. 保险法概论［M］. 4版. 成都：西南财经大学出版社，2019：3.

保险业实施监督管理的保险监督管理部门对在本国从事保险业务的保险业者和从事保险中介业务的保险代理人、保险经纪人、保险公估人实施监督管理而形成的监督与被监督、管理与被管理的关系。上述四种社会关系分别为相关保险法律所规范，共同构成保险法的调整对象的保险法律关系。

保险法有狭义与广义之分。狭义的保险法仅指保险合同法。广义的保险法是指一切以保险关系为调整对象的法律规范的总和，既包括保险合同法，又包括保险业法；既包括商业保险法，又包括社会保险法。广义的保险法依其法律形式又可区分为形式意义上的保险法和实质意义上的保险法。形式意义上的保险法是指以“保险”命名的法律规范。实质意义上的保险法是指一切有关保险业的组织管理及其保险合同关系的法律规范。实质意义上的保险法除包括形式意义上的保险法外，还包括一切其他法律法规中涉及保险的相关法律内容；不仅包括保险成文法，还包括保险不成文法，实际上是一个国家或地区所有调整保险关系的法律层面制度的总和。

我们通常研究的保险法主要是指商业保险法律关系，不包括社会保险法律关系。这部分保险法律关系根据性质的差异可以分为两大类：一是保险合同当事人之间的关系和保险合同当事人与保险中介人之间的关系，这类关系是一种民事法律关系，是保险私法关系；二是国家对保险业实施监督管理而形成的保险法律关系，这是一种行政法律关系。也被称作保险业法，是保险公法关系。在立法实践中，可以将保险合同法与保险业法分别立法，也可以像我国一样合并立法，如《保险法》。在我国，现阶段由国务院授权的中国银行保险监督管理委员会依照《保险法》实施对商业保险市场的监督管理，其内容包括市场主体准入条件、市场经营行为规则、业务类型和范围、偿付能力和资金运用等。保险企业在进行保险活动时，必须遵守和服从有关部门的监管。

二、保险监管制度的内涵

保险监管制度的主要内容是保险业法，又称保险公司法、保险业监管法，是指对保险公司和保险行业进行监督和管理的法律，是保险法的重要组成部分①。通常一个国家的保险监管制度有两个组成部分：一是通过制定实施有关保险法规，对保险业总体进行规范与管理；二是通过国家授权的保险监管机构在法律或行政授权范围内依法对保险业实施日常行政管理，确保相关法律法规的有效执行。

保险监管的特征可以主要概括为以下四点：监管内容具有全面性、监管对象具有广泛性、监管主体及其权限具有法定性、监管结果具有强制性②。

保险监管制度的具体构成一般包括：一是国家在监督和管理保险市场主体过程中所发生的监督管理关系；二是保险市场公司主体之间因合作、竞争而发生的涉及市场秩序的关系；三是保险市场主体运行中内部治理制度规范；四是国家对保险市场中介主体的监督管理关系。总体上看，由于保险业涉及面广，技术复杂，因此，保险监管制度具体内容非常丰富。

作为金融行业的重要组成要素，保险业由国家对其依法实施监管，具有重要的意义和特定的目标。保险监管制度的目标有以下三个基本内容：

一是保护投保人、被保险人和受益人合法权益。由于被保险人一方与保险公司和中介机构之间的信息不对称，以及其保险专业能力的局限，保险交易中存在消费者利益受到侵害的可能性。通过监管制度建设，约束供给者的不当行为，建立强制信息披露机制和可靠投诉渠道，保护客户权益。同时监管者需要向消费者宣传和普及专业知识，使其逐步形成判断和承担交易风险的意识。只有消费者权益得到维护，保险行业的形象才能更好地被社会接受和认同，才能获得长期稳健的发展。

二是维护市场公平竞争和正常交易秩序。首先要保护保险人与被保险人双方之间的合法权益，同时要努力营造保险人之间公平竞争的市场环境。只有形成有序的公平竞争才能实现保险企业效率的改进和优胜劣汰，促使市场不断涌现优质产品和创新服务。不正当竞争，特别是不理性的纯粹价格竞争，

① 圆乾治. 保险总论［M］. 李进之，译. 北京：中国金融出版社，1983：115.

② 郭宏彬. 论保险监管的理论根源［J］. 中国政法大学学报，2004（4）：168-172.

只能增加企业运营成本，恶化市场交易秩序，侵蚀企业偿付能力。在我国保险市场发展过程中，一定范围和程度上存在返佣客户、高额回扣和综合费率过低的不正当价格竞争情形，扰乱了正常的市场秩序，误导了消费者的交易预期，破坏了保险行业形象。保险业价格竞争受制于纯费率的客观实在，不能完全任由公司自由定价，这就要求保险监管必须关注市场合理的费率价格和交易行为。一方面防止市场垄断，抑制过度竞争，减少保险企业竞争失败的情况，保护被保险人的利益；另一方面，合理的费率价格水平也是实现行业长期可持续健康发展的必要条件。

三是关注保险企业的偿付能力，保证保险体系的整体安全与稳定。保险人的偿付能力是指保险人在负债经营的前提下，承担赔偿给付责任的能力。保险经营模式的特点是，保险人收取保险费在前，对保险损失进行赔偿给付在后。投保人交纳的保险费，实际上是保险人对投保人的负债，赔偿给付保险金才是最终清偿负债，这个合同的履行过程可能持续很长的时间。监管机构通过强化偿付能力监管，包括规制费率测定和资金运用等关键要素，持续进行动态监控来保证保险企业的履约能力。正是由于偿付能力是保险公司稳健运营的关键指标，所以需要监管部门通过保险法制定出各种专门制度，比如建立保险公司的资本金额度、保险责任准备金提取、再保险安排等预警指标系统，以实现监测保险公司偿付能力是否充足这一关键目标。

第二节　新中国保险法律和监管制度的发展及现状

一、新中国保险业立法和监管主要发展阶段

保险领域立法和监管制度属于保险经济范畴中的上层建筑，一方面取决于保险业的整体发展状况，另一方面也受制于国家整体法治化进程和政府职

能改革和变化。从新中国建立以后，我国保险业立法和监管制度发展变迁可以划分为两个主要阶段，特点非常鲜明，共同构成中国保险业整体发展变迁的重要组成部分。

（一）新中国成立之初保险立法和监管制度几近空白（1949—1978 年）

1949 年 10 月 20 日，中华人民共和国刚刚成立不久，中国人民保险公司就诞生了，这是新中国保险事业的重要起点。随着国家保险事业的不断发展，保险法律制度建设也开始取得了一定的进步。同时期的中央人民政府政务院、中央财政经济委员会、财政部先后颁布了一系列保险法规和文件，其中包括《关于实行国家机关、国营企业、合作社财产强制保险及旅客飞机三方面旅客意外伤害强制保险条例》和《公民财产自愿保险办法》等。这为当时的保险业务开展提供了重要的制度基础。对于保险业务的监管，当时人民银行和财政部分别对保险业行使领导和管理职能。1952 年 6 月，保险业整体划归财政部领导，成为国家财政体系中的独立核算单位。

1958 年年末，受到当时极“左”错误思潮的严重影响，人们错误地认为社会主义国家和集体应当并能够承担企业和个人的一切风险损失，保险事业已经没有继续存在的意义。除上海等个别外贸发达地区，中国人保逐步停办了全部国内业务。保险业务的停滞发展，客观上使保险立法失去了经济基础。停办的近 20 年间，国内未颁布任何有关保险的法律法规。

（二）保险立法和监管制度的初创阶段（1979—1995 年）

党的十一届三中全会召开后，随着国家的工作重心转移到经济建设上来，保险事业迎来了新的发展机遇。1979 年年初，国家正式决定恢复办理国内保险业务，相关保险立法和监管制度建设重新被纳入议事日程。

1981 年第五届全国人民代表大会第四次会议通过了《中华人民共和国经济合同法》（以下简称《经济合同法》），这部法律的第二十五条专门对财产保险合同的形式、主要内容、双方的防灾防损义务和代位追偿权等内容做出了规定。这是中华人民共和国第一部内容直接涉及保险的法律，被认为是改革开放后保险立法建设的开端。

1983 年 9 月 1 日，《中华人民共和国财产保险合同条例》经国务院颁布正式施行。该条例是根据《经济合同法》有关财产保险的规定制定，是《经济合同法》的配套组成部分。它对财产保险合同的订立、合同的变更和转让、投保方的义务以及保险公司的赔偿责任有明确的规定，很大程度上促进了当时财产保险业务的发展。1983 年，中国人民银行开始专门负责行使央行和金融监管职能，中国人民保险公司成为国务院直属经济实体。

1985 年 3 月 3 日，国务院颁布《保险企业管理暂行条例》，同年 4 月 1 日生效实施。这个条例分总则、保险公司的设立、人民保险公司、偿付能力和责任准备金、再保险业务和附则等内容。它是中国第一部保险业管理法规，从性质上看属于保险业立法范畴，该条例明确规定了中国人民银行的监管职能，财政部仅负责保险业财务会计制度。人民银行对保险业实施严格监管，具体内容包括，保险企业业务范围，特别是把市场准入、保险条款和费率厘定作为监管重点。作为监管主体，中国人民银行依据该条例，制定了后续一系列具体的保险业监管规章和文件。

1992 年 11 月 7 日，《中华人民共和国海商法》由第七届全国人民代表大会常务委员会第二十八次会议通过，首次以法律形式明确了海上保险的相关规定。其中第十二章为海上保险合同专章，内容涉及海上保险合同的一般规定、合同的订立、解除和转让，被保险人的义务，保险人的责任，保险标的的损失和委付，保险赔偿的支付，共六节 41 条内容，为促进我国国际贸易发展，推进海上保险事业进步，规范并顺利化解海上保险纠纷，提供了法律制度基础。

1993 年，根据金融体制改革的要求，中央决定加强金融监管并实施分业经营。1994 年 5 月，中国人民银行非银行司设立保险处，负责保险业务监管，但监管力量和资源薄弱，与形成真正意义上的现代保险监管体系还有很大的差距。

1995 年 6 月 30 日，《中华人民共和国保险法》在第八届全国人民代表大会第十四次会议上审议通过。这是中华人民共和国成立以来的首部保险基本法，是中国保险立法具有里程碑式意义的事件，标志着我国保险立法已经逐步成为完善市场经济法律体系的重点任务和主要领域。《保险法》充分借鉴吸收了国际上一些保险业发达国家和地区的做法，采取保险合同法与保险业法两法合一的体例，形成了一部内容较为完整，贴近中国实际的保险根本大法。《保险法》共包括八章一百五十二条，分别是总则、保险合同、保险公司、保险经营规则、保险业的监督管理、保险代理人和经纪人、法律责任、附则。该法于当年10月1日正式实施，对规范保险合同行为，保护保险双方当事人的合法权益，依法加强保险业监管，最终促进保险事业整体的健康发展，提供了基础性法律依据，发挥了重要法律保障作用。

1995年7月，随着保险事业的发展监管任务日趋繁重，专门负责保险监督管理职能的保险司在中国人民银行内部设立，监管资源建设得到进一步加强。伴随着《保险法》的颁布实施，多种股权类型的保险主体相继成立，保险产品和销售渠道不断创新，保险业迎来持续高速增长阶段。

（三）保险立法和监管制度发展成熟阶段（1996年至今）

1. 保险法律体系初步成型，保险监管机构独立设立，保险业对外开放格局形成（1995—2005年）

《保险法》颁布实施后，中国人民银行先后于1996年、1997年、1998年发布了《保险管理暂行规定》《保险代理人管理规定（试行）》《保险经纪人暂行规定（试行）》等一系列配套部门规章，不断搭建保险监管基础法律体系。

中国人民银行在履行保险监管职能期间，注重对保险市场主体的行为进行监督规范，综合运用市场准入、条款费率监审批等市场行为监管手段，加强保险监管。同时，制定《保险业监管指标》，尝试运用风险指标监管调控保险市场。

随着当时国家金融分业经营改革目标的确立，1998年11月18日，中国保险监督管理委员会正式成立，保险业进入分业监管时期。保监会的主要职责包括，拟定有关商业保险的政策法规和行业发展规划；依法对保险企业的经营活动进行监督管理；保护被保险人的利益；培育和发展保险市场，推进保险业改革。这种身兼多重政策目标的制度设计职能的保监会几乎被赋予了无限的权力，同时也必然要求其对市场运行的风险和失误负责。

保监会的成立，标志着我国保险监管迈入专业化、规范化的新阶段，加快了规范保险经营和保险监管法律制度体系建设，保险监管体系日臻完备。2000年1月出台《保险公司管理规定》，细化市场主体监管；2001年4月发布《保险公司最低偿付能力及监管指标管理规定》，是偿付能力监管的第一代标准，开始注重保险公司非现场监管；2002年1月，对新型寿险产品设计进行规范的《人身保险新型产品信息披露管理暂行办法》发布；2002年2月发布《保险公司营销服务部管理办法》，强化保险公司对个人代理营销服务队伍的管理等。保监会在始终强调市场行为和偿付能力监管并重的前提下，逐步向以偿付能力监管为核心过渡，"偿一代"的偿付能力监管体系已见雏形。

2001年12月12日为加强和完善对外资保险公司的监督管理，国务院颁布了《外资保险公司管理条例》，这是应对当时外资保险公司青睐国内保险市场，对其市场准入和运行进行监督管理的行政法规。

2002年10月28日，伴随我国加入WTO，为适应国际服务贸易规则，我国保险业面临加快对外开放的外部环境变化，2003年九届全国人民代表大会第三十次会议通过了《关于修改（中华人民共和国保险法）的决定》。这次修改旨在推进保险国际化，建立市场化语境下内外资保险企业公平竞争环境，进一步推动我国保险业快速健康发展。这次保险法的修订进一步强化保险偿付能力监管的重要地位，并着力建设相关辅助配套制度。包括：完善保险责任准备金提取和结转办法；赋予保险监管机构检查权；建立精算报告制度，且不得提供虚假财务和业务报告等。为了保证保险公司的资金运用收益，针对保险资金运用制度也进行了合理的调整规范。

2004年12月保险业开始全面开放，国际保险巨头纷纷进入中国保险市场。

2. 保险法律体系逐步完善，保险监管制度和实施方式不断成熟（2005年至今）

2005年10月，在国际保险监督官协会（IAIS）年会上中国保监会负责人宣布，参照国际三支柱监管框架，即偿付能力监管、公司治理监管和市场行为监管，建设中国特色保险监管体系。我国的保险监管机构关注和重视国际上国家间监管制度差异，主动参与国际交流，参与和影响国际保险监管标准的改革和发展。

2006 年 6 月，国务院发布《关于保险业改革发展的若干意见》（即“国十条”），成为保险业的重大政策红利，是国家层面促进保险业发展政策历史上的一个重要标志。“国十条”中特别关注保险资金运用，包括，允许保险资金入市比例提升，允许保险企业投资参股商业银行、允许境外投资、允许投资不动产等一系列政策，保险资金运用渠道大幅放宽，保险资金能够在国民经济更广阔的领域发挥作用。

2006 年 3 月，依据《道路交通安全法》的相关规定，国务院颁布《机动车交通事故责任强制保险条例》，其目的是促进道路交通安全，保障道路交通事故受害人利益，实现了保险业在国家制度层面上的参与社会风险治理。2006 年 7 月 1 日我国正式实施机动车交通事故责任强制保险制度。

2008 年 7 月 1 日，《保险公司偿付能力管理规定》公布，保监会首次在规定中引入资本充足率指标，和现行保险法共同全面系统地诠释了保险偿付能力监管，以偿付能力监管为核心的“三支柱”的现代保险监管法规体系确立。

2013 年 3 月 1 日，国务院颁布的《农业保险条例》正式实施，其目标是规范农业保险活动，保护当事人合法权益，提高农业生产抗风险能力，促进农业保险事业健康发展。

2014 年 8 月 13 日，《关于加快发展现代保险服务业的若干意见》由国务院发布，文件将保险业战略定位提升到前所未有的高度。该文件出台后，先后有 35 个省（区、市）制定促进本地保险业发展的文件，深圳、宁波等城市开始建立保险创新综合示范区，地方政府尝试充分运用保险功能推进政府职能转变，从政策层面大幅提升支持保险业发展力度。

2015 年 2 月 17 日，《存款保险条例》发布，目的是为建立和规范存款保险制度，依法保护存款人的合法权益，及时防范和化解金融风险，维护金融稳定，条例自 2015 年 5 月 1 日起施行。

随着监管体系的不断完善，我国开始积极参与国际金融保险业监管规则制定，提升中国保险业的全球话语权。

二、中国保险立法和监管制度的现状

（一）中国保险业已形成基本完善的法律体系

改革开放后，中国保险业经过40多年的发展已经初步形成由五个层次构成，内容较完善的保险法律体系。

1. 第一层次：法律层面

1995年6月30日，《中华人民共和国保险法》审议通过，当年10月1日正式实施。2002年10月28日进行第一次修改，并于2003年10月1日实施，于2009年2月28日再次修订、2009年10月1日实施，其后对《保险法》又进行了多次修订。现行的《保险法》发挥了统领保险监管、维护保险市场秩序、规范保险合同行为的基本法作用。现行《保险法》采用合同法与保险业法合并立法体例，有利于确立该法对于保险业的基础性地位和贯彻执行。作为保险业的基本法，其充分发挥了维护保险活动当事人正当权益、规范保险公司经营行为、强化保险业监管以及推进保险业防风险稳发展的立法目标。

2002年对《保险法》的修订，是伴随我国加入WTO，为适应国际服务贸易规则，进一步加快对外开放适应外部环境变化，履行加入WTO的承诺所进行的局部修订。2009年《保险法》的再次修订是适应我国保险业发展实际需要进行的一次较全面的修订，保险合同部分和保险监管等多个领域都是重点，新增条文达到49条，删除条文共计20条，条文内容有所修改的有123条，完整保留的条文只有15条。这次修订中：①明确了保险法维护社会经济秩序和社会公共利益条款；②保险法在调整保险法律关系的过程中，除了促进保险发挥风险保障功能，还明确保险能够发挥承担社会责任的功能；③《保险法》修订中被保险人利益在保险合同法律结构中居于中心位置的理念逐步显现，追求在保险合同关系中构建保险人与被保险人的利益平衡机制；④在监管制度的设计中，通过对偿付能力、市场行为、公司治理的三支柱监管，明晰发挥市场机制和监管适度的理念，逐步建立本土法规和国际规则有效融合的现代保险监管体系发展目标。

除《保险法》外，其他相关法律中专门涉及保险的规范出现并不断体系化发展。包括关于“海上保险合同”在《中华人民共和国海商法》第十二章中相关部分，“保险诈骗罪”在《中华人民共和国刑法》第三章一百九十八条的规定，“机动车道路交通事故责任强制保险”在《道路交通安全法》第十七条的相关规定等。这些关于不同性质和类型的与保险业务相关的法律规定，共同构成了我国保险业法律制度体系。

2. 第二层次：行政法规层面

中国加入 WTO 后，为了完善对外资保险公司监管的制度建设，2002 年 2 月 1 日国务院颁布实施《外资保险公司管理条例》。该条例共七章四十条，涉及外资保险公司的设立与登记、业务范围划分、日常监督管理、主体的中止和清算、法律责任等部分，对规范外资保险公司经营行为、保障保险业对外开放、维护被保险人利益发挥了重要作用。

2004 年 5 月 1 日，《道路交通安全法》正式施行，该法十七条规定：“国家实行机动车第三者责任强制保险制度，设立道路交通事故社会救助基金。具体办法由国务院规定。”法律依据上述规定，建立的机动车辆三者责任强制保险制度，事实上促进和保障了道路交通安全，特别是保障交通事故受害者利益，并且有利于化解机动车辆事故赔偿纠纷，维护法律制度的严谨和权威。2006 年 3 月 21 日，《机动车交通事故责任强制保险条例》由国务院正式发布，共计五章四十条，规定了机动车交通事故责任强制保险（“交强险”）的投保和承保环节、理赔的原则和处理程序等，构成了交强险基本制度。交强险制度的有效实施，奠定了交强险的制度基础，保障了事故中无辜第三方受害人利益，客观上部分减轻了肇事方的经济赔偿责任风险，助益道路交通安全，促进保险的社会保障功能的发挥，维护了社会稳定。

2012 年 11 月 12 日，国务院正式出台《农业保险条例》，这是推进我国农业保险事业发展的重要标志性事件，对于农业保险在我国长期健康规范发展意义重大，标志着我国农业保险发展进入了一个崭新的阶段。《农业保险条例》包括五章，共三十三条，明确了财政补贴农业保险保费、支持农业大灾风险分散、农业保险经营税收优惠等制度扶持措施；规定了农业保险经营主体应具备的条件；考虑到农业保险特点，注重保障投保农户利益和防范经营风险，还规定了农业保险合同内容和经营规则。

2015 年 2 月 17 日，国务院发布《存款保险条例》，依据该条例建立的存款保险制度，保障了存款人的权益，有助于防范和化解金融风险，自 2015 年 5 月 1 日起施行。

3. 第三层次：部门规章层面

自《保险法》于 1995 年出台，特别是 1998 年中国保监会成立后，保险法制体系进入加速发展成型阶段，突出表现在日臻完善的体系化的部门规章。部门规章在法律体系中发挥重要功能，它是行政管理活动的重要根据。现实政府部门在履行行政管理职能过程中，由于涉及的部门规章总量大、范围宽、使用频度高，事实上成为广义的保险法规体系中最主要的表现形式。经过 20 多年的发展，保险监管机构先后已制定实施 50 余部部门规章。包含的内容几乎涉及全部保险监管主要环节，包括建设强化风险防范和内控机制，规范保险公司稳健经营，保护保险消费者合法权益，指导完善公司法人治理机构和内控规则，不断完善监管方式等。部门规章的内容还处于不断发展完善的过程，必将覆盖保险经营和保险监管的全过程。

4. 第四层次：地方性法规层面

我国各地区经济发展和保险业发展水平不平衡，一些地方为推动本地保险业发展，根据当地经济发展实际需要，颁布实施了一些地方性的保险法规。它们对于丰富保险立法实践，探索保险业务的特色发展发挥了一定的积极作用。但受制于地方立法机构的专业性和保险业整体发展水平，这类涉及保险的地方性法规数量较少，通常散见于部分地方性法规的个别条目。例如，《江西省民办教育促进条例》规定："有条件的民办学校，可以依据保险法律法规的有关规定参加学校责任保险。同时鼓励学生参加意外伤害保险。"

5. 第五层次：规范性文件层面

规范性文件，是指其内容具有约束和规范人们行为的性质，是各级机关部门制发的最主要的一类文件。根据我国相关法律法规，规范性文件本身不能简单等同于法律范畴。自保监会成立后，在国家授权的行政管理职能范围内，在具体保险行政监管实务中，由于规范性文件具有制定主体法定、制定方式灵活、法律效力普遍的特点，这些规范性文件确实发挥了重要的功能。一定程度上，中国保监会依法合规监管我国商业保险的日常工作过程中，主要是依托相关规范性文件来实施。中国保监会指定的规范性文件主要包括主要业务类型和监管领域重点工作等九大类别。

上述五个层次的法律规范效力层级清晰、相互衔接，共同构成了结构分明、逻辑严谨的我国保险监管法律体系，不断丰富完善发展保险监管的内涵和外延，这是在一个较短的时间内实现的了不起的成就。

值得注意的是，2018 年 3 月 13 日，依据国务院机构改革方案中明确将组建中国银行保险监督管理委员会，将银监会和保监会拟定银行业、保险业重要法律法规草案和审慎监管基本制度的职责划归央行。这就意味着上面第三和第五个层面中涉及的重要法规和制度的立法权与监管机构分离，这既有利于监管机构集中精力做好市场监管，也有可能带来市场监管反应不灵敏，制度脱离业务实践的风险。

（二）中国保险业已基本形成现代保险监管制度

我国保险业发展至今，理念领先、目标明确、内容完备的现代保险监管制度已基本形成。

1. 将偿付能力监管作为保险监管核心内容

早在 2008 年保监会正式公布偿付能力管理的相关规定，对偿付能力及相关概念、偿付能力评估、偿付能力报告制度和偿付能力监督管理作出明确规范，监管职责明确、内容丰富的保险偿付能力监管制度就得到了进一步确立和完善。2013 年 5 月，保险监管部门正式推出《中国第二代偿付能力监管制度体系整体框架》，并于 2015 年发布全部 17 项主干技术标准，建成了兼具中国本土特色和国际同行可比的第二代保险业偿付能力监管体系，奠定了中国参与国际保险监管规则制定话语权的基础。我国自主建设的偿付能力二代监管制度体系，事实上对全球保险市场监管制度的发展和建设产生了重要影响，其中以风险为导向的衡量标准是一次偿付能力监管制度创新。第二代偿付能力监管制度建设紧紧抓住国际保险监管规则相互融合但尚未达成一致意见的历史机遇，坚持高标准自主建设监管行业规则，提升了我国在全球金融治理中的话语权和影响力。

2. 对市场准入和市场退出实施监管

我国《保险法》及相关法律针对市场准入与市场退出做了一系列规定。市场准入方面，注册资本最低限额为人民币2亿元，且必须为实缴货币资本；对申请设立外资保险公司在资本实力、业务经验和所在国监管水准等方面提出准入要求。市场退出方面，保险公司应依法解散（经营寿险的保险公司除外）、依法撤销和依法破产等。

3. 强化公司治理结构监管

治理结构是现代企业制度的核心，既是影响保险公司核心竞争力的关键要素，也是市场监管有效的内生基础。2006年，《关于规范保险公司治理结构的指导意见（试行）》，明确治理结构监管目的在于保护利益相关者的合法权益，有效防范化解风险，确保资本充足水平、内控制度可靠、公司运营安全，最终显著提高保险公司核心竞争力，实现行业整体稳定健康发展。治理结构监管的重点，一是对保险公司高管，主要包括董事、监事和高管人员任职资格严格审查。二是保险公司内控合规制度可靠有效执行。三是对全面检查保险公司治理结构的实施运行。四是建立监管部门与公司高效沟通和意见反馈机制。

4. 切实保护被保险人合法权益，严格规范业务经营

失去广大服务对象的信任，保险业的形象就会受到影响，其事业发展也就丧失了根本基础。保护被保险人的合法权益，对保险业发展具有重要战略意义。①严格的分业经营原则可以有效防范金融风险在业务间的溢出效应，有助于控制风险规模。②加强保险资金运用监管制度建设。③严控保险条款和费率的监管。对关系社会公众利益、依法实行强制保险和新开发人寿保险采用审批制度。新中国保险法律法规如表11-1所示。

表 11-1　新中国保险法律法规列表

序号	名称	法律渊源	颁布时间	生效时间/施行时间	主要内容概括
1	《关于实行国家机关、国营企业、合作社财产强制保险及旅客强制保险的决定》	行政法规	1951/2/3	1951/2/3	指定中国人民保险公司为办理强制保险机关
2	《中华人民共和国中外合资经营企业法》	一般法律	1979/7/8	1979/7/8	第八条第四款规定：合资企业的各项保险应向中国的保险公司投保
3	《中华人民共和国经济合同法》	行政法规	1981/12/13	1982/7/1	对财产保险合同作了原则规定，成为以后制订相关条例的法律依据
4	《中华人民共和国财产保险合同条例》	行政法规	1983/9/1	1983/9/1	这个条例是《中华人民共和国经济合同法》中有关财产保险合同原则规定的实施细则，是中华人民共和国成立后第一部专门调整保险合同法律关系的法规
5	《中华人民共和国外资企业法》	一般法律	1986/4/12	1986/4/12	外资企业的各项保险应当向中国境内的保险公司投保
6	《航空货物运输合同实施细则》《水路货物运输合同实施细则》	部门规章	1986/12/1	1987/7/1	对航空和水路货物运输的保险事宜做了原则规定
7	《保险企业管理暂行条例》	行政法规	1985/3/3	1985/4/1	这是中华人民共和国成立后第一部专门调整保险业的立法，属于保险业法的范畴
8	《中华人民共和国铁路法》	一般法律	1990/9/7	1991/5/1	第十七条规定：托运人或者旅客根据自愿可以向保险公司办理货物运输保险，也可以向铁路部门办理保价运输
9	《中华人民共和国海商法》	一般法律	1992/11/7	1993/7/1	第一次以法律形式对海上保险作了明确规定
10	《中华人民共和国保险法》	一般法律	1995/6/30	1995/10/1	这是中华人民共和国成立以来的第一部保险基本法，具有里程碑式的意义，标志着我国保险立法趋于完善
11	《中华人民共和国外资保险公司管理条例》	行政法规	2001/12/12	2002/2/1	这是对外资保险公司进行监督管理的行政法规，加强和完善对外资保险公司的监督管理

表11-1(续)

序号	名称	法律渊源	颁布时间	生效时间/施行时间	主要内容概括
12	《关于修改（中华人民共和国保险法）的决定》（保险法的第一次修正）	一般法律	2002/10/28	2003/1/1	为了适应我国保险业内部结构和外部环境的变化，主要是我国加入了WTO，为适应国际服务贸易规则，以及保险业进一步对外开放的新形势，对我国保险法做出修正
13	《机动车交通事故责任强制保险条例》	行政法规	2006/3/21	2006/7/1	该条例根据《中华人民共和国道路交通安全法》《中华人民共和国保险法》制定，目的是促进道路交通安全，保障道路通事故受害人利益，实现了保险业在国家制度层面上的参与社会风险治理
14	《关于修改〈中华人民共和国保险法〉的决定》（保险法的第一次修订）	一般法律	2009/2/28	2009/10/1	根据形势变化，对保险法进行修订，引入“如实告知的不可抗辩条款”等新内容
15	《最高人民法院关于适用〈中华人民共和国保险法〉若干问题的解释（一）》	司法解释	2009/9/21	2009/10/1	最高人民法院结合保险实践中遇到的典型案例，对保险法中的条文做出相应解释
16	《农业保险条例》	行政法规	2012/11/12	2013/3/1	该条例根据《中华人民共和国保险法》《中华人民共和国农业法》等法律制定，目的是规范农业保险活动，保护农业保险活动当事人的合法权益，提高农业生产抗风险能力，促进农业保险事业健康发展
17	《关于修改〈机动车交通事故责任强制保险条例〉的决定》	行政法规	2012/12/17	2013/3/1	增加一条，作为第四十三条：“挂车不投保机动车交通事故责任强制保险。发生道路交通事故造成人身伤亡、财产损失的，由牵引车投保的保险公司在机动车交通事故责任强制保险责任限额范围内予以赔偿；不足的部分，由牵引车方和挂车方依照法律规定承担赔偿责任
18	《最高人民法院关于适用〈中华人民共和国保险法〉若干问题的解释（二）》	司法解释	2013/5/31	2013/6/8	最高人民法院结合保险实践中遇到的典型案例，对保险法中的条文做出相应解释

表11-1(续)

序号	名称	法律渊源	颁布时间	生效时间/施行时间	主要内容概括
19	国务院关于修改《中华人民共和国外资保险公司管理条例》的决定	行政法规	2013/5/30	2013/8/1	（2001年12月12日中华人民共和国国务院令第336号公布，根据2013年5月30日《国务院关于修改〈中华人民共和国外资保险公司管理条例〉的决定》修订）对《中华人民共和国外资保险公司管理条例》第七条第一款和第二款进行修改
20	《全国人民代表大会常务委员会关于修改〈中华人民共和国保险法〉等五部法律的决定》（保险法的第二次修正）	一般法律	2014/8/31	2009/10/1	（一）将第八十二条中的“有《中华人民共和国公司法》第一百四十七条规定的情形”修改为“有《中华人民共和国公司法》第一百四十六条规定的情形”。 （二）将第八十五条修改为：“保险公司应当聘用专业人员，建立精算报告制度和合规报告制度。”
21	《存款保险条例》	行政法规	2015/2/17	2015/5/1	目的是为建立和规范存款保险制度，依法保护存款人的合法权益，及时防范和化解金融风险，维护金融稳定
22	全国人民代表大会常务委员会关于修改《中华人民共和国计量法》等五部法律的决定（保险法的第三次修正）	一般法律	2015/4/24	2009/10/1	主要对保险法做出进一步的完善和修改。 1995年6月30日第八届全国人民代表大会常务委员会第十四次会议通过； 2002年10月28日第九届全国人民代表大会常务委员会第三十次会议《关于修改〈中华人民共和国保险法〉的决定》修正； 2009年2月28日第十一届全国人民代表大会常务委员会第七次会议修订； 2009年2月28日中华人民共和国主席令（十一届）第十一号公布，自2009年10月1日起施行； 根据2014年8月31日第十二届全国人民代表大会常务委员会《关于修改保险法等五部法律的决定》修正； 2015年4月24日第十二届全国人民代表大会常务委员会第十四次会议全国人民代表大会常务委员会《关于修改〈中华人民共和国计量法〉等五部法律的决定》修正

表11-1(续)

序号	名称	法律渊源	颁布时间	生效时间/施行时间	主要内容概括
23	《最高人民法院关于适用〈中华人民共和国保险法〉若干问题的解释（三）》	司法解释	2015/9/21	2015/12/1	最高人民法院结合保险实践中遇到的典型案例，对保险法中的条文做出相应解释
24	国务院关于修改部分行政法规的决定	行政法规	2016/2/6	2016/2/6	将《中华人民共和国外资保险公司管理条例》第二十条第一款修改为："除经中国保监会批准外，外资保险公司不得与其关联企业进行资产买卖或者其他交易。"
25	中国保险监督管理委员会关于修改《中华人民共和国外资保险公司管理条例实施细则》等四部规章的决定	部门规章	2018/2/13	2018/2/13	对《中华人民共和国外资保险公司管理条例实施细则》第二十六条、第六条第二款等条款进行修改
26	《最高人民法院关于适用〈中华人民共和国保险法〉若干问题的解释（四）》	司法解释	2018/7/31	2018/9/1	最高人民法院结合保险实践中遇到的典型案例，对保险法中的条文做出相应解释
27	《国务院关于修改〈中华人民共和国外资保险公司管理条例〉和〈中华人民共和国外资银行管理条例〉的决定》	行政法规	2019/9/30	2019/9/30	放宽了外资保险公司准入限制，对申请设立外资保险公司的外国保险公司，取消"经营保险业务30年以上"和"在中国境内已经设立代表机构2年以上"的条件，鼓励更多有经营特色和专长的保险机构进入中国市场。同时，允许外国保险集团公司在中国境内投资设立外资保险公司，允许境外金融机构入股外资保险公司

第三节 新中国保险法律和监管制度变迁特征及未来展望

一、新中国保险法律和监管制度变迁的特征

（一）中国保险法律和监管制度变迁基于独特的宏大背景

1. 植根于国家改革和法治化进程的伟大实践

中国保险立法和监管制度变迁的宏大背景是国家整体的经济转型。从高度集中的计划经济对保险的彻底停办，过渡到有计划的商品经济的保险独家垄断经营，再到社会主义市场经济体制确立后的保险市场竞争格局形成，市场经济的发展是驱动保险制度重塑、建立和转型的根本力量。宏观层面的国家经济体制改革，微观层面的企业个人财富的积累和市场机制下的风险不断暴露，都更加迫切要求建立日臻完善和稳健运行的保险法律制度体系。国务院在2006年发布《关于保险业改革发展的若干意见》（“国十条”），在2014年发布《关于加快发展现代保险服务业的若干意见》（“新国十条”），从国家层面对保险业的发展提出了更高的要求，对保险业的健康、平稳发展起到了重要的推动作用。在市场经济法治化的必然取向和依法治国目标下行政监管法治化的必然约束下，作为社会生活的“稳定器”与经济发展的“助推器”的保险制度需要法律体系和监管制度的保障，因此制度产生和发展本身就是经济基础转型的必然产物。

2. 受益于国民经济对外开放和国际化程度不断加深

保险制度的“舶来品”属性是客观事实，其业务本身和制度构建都不能脱离对外开放和国际化的进程。伴随全球经济一体化进程和国际商品与服务贸易分工的不断深化，保险市场的开放成为外资金融机构的重大诉求。改革开放在增进经济发展与人类文明建设方面的巨大作用使其必然成为我国的一项基本国策。

从1992年9月第一家外资保险公司美国友邦保险公司在我国上海设立分

公司开始，中国大陆保险市场正式对外开放。此后，友邦在很长一段时间也是内地唯一一家外商独资寿险公司。友邦保险进入国内保险市场后，1992 年 11 月引入国际上成熟的代理人制度，第一批代理人出现在上海社区和街头，给当时内地保险市场的传统保险企业和社会公众带来了巨大冲击。国内保险公司迅速借鉴代理人制度，监管部门的代理人管理规定也及时出台，个人寿险业务获得空前发展，开启了中国保险业的营销时代。

2001 年我国加入 WTO，2003 年《保险法》第一次修正就是履行加入 WTO 承诺的具体表现。目前，在人身险市场上，开展寿险业务的外资公司从 1995 年的 1 家增加到 2017 年的 28 家[①]；在财产保险市场上，同期开展产险业务的外资公司增加到 22 家[②]。伴随全方位开放格局的形成，保险业一方面获得了宝贵的资金，同时引进借鉴了国际上先进的保险业风险管理经验和理念，在引进中消化吸收先进制度经验，结合中国改革开放和经济建设的伟大实践，构筑了中国特色保险法律和监管制度。与此同时，在保险业的对外开放进程中，我国保险公司的整体实力不断增强。2018 年进入世界 500 强的保险公司共计 58 家，其中美国有 20 家，中国有 9 家，数量仅次于美国，其中中国平安和中国人寿两家公司进入世界保险业前十强[③]。

当前我国保险业正进入深化开放的新阶段，保险监管制度建设需要持续探索和努力。2018 年 5 月在博鳌亚洲论坛上人民银行行长易纲宣布保险业对外开放的时间表：人身险公司的外资持股比例最高不超过 51%，并且 3 年后不再设限。2019 年 10 月 15 日，对《中国外资保险公司管理条例》修订的决定发布，外资保险公司准入条件进一步放宽，删除了需要“经营保险业务 30 年以上”经验和“设立代表机构 2 年以上”的条件。在深化金融保险业对外开放的大背景下，保险监管体系和制度建设必然面临更多改革的动力和压力。

---

① 2017 年人身保险公司原保险保费收入情况表［EB/OL］. 中国银保监会官网，［2018-03-06］. http://bxjg.circ.gov.cn/web/site0/tab5203/info4101487.htm.

② 2017 年财产保险公司原保险保费收入情况表［EB/OL］. 中国银保监会官网，［2018-03-06］. http://bxjg.circ.gov.cn/web/site0/tab5202/info4101777.htm.

③ 2018 年财富世界 500 强排行榜［EB/OL］. 财富中文网官网，［2018-03-06］. http://www.fortunechina.com/fortune500/c/2018-07/19/content_311046.htm.

监管部门需要继续不断推进监管体系和能力现代化及国际化，做到监管适度、精准、到位，确保坚守“不发生系统性风险”的底线。

3. 保险行业高速发展和金融体系深化

伴随着改革开放四十年的伟大实践，我国保险业规模不断壮大，发展水平不断提升，与经济社会等各个方面实现的历史性跨越同步并行。保费收入和保险资产规模分别从1980年的4.6亿元和14.5亿元增长到2017年的3.65万亿元和16.75万亿元，年均增长率分别高达27.5%和28.8%。衡量保险业发展水平的保险密度和保险深度分别从1980年的0.47元/人和0.1%，提高到2017年的2 631.7元/人和4.42%①。保险业在金融行业，乃至整个国民经济的地位显著提升。目前，保险资金管理机构已成为我国债券市场第二大机构投资者，也是资本市场的重要长期资金来源。这对促进以银行为主导的传统金融体系向现代多元多层次金融体系转变，提升金融资源配置效率，增强金融体系运行的稳定性，满足金融市场多样化需求方面发挥了日益重要的作用。保险行业的高速发展必然需要配套的法律和监管制度不断发展完善，相得益彰。

（二）中国保险法律和监管制度变迁源于主动供给与因应需求

1. 保险监管机构是制度变迁的主要推动者

根据第十三届全国人民代表大会第一次会议审议通过的国务院机构改革方案，保监会将与银监会进行整合成为中国银行保险监督管理委员会（银保监会）。这意味着经历20年风雨历程的保监会退出历史舞台。我们不能否认，这20年既是中国保险业高速发展壮大的阶段，也是监管制度体系不断完善发展的阶段。保监会在监管实践中以问题为导向推进保险立法和监管制度建设，不断丰富监管工具手段，为保险业的发展做出了巨大的历史性贡献。

保监会成立后，一切几乎从零开始，着手立章建制，逐步建立起基于当时行业发展阶段的保险监管体系。比如，2000年出台有关保险公司监管的《保公司管理规定》，2001年推出的《最低偿付能力及监管指标管理规定》都

① 根据1981—1997年《中国保险年鉴》整理。

具有重要的制度创新价值。加入 WTO 后，根据国际金融综合经营的新形势，保监会探索创新保险监管制度，借鉴国际保险监督官协会核心监管原则，引入保险公司偿付能力监管指标体系，逐步建立现代“三支柱”保险监管框架，构筑了以公司内控为基础、以偿付能力监管为核心、以现场检查为重要手段、以资金运用监管为关键环节、以保险保障基金为屏障的五道风险防线。特别是 2013 年,《中国第二代偿付能力监管制度体系整体框架》的推出使保险监管的技术水平进一步获得全球保险同业的认可。

2. 保险行业的发展对制度变迁不断提出新需求，倒逼制度改革，经验与教训并存

1997 年 12 月 1 日，中国人民银行依法对永安财产保险股份有限公司进行接管。永安被接管的主要问题包括，一是违规经营，超出授权业务经营区域开展业务；二是注册资本金不实，有的股东不具备资金实力，有的股东没有实缴货币资本。永安财险大案暴露出来的保险监管重机构设置、轻业务监管的弊端，促使保监会开始探索新的监管机制。

2001 年 7 月因证券市场 A 股下跌，平安投资连结险账户的投资收益出现亏损。加之销售环节的误导，引起大批客户不满和投诉，出现退保风潮。该事件暴露出保监会先前发布的《投资连结保险管理暂行办法》，对于投资连结险投资方式、投资渠道等信息的披露要求不够全面和详细，对消费者教育不够，销售误导控制不力等问题。

2008 年美国及全球金融危机爆发，美国国际集团（下称“AIG”）等一批国际保险巨头处境艰难，中国平安投资富通集团遭受巨大损失。国内新华保险挪用资金、中华联合保险经营巨亏，保险业进入全面排查和化解风险的阶段，监管着力点开始从“加速发展、做大做强保险业”调整为“防风险、调结构、稳增长”。

2016 年保险资本大幅扩容，有 18 家保险公司和 2 家保险资产管理公司批筹，主体股权结构和关联关系监管失效，部分保险公司投资资本急功近利，将保险业引向成本高企的高风险发展模式，负债端万能险井喷引来的保险资金扰动资本市场乱象，再次暴露出保险监管部门政策失当的问题。

这些不同阶段出现的典型案例，以及保险市场发展中反复出现的恶性费率价格竞争、高手续费返还、财务业务信息数据造假和销售误导等问题都迫使监管部门不断调整和创新监管制度，未来改革之路仍漫长。

党的十九大报告中明确提出，当前我们党和国家的事业面临三个攻坚战。其中，防范、化解重大风险，特别是金融领域的风险，是第一个攻坚战，也是重中之重。

一方面，保险机制蕴含的杠杆效应可以放大保险功能；另一方面，保险业的风险承受能力也会因为杠杆效应过度放大而变得脆弱。近年来发生在保险行业中的一些异常事件，甚至波及其他金融部门和实体经济，表明保险行业客观上存在重大风险问题[①]。化解保险行业的重大风险，需要进一步完善严密监管的制度体系，强化政府监管作为，严守不出现大的系统性风险的底线。

二、新中国保险法律和监管制度变迁未来展望及主要任务

（一）从社会主义新时代的历史方位推进保险监管制度建设

1. 以人民为中心，切实满足人民对保险的多样化需求，维护保险消费者的合法权益

要认真落实党的十九大精神，要始终把以人民为中心作为发展的根本追求，把保障人民对美好生活的向往作为监管工作的奋斗目标，切实破除部门本位和既得利益的束缚。要不断推进保险业改革创新，全力满足人民多元化的保险需求，全力提供多元化的风险保障，着力增强人民群众的安全感、获得感和幸福感。要将保护保险消费者权益放在监管重要地位，抓紧完善相关法律，有效落实消费者权益保护制度，持续强化消费者金融知识宣传教育和行业信用建设工作[②]。

---

① 魏华林. 保险的本质、发展与监管［J］. 金融监管研究，2018（18）：15-16.

② 周延礼. 70 年保险监管改革与发展改革开放［J］. 中国金融，2019（10）：27-28.

2. 以监管制度建设促进行业改革，引领保险业服务实体经济，实现高质量发展

要贯彻落实新发展理念，在此基础上建设和完善监管制度，提高保险监管工作的科学性和有效性，强化“保险+科技”在保险行业的赋能和应用，让保险科技应用成为推动保险业转变发展方式、动能转换、增长动力的重要抓手。要注重推动保险业回归本源，服务实体经济发展，不断促进保险产品和服务升级，不断丰富保险市场组织形式，提高保险产品和服务供给的多元化。要主动置身于国家重大战略部署之中，更好地支持共建“一带一路”，扩大保险业对外开放的广度和深度，增强保险业发展的均衡性、协调性和可持续性，促进行业整体稳健高质量发展。

3. 监管要守住防范金融风险的底线，有效化解行业风险

有效防范、化解金融风险在保险业内的一些问题，是当前一段时间内金融监管工作的根本性任务。要始终坚持风险导向，更加注重市场主体监管，对不规范市场行为依法加大处罚的力度，有效遏制严重干扰市场秩序的典型违规行为。坚持问题导向，全面提升全行业风险防范能力和水平，积极稳妥处置突出风险；坚持疏堵结合，筑牢风险防线，强化责任追究；进一步探索建立国际金融监管合作机制，共同筑牢全球和区域金融风险防线。

4. 加强改善监管，持续推进金融供给侧结构性改革

目前，我国经济正处于错综复杂时期，面临百年未遇之大变局，国际贸易争端不断，国际金融市场变化多端，需要进行与之相适应的金融监管体制改革。我们要紧密结合和全面推进中央提出的金融供给侧结构性改革要求，从国际金融监管改革变迁中汲取经验，以系统性金融风险防范为监管导向，以规则的协调性、公平性和一致性为原则进行功能性监管，强化行为监管作为未来金融监管制度的重点，坚持“改革没有完成时，只有进行时”的要求，持续不断地推进我国保险监管改革。

（二）进一步健全完善保险法律体系的主要任务

1. 进一步健全保险法律法规体系

法律在经济生活中的重要作用表现为，一方面保障交易得以实现，另一方

面，对交易参与者和潜在参与者产生稳定的预期。我国保险业的制度变迁正逐步实现由政府和市场尤其是各参与主体共同推动的新阶段，在这种模式下，法律体系在保险业发展中的作用将更加重要。保险法律体系不仅包括与保险业发展直接相关的法律、法规，还涉及我国法律体系中各个相关法律部门。因此，在保险法律制度体系的完善过程中，应充实和完善与保险业直接相关的法律规范，并注意将保险行业的制度及实施与相关法律部门规定协调一致。

2. 提升立法的理念，有效平衡各方合法权益

一方面，立法必须保证科学性，不断提升立法质量。科学性就是强调尊重立法规律和行业特质、克服立法者本身中的主观随意性和知识局限，尽可能避免出现常识性错误，提高立法效率和效益。保险法应始终秉承的立法宗旨在于保护参与保险活动各方当事人的合法权益，维护公众对行业的信任，促进行业的发展，实现保险社会稳定器的功能。因此，保险法不应简单地把当事人看成债权人与债务人，或者经营者与消费者，不应过度保护任何一方的利益，而应当追求维护当事人之间的利益平衡，实现互利共赢。

另一方面，保险合同有一个重要特点，就是具有“射幸”的性质，因而保险法要发挥诚信原则内含的平衡观念，减少机制运行结果的不确定性。①防范投保方的道德风险，避免其故意促成保险事故的发生，从而增加保险人赔偿责任。②也要严格防止保险人利用专业技术和信息优势，不恰当地将本应承担的风险排除于保险责任之外，损害被保险人的利益，贬损行业的价值和消费者预期。只有兼顾两方面，才能有效平衡保险当事人之间的合法权益。

3. 定期清理更新法规规章，明确地位、效力和程序，完善监管法律体系

一是提高对市场创新的反应速度，及时出台针对新的业务形态和市场主体科学有效监管的创新型的制度法规方式。监管制度发展的经济基础是经济实践的创新发展，社会经济基础决定法律的性质与功能，制度建设要对社会发展的最新进程保持快速反应的能力。我国保险法律体系一方面要补课，另一方面也要认真研究目前市场上已经出现的诸如风险互助组织、专属自保公司，以及互联网保险等组织形态和新型创新业务，及时出台制度规范，满足监管工作需求。如采用互联网营销模式的保险公司，不设实体分支机构，险种

有一定特色，这类新型保险机构对监管制度创新提出了新挑战。

二是明确规章和规范性文件制定程序和法律责任。由于规章和规范性文件效力的普遍性、灵活性和及时性，其在我国保险监管法律体系中发挥了重要作用。目前我国法律法规对于规范性文件的界定、制发主体、程序和权限以及审查机制等尚无全面、统一的规定，特别是在制定程序和法律责任方面。对规范性文件的制定程序要特别明确征求意见环节，如采取多种形式，广泛听取相关机关、组织和公民的意见和建议；同时对在制定过程中的违法违规行为，明确法律责任，努力实现主观上审慎、客观上科学的原则和目标。

三是建立规章和规范性文件定期清理与专项清理相结合的法律审核制度。依据国务院《全面推进依法行政实施纲要》，规章和规范性文件制定机关要定期对规章和规范性文件进行清理。首先，要清理与法律、法规不一致的规章和规范性文件；其次要建立定期清理与重点专项清理相结合的制度；最后，要及时向社会公布清理结果，已失效的规范性文件不得作为行政管理的依据。

第四节　本章小结

站在改革开放 40 年的时间节点上，回顾新中国保险监管制度建设和法治化进程，保险监管有三条基本经验值得总结和坚持。

一、不断完善保险监管的法律法规体系

坚持不懈地完善我国《保险法》。《保险法》是我国保险全部法律法规、行政规章的核心和基本大法，是保险法律体系优化的基础和前提。针对《保险法》在实践中发现的不足和缺陷，要加快修改补充的节奏，持续完善；注重《保险法》内容的丰富，及时填补保险监管面临的立法缺漏；进一步强化

消费者权益的保护；针对市场屡禁不止的违法行为，要加大监管处罚的力度，充分发挥法律震慑作用，树立监管权威，更好地规范市场行为，维护行业形象，防范和化解市场风险。

加快建设与《保险法》配套的相关法律法规和部门规章体系，早日实现我国保险监管法规系统化。完善支撑重点保险业务和机构规范发展所需要配套的法律法规，包括环境责任强制险条例、相互保险机构监管法和巨灾保险法等关乎社会治理和人民切身利益的保险领域立法。只有保险法律体系健全完善，依法规范监管才能够实现，保险风险保障功能才可能充分发挥。对于新兴保险领域，需及时建立相适应的法律法规，加快对市场法制需求的快速反应，尽可能避免法规缺失。

二、明确保险监管目标，以法治化思维处理好各种关系

保险监管应当始终将保护保险消费者的利益放在首位，正确处理好“发展与监管”的关系。40 年改革开放形成的一条宝贵经验就是“坚持以人民为中心，不断实现人民对美好生活的向往”。在未来的保险监管制度建设中践行这条经验就是努力做到把广大保险消费者权益放在首位，将保险消费者拥护不拥护、赞成不赞成、满意不满意作为制度建设的根本遵循原则。保险监管机构要更加努力地将自身角色摆在保险市场公平裁判员的扮演上，切实维护好法治基础上的公平交易，创造良好的市场竞争环境，保险行业才能够赢得人民群众的信任，保险行业才能获得更加持续健康的发展。

保险监管必须处理好“政府与市场”的关系。一方面要充分发挥市场在资源配置中的决定性作用，政府不能“乱作为”，不该管的坚决不管，充分发挥保险企业的活力，通过市场竞争实现优胜劣汰，建立科学规范的市场退出机制；另一方面，监管者也不能“不作为”和“慢作为”，留下“监管真空”，放任风险集聚和市场乱象频发。随着信息化和数字经济时代的来临，保险科技正在深刻地改变传统的经营模式，科技正成为驱动保险行业发展的最重要的动力源泉。监管者要不断地提升自身的能力，甄别真创新和钻空子的

边界，鼓励创新驱动发展，包容企业家在创新中的失误，同时扎紧制度的篱笆，减少资本逐利的漏洞。要有信心在保险科技大发展的时代涌现出我国一批代表世界最先进保险经营技术水平的新企业，要做到这一点，监管机构要既能够防范系统的重大风险又能包容创新所带来的风险，包括个别企业家创新的失败，而不是简单保守地以防范风险为由将一切创新扼杀在摇篮里。

在监管组织体系中，要注重保险行业组织与社会监督力量发挥的辅助监管职能。保险业充分发展的重要标志是行业自律组织逐步成熟并发挥自我约束和自我监督作用，这不仅是未来保险监管的必然趋势，更是广义的保险监管体系的重要组成部分，其作用和功能不可或缺。行业协会自律功能要在法律制度规范的框架内发挥，避免出现对市场竞争的不当影响。对于保险行业外部的社会监督力量，保险监管机构和行业协会也要重视和积极协调，及时回应媒体和社会舆论关注的有关保险的热点问题。通过与媒体的沟通和交流，有助于传播准确信息和宣传正确的保险观念，有助于在群众中普及保险知识，提高保险监管影响力。

三、进一步依法有效破解保险监管重点和难点问题

1. 严格处理违法违规行为

针对层出不穷的保险违法违规行为，监管部门应树立法治权威，切实有效落实监管制度，根据险种、业务、违法条款以及损害消费者权益的程度等，做出有利于市场长期规范发展的处罚决定，使违法经营机构明确自身错误、吸取教训、及时改正，对市场同类机构可能出现存在的同类问题起到震慑作用，确保令行禁止。保险监管部门持续强化对典型违法违规行为的公开信息披露，处罚结果要及时曝光，教育公众并接受公众监督，坚决遏制违法违规行为的频发多发，屡禁不止的现象。

2. 完善保险市场退出制度

目前我国保险公司主体的市场退出机制的相关法律要求和操作程序还不够明确细致。尽管《保险法》第六章、第七章中规定了对保险公司严重违法

行为罚则，其中包含“吊销其经营保险业务的许可证”。但现实情况是，国内保险业恢复发展40年来，少数保险公司在错误的经营理念指导下，其经营行为严重扰乱正常市场秩序，并导致公司严重亏损。对于这类理应退出市场的主体，事实上还没有真正被监管部门强制其退出市场的案例，需要强调的是，市场主体的经营失败和退出市场是市场竞争的必然结果，不能将其等同于监管部门未尽监管职责。相反，市场主体退出机制的缺失，恰恰会导致市场炒作保险公司经营权“壳资源”，诱发市场主体违规经营而不需承担投资失败后果的侥幸心理。

总体上讲，历经40年的改革开放，伴随我国经济社会发展取得的巨大成就，我国保险监管在机构专业化、法律法规体系化等方面已经实现了长足进步，我国保险监管法制化和科学化水平不断提升，保险法律体系的建设也将日趋完善，保险市场法制环境会更加公平有序。在此基础上，我国保险业在未来一定能够不断持续健康发展，在分散化解风险、服务保障民生、助力社会经济发展等各个方面发挥更加重要的作用，为实现中华民族伟大复兴贡献更大的力量。

本章参考文献

[1] BIRDS J R, HIRD N J. Birds' Modern Insurance Law (5th edition) [M]. Sweet and Maxwell, 2001: 1-17.

[2] 圆乾治. 保险总论 [M]. 李进之，译. 北京：中国金融出版社，1983：115.

[3] 陈文辉. 谱写新时代保险监管新篇章 [J]. 中国金融，2017 (24)：9-11.

[4] 邓修英. 关于我国保险监管发展的探索 [J]. 上海保险，2019 (4)：

59-64.

［5］郭宏彬. 论保险监管的理论根源［J］. 中国政法大学学报，2004（7）.

［6］胡滨，全先银. 中国金融法治报告（2009）［R］. 北京：社会科学文献出版社，2009：335.

［7］裴光. 中国保险业监管研究［M］. 北京：中国金融出版社，1999：500.

［8］强强. 我国保险监管体系现状及改进建议［J］. 国家行政学院学报，2010（2）：91-95.

［9］孙祁祥，周新发. 中国保险业四十年嬗变［J］. 中国金融，2018（10）：15-18.

［10］孙蓉. 等. 保险法概论［M］. 4 版. 成都：西南财经大学出版社，2019：3.

［11］汪演元. 完善我国商业保险法律体系浅见［J］. 上海保险，2014（3）：35-37.

［12］王丹华. 中国保险监管制度变迁研究［D］. 长春：吉林大学，2013.

［13］王银成. "偿二代"引领保险业转型升级的机制与效果分析［J］. 上海金融，2016（9）：35-37.

［14］魏华林. 保险的本质、发展与监管［J］. 金融监管研究，2018（18）：15-16.

［15］郑伟. 改革开放 40 年的保险监管［J］. 保险研究，2018（12）：73-77.

［16］周延礼. 70 年保险监管改革与发展［J］. 中国金融，2019（10）：27-28.

［17］卓志，周宇梅. 改革开放三十年中国保险制度的变迁与创新：基于制度经济学的视角和分析［J］. 保险研究，2008（7）：3-8.

附录 1

《中华人民共和国保险法》

（1995 年 6 月 30 日第八届全国人民代表大会常务委员会第十四次会议通过。根据 2002 年 10 月 28 日第九届全国人民代表大会常务委员会第三十次会议《关于修改〈中华人民共和国保险法〉的决定》第一次修正。2009 年 2 月 28 日第十一届全国人民代表大会常务委员会第七次会议修订。根据 2014 年 8 月 31 日第十二届全国人民代表大会常务委员会第十次会议《关于修改〈中华人民共和国保险法〉等五部法律的决定》第二次修正。根据 2015 年 4 月 24 日第十二届全国人民代表大会常务委员会第十四次会议《关于修改〈中华人民共和国计量法〉等五部法律的决定》第三次修正)

《中华人民共和国保险法》

附录 2
新中国保险制度变迁大事记

1. 1951 年 2 月 3 日，中央人民政府政务院做出《关于实行国家机关、国营企业、合作社财产强制保险及旅客强制保险的决定》，指定中国人民保险公司为办理强制保险机关；

2. 1979 年 7 月 1 日，《中华人民共和国中外合资经营企业法》公布施行，第八条第四款规定：合资企业的各项保险应向中国的保险公司投保；

3. 1982 年 7 月 1 日，《中华人民共和国经济合同法》施行，对财产保险合同做了原则规定，成为以后制订相关条例的法律依据；

4. 1983 年 9 月 1 日，《中华人民共和国财产保险合同条例》颁布实施，是《中华人民共和国经济合同法》中有关财产保险合同原则规定的实施细则，是中华人民共和国成立后第一部专门调整保险合同法律关系的行政法规；

5. 1985 年 4 月 1 日，《保险企业管理暂行条例》实施，这是中华人民共和国成立后第一部专门调整保险业的行政法规；

6. 1986 年 4 月 12 日，《中华人民共和国外资企业法》颁布实施，规定外资企业的各项保险应当向中国境内的保险公司投保；

7. 1991 年 5 月 1 日，《中华人民共和国铁路法》实施，第十七条规定：托运人或者旅客根据自愿可以向保险公司办理货物运输保险，也可以向铁路部门办理保价运输；

8. 1993 年 7 月 1 日，《中华人民共和国海商法》实施，第一次以法律形式对海上保险做了明确规定；

9. 1995 年 10 月 1 日，《中华人民共和国保险法》实施，这是中华人民共和国成立以来的第一部保险基本法，具有里程碑式的意义，标志着我国保险立法趋于完善；

10. 2002 年 2 月 1 日，《中华人民共和国外资保险公司管理条例》施行，这是对外资保险公司进行监督管理的行政法规，用以加强和完善对外资保险公司的监督管理；

11. 2003 年 1 月 1 日，《关于修改（中华人民共和国保险法）的决定》（保险法的第一次修正）正式实施，目的是适应我国保险业内部结构和外部环境的变化，主要是我国加入世界贸易组织（WTO）后，适应国际服务贸易规则，以及保险业进一步对外开放的新形势，对我国保险法做出修正；

12. 2006 年 7 月 1 日，《机动车交通事故责任强制保险条例》施行，该条例根据《中华人民共和国道路交通安全法》《中华人民共和国保险法》制定，目的是促进道路交通安全，保障道路通事故受害人利益，实现了保险业在国家制度层面上的参与社会风险治理；

13. 2009 年 10 月 1 日，《关于修改〈中华人民共和国保险法〉的决定》(保险法的第一次修订)，对保险法进行修订，引入“如实告知的不可抗辩条款”等新内容；

14. 2013 年 3 月 1 日，《农业保险条例》施行，该条例根据《中华人民共和国保险法》《中华人民共和国农业法》等法律制定，目的是规范农业保险活动，保护农业保险活动当事人的合法权益，提高农业生产抗风险能力，促进农业保险事业健康发展；

15. 2013 年 8 月 1 日，《国务院关于修改〈中华人民共和国外资保险公司管理条例〉的决定》对《中华人民共和国外资保险公司管理条例》第七条第一款和第二款进行修改；

16. 2009 年 10 月 1 日，《全国人民代表大会常务委员会关于修改〈中华人民共和国保险法〉等五部法律的决定》(保险法的第二次修正)，①将第八十二条中的“有《中华人民共和国公司法》第一百四十七条规定的情形”修改为“有《中华人民共和国公司法》第一百四十六条规定的情形”。②将第八十五条修改为：“保险公司应当聘用专业人员，建立精算报告制度和合规报告制度。”

17. 2015 年 4 月 24 日，全国人民代表大会常务委员会根据《关于修改保险法等五部法律的决定》，修正《中华人民共和国保险法》；

18. 2015 年 5 月 1 日，《存款保险条例》实施，目的是建立和规范存款保险制度，依法保护存款人的合法权益，及时防范和化解金融风险，维护金融稳定；

19. 2016 年 2 月 6 日，国务院关于修改部分行政法规的决定，将《中华人民共和国外资保险公司管理条例》第二十条第一款修改为：“除经中国保监会批准外，外资保险公司不得与其关联企业进行资产买卖或者其他交易”；

20. 2018 年 2 月 13 日，中国保险监督管理委员会发布“关于修改《中华人民共和国外资保险公司管理条例实施细则》等四部规章的决定”，对《中华人民共和国外资保险公司管理条例实施细则》第二十六条、第六条第二款等条款进行修改；

21. 2018 年 7 月 31 日，最高人民法院结合保险实践中遇到的典型案例，对保险法中的条文做出相应解释，颁布了《最高人民法院关于适用〈中华人民共和国保险法〉若干问题的解释（四）》；

22. 2019 年 9 月 30 日，《国务院关于修改〈中华人民共和国外资保险公司管理条例〉和〈中华人民共和国外资银行管理条例〉的决定》，放宽了外资保险公司准入限制，对申请设立外资保险公司的外国保险公司，取消“经营保险业务 30 年以上”和“在中国境内已经设立代表机构 2 年以上”的条件，鼓励更多有经营特色和专长的保险机构进入中国市场。同时，允许外国保险集团公司在中国境内投资设立外资保险公司，允许境外金融机构入股外资保险公司。

后记

我们撰写的这本《新中国保险制度变迁》，是西南财经大学策划的“十三五”国家重点出版规划项目“新中国经济社会制度变迁丛书”（新广出发〔2016〕33号）中的一本。按照西南财经大学出版社编撰工作方案的要求，本书以马克思主义理论、科学发展观和习近平新时代中国特色社会主义思想为指导，以新中国重要的保险制度变迁史实为依据，吸取国内外关于保险及相关的经济社会制度变迁的科学理论和观点，梳理新中国保险制度变迁脉络，探索新中国保险制度变迁的内在动因，总结新中国保险制度变迁带来的效应及经验和教训，为全面深化保险制度改革，推进国家治理体系和治理能力现代化提供借鉴和启示。本书的预期目标是向中华人民共和国成立70周年献礼，研究的内容时限是新中国成立至今，重点是改革开放后的40年。

在西南财经大学出版社和学校的高度重视与组织策划下，2017年10月，我们开始启动本书的编撰工作，原拟于2018年12月完成书稿并提交出版社，并于2019年5月正式出版，向中华人民共和国成立70周年献礼。然而，由于书稿的创作体系较为庞大，可供直接参阅的文献不多，从构思到收集资料、文章写作及修改完善，工作量实在太大，加上笔者及团队成员都身兼教学、科研及人才培养等工作，书稿的编撰工作总是不断被各类事务打断，未能按原计划按期完成，甚为遗憾。好在经过全体编撰人员近三年的不懈努力，终于完成了书稿的写作并付梓。该成果是笔者和同事们、博士弟子们合作的结晶，也有赖于学校及学院、出版社的鼎力支持和帮助。

在书稿最终完成之际，感激之情溢于言表：感谢国家新闻出版广电总局提供的研究机会！感谢西南财经大学及其科研处的高度重视及资助！感谢西南财经大学出版社在项目申请、经费、出版等方面的精心组织、安排、落实及督促！谢谢西南财经大学出版社汪涌波编辑对本书反复斟酌，认真审读书稿所付出的艰辛努力，谢谢徐华副总编辑的关心，谢谢孙婧编辑的督促和支持！谢谢西南财经大学保险学院陈滔院长的支持！谢谢所有为该书提供帮助的老师和同学们。

在本书稿写作的过程中，我们学习、借鉴和参考了大量相关的资料、文献及研究思想等，对这些文献成果及其作者给予我们研究的启示，在此表示衷心的感谢！对在此书中所引用的数据及文献资料，我们尽可能通过脚注及章后参考文献的方式详尽地进行了标示说明，以表敬意。

全书共十一章，书稿的主要作者及具体分工如下：

孙蓉：主著。西南财经大学经济学博士，保险学院教授、博士生导师。撰写、修改、汇总第一章书稿；撰写并修改完善第三章书稿及其创新点；整理附录1；撰写后记；负责规划全书的篇章布局，设计总体书稿思路及各章研究大纲，以徐婷婷、吴剑、李亚茹所写论文大纲为基础拟定章、节、目大纲并斟酌、修改完善；提出书稿研究思路、研究内容，编写书稿体例及要求；撰写经费预算表、专著出版申请表；对全书的论点、格式及研究逻辑思路等进行统一并逐一进行审阅调整、文字润色及规范化处理；对全书各章的初稿、定稿提出修改建议或直接进行修改完善；反馈出版社发回的两次意见给书稿其他成员，并对书稿进行统看微调；调整了全书部分章、节、目论点，修改或补充了部分小结内容；汇总整理本书目录、图表目录及阶段性成果等；统一调整书稿的格式、脚注；对书稿全文内容进行系统梳理、细致修改、校对及完善；完成三次统稿、总纂；对全书二稿修订版进行统一修改、整理、审核、补充、完善，完成纸质版修订和电子版补充等工作。

王伊琳：主研。西南财经大学保险学博士，保险系主任、硕士生导师。撰写第一章初稿；撰写、修改并完善第七章书稿及其创新点，完成两次数据资料更新并降重；汇总合并各章节形成完整版初稿；为书稿统稿做了不少基础性工作；完成书稿第二版修订工作，等等。

王凯：主研。西南财经大学经济学博士，经济管理实验教学中心主任，保险学院副教授、硕士生导师。撰写、修改并完善第十一章及其创新点，完成两次数据资料更新并降重；撰写附录2；完成书稿第二版修订工作，等等。

李洪：主研。西南财经大学会计学博士，保险学院副教授、硕士生导师。撰写、修改并完善第四章及其创新点，完成两次数据资料更新并降重；完成书稿第二版修订工作，等等。

叶小兰：主研。西南财经大学保险学博士，保险学院副教授、硕士生导师。撰写、修改并完善第八章及其创新点，完成两次数据资料更新并降重；完成书稿第二版修订工作，等等。

完颜瑞云：主研。西南财经大学经济学博士后，保险学院讲师、硕士生导师。撰写、修改并完善第九章及其创新点，完成两次数据资料更新并降重；完成书稿第二版修订工作，等等。

李亚茹：主研。西南财经大学保险学博士，西南石油大学经济管理学院讲师、硕士生导师。撰写、修改并完善第二章及其创新点，完成两次数据资料更新并降重；整理了保险制度变迁的博士论文摘要及目录、保险制度变迁有关的所有核心期刊上文章的标题，为书稿撰写做了大量基础性准备工作；最早提交自己第二章的论文大纲，为此后全书的论文大纲提供了参考；完成书稿第二版修订工作，等等。

徐婷婷：主研。西南财经大学保险学博士，西安财经大学经济学院讲师。撰写、修改并完善第十章及其创新点，完成两次数据资料更新并降重；完成书稿第二版修订工作；最早提交自己第十章的论文大纲，为此后全书的论文大纲提供了参考。借助该国家重点出版规划项目，徐婷婷完成了一项阶段性成果，成为本书稿的有机组成部分①。

吴剑：主研。西南财经大学保险学博士，重庆工商大学金融学院讲师。撰写、修改并完善第六章及其创新点，完成两次数据资料更新并降重；最早提交自己第六章的论文大纲，为此后全书的论文大纲提供了参考；完成书稿第二版修订工作，等等。

毛颖：主研。西南财经大学保险学博士生。撰写、修改并完善第五章及其创新点，完成两次数据资料更新并降重；完成书稿第二版修订工作，等等。

西南财经大学博士生郭苏媚协助完成了书稿二稿的部分修改工作。

在此，谨向为本书稿付出艰辛努力的师生们致以谢意！

从 2017 年到 2020 年，三年的艰辛努力终于换来了该重点项目书稿的完成和出版。然而，虽尽心竭力，仍有不少遗憾，需继续探索。祈望专家学者不吝赐教，以便我们今后进一步研究完善，为我国的保险业可持续发展贡献绵薄之力。

孙蓉

2020 年 8 月于光华园

① 徐婷婷. 改革开放四十年：中国农业保险制度的变迁与创新：历史进程、成就及经验［J］. 农业经济问题，2018（12）.